기독교문서선교회 (Christian Literature Center: 약칭 CLC)는 1941년 영국 콜체스터에서 켄 아담스에 의해 시작되었으며 국제 본부는 미국 필라델피아에 있습니다.
국제 CLC는 59개 나라에서 180개의 본부를 두고, 약 650여 명의 선교사들이 이동 도서차량 40대를 이용하여 문서 보급에 힘쓰고 있으며 이메일 주문을 통해 130여 국으로 책을 공급하고 있습니다. 한국 CLC는 청교도적 복음주의 신학과 신앙 서적을 출판하는 문서선교기관으로서, 한 영혼이라도 구원되길 소망하면서 주님이 오시는 그날까지 최선을 다할 것입니다.

추천사

김 병 모 박사
호남신학대학교 신약학 교수

쾨스텐버거의 『히브리서에서 요한계시록까지』는 한마디로 매우 유익하고 유용한 책이다. 이 책은 상대적으로 홀대를 받던 신약 후반 여덟 권의 문헌을 사도 바울의 그늘에서 해방하여 균형 있고 심도 있게 다루었다는 점에서 유익하다. 또한, 이 책은 점점 길어지는 주석의 향연 속에서 본문의 의미를 간략하지만 명확하게 제시함으로써 광범위한 독자에게 호소할 수 있다는 점에서 유용하다.

더욱이 신약 본문을 구약과 깊은 연관성 속에서 읽어 나감으로써 성경 전체를 하나의 일관된 구원 메시지로 이해한다는 점에서 복음 중심적이며, 본문의 주요 메시지를 이해하기 쉬운 문체로 목회적 현장과 일상생활의 삶에까지 적용하고 있다는 점에서 실용적이기도 하다.

아마도 신약 후반부의 성경 본문을 이처럼 직접적이고 균형 있게 다룬 단행본이 번역 출간된 것은 이 책이 유일한 것으로 보인다. 이 책을 찬찬히 성경 본문과 함께 읽어 나가는 동안 독자는 자연스럽게 정경에 포함된 모든 신약의 문헌이 그 나름대로 오늘도 여전히 말씀하고 계시는 하나님의 메시지임을 분명하게 확인하게 될 것이다.

이 책은 성경과 함께 가까이 두고 언제든 참고할 수 있는 필독서로서 전혀 손색이 없다. 따라서 목회자, 신학생, 성경 교사는 물론이고 성경 본문을 바르게 읽기를 원하는 현대의 모든 그리스도인에게 이 책을 기꺼이 추천한다.

김 승 호 박사
영남신학대학교 기독교 윤리학 교수

하나님의 말씀인 성경이 우리에게 주어진 이유는 너무나 명확하다. 하나님의 백성인 우리가 성경을 통해 하나님의 뜻을 올바로 이해하고 올바로 순종하기 위해서이다. 성경이 이처럼 중요하고 필요한 책이라는 사실은 그리스도인이면 누구나 다 잘 알고 있다.

그러나 성경의 메시지를 실천하기 위해 성경 본문을 읽고 균형감 있게 이해하기란 그리 쉽지 않다. 한편에는 주관적 해석에 기초한 감성적 성경 읽기가 있다면, 다른 한편에는 신앙과는 무관해 보이는 학문적 성경 읽기가 있다. 이런 맥락에서 이번에 쾨스텐버거의 『히브리서에서 요한계시록까지』가 출간된 것은 매우 기쁘고 반가운 일이다. "현대인을 위한 신약 길잡이"라는 이 책의 시리즈 제목처럼, 쾨스텐버거는 수많은 주석, 강해, 설교집의 늪 속에서 신약 본문을 어떻게 읽고 이해해야 하는지를 보여 주는 훌륭한 길잡이 역할을 하고 있다.

이 책은 성경을 하나님의 말씀으로 받아들이는 분명한 복음주의적 관점에서 각 구절에 대한 세세한 주석을 피하면서도 해당 문헌의 주요 구절과 본문에 대한 높은 수준의 해석을 제공한다. 특히, 이 책의 장점은 구약과 신약, 신학과 신앙, 본문의 의미와 현재의 삶(윤리)을 긴밀하게 연관시킨다는 점이다. 또한, 이 책은 성경의 난해 구절을 명쾌하게 해설해 줄 뿐만 아니라, 책 중간중간마다 도표나 도해를 첨가하여 해당 본문을 일목요연하게 이해하는 데 큰 도움을 제공해 준다.

이 책은 성도들이 성경학자에게 기대하는 바가 무엇인지 알게 해 주며 신약의 다른 책에 대한 이러한 유형의 단행본도 기대하게 한다. 아무쪼록 이 책이 오늘날 불확실한 세상에서 성경을 바르게 이해하고 실천하기를 원하는 모든 그리스도인에게 큰 도움이 될 수 있기를 바란다.

과거, 현재, 미래 나의 학생들에게

"
내가 내 자녀들이
진리 안에서 행한다 함을 듣는 것보다
더 기쁜 일이 없도다

(요한3서 1:4)
"

현대인을 위한 신약 길잡이 3

히브리서에서 요한계시록까지

Handbook on Hebrews through Revelation
Written by Andreas J. Köstenberger
Translated by Seung-Ho Lee

Copyright ⓒ 2020 by Andreas J. Köstenberger
Originally published in English under the title *Handbook on Hebrews through Revelation*
by Baker Academic, a division of Baker Publishing Group,
PO Box 6287, Grand Rapids, Michigan, 49516-6287, U.S.A.
All rights reserved.

Korean Edition Copyright ⓒ 2023 by Christian Literature Center, Seoul, Korea.

현대인을 위한 신약 길잡이 3
히브리서에서 요한계시록까지

2023년 2월 28일 초판 발행

지 은 이 | 안드레아스 J. 쾨스텐버거
옮 긴 이 | 이승호

편   집 | 전희정
디 자 인 | 박성숙
펴 낸 곳 | (사)기독교문서선교회
등   록 | 제16-25호(1980. 1. 18.)
주   소 | 서울특별시 동대문구 천호대로71길 39
전   화 | 02-586-8761~3(본사) 031-942-8761(영업부)
팩   스 | 02-523-0131(본사) 031-942-8763(영업부)
이 메 일 | clckor@gmail.com
홈페이지 | www.clcbook.com
송금계좌 | 기업은행 073-000308-04-020 (사)기독교문서선교회
일련번호 | 2023-22

ISBN 978-89-341-2532-7 (93230)

이 한국어판 저작권은 Baker Academic, a division of Baker Publishing Group과 독점 계약한
(사)기독교문서선교회가 소유합니다.
신저작권법에 의하여 한국 내에서 보호를 받는 저작물이므로 무단 전재와 무단 복제를 금합니다.

현대인을 위한 신약 길잡이 3

히브리서에서
요한계시록까지

Handbook on Hebrews through Revelation

안드레아스 J. 쾨스텐버거 지음
이승호 옮김

CLC

목차

추천사
김 병 모 박사 | 호남신학대학교 신약학 교수 ... 1
김 승 호 박사 | 영남신학대학교 기독교 윤리학 교수 ... 2

시리즈 서문 ... 12
벤자민 L. 글래드(Benjamin L. Gladd) 박사 |
미국 Reformed Theological Seminary 신약학 교수

저자 서문 ... 14
안드레아스 J. 쾨스텐버거(Andreas J. Köstenberger) 박사 |
미국 Midwestern Baptist Theological Seminary 신약학·성경신학 연구교수

역자 서문 ... 18
이 승 호 박사 | 영남신학대학교 신약학 교수

약어표 ... 21

제1장 히브리서 ... 25
  I. 개론 ... 25
    1. 저자, 저작 시기, 문학 장르 ... 25
    2. 수신자와 저작 상황 ... 27
    3. 구조 ... 29
    4. 중심 메시지 ... 30
  II. 본문 해설 ... 32
    1. 아들 안에 나타난 하나님의 마지막 계시와 구원(1:1-4:16) ... 32
    2. 큰 대제사장이요 새 언약의 중보자로서의 예수(4:11-10:25) ... 55
    3. 우리 앞에 놓여 있는 경주를 완주하시고 성문 밖에서 고난받으신 예수 (10:19-13:16) ... 91
    4. 서신의 결말(13:17-25) ... 114

제2장 야고보서 … 123

I. 개론 … 123
1. 저자, 수신자, 저작 시기, 문학 장르 … 123
2. 구조 … 126
3. 중심 메시지 … 128

II. 본문 해설 … 130
1. 편지 서두(1:1) … 130
2. 시련과 유혹에 대처하는 법(1:2-18) … 131
3. 믿음과 참된 종교의 실천에 관한 어록(1:19-27) … 136
4. 부자에 대한 차별대우 경고(2:1-13) … 139
5. 믿음과 행함의 관계에 대한 어록(2:14-26) … 145
6. 선생이 많이 되지 말라는 경고(3:1-12) … 152
7. 땅의 지혜와 하늘의 지혜의 대조에 관한 어록(3:13-18) … 155
8. 탐욕, 비방, 교만한 미래 계획에 대한 경고(4:1-17) … 157
9. 탐욕 또는 불의를 행하는 부자들에 대한 경고(5:1-6) … 162
10. 고통 중의 인내와 기도에 대한 마지막 요청(5:7) … 164

제3장 베드로전서 … 172

I. 개론 … 172
1. 저자, 수신자, 저작 시기, 문학 장르 … 172
2. 구조 … 174
3. 중심 메시지 … 176

II. 본문 해설 … 177
1. 편지 서두: 베드로가 택하심을 받은 흩어진 나그네에게(1:1-2) … 177
2. 감사, 거룩과 사랑의 요청, 신자의 새로운 정체성(1:3-2:10) … 181
3. 거류민과 나그네에 대한 권면(2:11-4:11) … 201
4. 모든 겸손으로 그리스도인으로서 고난을 받으라는 권면(4:12-5:11) … 227
5. 편지 맺음말: 실루아노를 통해, 로마로부터, 마가와 함께(5:12-14) … 238

제4장 베드로후서 　244

I. 개론 　244
1. 저자, 수신자, 저작 시기, 문학 장르 　244
2. 구조 　246
3. 중심 메시지 　248

II. 본문 해설 　249
1. 그리스도인의 미덕 추구와 예수 재림의 확실성(1:1-21) 　249
2. 기독교의 미덕에 대한 권면과 베드로의 예언적 권위 주장(1:3-21) 　253
3. 거짓 선생들의 특성과 동기에 대한 비난(2:1-22) 　266
4. 거짓 선생들의 예수 재림 부인에 대한 비난; 결론(3:1-18) 　269

제5장 요한1서 　277

I. 개론 　277
1. 저자, 수신자, 저작 시기, 문학 장르 　277
2. 구조 　280
3. 중심 메시지 　284

II. 본문 해설 　285
1. 편지 서두: 예수에 대한 사도적 증언(1:1-4) 　285
2. 거짓 선생들의 부도덕한 삶의 방식과 죄의 부인에 대한 비난(1:5-10) 　288
3. 거짓 선생들의 죄 부인과 부도덕한 삶의 방식(2:1-6) 　289
4. 새 계명(2:7-11) 　291
5. 장년 신자들과 젊은 신자들에게 주는 메시지: 　292
　 세상을 사랑하지 말라(2:12-17)
6. 적그리스도들로서의 거짓 선생들(2:18-27) 　295
7. 그의 안에 거하고 자기를 깨끗하게 하라(2:28-3:6) 　297
8. 마귀의 자녀들과 세상의 증오(3:7-17) 　299
9. 행함과 진실함으로 서로 사랑하라(3:18-24) 　301
10. 분별에 대한 필요성(4:1-6) 　301
11. 하나님은 사랑이시다: 완전한 사랑(4:7-21) 　303
12. 예수는 그리스도이시다(5:1-12) 　306
13. 영생에 대한 확신(5:13-21) 　308

제6장 요한2서와 요한3서 315

I. 개론 315
1. 저자, 저작 시기, 문학 장르 315
2. 구조 317
3. 중심 메시지 319

II. 본문 해설 320
1. 요한2서: 거짓 선생들이 활동할 기반을 제공하지 말라 320
2. 요한3서: 참된 선생들의 사역을 위한 기반을 계속해서 제공하라 323

제7장 유다서 329

I. 개론 329
1. 저자, 수신자, 저작 시기, 문학 장르 329
2. 구조 332
3. 중심 메시지 334

II. 본문 해설 334
1. 편지 서두(1:1-2) 334
2. 경위(3-4절) 336
3. 기억하기(5-7절) 339
4. 이단자들(8-13절) 340
5. 에녹과 사도들의 예언(14-19절) 342
6. 권면(20-23절) 343
7. 영광송(24-25절) 345

제8장 요한계시록 349

I. 개론 349
1. 저자, 수신자, 저작 시기, 문학 장르 349
2. 구조 352
3. 중심 메시지 354

II. 본문 해설 355
1. 프롤로그(1:1-8) 355
2. 환상 1: 영광을 받으신 그리스도, 교회들에 보내는 메시지(1:9-3:22) 359
3. 환상 2: 하나님의 법정, 민족들의 시련(4:1-16:21) 380
4. 환상 3: 바벨론의 파멸, 그리스도의 재림(17:1-21:8) 398
5. 환상 4: 신자들의 보상, 새 창조(21:9-22:5) 410
6. 에필로그(22:6-21) 413

시리즈 서문

벤자민 L. 글래드(Benjamin L. Gladd) 박사
미국 Reformed Theological Seminary 신약학 교수

"신약 길잡이"(Handbooks on the New Testament)는 베이커아카데믹출판사(Baker Academic)의 호평을 받은 네 권의 "구약 길잡이" 시리즈에 상응하는 세 권으로 된 시리즈이다.

무수히 많은 신약 주석과 개론이 있음에도 또 하나의 시리즈를 저술해야 하는 이유는 무엇인가?

이 길잡이는 개론도 주석도 아니라는 점에서 독특하다. 대부분의 신약성경 주석이 구절별로 해설하는 방식을 취하는 반면, 개론들은 성경 본문을 단지 개략적으로만 다룬다.

본 시리즈는 주석과 개론 이 두 가지 접근 사이에 위치한다. 각 책은 상세한 석의 작업에 얽매이지 않고 각 신약 구절의 스냅 샷(snapshot)을 찍는다. 그 의도는 독자가 길잡이에 있는 특정 구절을 찾아 앞뒤 논의를 상당량 읽지 않고도 그 구절의 의미를 빠르게 파악할 수 있도록 하는 데 있다.

이 시리즈는 신약성경 각 주요 단락의 내용을 요약하는 데 집중한다. 개론 문제(저자, 기록 시기, 수신자 등)를 무시하지는 않지만, 초점은 아니다. 각주 또한 독자들이 그 구절에 잘 적응하도록 최소한으로 사용된다. 각 저자는 더 깊은 연구를 위해 각 장의 마지막 부분에 간략한 최근의 참고 문헌을 제공한다.

이 길잡이는 본문의 최종 형태에 초점을 맞추고 있으므로 각 저자는 구약 인용(quotation)과 암시(allusions)에 특별한 주의를 기울인다. 신약성경의

저자들은 구약성경을 약 350번 정도 인용하고 1000번이 훨씬 넘게 암시한다. 이 시리즈의 각 저자는 그러한 구약성경의 인용과 암시가 논의 중인 신약 본문을 어떻게 형성하는지에 주목한다.

이 신약 길잡이 시리즈의 주요 독자는 평신도, 학생, 목사 그리고 신학 및 성경 교수이다. 우리는 이 책들이 강의실 수업과 개인 성경 연구를 위해 사용되기를 기대한다. 이 시리즈에 좀 더 쉽게 접근할 수 있도록 기술적 전문 용어는 피한다. 각 책은 신학적이고 목회적인 정보를 담고 있으며, 각 저자는 그들의 관찰 내용을 교회 내의 현대적 이슈와 기독교 생활에 적용한다.

무엇보다도 우리의 기도와 바람은 이 시리즈가 하나님의 말씀에 대한 더 많은 연구와 진지한 성찰을 자극하여 경건한 삶과 하나님 나라의 확장을 가져오는 것이다.

저자 서문

안드레아스 J. 쾨스텐버거(Andreas J. Köstenberger) 박사
미국 Midwestern Baptist Theological Seminary 신약학·성경신학 연구교수

이른바 공동서신과 요한계시록 각 책을 간결하게 주석하는 일은 매우 멋진 도전이었다. 물론 비-바울 서신들(non-Pauline letters)이 종종 등한시되어 왔고 요한계시록이 많은 해석자를 혼란스럽게 한 것은 사실이다. 그러나 이러한 문헌들은 신약 정경에 중요한 공헌을 하고 있으므로 주의 깊게 연구하고 적용할 만한 가치가 있다.

요한계시록이 정경 맨 마지막에 배열된 것은 의심의 여지가 없지만, 고대 사본 전통에서는 흔히 야고보서, 베드로전서, 베드로후서, 요한1서, 요한2서, 요한3서, 유다서 등 일곱 개의 서신이 사도행전 바로 뒤에 배치되곤 하는데, 이는 그 서신들을 초기 교회의 역사와 더 밀접하게 연관시킨다. 반면 히브리서는 종종 바울이 직접 기록했든(오늘날에는 소수 견해에 속하지만) 그의 추종자 중 한 사람이 기록했든 바울 서신의 일부로 간주한다.[1]

야고보, 베드로, 요한, 유다의 서신을 사도행전 바로 다음에 배치함으로써 이 책들의 저자들이 초기 교회에서 중요한 인물이었다는 사실이 강조된다.

---

[1] 본서에서 다루는 신약 문헌들의 모든 개론적인 문제에 대해서는 A. J. Köstenberger, L. Scott Kellum, and Ch. L. Quarles, *The Cradle, the Cross, and the Crown: An Introduction to the New Testament*, 2nd ed. (Nashville: B&H Academic, 2016)을 참조하라. 이 책에서 다루는 신약 문헌들의 구약 사용에 대해서는 G. K. Beale and D. A. Carson, eds., *Commentary on the New Testament Use of the Old Testament* (Grand Rapids: Baker Academic, 2007)을 보라. 히브리서의 정경적 지위에 관해서는 또한 G. Goswell, "Finding a Home for the Letter of the Hebrews," *JETS* 59 (2016): 747-60도 보라.

야고보는 이른바 예루살렘 공의회(Jerusalem Council)를 주재했던 예루살렘 교회의 지도자였는데(행 15장) 그 공의회는 이방인을 기독교 공동체에 포함하는 기준을 정하는 까다로운 문제를 해결했다.

베드로는 예수의 지상 사역 동안 열두 제자의 대변인이었으며 예수에게서 "천국 열쇠"를 받은 인물이었다(마 16:19). 사도행전에 따르면, 그는 오순절 성령 강림 때 첫 번째 기독교 설교를 했으며, 유대인과 사마리아인을 초기 교회에 포함하는 데 주도적인 역할을 했다(행 2:14-41; 8:14-25). 베드로는 바울과 함께 사도행전의 주도적 인물이며 부활하신 예수에 관한 메시지를 전한 주된 선포자였다.

요한은 네 번째 복음서의 저자이며 요한복음과 사도행전에서 주로 베드로와 짝을 이루어 등장한다(요 13:23-25; 18:15-16; 20:2-10; 21:7, 15-23; 행 3-4장; 8:14-25). 요한복음에 의하면, 요한은 예수의 초기 사역 동안 그와 가장 가까운, 심지어 베드로보다도 훨씬 더 가까운 인물로 묘사된다(요 13:23; 참조, 1:18; 21:20).

바로 이 세 사람(야고보, 베드로, 요한)은 바울이 기록한 갈라디아서에서 동일한 순서로 초기 교회의 "기둥(같이 여겨지는 지도자들)"으로 소개된다(갈 2:9).

유다(Jude)는 야고보처럼 요셉과 마리아의 네 아들 중 하나인 예수의 이복형제(half-brother)였다(마 13:55; 막 6:3. 그는 또한 Judas라고도 불린다). 바울이 "기둥" 가운데 하나로 포함하지는 않지만, 유다는 예수와 예루살렘 교회의 지도자인 야고보 둘 다와 밀접하게 연결되었다. 즉, 그는 예수의 가족이었을 뿐만 아니라, 사도 그룹(apostolic circle)과도 가까운 관계에 있었다. 이처럼 예수의 가족이며 사도 그룹과의 연관성 덕분에 유다 또한 신약 정경에 적합한 저자로 인정받았다.

앞에서도 언급했듯이 **히브리서**는 전통적으로 사도 바울과 연관되어 왔기 때문에 종종 다른 열세 개의 서신과 함께 바울 서신에 포함되곤 했다.

요한계시록은 성경 정경의 마지막을 장식하는데, 창세기의 첫 부분을 반영함으로써 성경 전체의 마무리로 적합하다. 이 두 책은 한편으로는 세상과 인류를 창조하신 하나님의 옛 창조를, 다른 한편으로는 새 창조를 서술함으로써 하나의 짝을 이룬다. 이 두 책 사이에서 성경은 인류의 타락 이야기 및 하나님과 그의 백성 간에 맺어진 일련의 언약 이야기에 관해 말해 준다.

이러한 언약은 처음에는 이스라엘 민족(아브라함, 모세, 다윗)과 그리고 결정적으로는 예언자들의 예언에 따라 메시아이신 예수 안에서 또 그를 통하여 맺어진다(새 언약). 이처럼 요한계시록은 성경 이야기에 적절한 결론을 제공하고 언약을 지키시는 하나님과 그분의 어린양이며 유다의 사자(lion of Judah)인 예수 앞에서 구원받는 자들이 누릴 영원한 복(bliss)을 묘사한다.

내 인생과 사역의 동반자인 마가렛(Margaret)의 도움이 없었다면, 이 책을 쓰는 것이 가능하지 않았을 것이다. 그녀는 우리의 결혼생활 30년 동안 나에게 놀라운 축복이었다. 이와 같은 유용한 프로젝트에 참여해 달라는 요청이 내게 있을 때마다 그녀는 "예스"라고 말하라고 재촉한다.

"나의 사랑, 당신은 참으로 루비보다 소중해."

또한, 나를 믿고 아낌없는 지원과 격려를 해 준 중서부침례교신학교(Midwestern Baptist Theological Seminary)와 제이슨 알렌(Jason Allen) 총장께도 감사를 드린다. 그것은 내게 큰 의미가 있다. 또한, 이 책을 쓰도록 열정적으로 초대해 준 벤자민 L. 글래드(Benjamin L. Gladd)와 이 책을 탁월하게 출간해 준 베이커아카데믹출판사에도 감사를 전한다. 또한, 성경 인덱스 작업에 도움을 준 드레이크 이사벨(Drake Isabell)에게도 감사를 표한다.

이 길잡이는 여덟 권의 일반 서신과 요한계시록을 영어 성경에 배열된 순서로 다룰 것이다. 본서 각 장의 개론에서 각기 개별 책의 개론적 내용을 간략하게 설명할 것이지만, 논의 대부분은 각 책의 본문 내용을 파악하는 데 할애될 것이다.

히브리서 저자는 다음과 같이 말한다.

하나님의 말씀은 살아 있고 활력이 있어 좌우에 날 선 어떤 검보다도 예리하여 혼과 영과 및 관절과 골수를 찔러 쪼개기까지 하며 또 마음의 생각과 뜻을 판단하나니(히 4:12).

성경학도로서 필자는 우리가 성경의 이 부분을 함께 여행하면서 하나님의 영광을 위해, 그리고 우리 자신과 이 연구의 열매를 공유할 사람들의 유익을 위해 우리의 마음이 변화되고 우리의 지성이 깨우쳐지기를 소망한다.

오직 하나님께 영광(*Soli Deo gloria*).

역자 서문

이 승 호 박사
영남신학대학교 신약학 교수

　신약 개론은 신약성경 각 권에 대한 역사적, 문학적, 신학적 기본 정보를 개괄적으로 이해하기에 유용하다. 또 신약 주석은 다소 간의 차이는 있지만, 주로 신약 본문을 구절별로 상세하게 해설하는 데 초점을 맞춘다. 그러나 신약 개론은 신약 본문 자체를 상세하게 다루지 못한다는 단점이 있는 반면에, 신약 주석은 본문을 너무 전문적이고 포괄적으로 다루어 읽어 나가는 데 적지 않은 시간과 노력이 요구된다.

　그래서 종종 신약 개론과 신약 주석의 중간쯤 되는 해석 도구가 있으면 유익하겠다는 생각을 가지게 된다. 쾨스텐버거의 『히브리서에서 요한계시록까지』(Handbook on Hebrews through Revelation)는 바로 그러한 아쉬움을 달래주기에 전혀 손색이 없는 책이다. 이 책은 세 권으로 구성된 '신약 길잡이' 시리즈 중 하나인데, "시리즈 서문"에서도 밝히고 있듯이 상세한 석의 작업에 얽매이지 않고 본문의 의미를 빠르게 파악할 수 있도록 하는 데 주된 의도가 있다.

　이러한 의도에 맞게 이 책은 개론적이고 피상적인 본문 해석과 장황한 세부 정보의 홍수를 피하면서도 성경 본문을 균형 있고 깊이 있게 이해할 수 있는, 말 그대로 탁월한 신약성경의 길잡이 역할을 한다. 특히, 히브리서에서 요한계시록까지 여덟 권의 책은 복음서나 바울 서신에 비해 상대적으로 소홀히 다루어지는 경향이 있다. 그러나 이 책을 찬찬히 읽어 나가는 동안 독자들은 바울 서신과의 연속성은 물론이고 그것을 보완하는 주옥 같은 메시지를 발견하는 놀라운 경험을 갖게 될 것이다.

이 책은 각각의 장마다 세 부분으로 구성된다.

개론에서는 개론서가 보통 다루는 저자, 기록 시기, 수신자, 저작 상황, 구조 및 핵심 메시지 등을 다룬다. 무엇보다 성경 본문과 교회 전통을 존중하는 복음적인 관점에서 각 문헌의 내용과 의미를 파악하는 데 필요한 기본적인 정보를 간략하게 제공한다.

본문 해설에서는 해당 문헌의 본문을 구절별로 주석하기보다는 각 주요 단락의 내용을 요약하는 데 집중한다. 해당 본문과 함께 읽어 나가면 그 의미와 메시지를 이해하는 데 더 큰 도움을 얻을 수 있다.

주석서 및 논문과 단행본 목록을 최근 자료로 각 장의 마지막 부분에 더 깊은 연구를 위해 선별적으로 제공한다.

본서의 몇 가지 중요한 장점을 다음과 같이 나열할 수 있다.

첫째, 히브리서와 요한계시록까지 각 책 본문의 전체와 부분, 단락과 단락 간의 연관성을 놓치지 않으므로 전체의 논지와 메시지를 일목요연하게 파악하는 데 도움을 준다.

둘째, 신약 저자들의 구약 인용과 암시에 특별한 주의를 기울임으로써 신구약의 관계와 하나님의 구원사적 연관성을 포괄적으로 파악하는 데 도움을 준다.

셋째, 신약 본문의 본래적 의미와 함께 신학적이고 목회적인 정보도 포함하며 그 메시지를 교회 내의 현대적 이슈와 기독교 생활에도 적용함으로써 실용적인 도움을 준다.

넷째, 무엇보다 명확한 개념과 가독성이 수월한 문체를 사용하여 광범위한 독자들이 접근하기에 용이하다.

따라서 이 책은 학교에서 가르치는 교수와 신학생은 물론이고 목회자와 평신도 지도자, 그리고 신약성경에 관심 있는 모든 그리스도인에게도 큰 도움과 유익이 될 것으로 기대한다. 특히, 조만간 출간될 같은 시리즈의 복음서 부분(B. L. 글래드[B. L. Gladd]의 『마태복음에서 요한복음까지』)과 함께 사용하면 금상첨화일 것이다.

국내 독자들을 위해 이 번역서는 편의상 개역개정판 성경을 원칙적으로 사용했고, 원서와 표현이 다른 경우 역자주를 통해 표시해 두었다.

끝으로 언제나 그렇듯이 이 책의 번역을 허락하고 출판을 위해 수고해 주신 기독교문서선교회(CLC) 모든 사역자에게 깊은 감사를 드린다. 그들은 문서로 하나님 나라의 복음을 전하기 위해 직업 이상의 소명감을 가지고 일하는 동역자들이다. 바쁜 중에도 이 책의 교정을 위해 애써 준 아내 최현숙에게도 감사의 마음을 전한다.

아무쪼록 이 번역서가 하나님의 말씀을 바르게 이해하고 바르게 행하기를 원하는 이 땅의 모든 그리스도인의 열망에 미력이나마 도움이 되기를 소망한다.

2023년 1월
봄을 기다리는 봉회골에서

약어표

Symbol

//	parallels

Old Testament

Gen.	Genesis	Eccles.	Ecclesiastes
Exod.	Exodus	Song	Song of Songs
Lev.	Leviticus	Isa.	Isaiah
Num.	Numbers	Jer.	Jeremiah
Deut.	Deuteronomy	Lam.	Lamentations
Josh.	Joshua	Ezek.	Ezekiel
Judg.	Judges	Dan.	Daniel
Ruth	Ruth	Hosea	Hosea
1 Sam.	1 Samuel	Joel	Joel
2 Sam.	2 Samuel	Amos	Amos
1 Kings	1 Kings	Obad.	Obadiah
2 Kings	2 Kings	Jon.	Jonah
1 Chron.	1 Chronicles	Mic.	Micah
2 Chron.	2 Chronicles	Nah.	Nahum
Ezra	Ezra	Hab.	Habakkuk
Neh.	Nehemiah	Zeph.	Zephaniah
Esther	Esther	Hag.	Haggai
Job	Job	Zech.	Zechariah
Ps(s).	Psalm(s)	Mal.	Malachi
Prov.	Proverbs		

New Testament

Matt.	Matthew	Gal.	Galatians
Mark	Mark	Eph.	Ephesians
Luke	Luke	Phil.	Philippians
John	John	Col.	Colossians
Acts	Acts	1 Thess.	1 Thessalonians
Rom.	Romans	2 Thess.	2 Thessalonians
1 Cor.	1 Corinthians	1 Tim.	1 Timothy
2 Cor.	2 Corinthians		

Abbreviations

2 Tim.	2 Timothy	2 Pet.	2 Peter
Titus	Titus	1 John	1 John
Philem.	Philemon	2 John	2 John
Heb.	Hebrews	3 John	3 John
James	James	Jude	Jude
1 Pet.	1 Peter	Rev.	Revelation

Secondary Sources

AB	Anchor Bible
AcBib	Academia Biblica
ACCS	Ancient Christian Commentary on Scripture
ACNT	Augsburg Commentary on the New Testament
ALGHJ	Arbeiten zur Literatur und Geschichte des hellenistischen Judentums
AnBib	Analecta Biblica
ANTC	Abingdon New Testament Commentaries
AUSS	*Andrews University Seminary Studies*
BBC	Blackwell Bible Commentaries
BBR	*Bulletin for Biblical Research*
BCBC	Believers Church Bible Commentary
BECNT	Baker Exegetical Commentary on the New Testament
BETL	Bibliotheca Ephemeridum Theologicarum Lovaniensium
BHGNT	Baylor Handbook on the Greek New Testament
Bib	*Biblica*
BJRL	*Bulletin of the John Rylands Library* BR *Biblical Research*
BSac	*Bibliotheca Sacra*
BTB	*Biblical Theology Bulletin*
BTCB	Brazos Theological Commentary on the Bible
BTCP	Biblical Theology for Christian Proclamation
BTNT	Biblical Theology of the New Testament
BTS	Biblical Tools and Studies
BZ	*Biblische Zeitschrift*
BZNW	*Beihefte zur Zeitschrift für die neutestamentliche Wissenschaft*
CBQ	*Catholic Biblical Quarterly*
CBR	*Currents in Biblical Research*
CJT	*Canadian Journal of Theology*
ConBNT	Coniectanea Biblica: New Testament
CTJ	*Calvin Theological Journal*

CTR	*Criswell Theological Review*
DBSJ	*Detroit Baptist Seminary Journal*
EBT	Explorations in Biblical Theology
EGGNT	Exegetical Guide to the Greek New Testament
ERT	Evangelical Review of Theology
EvQ	*Evangelical Quarterly*
ExpTim	*Expository Times*
FM	Faith and Mission
GNTE	Guides to New Testament Exegesis
GTJ	*Grace Theological Journal*
HNTC	Harper's New Testament Commentaries
HTR	*Harvard Theological Review*
IBRB	Institute for Biblical Research Bibliographies
ICC	International Critical Commentary
Int	*Interpretation*
IVPNTC	IVP New Testament Commentary
JBL	*Journal of Biblical Literature*
JETS	*Journal of the Evangelical Theological Society*
JMT	*Journal of Ministry and Theology*
JS	Johannine Studies
JSNT	*Journal for the Study of the New Testament*
JSNTSup	Journal for the Study of the New Testament Supplement Series
JTS	*Journal of Theological Studies*
LNTS	Library of New Testament Studies
MAJT	*Mid-America Journal of Theology*
MSJ	The Master's Seminary Journal
NABPRDS	National Association of Baptist Professors of Religion Dissertation Series
NAC	New American Commentary
NACSBT	New American Commentary Studies in Bible and Theology
NCB	New Century Bible
NCBC	New Cambridge Bible Commentary
NCC	New Covenant Commentary
NCCS	New Covenant Commentary Series
Neot	*Neotestamentica*
NIBC	New International Biblical Commentary
NICNT	New International Commentary on the New Testament
NIGTC	New International Greek Testament Commentary
NIVAC	NIV Application Commentary
NovT	*Novum Testamentum*
NovTSup	Supplements to Novum Testamentum

NSBT	New Studies in Biblical Theology
NTC	New Testament in Context
NTG	New Testament Guides
NTL	New Testament Library
NTR	New Testament Readings
NTS	*New Testament Studies*
NTT	New Testament Theology
PBM	Paternoster Biblical Monographs
PNTC	Pillar New Testament Commentary
PRSt	*Perspectives in Religious Studies*
PSTJ	*Perkins (School of Theology) Journal*
PTMS	Princeton Theological Monograph Series
RBS	Resources for Biblical Study
ResQ	*Restoration Quarterly*
RevExp	*Review and Expositor*
RTR	*Reformed Theological Review*
SB	Sources bibliques
SBJT	*Southern Baptist Journal of Theology*
SBLDS	Society of Biblical Literature Dissertation Series
SBLMS	Society of Biblical Literature Monograph Series
SBLRBS	Society of Biblical Literature Resources for Biblical Study
SNTSMS	Society for New Testament Studies Monograph Series
SP	Sacra Pagina
STDJ	Studies on the Texts of the Desert of Judah
TBT	*The Bible Today*
THNTC	Two Horizons New Testament Commentary
TNTC	Tyndale New Testament Commentaries
TrinJ	*Trinity Journal*
TT	*Theology Today*
TTC	Teach the Text Commentary
TTKi	*Tidsskrift for Teologi og Kirke*
TynBul	*Tyndale Bulletin*
UBC	Understanding the Bible Commentary
WBC	Word Biblical Commentary
WTJ	Westminster Theological Journal
WUNT	Wissenschaftliche Untersuchungen zum Neuen Testament
WW	*Word and World*
ZECNT	Zondervan Exegetical Commentary on the New Testament
ZIBBC	Zondervan Illustrated Bible Backgrounds Commentary
ZNW	*Zeitschrift für die neutestamentliche Wissenschaft und die Kunde der äl- teren Kirche*

제1장

히브리서

I. 개론

1. 저자, 저작 시기, 문학 장르

히브리서의 저자는 알 수 없다.[1] 하지만 히브리서가 지닌 강력한 메시지는 저자에 대한 우리의 지식에 의존하지 않는다. 분명한 것은 히브리서의 내용이 스스로 말하고 있으며 신적 영감(divine inspration)의 표시를 지닌다고 초기 교회가 결정했다는 점이다. 따라서 교회는 이 서신을 신약성경 정경에 포함했다. 더욱이 히브리서의 저자가 누구인지를 우리는 모르지만, 이 서신의 본래 수신자들은 그가 누구였는지 알고 있었던 것이 거의 확실하다(예를 들면, 13:22 참조)!

이 서신의 저자는 알 수 없지만, 본문의 내용으로부터 이 서신이 기록된 상황에 대해 몇 가지 흥미로운 점을 추론해 낼 수 있다.

---

[1] 히브리서의 저자를 아볼로로 보는 견해에 대해서는 G. H. Guthrie, "The Case for Apollos as the Author of Hebrews," *FM* 18 (2001): 41-56을 보라. 누가를 저자로 보는 견해에 대해서는 D. L. Allen, *Lukan Authorship of Hebrews*, NACSBT (Nashville: B&H, 2010)을 보라. A. W. Pitts and Joshua F. Walker(in "The Authorship of Hebrews: A Further Development in the Luke-Paul Relationship," in *Paul and His Social Relations*, ed. Stanley E. Poter and Ch. D. Land [Leiden: Brill, 2012], 143-84)는 히브리서가 누가에 의해 기록되고 나중에 출간된 바울의 연설(설교) 자료라고 주장한다.

첫째, 예루살렘 성전 파괴에 관한 언급이 없다는 점이다. 고대 자료의 일치된 증언에 따르면, 그 일은 AD 70년에 일어났다. (그 일이 이미 발생했다면) 성전 파멸에 대한 언급은 이제 예수께서 오셨으니 옛 희생제사와 그 제도가 쓸모없게 되었다는 저자의 논지를 진전시키는 데 크게 도움을 주었을 것이다. 그러나 그 사건이 언급되어 있지 않은 것을 보면, 야고보서는 AD 70년 이전에 기록되었을 가능성이 매우 크다.

둘째, 저자가 예수 안에 있는 "큰 구원"을 "주님께서 처음에 말씀하신 것이요, 그것을 들은 사람들이 우리에게 확증하여 준 것"(표준새번역)으로 언급한다는 점이다(2:3; 저자의 이름은 알 수 없지만, 11:32의 분사 "디에구메논"[*diēgoumenon*, "말하려면"]이 남성 형태이므로 나는 저자를 남성으로 본다). 이런 점에서 저자는 자신을 예수 사역의 목격자나 사도 그룹에 포함하지 않는 것으로 보인다. 오히려 그는 사도의 메시지를 받아 다른 사람에게 전해 준 2세대 신자(second-generation believer)였던 것 같다.

셋째, 히브리서는 하나의 서신처럼 끝나긴 하지만(교회의 지도자에게 순종하며 바울을 위해 기도해 달라는 권면과 마지막 축복 및 끝인사 포함[13:7-25]), 서신처럼 시작하지 않는다는 점이다. 예를 들면, 바울이 기록한 서신들은 "사도인 바울은, (특정 교회나 개인의 이름)에게, 은혜와 평강이 있기를"(또는 이와 유사한 인사말, 예컨대, 고전 1:1-3)이라는 전형적인 편지 서두 형태를 따른다.

그러나 이와 달리 히브리서는 오히려 하나의 구두 메시지(oral message), 즉 하나의 설교(sermon)처럼 시작된다. 실제로 히브리서의 서문은 (영어 번역에서는 제대로 표현하지 못하지만) 주의 깊은 수사학적 기교의 징후를 보여주는데, 예컨대 1:1에는 헬라어 문자 피(*pi*[영어로는 p], 아래 1:1의 논의를 보라)로 시작하는 무려 다섯 단어로 이루어진 두운법(pattern of alliteration)이 나타난다.

또한 "말하다"와 "듣다"라는 단어들이 좀 더 관례적인 용어인 "쓰다"와 "읽다"라는 단어를 대체하는데, 이는 이 서신이 일련의 구두 메시지(oral messages)를 글로 표현하고 있음을 재차 암시해 준다. "형제들아 내가 너희를 권하노니 권면의 말을 용납하라"(13:22)라는 저자의 맺음말 역시 이를 뒷받침해 준다.

왜냐하면, "권면의 말"이 신약성경의 다른 부분에서는 오직 사도행전 13:15에만 나오는데, 거기서는 그 문구가 바울이 비시디아 안디옥에서 행한 바울의 구두 설교를 가리키고 있기 때문이다(개역개정에는 "권할 말"로 표현되어 있지만, 둘은 같은 헬라어 문구에 대한 번역이다-역자주).

그러므로 이 모든 증거를 보면, 히브리서가 일련의 구두 메시지들, 즉 복수의 설교(sermons)에서 유래했다는 사실이 드러난다. 그러한 설교가 나중에 편집되어 정교한 문학적 서문과 서신의 맺음말(13장)을 갖춘 서신 형태로 보내진 것으로 보인다.

2. 수신자와 저작 상황

히브리서의 수신자는 누구였을까?

본문과 주변 문맥(context)을 보면 이에 대한 몇 가지 단서를 찾을 수 있다.

첫째, 이 서신의 제목이 "히브리인들에게(*PROS HEBRAIOUS*) [보내는 서신]"이라는 점이다. 이 제목이 서신의 영감 받은 원문(the original, inspired text)의 일부는 아니지만, 그것은 매우 초기의 것이며 아마도 대부분(모두는 아니더라도) 유대인(그리스도인)으로 구성된 독자층을 가리키는 것으로 보인다. 이 점은 서신 자체의 내용에 의해서도 확인된다. 예를 들면, 히브리서 본문은 유대인의 사제직, 구약의 희생 제도, 구약의 다양한 예전 관행을 세부사항까지도 광범위하고 인상적으로 서술한다.

둘째, 히브리서의 수신자가 사도행전 초기 부분에 언급된 "이 도(믿음)에 복종하는" "허다한 제사장의 무리"(행 6:7)와 같은 부류였을 것으로 주장한 학자들이 있었다. 이러한 견해를 결정적으로 확인할 증거는 없지만,

히브리서의 저자가 예수를 메시아로 믿게 되었지만, 후에 점점 심해지는 박해 앞에서 유대교로 되돌아갈 유혹을 받았던 유대인 그리스도인 회중(Jewish-Christian congregation)과 그 지도자들에게 이 서신을 보냈다는 추정은 설득력이 있다. 이 점은 또한, 이 서신 전체에 걸쳐 나오는 다수의 "경고 단락"을 통해서도 확인된다(예컨대, 2:3-4; 6:1-6).

셋째, 더욱이 이 서신이 네로 황제(AD 54-68년 통치)의 그리스도인 박해의 진원지였던 로마의 기독교 공동체나 여러 가정교회에 보내졌다고 추정할 훌륭한 근거가 있다. 서신 끝부분에 나오는 "이달리야(이탈리아)에서 온 자들도 너희에게 문안하느니라"(13:24)라는 언급이 바로 이 점을 지적하는 것으로 보인다. 이 서신이 로마에 있는 공동체에 보내졌을 가능성은 또한 네로 통치의 후기에 대해 알려진 정보와 일치한다. 네로는 AD 64년에 일어난 로마의 대화재 사건을 그리스도인의 책임으로 돌려 많은 그리스도인을 처형했었다.

AD 60년대 초반이나 중반에 박해가 점점 고조되는 상황에서 (많지는 않았을지라도) 일부 유대인 신자들(또는 잠재적 신자들)이 더욱더 안전한 유대교의 울타리로 되돌아가고 싶은 유혹을 받아 다음과 같은 저자의 경고를 받았을 가능성이 크다.

> 우리가 이같이 큰 구원을 등한히 여기면 어찌 그 보응을 피하리요(2:3).

이제 예수가 오셔서 죽고 부활하시고 "높은 곳에 계신 지극히 크신 이의 우편에 앉으셨으므로"(1:3) 누군가 옛 계약 체계로 되돌아간다는 것은 상상도 할 수 없는 일이었다. 그것은 메시아이시며 영원한 대제사장이신 주 예수 그리스도의 완성된 십자가 사역을 통해 더 이상 쓸모없게 되었기 때문이다.

3. 구조

히브리서는 유대교의 옛 언약 체계(old covenant system of Judaism)에 대한 주 예수 그리스도의 우월성을 계속하여 강력하게 제시한다. 신약성경에서 유일하게 히브리서는 주 예수 그리스도의 역할을 하나님의 언약 백성을 위한 위대한 대제사장으로 묘사하는데, 그분은 그의 죽음과 피로써 옛 언약을 대체하는 새 언약을 확립하신 분이다(예컨대, 10:19-22을 보라).

다음의 도표는 히브리서 저자의 논의를 넓은 필치로 보여 준다.[2] 독특한 점은 하나의 구성단위(unit) 마지막 단락이 종종 다음 구성단위의 시작 단락으로도 기능함으로써 이중 임무를 수행한다는 점이다.

히브리서의 구조

문학적 구성단위	내용 요약	전이 단락
1:1-4:16	그분의 아들 안에 나타난 하나님의 마지막 계시	4:11-16
4:11-10:25	새 언약의 대제사장과 중재자로서의 예수	10:19-25
10:19-13:16	우리보다 앞서 경주를 하시고 영문 밖에서 고난을 받으신 예수	13:17
13:18-25	서신의 맺음말	

---

[2] C. L. Westfall, *A Discourse Analysis of the Letter to the Hebrews: The Relationship between Form and Meaning*, LNTS 297 (New York: T&T Clark, 2005)를 참조하라. 여기서 그는 히브리서를 세 부분으로 구분할 수 있다고 주장한다(1:1-4:16; 4:11-10:25; 10:19-13:16). 이 구조는 "형식적으로 4:11-16 및 10:19-25에 있는 두 개의 주제 담론 정점을 기반으로 하는데, 이 두 단락은 각각 세 개의 청유형을 이끄는 가정법(hortatory subjunctives / 헬라어에서 가정법 1인칭 복수형은 '~ 합시다'라는 청유형으로 번역됨-역자주)으로 형성된다"(297). 히브리서의 구조에 대한 다수의 제안을 개괄하기 위해서는 B. C. Joslin, "Can Hebrews Be Structured? An Assessment of Eight Approaches," *CBR* 6 (2007): 99-129; S. Stanley, "The Structure of Hebrews from Three Perspectives," *TynBul* 45 (1994): 245-71을 보라. 한편, D. E. Johnson ("Hebrews," in *ESV Expository Commentary*, vol. 12, *Hebrews-Revelation*, ed. I. M. Duguid, J. M. Hamilton Jr. and J. Sklar [Wheaton: Crossway, 2018], 23)은 다르게 분류하는데, 그는 히브리서의 본문을 6개의 주요 단락으로 구분한다(1:4-2:18; 3:1-4:13; 4:14-7:28; 8:1-10:31; 10:32-12:17; 12:18-29). 하지만 그의 책 28-30면에 나오는 존슨의 개요가 늘 이러한 도식과 일치하는 것은 아님에 주목하라.

4. 중심 메시지

히브리서의 첫 번째 주요 구성단위(1:1-4:16)에서 과거에는 여러 대변자(구약의 예언자들)를 통해 말씀하신 하나님께서 "이 모든 날 마지막에는" "아들"을 통해 자신을 계시하셨다고 단언한다(1:1-2). 하나님의 최종 계시가 그분의 아들 안에서 결정적으로 나타났다는 단언은 이 구성단위의 나머지 부분(실제로는 히브리서 전체의 나머지 부분)에 만연하는 논지, 즉 예수가 하나님의 계시와 구원에 대한 이전의 모든 중재자보다 뛰어나다(우월하다)는 논지를 설정하는 매우 중요한 기본 틀을 제공한다.

이러한 중재자 중에는 천사들도 포함되는데, 유대인의 전승에 따르면 하나님께서는 천사들을 통해 이스라엘에 율법을 주셨다(2:2). 또한, 모세도 포함되는데, 하나님은 출애굽 시기에 모세를 통해 이스라엘을 구원하셨고 율법을 주셨다(3:1-6). 심지어 여기에는 여호수아도 포함되는데, 그는 이스라엘을 약속의 땅으로 인도했지만, 그 민족에게 적들로부터 영구적 안식을 주지는 못했다(4:8-10).

저자의 원래 유대인 독자들에게는 특히 헬라어로 여호수아(Joshua)라는 이름의 철자가 정확히 "예수"(Iēsous)라는 이름과 같다는 점이 매력적이었을 것이다.[3] 따라서 논의는 기본적으로 다음과 같이 진행된다. 이전의 "예수"(여호수아)가 할 수 없었던 것(즉, 하나님의 백성에게 영구적인 안식과 구원을 제공하는 역할)을 후대의 "예수"(주 예수 그리스도)는 할 수 있었다. 이로써 다음 구성단위에서 전개될 예수 그리스도의 뛰어난 영원한 대제사장직에 관한 논지가 완벽하게 준비된다.

히브리서의 두 번째 주요 구성단위(4:11-10:25)는 4:14(4:11-16에 언급된 전이 단락의 한가운데 위치한)에서 시작하며 다음과 같은 진술로 도입된다.

---

3 히브리서의 저자는 종종 구약성경의 헬라어 번역인 70인역을 인용했다. 이렇게 하여 그는 주어진 구약성경 구절의 문구를 역시 헬라어로 기록된 자신의 메시지와 연관시킬 수 있었다.

> 그러므로 우리에게 큰 대제사장이 계시니 승천하신 이 곧 하나님의 아들 예수시라 우리가 믿는 도리를 굳게 잡을지어다(히 4:14).

예수의 대제사장적 역할이 편지 서두에 이미 암시되어 있었지만("죄를 정결하게 하는 일을 하시고, … 앉으셨느니라", 1:3), 예수의 대제사장직이 명시적으로 언급되는 곳은 여기가 처음이다.

이 서신 중간 부분의 대부분은 그리스도의 우월한 제사장직에 대한 상세한 논의와 입증으로 채워진다. 히브리서 저자는 본성과 효능이 제한적인 레위 지파 계통의 사제직과 비교하여 예수의 제사장직이 멜기세덱이라는 신비로운 인물의 계통을 따른, 질적으로 다른 유형의 제사장직임을 단언한다(5:1-10; 7:1-28). 그 결과 예수는 구약의 신자들이 할 수 없었던 방식으로 신자들이 영원히 하나님께 가까이 갈 수 있게 해 주는 더 나은 새 언약의 중재자가 되었다.

히브리서의 세 번째 주요 구성단위(첫 번째 주요 구성단위와는 길이가 거의 비슷하고 두 번째 주요 구성단위보다는 짧음)는 다양한 구약 인물(예언자이든 민족의 구원자이든 제사장이든)보다 뛰어난 예수의 우월성이 지닌 중요한 함의를 신자들이 살아야 할 삶의 방식과 긴밀하게 연결한다.

저자는 10:19에서 시작하여 독자들에게 다음과 같이 삼중의 권면을 제공한다.

> 그러므로 형제들아 우리가 예수의 피를 힘입어 성소에 들어갈 담력을 얻었나니 그 길은 우리를 위하여 휘장 가운데 열어 놓으신 새로운 살 길이요 … 또 하나님의 집 다스리는 큰[위대한] 제사장이 계시매(히 4:14 참조) … 하나님께 나아가자 … 우리가 믿는 도리의 소망을 움직이지 말며 굳게 잡고 … 서로 돌아보아 사랑과 선행을 격려하며(히 10:19-24).

신자들은 구름같이 수많은 '증인'(즉, 모범적인 믿음을 보인 구약의 신자들)에 둘러싸여 있으니 이미 경주를 마치신 예수를 똑바로 바라보면서 믿음의 경주를 해야만 한다(12:1-2). 그들은 또한 십자가에 못 박히신 구주를 따를 때 불가피하게 수반되는 고난을 기꺼이 견뎌 내야 한다(13:12-13).

히브리서에 나타난 주요 구성단위들

문학적 구성단위	도입 선언 / 논지	권면
1:1-3	"옛적에 선지자들을 통하여…우리 조상들에게 말씀하신 하나님이 이 모든 날 마지막에는 아들을 통하여 우리에게 말씀하셨으니…"	"그러므로 우리는 들은 것에 더욱 유념함으로 우리가 흘러 떠내려가지 않도록 함이 마땅하니라"(2:1)
4:14-16	"그러므로 우리에게 큰 대제사장이 계시니 승천하신 이 곧 하나님의 아들 예수시라…"	"…우리가 믿는 도리(우리의 신앙고백)를 굳게 잡을지어다"
10:19-25	"그러므로 형제들아 우리가 예수의 피를 힘입어 성소에 들어갈 담력을 얻었나니…또 하나님의 집 다스리는 큰 제사장이 계시매…"	"참 마음과 온전한 믿음으로 하나님께 나아가자…우리가 믿는 도리의 소망을 움직이지 말며 굳게 잡고 서로 돌아보아 사랑과 선행을 격려하며…"
13:17-25		"너희를 인도하는 자들에게 순종하고 복종하라…우리를 위하여 기도하라…(나의) 권면의 말을 용납하라…"

II. 본문 해설

1. 아들 안에 나타난 하나님의 마지막 계시와 구원(1:1-4:16)

1) 예수는 천사보다 뛰어나시다(1:1-2:18)

우리는 종종 진행 중인 한 토론의 맥락에서 "현 주제에 대한 최종적인 말(final word)이 아직 나오지 않았다"라고 말하곤 한다. 또는 한 TV 진행자가 패널에게 "마지막으로 말씀해 주시겠습니다"라고 말할 수도 있다. 히브리서 저자의 논지는 타락 이후 인간의 삶에서 가장 중요한 문제, 즉 죄

용서와 구원에 관한 최종적인 말씀은 이미 가장 확실한 방식으로 말해졌다는 점에 있다. 더구나 그 최종적인 말씀은 구약성경의 역사서와 예언서에 서술된 다양한 예비적 방식이 아니라 하나님께서 친히 주 예수 그리스도의 인격과 사역을 통해 말씀하셨다.

하나님께서 예수 안에서 그리고 예수를 통하여 최종적으로 말씀하신 방식을 설명하기 위해 저자는 하나님 아들의 오심을 구약 시대에 나타난 하나님의 계시 행위의 모체(matrix) 안에 배치한다. 그렇지만 히브리서 1장과 2장의 초점은 대부분 천사보다 뛰어난 예수의 우월성에 놓여 있다(1:5, 6, 7, 13, 14; 2:2, 5, 9, 16을 보라).

왜 그럴까?

부분적으로는 적어도 그 대답은 하나님에 의해 율법이 중보자 천사들을 통해 모세에게 주어졌다는 유대인의 이해에 놓여 있다. 이러한 이해는 구약에 이미 암시되어 있지만(신 33:2 참조), 때로는 신약에서 더 명확하게 표현되고 있다(예컨대, 행 7:38; 갈 3:19 참조).

율법은 시내산에서 주어진 이래로 구약의 이스라엘 백성에게 일종의 헌법(constitution)의 역할을 함으로써 그 민족에 전반적 윤리뿐만 아니라 제사장직, 예배, 희생제사 그리고 민족적으로나 제의적으로 중요한 많은 다른 문제들에 대한 구체적 규정을 제공했다. 바울이 때때로 율법의 한계에 주목하기도 하지만, 여러 가지 면에서 율법은 구원사의 그 시점에서 하나님이 그의 백성에게 주신 좋은 선물이었으며 그의 백성에게 공동체적으로나 개별적으로 하나님 앞에서 어떻게 살아야 하는지에 대한 세부 지침을 제시해 주었다.

요한은 요한복음 서문에서 "율법은 모세로 말미암아 주어진 것이요 은혜와 진리는 예수 그리스도로 말미암아 온 것이라"(요 1:17)라고 기록함으로써 바로 이 점을 암시한다.

따라서 구약 시대에 하나님의 백성은 율법을 매우 높이 평가했다. 실제로 율법에 대한 존중은 너무 커서 많은 사람이 율법(히브리어로는 토라[Torah])은 영원하며 창조 때에 이미 하나님과 함께 있었다고 주장했다(지혜와 유사하게; 잠언 8장 참조). 여러 시편 역시 이스라엘이 율법과 율법의 완전성을 얼마나 높이 평가했는지 입증해 준다(예컨대, 시편 1:19과 119편을 보라).

이러한 높은 율법 존중에 비추어 볼 때, 1세기의 많은 사람이 율법이 항상 이스라엘 민족을 중심으로 하나님 백성의 길을 다스릴 것으로 기대했던 것은 놀라운 일이 아니다. 히브리서의 저자가 정면으로 도전하고 있는 것이 바로 이러한 가정(assumptions)이다. 1:1에 나오는 거의 모든 단어가 중요한데, 히브리서 저자는 두운법(alliteration)을 사용하여 각각의 단어를 강조한다.

"여러 번에 걸쳐(폴뤼메로스[*polymerōs*]) 여러 방식으로(폴뤼트로스[*polytrōs*]) 옛적에(팔라이[*palai*]) 하나님께서는 조상들에게(파트라신[*patrasin*]) 선지자들을(프로페타이스[*prophētais*]) 통해 말씀하신 후에 이 마지막 날에는 아들을 통해 우리에게 말씀하셨다"(헬라어 본문의 두운법을 고려한 필자의 사역-역자주).

히브리서를 시작하는 이 장엄한 선언의 수사적 효과를 영어 번역으로 재현하기란 불가능하지만, 헬라어 본문은 기억에 남을 만큼 인상적이고 중요하다.

편지 서두에서 저자는 "옛적"과 "이 마지막 날"(개역개정에는 "이 모든 날 마지막"으로 번역-역자주)을 대조시킨다(민 24:14; 렘 23:20; 단 10:14 참조). 특히 "말씀하시다"라는 동사는 똑같지만, 하나님께서 선지자들(복수)에게 하신 말씀과 아들(단수)을 통하여 주신 말씀이 대조된다. "여러 번"(개역개정에는 "여러 부분"으로 번역-역자주)과 "여러 모양(방법)"이라는 표현 속에 포함된 "여러"(poly-/many, 둘 이상의 복수)라는 반복된 문구는 하나님의 유일한(singular) 아들 계시와 대조된다.

하나님께서 이 아들을 만유(만물)의 상속자로 세우셨으며(아마도 시편 2:8에 대한 암시), 이 아들은 또한 하나님의 창조 대행자(agent), 즉 하나님이 모든 것을 존재케 하신 말씀(Word)의 역할을 하셨다(1:2; 참조, 11:3; 요 1:2-3)고 저자는 덧붙인다. 분명한 것은 구약의 선지자들이 하나님의 대변인으로서 중요한 역할을 한 것은 사실이지만, 아들처럼 하나님께서 "그로 말미암아" 세상을 창조하신 "상속자"(단수)와 같은 승귀된 지위를 얻은 인물은 없었다는 점이다("선지자들"이라는 용어가 다소 광범위하여, 심지어 모세와 같은 구약 인물도 포함한다는 점에 주목하라). 이러한 의미에서 히브리서 또한, 우월한 형태의 계시이다. 하나님께서 사도들과 히브리서를 통하여 증언된 그분의 아들을 통해 말씀하셨기 때문이다.

그렇다면 저자는 처음부터 독자들에게 하나님의 말씀을 그의 백성에게 전하는 중개자 역할을 했던 구약의 인물들보다 하나님의 "아들" 예수가 훨씬 더 뛰어나다는 점을 매우 효과적인 수사적 기교로 각인시키고 있는 셈이다.

편지 서두의 나머지 부분에서 저자는 예수를 "하나님의 영광(독사[*doxa*])의 광채(아파우가스마[*apaugasma*], 신약에서 여기서만 나오는 단어)와 그 본체(휘포스타시스[*hypostasis*], 특히, ESV 역이 휘포스타시스를 '확신'[assurance]으로 번역하는 히 11:1 참조)의 형상"(카락테르[*charaktēr*/exact imprint], 신약에서 여기서만 나오는 단어)이라 부르고, 예수가 "그의 능력의 말씀으로 만물을 붙드신다"라고 단언함으로써(1:3) 예수의 하나님과의 우월한 관계 및 하나님의 계획 내에서의 우월한 위치 개념을 계속 진전시킨다.

예수를 하나님 본체(God's nature)의 "형상"(exact imprint)으로 표현하는 헬라어 단어 카락테르(아마 그의 선재 상태를 언급)는 은유적으로 동전(coin)이나 직인(seal)의 인상을 전달한다. 저자는 창조주 하나님과 하나님의 아들이요 말씀이신 예수를 구별하기는 하지만 매우 높은 기독론(an extremely high Christology, 예수의 신성을 강조하는 고등 기독론-역자주)을 (예루살렘 성전의 멸망 이전임에도) 제시하며 예수의 본성(nature)과 하나님의 본성(nature)을 동일시한다(신학자들이 이른바 "존재론"[ontology] 또는 본질적 존재[essential being]라고 부르는 개념).

그러나 히브리서 저자가 예수의 선재에 대한 믿음을 옹호하지 않았다고 주장하는 학자들도 더러 있다. 저자는 단지 "지혜 기독론"(wisdom Christology)의 틀 안에서 예수를 보고 있을 뿐이라는 것이다. 그들의 주장에 따르면, 히브리서 저자는 예수를 "하나님의 영광의 광채"요 "그 본체의 형상"으로 표현한 것은 단지 인간 예수를 지혜의 구현(the embodiment of wisdom)

으로 언급할 뿐, 예수의 선재에 대한 언급은 단지 일반적이고 은유적인 의미로만 받아들여져야 한다.

이러한 학자들은 또한 신적 지혜의 구현으로서 예수가 하나님의 창조적 에너지와 구원 의도를 나타낸다고 주장한다. 하지만 히브리서의 첫 장을 단순하게 읽으면서 거기에 나타난 구약성경의 암시들을 주의 깊게 고려한다면, 히브리서의 저자가 예수의 선재성, 성육신, 승귀(exaltation)에 대한 언급을 창의적으로 배열하고 있으며 그리스도의 완전한 인성과 완전한 신성 모두를 적절한 균형과 상호 관계 속에서 견지하고 있음을 알 수 있다.

이어 저자는 (성육신하신) 예수에 대해 "죄를 정결하게 하는 일을 하시고," "높은 곳에 계신 지극히 크신 이의 우편에" 앉으셨으며(시편 110:1에 대한 암시, 나중에 1:13과 이 서신의 여러 곳에서 인용됨), "그가 천사보다 훨씬 뛰어남은 그들보다 더욱 아름다운 이름을 기업으로 얻으심이니"(1:4; 또한 8:1; 10:12; 12:2도 보라)라고 말함으로써 예수의 제사장직으로 확실하게 전환한다.

예수가 죄를 정결하게 하는 일(카다리스모스[katharismos], 레위기의 헬라어 번역에서 자주 사용. 예컨대, 레 8:15; 12:7-8; 13:6-7; 14:2; 15:13, 28; 16:19, 20, 30 참조)을 수행하셨다고 언급함으로써 저자는 이 서신의 주요 논의 주제, 즉 십자가에서 그의 피를 흘리심으로 새 언약을 세우신 큰 대제사장으로서의 예수의 역할을 미리 보여 준다("정결" 언어의 용례에 대해서는 9:13-14, 22-23; 10:2, 22을 보고, 그리스도의 대제사장직에 대해서는 2:17; 3:1; 4:14; 5:1; 7:26; 8:1; 9:11을 보라).

더욱이 예수가 (하나님의 우편에) 앉으신 것으로 묘사되고 있는 점은 그분이 이루신 죄의 정결에 대한 최종적이며 일회적인 특성을 강조해 준다. 이 점은 레위 지파의 제사장직의 한계에 따른 구약의 희생제사 제도 아래서 유대인 제사장들이 수행한 제사의 반복적인 특성과 대조된다(예컨대, 10:11 참조). 이러한 대조가 이미 예수의 제사장직이 다른 유형의 제사장직이었음을 암시해 준다. 히브리서의 저자는 후에 이 점을 설명할 것이다.

저자가 예수는 천사보다 훨씬 더 훌륭한 "이름"을 물려받았다(완료시제로 과거에 일어난 일이 현재까지 계속되는 결과를 나타냄)고 언급할 때, 유대인 어투에서 흔히 볼 수 있듯이 그는 "이름"이라는 표현을 한 개인의 정체성, 성격, 역할의 구현(embodiment)으로 사용한다. 아마도 여기서 "이름"은 성부 하나님이 종말론적 우주의 통치자로 높여지신 아들과 공유하신 YHWH(이른바 tetragrammaton[야웨의 4 자음 문자]) 라는 신적 이름을 가리킬 것이다(1:10-12에 인용된 시편 102:25-27을 보라. 또한, 2:12; 6:10; 13:15에 나오는 "이름"[onoma]의 세 용례도 보라).

4절에서 천사를 처음으로 언급한 이후 저자는 계속해서 1장의 나머지 부분과 2장의 상당 부분에서 천사보다 뛰어난 예수의 우월성 주제를 자세히 설명한다. 저자는 자신의 논지를 보강하기 위해 대부분 시편에서 끌어온 몇 개의 구약 구절을 인용한다.[4]

그는 신약성경에서 자주 나타나는 매우 중요한 메시아 구절, 즉 시편 2:7을 제시함으로써 시작한다. 거기서 하나님은 한 개인을 향해 다음과 같이 말씀하신 것으로 인용된다.

··· 너는 내 아들이라 오늘 내가 너를 낳았도다(시 2:7).

아마도 이 말은 성부 하나님에 의한 성자 하나님의 영원한 신적 출생 행위(여기서 "출생"은 예수의 실제 출생이 아니라 삼위일체 하나님의 위격 간의 질서를 나타내기 위해 사용된 표현-역자주)를 언급하는 것이 아니라 하나님 아들의 메시아 임명(messianic appointment)을 가리킬 것이다.

전형적인 '진주 엮기 방식'(pearl-stringing, 성경의 관련 주제를 함께 모아 인용하는 일반적인 유대교 [랍비의] 관례)으로 저자는 시편 2:7을 언급한 후에 뒤이어 또 하나의 매우 중요한 메시아 구절인 사무엘하 7:14을 인용한다.

---

4 1:5-14에 인용된 일련의 구약 구절에 대해서는 J. W. Jipp, "The Son's Entrance into the Heavenly World: The Soteriological Necessity of the Scriptural Catena in Hebrews 1:5-14," *NTS* 56 (2010): 557-75를 보라. 그는 여러 구약 인용문이 묘사하는 사건, 즉 아들이 천상의 세계에 즉위하는 사건은 인류의 구원이 어떻게 성취되는가에 대한 저자의 논지에 매우 중요하다고 주장한다.

나는 그에게 아버지가 되고 그는 내게 아들이 되리니 … (삼하 7:14).

이 두 경우 모두 저자의 요점은 하나님께서 천사를 메시아로 임명한 것도 아니시며 천사를 다윗 자손의 메시아 계보에 두지도 않으셨다는 점이다. 오히려 이 역할은 오직 예수만을 위해 남겨 둔 것이었다. 하나님 앞에서 그의 위상은 독보적이며 하나님의 계획 속에서 그의 역할은 아무도 필적할 수 없다. 저자는 나중에 이에 대한 근거로 부분적으로는 예수가 완전한 신이시며 완전한 인간이어야 했다는 점을 지적할 것이다. 어떤 천사도 그러한 요건을 충족시킬 수 없다.

또 하나의 대조를 통해 저자는 1:6에서 예수를 "맏아들"(프로토토코스 [*protōtokos*/firstborn], 예수의 실제 탄생이 아니라 그의 탁월한 위상을 가리킴; 롬 8:29; 골 1:15, 18; 계 1:5 참조)로 칭하는 점과 관련하여 시편 97:7을 인용한다.

하나님의 모든 천사들[또는 '신들']은 그에게 경배할지어다(시 97:7).
(여기서 천사가 경배해야 할 대상이 예수임을 암시).

반면에 천사들에 관해서는 "그는 자기 천사들을 바람으로, 그의 종들(servants)을 불꽃으로 삼으신다"(히 1:7; 시 104:4 인용. 필자의 번역).[5] 그러므로 예수는 경배의 적절한 대상이지만 천사들은 그렇지 않다. 오히려 그들의 역할은 신적 전달자(messenger)이다(본래 "천사"로 번역된 헬라어 앙겔로스[*angelos*]는 천사든 인간이든 "전달자"를 의미했다).

어떤 사람에게는 천사 숭배가 낯설어 보일 수도 있지만, 직접적인 신적 계시가 부재했던 제2 성전 기간(Second Temple period)에는 천사들이 매우 높은 역할을 맡았었다.[6] 골로새서는 몇몇 교인들에 의해 그러한 천사 숭배가

---

5 시편 97:7의 히브리어는 엘로힘(Elohim, "신들")이지만, 70인역에는 앙겔로이(*angeloi*, "천사들")로 번역된다. 히브리서의 저자는 앙겔로이 데우(*angeloi theou*, "하나님의 천사들")라는 문구를 선택함으로써 두 개념을 결합한다.

6 "제2성전 시대"란 BC 520년경 솔로몬 성전의 재건과 AD 70년 둘째 성전의 파멸 사이

행해지고 있음을 암시하면서 그에 대해 강하게 반대한다(2:18).

또한, 요한계시록에는 선견자 요한이 천사에게 경배하려고 엎드리자 그 천사가 다음과 같이 말하면서 요한을 책망하는 장면이 나온다.

> 나는 너와 네 형제 선지자들과 또 이 두루마리의 말을 지키는 자들과 함께 된 종이니 그리하지 말고 하나님께 경배하라(계 22:9).

우리 시대에는 천사가 종종 신비로운 분위기를 자아내는 묘한 매력의 대상이 되어 왔다. 일상생활에서 우리는 대부분 천사에 대해 거의 생각하지 않는다(아마도 성탄절은 제외하고). 그러나 모든 사람에게 수호천사가 있다는 개념은 성경의 지지를 받지는 못하지만, 성경은 분명 예수 탄생 때뿐만 아니라 사탄의 유혹장면과 그의 부활 시에도 타락한 천사와 타락하지 않은 천사 모두를 입증해 준다.

또 천사는 하나님의 종이자 사자이며 그분의 가장 훌륭한 피조물에 속하지만, 그런데도 피조물일 뿐이다. 반면 하나님의 아들 예수는 피조물이 아니며 오히려 그 자신이 창조의 대행자이시다(1:2 참조).

8-9절은 하나님의 계획에서 하나님 아들의 유일무이한 직위(그의 메시아적 기름 부음)에 대해 다시 언급한다.

> 아들에 관하여는 하나님이여 주의 보좌는 영영하며 주의 나라의 규는 공평한 규이니이다…그러므로 하나님 곧 주의 하나님이 즐거움의 기름을 주께 부어 주를 동류들보다 뛰어나게 하셨도다(시 45:6-7).

계속해서 저자는 멸망할 하나님의 피조물과 영존하셔서 "연대(years)가 다함이 없을" 하나님(또한 아들도)을 대조한다(시편 102:25-27을 인용하는 1:12).

의 기간을 말한다.

이를 통해 영원하신 창조주 하나님과 (천사를 포함한) 창조된 세상이 다시 한번 명확히 구별된다. 천사는 존재하지 않았을 때(성경은 그들의 창조에 대해서 언급하지 않지만)도 있었지만, 하나님은 언제나 존재하셨다.

또한, 천사는 시작의 때(time)가 있지만, "하나님의 영광의 광채시요 그 본체의 형상"(1:3)이신 아들은 하나님처럼 영원할 것이다. 더욱이 아들은 본질적인 존재의 관점에서 천사보다 존재론적으로 우월할 뿐 아니라, 신적 계시와 구원의 중재자로서 그의 역할도 천사들보다 뛰어나다. 저자는 곧 이 점을 보다 상세하게 전개할 것이다.

지금까지 자신의 논지를 마무리하기 전에 저자는 예수와 초기 그리스도인의 메시아 가르침에서 특히 중요한 구절, 즉 시편 110:1을 인용하면서 그의 마지막 비장의 카드를 내놓는다.

그는 "어느 때에 천사 중 누구에게 내가 네 원수로 네 발등상이 되게 하기까지 너는 내 우편에 앉아 있으라 하셨느냐"(히 1:13)라고 묻는다. 물론 이 수사적 질문에 대한 대답은 "아무도 없다"이다. 더욱이 시편 110:1의 인용은 독자의 마음을 다시금 1:3에 언급된 저자의 진술, 즉 예수가 죄를 정결하게 하는 일을 하시고 "높은 곳에 계신 지극히 크신 이의 우편에 앉으셨느니라"(1:3)라는 진술로 되돌아가게 한다.

여기서 분명하게 암시되는 것은 예수가 이미(already) 하나님의 우편에 앉으신 이후, 하나님께서 이미 그의 원수들을 그의 발아래에 굴복시키셨다는 점이다. 따라서 시편 110:1의 메시아적 예언은 이미 예수 안에서 성취되었다. 하지만 동시에 요한계시록에 따르면, 하나님께서 예수의 모든 원수를 그에게 완전히 굴복시키실 때가 아직 남아 있다.

저자는 다시 한번 예수의 역할을 천사들의 역할과 대조시킴으로써 이 단락을 종결하는데, 여기서는 천사들을 "구원받을 상속자들을 위하여 섬기는 영으로"(1:14) 언급한다. 이러한 의미에서 천사들은 심지어 인간에게도 복종하는 존재들인데, 그들의 역할이 하나님의 지시에 따라 그들을 섬기는 것이기 때문이다(고전 11:10; 벧전 1:12 참조).

히브리서 1:5-13에 나타난 구약 사용

히브리서	구약 구절	인용문
1:5a	시 2:7	"너는 내 아들이라 오늘 내가 너를 낳았다."
1:5b	삼하 7:14	"나는 그에게 아버지가 되고 그는 내게 아들이 되리라."
1:6	시 97:7	"하나님의 모든 천사들은 그에게 경배할지어다."
1:7	시 104:4	"그는 그의 천사들을 바람으로, 그의 사역자들을 불꽃으로 삼으시느니라."
1:8-9	시 45:6-7	"하나님이여 주의 보좌는 영영하며 주의 나라의 규는 공평한 규이니이다 주께서 의를 사랑하시고 불법을 미워하셨으니 그러므로 하나님 곧 주의 하나님이 즐거움의 기름을 주께 부어 주를 동류들보다 뛰어나게 하셨도다."
1:10-12	시 102:25-27	"주여 태초에 주께서 땅의 기초를 두셨으며 하늘도 주의 손으로 지으신 바라 그것들은 멸망할 것이나 오직 주는 영존할 것이요 그것들은 다 옷과 같이 낡아지리니 의복처럼 갈아입을 것이요 그것들은 옷과 같이 변할 것이나 주는 여전하여 연대가 다함이 없으리라."
1:13	시 110:1	"내가 네 원수로 네 발등상이 되게 하기까지 너는 내 우편에 앉아 있으라."

2:1의 "그러므로"라는 접속사는 히브리서에 나오는 여러 "경고 단락"(warning passages) 중 첫 번째 경고 단락을 도입하는 기능을 한다(뒤에 나올 "히브리서에 나타난 경고 단락" 도표 참조-역자주). 그 경고는 "우리가 들은 것"에서 "흘러 떠내려가지"(벗어나지) 않도록 하기 위함이다. 여기서 "우리가 들은 것"은 기독교 복음의 메시지, 즉 예수가 우리의 죄를 위하여 십자가에서 죽었으므로 우리가 그를 믿고 구원을 받을 수 있다는 메시지를 암시하는 것이 분명하다.

이어서 저자는 이 복음의 메시지를 "천사들을 통하여 하신 말씀", 즉 율법과 비교한다(앞부분의 논의를 보라). 저자는 더 작은 것에서 더 큰 것으로 나아가는 논증 방식(argument from the lesser to the greater)을 사용하여 이스라엘 백성이 율법 조항을 지킬 책임이 있었던 것처럼, 이제는 예수가 오셔서 "이같이 큰 구원"(2:3)을 주셨으므로 사람들이 그리스도의 복음에 책임이 있음을 강조한다.

이 메시지는 처음에는 예수 자신에 의해 선포되었고 그다음에는 목격자들에 의해 전해졌다(눅 1:2; 요 15:27; 행 1:21-22 참조). 히브리서 저자는 이 목격자 그룹에 속하지 않는 것이 분명하다. 그는 2:3에서 그것을 "들은 자들이 **우리에게 확증해 준**" 것으로 말하고 있기 때문이다(이 책 앞부분에 나오는 개론 부분을 보라). 초기 기독교의 복음 선포를 뒷받침해 준 것은 "표적들과 기사들과 여러 가지 능력과 및 자기의 뜻을 따라 성령이 나누어 주신 것"을 통한 하나님 자신의 증언이었다(2:4). 아마도 이것은 사도행전에서 어느 정도 길게 서술되는 최초의 오순절 이후 초기 기독교 선포의 시기를 언급하는 것으로 추정된다.

여기서 저자의 요점은 다음과 같이 간략하게 요약할 수 있다.

이제 예수께서 오셔서 죽으시고 부활하셨으며 복음의 메시지가 널리 광범위하게 선포되었기 때문에 모세의 율법으로는 되돌아갈 수 없다.

만약 그렇게 한다면 그것은 "이같이 큰 구원을 등한히" 여기는 처사이다!

실제로 하나님께서 예수를 보내시기 위해 그렇게 많은 일을 하셨고 예수가 우리의 구원을 위해 그토록 심한 고통을 견디셨는데, 마치 이 모든 일이 중요하지 않은 것처럼 행동하고 마치 아무 일도 일어나지 않은 것처럼 살아간다는 것은 상상할 수도 없는 일이다. 그리스도의 죽음과 부활을 둘러싼 구원 사건은 하나님의 구원 역사 계획(God's salvation-historical plan)에 너무나 중대해서 어떤 사람도 등한히 여기거나 무시할 수 없다.

히브리서에 나타난 경고 단락

히브리서	권고
2:1-4	"우리가 이같이 큰 구원을 등한히 여기면 어찌 그 보응을 피하리요"(3절)
3:7-4:13	"오늘 너희가 그의 음성을 듣거든…너희 마음을 완고하게 하지 말라"(3:7-8, 15; 4:7, 시 95:7-8 인용).
5:11-6:12	"그러므로 우리가 그리스도의 도의 초보를 버리고…완전한 데로 나아갈지니라"(6:1)
10:19-39	"우리가 마음에 뿌림을 받아 악한 양심으로부터 벗어나고 몸은 맑은 물로 씻음을 받았으니 참 마음과 온전한 믿음으로 하나님께 나아가자"(22-23절)
12:14-29	"너희는 하나님의 은혜에 이르지 못하는 자가 없도록 (주의)하고"(15절)

천사들은 계속해서 저자의 논지를 부각하는 일종의 배경 역할을 한다. 저자는 "하나님이 … 장차 올 세상을 **천사들에게** 복종하게 하신 것"이 아니라, 잠시 동안 천사들보다 못하게 하심을 입은 **예수에게** 복종하게 하셨다고 진술한다(2:5, 9). 그 증거로서 저자는 시편 8:4-6을 인용한다(비록 본문은 인용 출처를 "누구인가가 어디에서"[2:6]라고 모호하게 밝히고 있지만).

그렇게 함으로써 그는 이 시편의 메시아적 해석을 제공하는데, 특히 "인자"(son of man), 즉 잠시 동안(그의 성육신과 지상 사역 동안) "천사들보다 낮아지신" 예수에 대해 언급한다.

더욱이 저자는 예수가 천사보다 못한 지위를 일시적으로 선택하신 기간이 지나갔고 이제 영광과 존귀, 그리고 최고 권위의 지위로 오르셨다는 점에 주목한다. 저자는 또한 예수의 일시적 낮아지심이 예수를 향한 하나님의 목적에 다음과 같이 기여했다고 덧붙인다.

> … 하나님의 은혜로 말미암아 모든 사람을 위하여 죽음을 맛보려 하심이라(히 2:9).

다시 말해 "하나님의 영광의 광채시요 그 본체의 형상"이신 예수가 죄인들을 위해 효과적으로 죽기 위해서는 그 스스로 인간이 되어야 한다. 이렇게 해서 그는 "모든 사람을 위하여 죽음을 맛볼" 수(2:9) 있었다. 물론 그의 대리적이고(vicarious) 대속적인(substitutionary) 속죄를 믿는 사람들에게만 **효력**이 있지만 말이다.

이런 점에서 예수는 우리 "구원의 창시자"(아르케고스[*archēgos*])가 되었다(2:10; 참조, 12:2; 예수를 "앞서가신 분"[프로드로모스[*prodromos*], 선구자]으로 부르는 6:20 참조). 하나님의 계획에 따른 구원사적 필요성(salvation-historical necessity)을 기술할 때, 저자는 "만물이 그를 위하고 또한 그로 말미암은" 주권자 창조주 하나님께서 "많은 아들을 이끌어 영광에 들어가게 하시는 일에 그들의 구원의 창시자를 고난을 통하여 온전하게 하심이 합당하도다"라고 단언한다(2:10).

물론 이 말은 예수가 우리를 대신하여 십자가에서 죽기 전에는 불완전했다는 의미가 아니다. 오히려 고난이 하나님 계획의 일부이며 고난이 궁극적인 영광으로 가는 길임을 의미한다(12:1-2을 보라).

이 말은 단지 예수가 우리의 죄를 위해 십자가에서 고난받고 죽음으로써 우리의 구원을 단번에(once for all) 이루셨다는 것만을 의미하지 않는다. 그것은 또한, 예수가 이미 우리의 선구자(forerunner)로서 고난의 길을 건너가셨기에 우리도 그의 발자취를 따라 이 세상에서 고난을 견딜 준비를 하도록 부름을 받았음을 의미하기도 한다(13:12-13; 벧전 2:21-25 참조).

그리스도인으로서 우리는 고난받도록 부름을 받았다. 다르게 말하면, 고난은 우리 그리스도인의 소명에 피할 수 없는 일부이다. 예수는 완전한 인간으로서 고난을 받음으로써 우리를 위해 효과적으로 죽었을 뿐만 아니라, 또한 우리가 그를 따르는 자들로서 이 땅에서의 남은 생을 어떻게 살아야 하는지 그 길을 계속해서 가리키는 분이기도 하다.

예수를 고난으로 보내신 하나님의 뜻은 단지 우리의 구원만을 위한 것이 아니었다. 오히려 하나님의 뜻은 "많은 아들을 이끌어 영광으로 들어가게 하시는 것"이었다(2:10; 헬라어 원문에서 "아들들"은 모든 성별, 즉 남자와 여자를 포함).

> 거룩하게 하시는 이(아마도 성령)와 거룩하게 함을 입은 자들(신자들)이 다 한 근원(하나님)에서 난지라(히 2:11).

이 진술은 세 개의 구약 인용문, 즉 시편 22:22, 이사야 8:17// 12:2, 이사야 8:18을 통해 뒷받침된다. 이 세 구절은 모두 하나님께 대한 신뢰를 강조하고 우리가 메시아의 "형제(형제자매)"요 하나님이 그에게 주신 "자녀들"임을 강조한다.

히브리서 2:12-13에 나타난 구약 사용

히브리서	구약성경 구절	인용문
2:12	시 22:22	"내가 주의 이름을 내 형제들에게 선포하고 내가 주를 교회 중에서 찬송하리라."
2:13a	사 8:17//12:2	"내가 그를 의지하리라."
2:13b	사 8:18	"볼지어다 나와 및 하나님께서 내게 주신 자녀라."

히브리서 2:14은 2:1-4의 경고 단락에 이어 5절에서 시작된 저자의 논지(argument)를 논증하기 시작한다.

첫째, 5절에서 문학적 구성단위(literary unit)를 시작한 "천사들에게…아니니라"(not to angels)라는 문구는 16절에서 유사한 문구("천사들을…아니요"[not…angels])로 반복된다. 이러한 수미상관 구조(inclusio)는 5-16절을 일관된 논지를 지닌 하나의 문학적 소단위로 묶는다.

둘째, 2:14을 도입하는 "그러므로"(개역개정에는 "그러므로"라는 접속사가 생략됨-역자주)라는 접속사는 저자가 예수 성육신의 구원 역사적 근거와 그 역동성에 초점을 맞추었던 5-13절의 논의로부터 필요한 결론을 끄집어내고 있음을 나타낸다(10절의 "합당하도다"라는 문구 참조. 앞부분을 보라).

셋째, 14절의 "자녀들"이란 말은 13절의 구약 인용문에 나오는 동일 단어를 받는다.

2:14의 논지는 여기서 저자가 "**죽음을 통하여 (그가) 죽음의 세력을 잡은 자 곧 마귀를 멸하시며**"라는 표현을 덧붙인 것을 제외하면, 이미 9절에서 말한 내용("죽음의 고난받으심으로 말미암아…모든 사람을 위하여 죽음을 맛보려 하심이라")과 유사하다. 이런 점에서 천사의 영역은 하나님의 구원사 무대 일부이며 타락하지 않은 천사들과 마귀를 모두 포함한다. 동시에 예수가 이루신 구원은 하나님이 근원(source)이시고 인간은 수혜자인 하나의 거래(transaction)이다.

이런 점에서 저자는 하나님, 타락하지 않은 천사, 예수, 악마, 인류를 포함한 모든 구원사의 활동 범위를 조사한다.

〈히브리서에 나타난 구원의 우주적 차원〉
하나님: 구원의 근원
천사들: 세상은 그들에게 복종하지 않음
　　　　구원의 수혜자가 아님
예수:　 천사들보다 조금 낮아지심
　　　　모든 사람을 위해 죽음을 맛보심
　　　　죽음의 세력을 가진 귀신을 멸하심
마귀:　 파멸된 죽음의 세력
인류:　 구원의 수혜자

예수의 죽음은 단지 "모든 사람을 위한" 죽음, 즉 대리적이고(vicarious) 대속적인(substitutionary) 죽음만이 아니다. 그것은 또한, 죽음을 지배하는 마귀의 권세를 깨뜨리고 "죽음의 공포"와 "평생 노예 상태"로부터의 해방을 가져온다(2:15). 이때 저자는 구원의 수혜자가 천사들이 아니라 인류, 즉 "아브라함의 자손"(16절)이라는 점을 반복함으로써 이 부분에서의 그의 논지를 종결한다. 그럼으로써 저자는 아브라함을 단순히 유대 백성의 조상만이 아니라 보다 광범위하게 예수가 획득한 구원으로부터 혜택을 얻을 모든 이들의 조상으로 언급할 수 있다.

2:17에서 저자는 11절에 언급한 진술("그러므로 [그들을] 형제라 부르시기를 부끄러워하지 아니하시고")로 다시 돌아가 다음과 같이 진술함으로써 18절 내용을 미리 준비한다.

> 그러므로 그가 범사에 형제들과 같이 되심이 마땅하도다 이는 하나님의 일에 자비하고 신실한 대제사장이 되어 백성의 죄를 속량하려 하심이라(히 2:17).

여기서 저자는 예수의 대제사장직 주제를 암시하는데, 이 주제는 편지 서두에서 이미 간략하게 다루었고(1:3) 앞으로도 상당 부분 중요하게 다루어질 것이다. 대제사장으로서 예수는 우리처럼 시험을 받아 고난을 받으셨기 때문에 우리의 연약함을 동정하실 수 있다(18절).

2) 예수는 모세와 여호수아보다 뛰어나다(3:1-4:16)

3:1의 "그러므로 …거룩한 형제들아"라는 표현이 저자 논지의 새로운 단계를 도입한다. "거룩한 형제들"은 흥미로운 호칭이다. 3:12에서는 간단히 "형제들"이라 부른다. "함께 하늘의 부르심을 받은"이라는 표현은 "하나님이 계획하시고 지으실 터가 있는 성을 바랐던"(11:10) 아브라함이나 "더 나은 본향", 즉 "하늘에 있는 것을"(11:16; 참조, 12:23; 13:14) 사모했던 다른 구약의 인물들처럼, 신자들의 하늘의 부르심에 대한 나중의 언급을 미리 예기한다.

이 단락에서 저자의 요점은 예수가 천사들보다 뛰어난 것처럼(1-2장), 또한 하나님의 백성을 애굽의 노예 생활로부터 구원하여 약속의 땅으로 인도하는 데 중요한 역할을 한 하나님의 종 모세와 여호수아보다 뛰어나다는 점을 보여 주는 데 있다.

저자는 독자들에게 "우리가 믿는 도리의 사도이시며 대제사장이신 예수를 깊이 생각하라"(3:1)라고 촉구함으로써 예수의 대제사장직 주제를 계속 이어 나간다(예수의 대제사장직에 대해서는 나중에 상세히 설명할 것이다). 모세처럼 예수도 "하나님의 온 집"에 대해 "신실하셨다"(그들에게 맡겨진 집안 관리[stewardship]에 대한 은유).

그러나 예수는 모세보다 더 큰 "영광"과 존귀함을 받을 만하다고 여겨졌다. 왜냐하면, 그는 단지 모세의 경우처럼 "종"으로서가 아니라 "아들"로서 신실했기 때문이다(2-6절). 이 유비는 아들이 일개 종보다 더 큰 지위와 특권을 가졌던 확대 가정에 친숙했던 1세기 유대인 청중들에게 효과적으로 전달되었을 것이다.

집과 연관된 유비를 더욱 발전시키면서 저자는 하나님을(예수뿐만 아니라) 집의 "건축자"(이 때문에 예수는 건축자이면서 동시에 집을 신실하게 관리하시는[돌보시는] 아들도 되심)로, 신자들을 (그들이 "믿음과 하늘의 소망을 굳게 잡고 있으면") 그의 집으로 묘사한다(3:6).

다음 부분(7-11절)에서 저자는 "성령이 이르신 바와 같이"라는 문구와 함께 시편 95:7-11을 길게 인용한다. 3장과 4장의 나머지 부분, 즉 서신의 "두 번째 경고 단락"은 미드라쉬 형태의 해설(midrashic exposition/주석 스타일)로 전개되는데, 이 시편 구절이 구원 역사의 특정한 시점에 있는 저자의 청중들에게 어떻게 적용될 수 있는지 설명한다.

그 인용문은 "오늘"이라는 단어로 시작하는데(3:7), 13절에서 분명하게 드러나듯이("오직 오늘이라 일컫는 동안에 매일 피차 권면하여 너희 중에 누구든지 죄의 유혹으로 완고하게 되지 않도록 하라"), 저자는 바로 이 단어에 기초하여 자신의 수사학적 강조점을 제시한다.

구원 역사의 세 단계 시점이 여기에서 전개된다.

- 1단계: 모세 시대와 출애굽 이후 이스라엘 백성의 광야 방랑 생활에 대한 원래 배경(출 17:7; 민 20:2).
- 2단계: 당대 사람들에게 이스라엘 백성이 광야에서 그랬던 것처럼 마음을 완고하게 하지 말라고 요청한 시편 기자의 배경(시 95편).
- 3단계: 히브리서 저자와 그의 말을 듣거나 읽는 회중의 배경.

통찰력 있게도 저자는 광야의 이스라엘 백성이 그들의 마음을 완고하게 하지 말라는 하나님의 요구에 귀 기울이지 않았고 그 때문에 하나님의 심판을 받았던 사실을 상기한다. 저자는 바로 당대의 이스라엘 상황이 시편 기자가 반복해서 이러한 요청을 하는 배경임에 주목한다.

⟨히브리서에 나타난 "오늘"에 대한 구원사의 사례들⟩
- 광야 방랑 기간의 이스라엘(출애굽기, 민수기)
- 시편 기자 시대의 이스라엘(시편 95편)
- 히브리서의 유대인 청중(히브리서)

더 나아가 저자는 자기 시대에 그러한 요청을 다시금 해야 할 필요성이 있다고 단언한다. 그가 "쓰고 있는" 히브리서의 수신자들은 이스라엘 백성이 광야에서 그랬던 것처럼 그들의 마음을 완고하게 해서는 안 된다. 그렇지 않으면 하나님의 심판이 가차 없이 내려질 것이다. 이 모든 것은 하나님께서 성경을 통해 여전히 오늘도 말씀하신다는 저자의 근본적인 확신에 기초한다.[7] 그분은 율법(이 경우는 출애굽기와 민수기)을 통해서 말씀하시고, 시편(여기서는 시편 95편)을 통해서 말씀하신다.

이러한 권고들은 과거에 무슨 일이 일어났는지 알고 싶어 하는 사람들을 위한 단지 오래된 고대 문헌의 죽은 말씀이 아니다. 나중에 저자가 간략하게 단언하겠지만, 하나님의 말씀은 "살아 있고 활력이 있다." 그의 말씀을 통해 하나님은 그의 백성에게 계속해서 말을 건네시며 하나님 백성이 저질렀던 과거의 실패를 반복하지 말라고 경고하신다. 왜냐하면, 후대의 현자가 말한 것처럼, 역사를 통해 배우지 못한 사람은 그것을 반복하기 마련이다.

3:12은 2:1-3에서 "이같이 큰 구원을 등한히" 여기지 말라는 첫 번째 경고에 이은 이 서신의 두 번째 경고 단락이다.

> 형제들아 너희는 삼가 혹 너희 중에 누가 믿지 아니하는 악한 마음을 품고 살아 계신 하나님에게서 떨어질까 조심할 것이요(히 3:12).

---

[7] Graham Hughes, *Hebrews and Hermeneutics: The Epistle to the Hebrews as a New Testament Example of Biblical Interpretation*, SNTSMS 36 (Cambridge: Cambridge University Press, 1979) 참조. 그는 그리스도가 오시기 이전에 하나님의 말씀(God's Word)으로서의 구약에 대한 저자의 이해를 조사하고 이 조사의 결과를 현대 해석학을 위해 평가한다.

2:4에서 저자는 "하나님도 표적들과 기사들과 여러 가지 능력과 및 자기의 뜻을 따라 성령이 나누어 주신 것으로써 그들과 함께 증언하셨던" 방식에 주목한 바 있었다. 여기서는 성경에 정통한 독자라면 광야 이스라엘도 마찬가지로 출애굽 이전과 출애굽 도중에 모세가 행한 "표적과 기사"를 통해 하나님의 놀라운 기적 능력을 경험했다는 것을 알고 있다.

이러한 가정은 나중에 나올 6:1-8의 경고 단락에서 명확해질 것이다. 거기에는 하나님 백성의 역사에서 같은 시기, 즉 출애굽 동안 이스라엘의 광야 생활에 대한 수많은 암시가 포함되어 있다. 모세 시대에도 예수의 시대에도 하나님의 백성은 하나님의 놀라운 능력을 경험했다. 그리고 양 시대의 사람들 모두 그들의 마음을 완고하게 하지 말고 그들의 눈앞에서 역사하시는 하나님의 능력을 받아들이라는 요청을 받았다.

또 시편 기자가 이스라엘 백성에게 하나님의 능력을 다시금 신뢰하도록 요청했던 것처럼, 히브리서 저자 역시 기독교 운동의 초기 시대에 예수와 사도들이 행했던 놀라운 표적과 기사에 비추어 그들의 마음을 완고하게 하지 말라고 새롭게 요청한다. 그러므로 저자 신학의 기본구조는 **하나님의 계시는 구원 역사에서 반복되며, 따라서 우리는 하나님의 심판이 임하지 않도록 그 계시를 계속해서 받아들여야 할 필요가 있다는 점이다.**

"살아 계신 하나님"에게서 떨어지지 말고 "죄의 유혹"에 빠져 완고하게 되지 말라는 경고에 이어(3:13), 저자는 독자들이 처음 믿을 때 가졌던 "확신"(휘포스타시스[hypostasis]; ESV 역 11:1에서는 확신[assurance]으로 번역)을 끝까지 견고히 잡고 **있으면,** "그리스도와 함께 참여한 자가 되리라"라고 단언한다. 여기서 저자는 구약 시편 인용문의 첫 구절을 다시 한번 인용한다(3:15; 참조, 7-8절; 시 95:7-8).

그는 이스라엘 백성의 광야 세대를 예로 들어 자신의 경고를 강화한다. 이 유비를 좀 더 깊이 생각해 보자. 광야 세대는 하나님의 백성 이스라엘의 일부였다. 그들은 하나님의 선택된 백성이었다. 그들은 이집트의 종살이에서 구원받았다. 그들은 모세에 의해 수행된 표적과 기사를 목격했다. 그들은 기적을 행하시는 하나님의 놀라운 능력을 풍성하게 목도했으며 40

년간의 광야 생활 내내 그분의 신실하신 돌보심(만나와 생수)을 가시적으로 경험했다. 그런데도 그들의 악한 반역과 언약을 지키시는 하나님에 대한 그들의 완고한 마음 때문에, 그들은 약속의 땅에 들어가는 데 실패했다.

이것이 시편 기자가 그의 시대 사람들에게 선포했던 권고의 토대였으며, 이것이 마찬가지로 히브리서 저자가 그의 수신자에게 적용했던 유비이다.

이스라엘과 달리 그의 독자들은 믿지 아니하는 악한 마음에 굴복하여 살아 계신 하나님에게서 떨어져서는 안 된다. 그들은 민족으로는 이스라엘 백성이지만 안식에 들어가려면 반드시 하나님을 믿어야 한다. "그의 안식에 들어오다"라는 표현은 시편 95편 인용문의 마지막 구절(3:11)에 나오며 저자가 18절과 19절에서 다시 반복하는 요점이다. 그는 4장에서 이 성경 유비의 중요한 의미를 계속해서 탐구할 것이다.

성경신학의 견지에서 "안식"(rest)은 성경에 반복해서 등장하는 주제이다.[8]

첫째, 그것은 창조 이야기에서 하나님께서 창조의 마지막 날, 즉 일곱째 날에 "안식하실" 때 나타난다(창 2:2-3; 히브리어 용어로는 사바트[*shabbat*, "Sabbath"]이다).

둘째, 그것은 십계명에서 다시 나타난다. 거기서 이스라엘 백성은 "안식일을 기억하여 거룩히 지키라"라는 명령을 받는데, 이는 하나님 창조적 모범을 본받아 한주의 일곱 번째 날에는 일하지 말라는 계명이다(출 20:8-11; 신 5:12-14에서 반복; 히 4:4에서 인용).

셋째, 여호수아서 역시 "안식"이라는 말로 끝난다. 모세를 포함하여 이스라엘 백성의 불신 세대는 하나님께서 아브라함에게 약속하신 땅에 들어

---

8   특히, Jon C. Laansma, *"I Will Give You Rest": The Rest Motif in the New Testament with Special Reference to Mt. 11 and Heb. 3-4*, WUNT 2/98 (Tübingen: Mohr Siebeck, 1997)을 보라. 그는 책 제목에 언급된 두 단락을 두 개의 구약 주제, 즉 약속의 땅과 관련된 안식과 안식일의 구약 주제와 관련된 안식이라는 배경하에서 고찰함으로써, "안식"에 대한 성경신학의 윤곽을 제공한다. Judith Hoch Wray, *Rest as a Theological Metaphor in the Epistle to the Hebrews and the Gospel of Truth: Early Christian Homiletics of Rest*, SBLDS 166 (Atlanta: Scholars Press, 1988) 참조.

가지 못했지만, 그의 후계자 여호수아는 약속의 땅 정복에 착수하였다.

> 여호와께서 이스라엘의 조상들에게 맹세하사 주리라 하신 온 땅을 이와 같이 이스라엘에게 다 주셨으므로 그들이 그것을 차지하여 거기에 거주하였으니 여호와께서 그들의 주위에 안식을 주셨으되(수 21:43-44).

여호수아의 생애 말년에 성령의 영감을 받은 저자는 "주께서 주변의 모든 원수로부터 이스라엘에 **안식**을 주셨다"라고 요약할 수 있었다(수 23:1 사역). 우리는 여호수아 21:45에서 "주님께서 이스라엘 백성에게 주신 모든 선한 약속의 말씀이 하나도 어긋남이 없이 그대로 다 이루어졌다"(사역)라는 기록을 읽을 수 있다.

여호수아는 이스라엘 모든 족속을 모아서 오직 주님만 섬기라고 지시했다. 그는 세겜에서 주님과 언약을 맺었다. 그리고 족장 요셉의 유해는 애굽에서 가져와 거기서 살던 땅에 다시 묻혔다(수 24장; 참조, 히 11:22). 그런데도 사사기로부터 시작되는 이스라엘의 후대 역사에서 드러나듯이, 여호수아가 가져온 안식은 영원한 것이 아니다.

사사 시대 동안 "사람들은 저마다 자기의 소견에 옳은 대로 행하였고"(삿 21:25), 하나님께서 후에 (마지못해) 이스라엘에 왕을 주셨지만(처음에는 사울, 그다음에는 다윗, 솔로몬, 그리고 다른 왕들), 이스라엘 민족은 불순종, 죄, 심지어 우상숭배로 떨어졌으며, 블레셋과 같은 이방 민족이 계속해서 이스라엘 백성을 정복했다. 결국, 북왕국(이스라엘)과 남왕국(유다) 모두 아시리아와 바벨론에 각각 굴복하여 포로로 끌려갔다.

넷째, 시편 95편의 저자가 그의 동료 이스라엘 백성들에게 믿지 않은 광야 세대가 그랬던 것처럼 "오늘"(즉 그의 시대) 그들의 마음을 완고하게 하지 말라고 권면할 수 있는 것은 이 이유 때문이다. 그리고 이스라엘이 실제로 하나님이 약속하셨고 그 민족이 처음 여호수아의 시대에는 들어갈 것처럼 보였던 안식에 들어가지 못했다고 말할 수 있는 것도 바로 이러한 이유 때문이다.

다섯째, 그러므로 하나님의 백성은 그리스도가 오신 후에 들어갈 수 있는 안식이 있다. 즉, 예수의 속죄 희생으로 말미암은 죄로부터의 구원이다. 이 "안식"은 더 명백하게 영적 주로 육체적 영역에 얽매이지 않는다.

여섯째, 이 안식은 신자들이 죽어 천국에 가서 하나님 앞에서 영원한 상태로 영원히 살 때 완전히 완성되어 얻어질 것이다.

〈여섯 단계에 걸친 안식의 성경신학〉
- 1단계: 창조 때 하나님의 일로부터의 안식
- 2단계: 십계명의 안식일 계명
- 3단계: 종살이로부터의 해방(출애굽)과 약속의 땅에서의 안식
- 4단계: 시편 기자 시대의 안식(여호수아 시대의 이스라엘이 누리지 못한)
- 5단계: 예수의 속죄에 대한 믿음을 통한 죄로부터의 구원의 안식
- 6단계: 모든 신자가 천국에서 누리는 궁극적인 안식

그러므로 "안식"에 대한 성경 주제는 정적이 아니라 역동적이며, 예언적 차원과 구속사적(redemptive-historical) 순서를 포함한다. 히브리서 저자가 표현하듯이 "안식에 들어갈 약속은 (아직) 남아 있다"(4:1). 구약 이스라엘의 시대든 히브리서 수신자의 시대든 "복음"을 **듣는 것**으로는 충분하지 않다. 복음의 메시지는 **믿음**으로 받아들여야 한다(4:2).

이미 (그 말씀을) 믿은 우리가 저 안식에 들어가기 때문이다(3절). 신자들이 누릴 안식의 완성은 틀림없이 그들이 천국에서 하나님의 임재로 마지막으로 들어갈 때 일어날 것이지만, 놀랍게도 "들어가다"라는 표현은 현재시제로 되어 있다.

이어 저자는 하나님의 안식에 "들어갈 자들이 남아 있다"(4:6)는 것을 미드라쉬(주석) 방식으로 반복함으로써 시편 95편에 언급된 시편 기자 메시지의 의미를 계속해서 설명한다. 이 점은 히브리서 저자의 관점에서 오늘날에도 사실이다(6절). 이것이 바로 "오늘"에도 하나님의 안식에 들어오라는 초대가 유효한 이유이다(7절).

여호수아가 하나님의 백성에게 영원한 안식을 주지 못했기 때문에, 하나님의 안식에 들어가는 것은 그들에게 남아 있다. "이미 하나님의 안식에 들어간 자는 (누구든지) 하나님이 자기의 일을 쉬심과 같이 그도 자기의 일을 쉬기" 때문이다(10절). 이런 식으로 우리는 앞에서 언급한 "안식"이라는 성경 주제의 여섯 단계가 교차하는(intersect) 것을 본다.

저자는 시편 95편에 근거한 자신의 논지를 마무리하면서, 그의 청중에게 촉구하기 시작한다.

> 그러므로 우리가 저 안식에 들어가기를 힘쓸지니 이는 누구든지 저 순종하지 아니하는 본에 빠지지 않게 하려 함이라(히 4:11).

다시 말해서 광야 세대의 부정적 경험에서 교훈을 배우라는 것이다. 하나님의 자비나 언약 백성 자격을 남용하지 말라는 것이다. 하나님을 진심으로 신뢰하는 것을 대신할 것은 아무것도 없다.

"힘쓸지니"(let us strive)라는 말은 상당한 긴박감을 전달하는데, 다른 곳에서는 문자적으로 "서둘다"(hurry) 또는 "바삐 서둘다"(make haste)라는 의미로 사용된다(예컨대, 딤후 4:9, 21). 저자가 이처럼 긴급히 호소하는 근거는 하나님의 말씀은 살아 있고 활력이 있기 때문이다(4:12). 문맥을 고려할 때, 이 말씀은 시편 95편을 가리키는 것이 분명하다.

저자는 바로 앞에서 시편 95편을 통해 하나님의 말씀이 오늘도 여전히 유효하다는 확신에 기초하여 능숙하고 확장된 설명을 제공했다. 이 경우 시편 95편의 타당성(특히, 그리스도 안에 나타난 하나님의 구원 복음을 믿지 않음에 대한 경고)은 본래의 독자들에게만 적용된 것이 아니라, 히브리서 저자의 동시대 독자들에게까지 확장된다.

같은 이유로 히브리서 저자의 말은 그의 본래 독자들에게만 유효한 것이 아니라, 영감 된 정경의 일부로서 오늘날의 하나님 백성에게도 여전히 말하고 있다는 추론도 타당하다. 유대인이든 비유대인이든 오늘날 하나님의 말씀을 듣는 사람들은 그들의 마음을 완고하게 하지 말고 예수 안에 있는 구원과 죄용서의 복음을 받아들이고 하나님의 안식에 들어가야 한다. 정반대로, 하나님의 진노는 성경의 메시지를 믿음으로 받아들이지 않는 사람들에게 계속해서 남아 있다(요 5:24 참조).

2. 큰 대제사장이요 새 언약의 중보자로서의 예수(4:11-10:25)

1) 멜기세덱의 반차(Order)를 따른 예수의 대제사장직(4:11-5:10)

앞의 개론 부분에서 이미 언급했듯이 4:11-16은 1:1-4:16에서 전개된 저자의 논지(즉, 하나님의 최종적 계시와 구원이 그분의 아들 주 예수 그리스도 안에서 완전하게 표현되었다는 논지)와 천사든, 모세든, 여호수아든 구원 역사에 나타난 이전의 중재자들보다 예수가 더 뛰어남으로 그가 가져온 구원이 율법과 희생제사를 통해 중개된 구원보다 훨씬 더 크다는 그의 주장 사이에서 교량 또는 전이 역할을 한다.

이 서신의 나머지 대부분을 차지하는 단락에서 저자는 이 두 번째 측면을 더욱더 상세하게 설명할 것이다. 예수는 큰 대제사장과 새 언약의 중재자로서의 직분에 있어서 아론보다 더 뛰어나시다. 따라서 4:14은 다음 몇 몇 장에서 저자가 전개할 주제(이전에 이미 편지 서두[1:3]에서 암시하고 2:17-3:1에서 간략하게 다루었던), 즉 예수의 대제사장직 주제를 도입한다.

> 그러므로 우리에게 큰 대제사장이 계시니 승천하신 이 곧 하나님의 아들 예수시라 우리가 믿는 도리를 굳게 잡을지어다(히 4:14).

이 긴 문학적 단위의 끝부분에서 저자는 이와 유사하게 그다음 단락으로 넘어갈 것이다.

> 그러므로 형제들아 우리가 예수의 피를 힘입어 성소에 들어갈 담력을 얻었나니…
> (히10:19).

4:14에서 저자는 "믿는 도리"(호몰로기아[*homologia*]/confession)를 굳게 붙잡아야 할 중요성을 강조한다. 이것은 3:1을 반향하는데, 거기서 예수는 "우리가 믿는 도리의 사도이시며 대제사장"으로 소개된다("호몰로기아"라는 용어는 10:23에서 다시 나타남). 저자가 그렇게 권고하는 이유가 4:15(개역개정에는 생략되었지만, 헬라어 본문에는 가르[*gar*, "왜냐하면"]라는 이유 접속사가 들어있음-역자주)에 나오는데, 우리에게는 "우리의 연약함을 동정"하실 수 있는 대제사장, 즉 "모든 일에 우리와 똑같이 시험을 받으신 이로되 죄는 없으신" 분이 계신다는 사실 때문이다.

두 개의 부정어로 구성된(이중 부정을 통해 강한 긍정을 나타내는 이른바 완서법[litotes]이라는 문학적 기교) 이 진술("우리에게 있는 대제사장은 …동정하지 못하실 이가 아니요"[We do not have…who is unable…])은 근본적으로 2:14-18에 언급된 저자의 유사한 논지를 반복한다.

"긍휼하심을 받고 때를 따라 돕는 은혜를 얻기 위하여 은혜의 보좌 앞에 담대히 나아가라"(4:16)라는 권면은 하나님을 가리키는 완곡 어구(euphemism)로 "보좌"(throne)라는 용어와 은혜의 **근원**(source, 즉 하나님)을 지시하는 속격 "은혜의"라는 표현을 사용한다. 하나님은 은혜로우신 하나님 **이시기** 때문에, 은혜를 **나누어 주실** 수 있으시다는 것이다("은혜"라는 말을 반복해서 사용한 점에 주목하라).

2:17의 경우처럼, 4:16에도 "자비/긍휼하심"이라는 낱말 형태가 나타난다. 이는 그리스도 안에 계시는 하나님께서 우리에게 온유와 친절과 동정심이 필요하다는 것을 염두에 두고 계심을 나타낸다. 예수의 성육신과 신실하고 자비로운 대제사장 직무는 하나님이 연약함과 허약함에 있어 자신을 죄인들과 동일시하셨음을 예증한다.

그다음에 저자는 유비를 사용하여 대제사장의 역할을 설명한다.

첫째, 그는 "사람 가운데서 택한 자"이다. 즉, 그는 우리와 같은 인간이다(5:1a).

둘째, 그는 "하나님께 속한 일(하나님과 관계되는 일)에 사람을 위하여 임명받아" 동료 인간의 대표자로 섬긴다(5:1b).

셋째, 그는 "예물과 속죄하는 제사를 드리기" 위해 임명받는다(5:1c). 즉 대제사장의 직분은 특히 인간의 죄 문제와 하나님께 드리는 다양한 예물 및 희생제사로 죄를 속죄해야 할 필요성과 관련이 있다.

넷째, 저자의 지적에 따르면, 대제사장 자신의 "연약함"(그의 인간성과 연약함뿐만 아니라 죄악도)은 "무식하고 미혹된 자"(5:2)를 너그럽게(gently) 대하는 그의 대제사장 직분과 역할의 필수 부분이자 한계이다. 모든 인간 대제사장은 자기 자신의 죄악 때문에 다른 사람의 죄를 위해서만이 아니라 먼저 자기 자신의 죄를 위해서도 희생제물을 드려야 한다(5:3). 더욱이 어떤 대제사장도 자기 스스로 임명할 수 없다. 오히려 아론과 같이 하나님에 의해 임명된다(5:4).

5:1-4에 언급된 이러한 기본적이고 서론적인 진술에 기초하여, 저자는 아론보다 더 뛰어난 그리스도와 그의 대제사장직의 본질로 초점을 이동한다.

첫째, 저자는 시편 2:7을 인용함으로써 그리스도 역시 스스로 임명받은 것이 아니라 하나님에 의해 대제사장직으로 임명되셨다고 지적한다.

    … 너는 내 아들이라 오늘 내가 너를 낳았도다(시 2:7).

놀랍게도, 저자는 1:5에서 인용한 구약 인용문(히브리서의 첫 번째 구약 인용문)을 여기서 다시 한번 인용한다. 앞에서는 천사들보다 뛰어나신 예수의 우월성을 단언하기 위해 사용했지만, 여기서는 같은 시편 구절을 예수가 하나님에 의해 대제사장직으로 임명되었다는 논지를 지지하기 위해 사용한다.

그럼으로써 예수는 하나님의 유일한 "아들"로 임명되었으며, "낳았다"라는 말은 대제사장으로서의 그의 신적 임명을 가리킨다. 그다음에 (원래 독자들에게는 다소 놀라운 진술이었을 것임) 저자는 예수를 "멜기세덱의 반차를 따르는 영원한 제사장"으로 진술하면서 두 번째 구약 인용문으로 시편 110:4을 덧붙인다(히 5:6).

멜기세덱은 창세기 14:18-20에 언급된 신비롭고 매우 수수께끼 같은 구약 인물이다. 거기서 그는 "떡과 포도주를 가지고 나온" "살렘 왕"으로 소개되며 "지극히 높으신 하나님의 제사장"으로 섬긴다. 이 멜기세덱은 자기에게 "얻은 (모든) 것에서 십분의 일을" 준 아브라함을 축복한다.

흥미롭게도, 이 인물은 구약의 다른 곳에서는 오직 다윗의 시편 110:4에서만 언급되는데, 거기서 다윗은 다음과 같이 쓴다.

> 여호와는 맹세하고 변하지 아니하시리라 이르시기를 너는 멜기세덱의 서열(탁시스[taxis])을 따라 영원한 제사장이라 하셨도다(시 110:4).

구약에서는 레위 지파(레위 계통의 제사장직)만이 이스라엘을 위한 제사장으로 임명될 수 있었다(민 8장; 신 18:1-8 참조). 그러나 여기서 저자는 통찰력 있게 레위 계통의 제사장직이 아니라 다른 형태나 서열을 따르는, 즉 창세기 14장 외에서는 거의 알려지지 않은 멜기세덱의 서열을 따르는 **영원한** 제사장직에 관해 언급한다.

히브리서의 저자는 영원한 멜기세덱 계통의 제사장직의 특성과 관련하여 이러한 재량권을 능숙하게 활용한다. 흥미로운 것은 히브리서 저자가 이 수수께끼 같은 구약 인물에 주목하여 그의 역할에 어떤 의미를 부여한 첫 번째 사람은 아니었다는 점이다. 그보다 약 1세기 전에 쿰란 공동체가 자신의 문헌(유명한 사해 두루마리 중 하나인 멜기세덱 두루마리[Melchizedek Scroll/11QMelch])에서 멜기세덱의 특성을 이와 유사하게 묘사하고 있다(비

록 높임을 받은 인간 제사장 모습이 아니라 천사로서이지만).[9]

우선, 저자는 5:7-10에서 멜기세덱과의 이러한 관계를 설명하고 이어 5:11-6:20에서는 초보적 믿음의 문제에 관한 여록(excursus)과 또 다른 "경고 단락"을 기술한다. 그리고 이 "경고 단락"의 마지막 구절(6:20)에서 다시 멜기세덱의 주제로 되돌아와 7:1-28에서 그 주제를 좀 더 상세하게 다룬다.

히브리서 5:6-7:28의 구조

히브리서	주제
5:6-10	예수는 멜기세덱의 반차를 따르는 대제사장이다.
5:11-6:20	초보적 믿음에 대한 여록(경고 단락)
7:1-28	예수는 멜기세덱의 반차를 따르는 대제사장이다.

저자는 5:5-6에서 예수의 하나님의 아들로서 그리고 멜기세덱의 반차를 따르는 영원한 대제사장으로서의 임명과 관련하여 시편 2:7과 110:4을 인용한 후에 예수의 아들 되심과 대제사장의 역할이 성육신하신 그의 지상 사역 동안 어떻게 나타났는지 간략하게 덧붙인다(7-10절).

예수가 "심한 통곡과 눈물로 간구와 소원을" 올렸다는 언급은 십자가 처형 전날 밤 겟세마네 동산에서 드린 기도를 가리킬 것이다(마 26:36-56 참조). 거기서 예수는 가능하면 자기를 구원해 달라고 하나님께 간구했지만, "그러나 내 원대로 마옵시고 아버지의 원대로 되기를 원하나이다"라고 첨부한다(눅 22:42).

하나님께서는 확실히 예수를 죽음의 위험으로부터 구원하실 수 있으셨지만, 그분의 주권적 섭리(sovereign providence)와 그분의 뜻에 따라 그렇게

---

[9] Eric F. Mason, *"You Are a Priest Forever": Second Temple Jewish Messianism and the Priestly Christology of the Epistle to te Hebrews*, STDJ 74 (Leiden: Brill, 2008) 참조. 그는 '예수의 대제사장직'이라는 히브리서의 중심 주제를 종말론적 제사장과 천상의 멜기세덱을 서술하는 쿰란 문헌을 배경으로 논의한다.

하지 않기로 선택하셨다. 그 결과 예수는 죄 없는 대속물이 되어 우리의 구원을 위해 죽었다. 그런데도 하나님께서 그를 죽은 지 사흘 만에 다시 살아나게 하셨다는 점에서(13:20 참조) 예수는 "그의 경건하심으로 말미암아 들으심을 얻었다"(5:7)

예수는 하나님의 아들이시지만, 고난을 받음으로써 순종을 배웠다(5:8). 즉 그는 (죄 없는) 인간으로 고난을 받으심으로써 하나님의 뜻에 대한 순종의 모범을 보이셨다. 이렇게 하여 "온전하게 되신" 후에(이전의 불완전한 상태를 의미하는 것은 아님), 예수는 자기에게 순종하는 모든 자에게 "영원한 구원의 근원이 되시고"(9절), 멜기세덱의 반차를 따른 대제사장으로 칭함을 받았다(10절).

2) 불신에 대한 경고와 하나님 약속의 확실성(5:11-6:20)

5:11-6:12에서 저자는 이 서신에서 세 번째 "경고 단락"을 기술한다 (2:1-4; 3:7-4:13 참조). 5:11-14을 도입하는 "이것에 관하여는"이라는 문구 (개역개정에는 "멜기세덱에 관하여는"으로 번역-역자주)는 멜기세덱의 반차를 따르는 그리스도의 영원한 제사장직을 가리킨다. 여기서 저자는 이와 관련하여 설명할 것이 많다고 지적한다(앞에서도 언급했듯이 실제로 그는 7:1-28에서 그렇게 할 것이다).

11절과 앞 단락 간의 이러한 연관성이 영어 번역에서는 잘 드러나지 않는 경우가 종종 있다. 영어 번역의 많은 경우 11절에서 새로운 구성단위 (unit)를 시작하며 심지어 새로운 단락 제목을 붙이기도 한다. 하지만 헬라어 본문에서는 11절의 첫 문구인 "이것에 또는 그에 관하여는"(concerning which or whom, 사물 또는 사람을 선행사로 받는 관계대명사로 시작됨-역자주)이 10절과 11절을 연결해 주며 5장 전체를 함께 묶어 준다.

그렇지만, 저자는 독자들의 귀가 둔해진 까닭에 그리스도의 영원한 제사장직의 본질에 관한 가르침을 설명하기가 어렵다고 말한다. 그래서 그는 다음 단락에서 잠시 주제로부터 이탈하여 하나님 말씀(로고이 [*logioi*])의

"초보"(스토이케이아[*stoicheia*/"the basic principles"]; 갈 4:3, 9; 골 2:8, 20; 벧후 3:10, 12)에 관해 다시 한번 설명하기 시작한다(히 5:12). 다음 단락에서 저자는 그러한 초보(=기본 원리)를 다음과 같이 소개한다.

- 죽은 행실을 회개함과 하나님께 대한 신앙
- 세례에 관한 교훈
- 안수
- 죽은 자의 부활
- 영원한 심판(6:1-2)

이는 히브리서의 문맥과 청중들에게 다소 독특한, 기독교의 본질에 대한 매우 흥미로운 목록이다.

저자는 서신 수신자(중 일부)에 대한 미성숙을 책망하면서 그들에게는 "단단한 음식"이 아니라 "젖"이 필요하다고 쓴다(5:12). 이는 그들 중 많은 사람이 기껏해야 단지 아기 그리스도인(baby Christians)에 불과하다는 점을 암시한다. 그는 삽입구로 "젖을 먹고 사는 자마다 아직 어린아이(네피오스[*nēpios*], 5:13; 참조, 고전 3:1; 13:11; 갈 4:1, 3; 엡 4:14)이기 때문에, 의의 말씀에 능숙하지 못하다"(사역)라고 언급한다.

많은 독자는 주 안에서 단지 유아일 뿐만이 아니다. 그들은 성숙할 만큼 오랫동안 신앙생활을 해 왔지만, 유감스럽게도 그들의 성장은 멈추있고 그들의 성숙은 신앙의 연륜과 일치하지 않는다. 이것은 사람들이 나이를 먹음에 따라 자연적으로 특정한 신체적 발달을 기대하듯이, 신자들도 당연히 영적으로 성장할 것이라는 성경적 기대가 있음을 보여 준다.

이와 마찬가지로 오늘날의 교회에서도 믿음의 연수는 오래되었지만, 영적 성숙의 관점에서 볼 때는 마땅히 자라야 할 방식대로 믿음이 성장하지 않아 단지 어린아이에 불과한 사람들이 있다.

저자에 따르면, 영적 성숙의 표지는 각각의 신자들이 "선악을 구별하기 위해 꾸준한 연습(헥시스[*hexis*], 신약에서 여기서만 나오는 단어)으로 훈련을 받아 분별력을 기르는" 것이다(5:14, 사역). "의의 말씀에 능숙하지 못하다"나 "선악을 분별하다"와 같은 표현들은 여기서 도덕성(morality)에 주된 강조점이 있음을 암시해 준다. 즉, 성경의 가르침을 따라 의롭게 살아가는 삶을 말한다.

"훈련을 받아"로 번역된 헬라어 단어는 "벌거벗은"의 의미를 지닌 귐노스(*gymnos*/naked)에서 유래한 귐나조(*gymanzō*)이다. 이는 그레코-로만 문화에서 운동선수들은 기본적으로 벌거벗고 훈련했기 때문이다(12:11; 딤전 4:7 참조). 이와 유사하게 독자들은 후에 이 서신에서 다음과 같은 권고를 받는다.

> 이러므로 … 모든 무거운 것과 얽매이기 쉬운 죄를 벗어 버리고 인내로써 우리 앞에 당한 경주를 하며(히 12:1).

또한, 이 서신에는 영적 게으름과 방종(self-indulgence)에 대한 몇몇 경고가 나타난다(예를 들면, 12:7-11).

그리스도인들은 영적 아기 지방(baby fat)을 제거하고 순종과 영적 분별력으로 성장해야 한다. 그래서 바울도 디모데에게 다음과 같이 권고했다.

> 경건에 이르도록 네 자신을 연단(훈련)하라 육체의 연단(훈련)은 약간의 유익이 있으나 경건은 범사에 유익하니 금생과 내생에 약속이 있느니라(딤전 4:7-8).

디모데에게 보낸 두 번째 서신에서 바울은 "모든 성경"(본래의 문맥에서는 히브리 성경, 즉 구약을 의미)은 "…의로 훈련하기(파이데이아[*paideia*], 개역개정에는 "의로 교육하기에"로 번역됨-역자주)에 유익하니"(딤후 3:15-17)라고 단언한다.

이와 연관된 고린도전서 단락에서 바울은 "자연적인"(natural, 개역개정에는 "육에 속한 사람"으로 번역-역자주) 사람과 "신령한"(spiritual/영적) 사람을 대조하면서(고전 2:6-16, 특히 14-15), 고린도 교인들을 "신령한 자들"이 아니라 단지 "그리스도 안에서 어린아이들"로 대할 수밖에 없음을 통탄했다. 바울은 다음과 같이 쓴다.

> 내가 너희를 젖으로 먹이고 밥으로 아니하였노니 이는 너희가 감당하지 못하였음이거니와 지금도 못하리라(고전 3:2).

고린도 교인들은 십자가에 근거한 기독교적 섬김(servanthood)의 본질을 붙잡기보다는 세속적 리더십(leadership)의 개념을 고수하고 화려한 연설가들에게 몰려들었다. 히브리서의 이 부분은 바울이 고린도 교인들에게 전한 권면과 신기할 정도로 닮아 있다.

이는 히브리서 저자(그가 누구였든지 간에)가 바울의 권면을 잘 알고 있었거나 아니면 바울과 히브리서 저자 모두 그리스도인들이 더욱 성숙해지도록 촉구하기 위해 사용하는 "젖/단단한 음식" 은유를 사용하는 공통의 유비를 끌어왔을 가능성을 암시한다(그러나 베드로가 동일 은유를 긍정적인 의미로 사용하는 베드로전서 2:1-2 ["갓난 아기들 같이 순전하고 신령한 젖을 사모하라 이는 그로 말미암아 너희로 구원에 이르도록 자라게 하려 함이라"]과 대조하라).

6:1에 언급된 "죽은 행실을 회개함과 하나님께 대한 신앙"이란 표현은 기독교 개종(Christian conversion)을 가리키는 것이 분명하다. 물론 개종은 한 사람이 죄로부터 돌아서서 하나님이 그리스도 안에서 또 그를 통하여 제공하신 구원을 받아들이는 최초 행위를 표시하기 때문에 절대적으로 중요하다.

그러나 저자는 신자들이 거기서 멈추어서는 안 된다고 단언한다. 개종은 단지 시작일 뿐이고 자신의 삶을 성경의 명령에 점점 더 일치시키기 위한 의식적 조치가 뒤따라야 한다.

오늘날 설교자들이 단지 기본적이고 단순한 복음주의적(evangelistic sermons) 설교만 반복할 뿐, 신자들이 직면하고 있는 세상의 복잡한 상황 속에서 어떻게 그리스도인답게 살아야 하는지에 대한 실제적인 교훈은 전하지 않는 일부 교회들이 있다.

히브리서의 현 본문은 불신자들을 그리스도에게로 돌아오도록 촉구하는 것이 중요하지만 그리스도 안에서 성장하는 방식을 가르치는 것도 중요하다는 점을 암시한다. 그러므로 설교자는 불신자를 개종하는 교훈(복음 전파)과 신자들을 신앙 안에서 성장하게 하는 교훈(제자도) **모두를** 제공해야 한다.

"그리스도의 기본 교리"(elementary doctrine of Christ)로서 2절에 언급된 목록, 즉 세례, 안수, 죽은 자의 부활, 그리고 영원한 심판은 이 서신만의 독특한 특징이어서 서신의 수신자들이 처한 특별한 상황을 엿볼 수 있게 해준다. 저자가 여기서 정확하게 무엇을 염두에 두고 있는지 알기는 어렵지만, 이 서신의 나머지 부분에서 세례와 영원한 심판과 관련된 문제들이 언급될 때 몇 가지 실마리를 찾을 수 있다(아래의 논의를 더 참조하라).

여하튼 저자는 그러한 것들을 설명하는 일이 지금 자신이 하려는 의도가 **아니**라고 지적한다. 오히려 그는 독자들에게 "그리스도의 도의 초보를 버리고 성숙(텔레이오테스[*teleiotēs*], 신약에서는 골로새서 3:14에만 나옴/ 개역개정에는 "완전한 데로"로 번역 - 역자주)을 향해 나아가자"라고 촉구한다.

이 세 번째 "경고 단락"의 핵심에 들어서서 저자는 다음과 같이 의미심장한 지적을 한다.

> 한 번 빛을 받고[enlightened] 하늘의 은사를 맛보고, 성령에 참여한 바 되고 하나님의 선한 말씀과 내세의 능력을 맛보고도 타락한 자들은 다시 새롭게 하여 회개하게 할 수 없나니 이는 그들이 하나님의 아들을 다시 십자가에 못 박아 드러내놓고 욕되게 함이라 (히 6:4-6).

이 대목은 히브리서 전체에서 가장 많이 논란이 되는 구절 중 하나이다. 많은 학자가 저자가 이 구절에서 신자가 구원을 잃을 수도 있음을 암시하고 있다고 주장했기 때문이다. 그렇게 해석하면, 이 단락은 신약의 다른 구절에서 분명하게 가르치고 있는 신자들의 영원한 안전에 관한 기독교 교리와 충돌되는 것처럼 보인다(예를 들면, 요 10:28-29; 딤후 1:12; 요일 5:13 참조).

이에 대해 몇 가지 관찰할 점이 있다.

첫째, 분명한 것은 이 진술이 매우 엄격한 경고라는 점이다. 문맥을 통해 볼 때, 적어도 이 서신을 수신하는(아마도 원래는 일련의 설교를 들은) 회중의 일부는 당시 그레코-로만 세계에서 합법적 종교(렐리기오 리키타[*religio licita*])로 보호를 받은 유대교의 안전한 경계로 후퇴할 것을 고려하고, 십자가에 못 박힌 그리스도에 대한 분명한 헌신에 나설 경우, 그들에게 닥칠 박해의 가능성으로 인해 움츠리며 흔들리고 있었던 것 같다.

10:34에서 저자는 수신자의 일부가 그러한 박해의 일종으로 "(그들의) 소유를 빼앗기는 것도 기쁘게 당한 것"을 언급한다. 6:9에서 저자는 다음과 같이 말한다.

> 사랑하는 자들아 우리가 이같이 말하나 너희에게는 이보다 더 좋은 것 곧 구원에 속한 것이 있음을 확신하노라(히 6:9).

둘째, 전체 회중과 회중 내의 개인들을 구별해야 한다는 점이다. 전체 회중은 기독교를 받아들인 아마도 로마에 있던 유대인 그리스도인 공동체였던 것으로 보인다. 이는 독자들에게 "믿는 도리를 굳게 잡으라"라는 반복된 권면을 통해 암시된다(4:14; 10:23). 그러나 그 회중 내에는 망설였던 사람들, 특히 그들 중 일부는 애당초 그리스도를 구원자로 믿지 않았던 개인들도 있었을 수 있다.

예를 들면, 저자는 후에 "서로 돌아보아 사랑과 선행을 격려하며 모이기를 폐하는 **어떤 사람들의 습관과 같이 하지 말고**"라고 언급한다(10:24-25). 이런 점에서 이전에는 이 기독교 공동체에 함께 모였다가 좀 더 최근에는 주변 문화 속에서 그리스도를 따르기 위해 치러야 할 대가로 인해 떠나 버린 사람들이 있었던 것으로 보인다. 따라서 저자는 그러한 개인들이 "떠나 버리는 것"에 대해 경고하고 모든 참된 신자가 견고하게 서기를 요청한다.

즉, 가능성이 크지는 않지만, 언급된 사람들은 회중 내에서 그리스도를 진정으로 믿은 적이 없는 불신자일 가능성이 있다. 만일 그렇다면, 본문(6:4-6)과 같은 경고 단락은 신약의 다른 곳에서 가르치고 있는 신자의 영원한 안전에 대한 확신과 충돌하지 않을 것이다.[10]

예를 들면, "우리에게서 나갔으나 우리에게 속하지 아니하였나니 만일 우리에게 속하였더라면 우리(요한의 회중 중 하나)와 함께 거하였을"(요일 2:19) 사람들과의 유사점을 고려해 보라. 그 문맥에서 "장로"(사도 요한)는 그 교회의 어떤 사람들이 "잠시" 신자인 것처럼 보였지만, 결국 그들이 떠난 것을 보면 처음부터 참된 신자가 아니었음을 증명했다고 지적한다.

여하튼 이 구절(6:4-6)을 한 사람이 구원을 잃을 수 있는지에 대해 서로 다른 설명을 제시하는 칼빈주의(Calvinism)나 알미니안주의(Arminianism)와 같은 후대의 신학 체계에 비추어 읽는 것은 시대착오적인 발상이다.

셋째, 이 경고 단락의 해석은 상당 부분 저자의 논의를 뒷받침하는 일관된 유비(analogy)나 유형론(typology, 역사적 비교)에 달려 있다. 거의 틀림없이, 이 단락의 배경은 광야에서 유리하다가 결국, 그들의 불신앙 때문에 약속의 땅에 들어가지 못했던 이스라엘 백성의 출애굽 세대와 관계있다.[11] 저자는 이미 이 문제를 3장과 4장에서 시편 95편에 대한 미드라쉬 형태의 설명으로 꽤 상세하게 다루었다(앞부분의 논의를 보라). 현재의 경고 단락에도 같은 유형론이 작용하고 있다.

---

10 Wayne Grudem, "Perseverance of the Saints: A Case Study from the Saints: A Case Study from the Warning Passages in Hebrews," in *Still Sovereign*, ed. Thomas R. Schreiner and Bruce A. Ware (Grand Rapids: Baker Academic, 2000), 133-82 참조. 그는 히브리서에 나오는 경고 단락들이 성도의 견인(perseverance of the saints, 그리스도인들은 끝까지 하나님의 보호와 인도를 받으며 그 사실을 확신할 수 있다는 교리-역자주)이라는 개혁주의 교리(Reformed doctrine)와 일치한다고 주장한다. 좀 더 광범위한 연구를 위해서는 Thomas R. Schreiner, *Run to Win the Prize: Perseverance in the New Testament* (Wheaton: Crossway, 2010)을 보라. 그는 경고 단락들을 예비 경고(prospective warning) 및 신자들을 "넘어지지 않도록" 방지하는 메커니즘(mechanism)으로 간주한다.

11 Dave Mathewson, "Reading Heb. 6:4-6 in Light of the Old Testament," *WTJ* 61 (1999): 209-25를 보라. 그는 6:4-6을 이스라엘의 광야 세대에 대한 구약의 서술에 비추어 읽어야 한다고 주장한다.

- **"한번 빛을 받은"(6:4) 사람들**은 첫 번째 경우에는 아마 출애굽 시대에 낮에는 "구름 기둥"을, 밤에는 "불기둥"을 따라 걸었던 광야의 이스라엘 백성을(출 13:21-22 참조), 두 번째 경우(히브리서의 독자들)에는 적어도 외적으로는 주변 사람들에게서 복음의 빛을 본 사람들을 가리킬 것이다.
- **"하늘의 은사를 맛본"(6:4) 사람들**은 첫 번째 경우에는 하나님께서 광야 생활 동안 그들을 먹이시기 위해 매일 제공하셨던 만나를 먹은 이스라엘 백성을(출 16장 참조), 두 번째 경우에는 회중 안에서 함께 모일 때 주변 사람들의 삶 속에서 성령의 능력이 나타난 것을 목격한 사람들을 가리킨다.
- **"성령에 참여한 바 된"(6:4) 사람들** 역시(첫 번째 경우 광야의 이스라엘 백성이든 아니면 두 번째 경우 히브리서의 수신 회중이든) 개인적으로 거듭나지 않는 채 회중 전체에서 하나님의 능력을 목격한 사람들을 가리킬 수 있다(이 점에 관해서는 주석자들 간의 견해 차이가 있지만).

이스라엘 백성이 출애굽 이전과 출애굽 시대에 하나님께서 모세를 통하여 수행하신 많은 "이적과 기사"를 본 것은 확실하다. 이와 마찬가지로 히브리서의 청중 역시 어떻게 "하나님도 표적들과 기사들과 여러 가지 능력과 및 자기의 뜻을 따라 성령이 나누어 주신 것으로써 그들과 함께 증언하셨는지" 그들 가운데서 경험했다(2:4).

- **"하나님의 선한 말씀과 내세의 능력을 맛보았다"(6:5)**라는 말도 저자가 이전에 언급했넌, "처음에 주로 말씀하신 바요" 나중에 "들은 자들이 우리에게 확증한" "큰 구원"을 가리킬 수 있다(2:3).

큰 틀에서 보면, 저자는 광야의 이스라엘 백성을 "하나님의 안식", 즉 약속의 땅으로 들어가지 못하게 한 불신의 전형적 예로 제시하며(앞의 3-4장을 보라), 그들의 운명이 신약 시대에도 여전히 교훈을 줄 수 있음을 보여준다. 이 점은 사도 바울이 고린도전서의 유사한 맥락에서 제시한 요점과 정확하게 일치한다(고전 10:1-13 참조). 로마에 있는 유대인 그리스도인 회중의 일부가 불신앙 때문에 구원과 하늘에 있는 영원한 안식에 들어가지 못할 위험에 처해 있었다. 그래서 저자는 그러한 사람들에게 일련의 엄격한 경고를 전달한다.

그들이 유대인이었으므로 저자는 광야 이스라엘의 불신앙을 지적한 히브리 성경의 예가 가장 유익하고 설득력이 있다고 생각했을 것이다. 너무나 자주, 우리의 문제는 히브리서에 언급된 경고 단락들을 본래의 문맥에 비추어 이해하기보다는 현대 신학적 논쟁의 눈을 통해 읽어 왔다는 것이다.

그처럼 놀라운 하나님의 능력을 목격한 후에 "타락한" 자들은 (광야의 이스라엘 백성이 그랬고, 히브리서가 염두에 두고 있는 회중 속의 불신자들이 그럴 위험에 처해 있었던 것처럼) "다시 새롭게 하여 회개하게 할 수" 없다. 그들은 사실상 그리스도를 "다시 십자가에 못 박아 드러내 놓고 욕되게" 하고 있기 때문이다"(6:6).

바울도 갈라디아서에서 이와 유사한 요지를 제시한다. 그는 갈라디아 교인들에게 할례를 받으라고 강요했던 어떤 이들에 대해 "그들이 그리스도의 십자가로 말미암아(십자가 때문에 받는) 박해를 면하려 함뿐이라"(갈 6:12)라고 쓴다. 반면에 바울은 "우리 주 그리스도의 십자가 외에" 아무것도 자랑하지 않기로 결심했다(갈 6:14; 참조, 고전 1-2장).

우리 중 누구라도 하나님께서 예수 그리스도 안에서 주신 죄에 대한 단 하나의 참된 해결책, 즉 십자가를 거부한다면 구원의 다른 어떤 희망도 남지 않는다. 우리는 자신이 선호하는 구원의 방법을 선택할 수 없다. 오직 하나님이 제공하신 단 하나뿐인 유일한 길을 받아들이거나 거부할 수 있을 뿐이다.

예수께서 다음과 같이 말씀하신 것처럼 말이다.

> 내가 곧 길이요 진리요 생명이니 나로 말미암지 않고는 아버지께로 올 자가 없느니라 (요 14:6).

십자가(하나님이 주신 구원의 길이요 죄인들을 위한 하나님의 측량할 수 없는 사랑의 표현)를 거부함으로써 우리는 세상이 이제까지 알았던 가장 소중한 선물을 거절하고 있는 셈이다.

6:7-8에서 저자는 농사의 비유를 통해 자신의 요점을 분명하게 보여 준다. 즉, 생명을 주는 비를 흡수하면서도 단지 "가시와 엉겅퀴"만을 내는 땅은 "버림을 당하고(쓸모없어) 저주함에 가까워(저주를 받아)" 결국 불에 타고 말 것이라는 점이다(죽는 순간까지 그리스도를 계속해서 거부하는 사람들이 맞을 영원한 운명인 지옥에 대한 불길한 암시).

하지만 6:9에서 저자는 빠르게 분위기를 전환하여, 경고는 실제적이고 위험은 심각하지만, 독자들의 (대다수의) 경우는 "더 좋은 것 곧 구원에 속한 것이 있음을 확신하노라"라는 단언으로 나아간다. 이 말은 앞의 경고가 가상의 것이라는 의미가 아니다. 그것은 그들 주변에 있는 사람들의 삶 속에서 하나님의 능력을 목격했지만, 그리스도를 신뢰하지 않아 현재 타락의 위험에 놓여 있는 회중 내의 사람들 경우에는 실제적 경고이다.

오히려 저자는 그 경고가 회중의 특정 개인들과 관련되는 것이지, 전체 회중(의 대부분)에 적용되는 것이 아님을 확신한다. 그는 현재 흔들리기 시작한 일부 구원받지 못한 개인들이 (적어도 원래부터) 포함된 유대인 기독교 회중에게 이 서신을 쓰고 있다(10:24-25 참조).

1세기(즉 AD 60년대 초중반) 상황을 고려할 때, 우리는 신학적인 이유에서든(율법 고수, 십자가에 달린 메시아 반대 등), 실제적인 이유에서든(박해 위협이나 박해 현실) 십자가에 못 박힌 그리스도의 진가를 맛보지 못한 사람들에게 유대교에 계속 머물러 있는 것이 더 이상 올바른 선택이 아님을 명확히 제시하는 것이 중요했음을 안다.

성경은 두 언약 모델(two-covenant model)을 가르치지 않는다. 그 모델에 따르면 그리스도가 오신 이후 사람은 구원을 위해 그리스도를 믿든지, 아니면 계속해서 율법을 준수하든지 양자택일을 할 수 있다. 따라서 다음과 같은 요점이 강력하게 전해져야 했다. 즉, 그리스도가 오시기 이전으로 되돌아갈 수 없다는 점이다. 이제 그가 오셨으니 그를 믿는 것은 단순히 선택사항이 아니라 필수사항이었다.

이는 (갈라디아서에서 다루어진 유대화 논쟁[Judaizing controversy]과 함께) 초기 기독교 운동에서 영감 받은 저자들이 오해나 거짓 진술에 맞서 복음을 방어하고 명확히 했던 결정적인 순간 중 하나였다. 이와 같은 희망적인 맥락에서 저자는 독자들이 "그(하나님)의 이름을 위하여" "이미 성도를 섬긴 것과 이제도 섬김으로" 보여 준 그들의 행위와 사랑을 계속 인정한다(6:10). 그는 독자들에게 "동일한 부지런함(열성)을 나타내어 끝까지 소망의 풍성함에 이르라"(6:11)라고 촉구한다.

신약성경은 참된 신자는 끝까지 인내한다(persevere)고 일관성 있게 가르친다(때때로 "성도의 견인"[perseverance the saints]이라는 교리로도 언급되는 교훈).[12] 신약성경 전체가 그러하듯이 히브리서도 확실히 이 진리를 가르친다.

이에 반해 잠시 복음에 끌렸으나 나중에는 관심을 잃고 떠나는 사람들이 있을 수 있다. 이 점은 예수의 씨 뿌리는 자 비유(예컨대, 막 4:1-20)에서 신랄하게 묘사되어 있으며 요한복음의 "신자들"이라는 미묘한 표현에도 반영되어 있다. 요한복음에서 요한은 모든 "믿음"이 구원하는 믿음이 아님을 분명하게 한다. 오직 참된 믿음만이 구원한다. 그리고 이 참된 믿음은 정의상, 그리스도를 따를 때 인내하며, 그의 말씀에 거하는 믿음으로 입증된다(예컨대, 요 8:31 참조). 이런 점에서 독자들은 "게으른" 사람이 되지 말고(12:12-13 참조), "믿음과 오래 참음으로 말미암아 약속들을 기업으로 받는 자들을 본받는 자"(6:12)가 되라고 권고된다.

후에 저자는 신약의 신자들이 본받을 만한 모범적 신앙을 보인 일련의 구약 인물들(진정한 "구름같이 허다한 증인들"[12:1])을 나열할 것이다(11장). 하지만 구약의 신자들이 하나님이 약속하신 것을 받았는지에 대해 어느 정도 긴장감이 있음에 유의하라.

---

12 예를 들어, Thomas R. Schreiner and Ardel B. Caneday, *The Race Set before Us: A Biblical Theology of Perseverance and Assurance* (Downers Grive, IL: Inter Varsity, 2001)을 보라.

6:15에는 아브라함이 "약속을 받았다"(attained promises)라고 언급되어 있지만, 다른 곳에서 저자는 구약의 신자들이 아직 약속을 받지 못했고 오히려 하나님의 약속이 이루어질 미래에 그들의 유산을 받을 것이라고 단언한다(11:8-11, 17, 39).

6:12 마지막 부분의 "약속들을 기업으로 받다"라는 문구는 "하나님이 아브라함에게 약속하실 때에"(13절)라는 말로 시작하는 다음 단락으로 전환하는 역할을 한다. 이렇게 해서 저자는 출애굽 시기의 광야 이스라엘로부터 수백 년 이전의 아브라함에 대한 하나님의 약속으로 거슬러 올라간다. 특히, 저자는 창세기 22:17에 언급된 약속을 인용한다.

> 내가 네게 큰 복을 주고 네 씨가 크게 번성하여(창 22:17).

이 말씀은 이전에 하나님께서 아브라함에게 주신 약속을 다시 반복한 것이다(참조, 12:1-3; 15장).

현재 본문의 경우 저자의 강조점은 하나님께서 아브라함에게 **스스로** 맹세하셨다는 사실이다. "자기보다 더 큰 분이 계시지 아니하므로 자기를 두고 맹세하시고서"(13절, 표준새번역). 이 맹세는 "그(하나님의) 뜻(목적)이 변하지 아니함"(17절)을 표현하는 최후 확정이었을 뿐만 아니라(16절), 신자들에게 강한 안위(위로)와 소망도 주신다(18-19절).

여기서 저자는 다시 한번 이동하여 이번에는 멜기세덱의 반차를 따르는 그리스도의 대제사장직 주제로 되돌아간다(6:20). 저자는 이 주제를 이전에 이미 도입했지만(5:6-10 참조), 이제 7장에서 훨씬 더 길게 전개할 것이다.

3) 멜기세덱의 반차를 따르는 예수의 대제사장직에 대한 설명(7:1-28)

저자는 이전에 시편 110:4(창세기 이야기 외에 구약에 유일하게 이 인물이 언급된)을 인용하면서 멜기세덱에 대해 언급했지만, 이제 여기서는 아브라함과 함께 창세기에 나타난 멜기세덱에 관한 간략한 묘사에 근거해 그를 정식으로 소개한다(창 14:18-20). 멜기세덱과 연관된 정보는 다음과 같다.

- "살렘의 왕"이었다.
- "지극히 높으신 하나님의 제사장"이었다.
- "여러 왕을 쳐서 죽이고 돌아오는 아브라함을 만나 복을" 빌어 주었다 (히 7:1).
- 이에 아브라함은 그에게 모든 것의 십 분의 일을 나누어 주었다(7:2).

이제 저자는 창세기의 멜기세덱에 대한 언급을 해석하여 다음과 같은 주목할 만한 결론을 끄집어낸다.

- "멜기세덱"이라는 이름을 해석하면 "의의 왕"이란 의미이다.
- 또 "살렘의 왕"은 "평강의 왕"을 의미한다(7:2).
- 저자는 창세기 이야기에 근거하여 멜기세덱이 아버지도 어머니도 없다는 사실에 주목한다.

이 점 때문에 이 인물이 신적이거나 영원하다는 의미는 아니지만, 저자에 따르면 족보가 없다는 점에서 "시작한 날도 없고 생명의 끝도 없는" 멜기세덱은 영원하신 하나님의 아들 예수와 어느 정도 유사점이 있다(7:3). 이렇게 해서 멜기세덱의 제사장직은 족보상 레위 지파의 제사장직에 제한되지 않고 영원한 제사장이 된다. 결국, 저자는 멜기세덱 자체가 아니라, 오히려 그가 속한 제사장의 유형과 그가 대표했던 제사장직의 본질에 관심을 둔다.

창세기와 히브리서에 나오는 멜기세덱

히브리서	창세기에 묘사된 멜기세덱	히브리서 저자의 해석
7:2	멜기세덱	의의 왕
7:2	살렘의 왕	평강의 왕
7:3	아버지도 어머니도 없음	영원한 제사장

예수를 멜기세덱의 반차를 따르는 대제사장으로 묘사함으로써 저자는 구약의 희생 제도와 제사장직이 중심이었던 유대인의 준거 틀 내에 예수의 역할을 세우는 동시에 유대인 독자들의 기독교 신앙에서 예수가 마땅히 얻어야 할 중심적 위치를 그에게 부여한다.

이러한 틀(framework)을 가지고, 저자는 예수가 실제로 제사장이요, 그것도 레위 계통이 아니라 멜기세덱의 계통을 따르는 더 높은 차원의 제사장이심을 지적한다. 저자는 바로 이 점을 구약의 가르침, 즉 창세기와 시편 110편의 멜기세덱에 관한 언급을 통해 보여 주려고 깊은 노력을 기울인다. 사실상 시편 110편에서 이미 멜기세덱의 제사장직이 영원하다는 점이 언급된다. 따라서 이 점은 히브리서 저자에 의해 제시된 새로운 개념이라기보다는 그리스도의 오심을 고려한 더욱더 발전된 개념이라고 할 수 있다.

따라서 저자의 논지는 성경에 근거하고 성경적으로 입증된다. 저자는 창세기와 시편 110편 사이의 점들(dots)을 연결할 뿐만 아니라, 시편 110편에 암시된 내용도 끄집어낸다. 그는 또한, 시편 110편을 레위 지파의 제사장직과 연결하여 멜기세덱 계통의 제사장직이 레위 지파의 제사장직보다 더 뛰어나다는 점을 입증한다.

그리하여 저자는 독자들에게 메시아요 하나님의 아들이실 뿐만 아니라, 지루하게 반복되는 희생제물을 드리는 레위 계통의 제사장 사역을 훨씬 뛰어넘는 영원한 대제사장이신 예수를 믿으라고 권면한다. 저자는 이제 곧 후자의 요점을 상세히 설명할 것이다.

공식적으로 멜기세덱을 소개하고 몇 가지 해석적 결론을 끌어낸 후에, 저자는 이 신비롭고 독특한 인물의 위대함을 계속해서 칭송한다(7:4). 저자는 어떤 의미에서 멜기세덱이 아브라함보다 훨씬 더 높았다고 지적한다. 아브라함이 멜기세덱에게 십분의 일을 주었기 때문이다. 레위 지파가 아브라함의 후손이었지만 멜기세덱은 그렇지 않다.

사실상 멜기세덱은 그의 계보가 알려지지 않았다는 점에서 인간의 혈통을 초월했다. 아브라함이 멜기세덱에게 십분의 일을 준 것이 전부가 아니다. 멜기세덱은 아브라함을 축복하기도 했다. 십분의 일을 **받은** 사람이 그것을 준 사람보다 더 높고, **축복을 한** 사람이 **축복을 받은** 사람보다 더 높은 법이다. 그러므로 두 경우 모두 멜기세덱이 아브라함보다 훨씬 더 높다는 점이 증명된다.

더욱이 저자는 아브라함을 통하여 레위 지파-아브라함의 후손들-도 멜기세덱에게 십분의 일을 바쳤다고 말할 수 있다고 지적한다. 그렇다면 레위 지파도 멜기세덱에게 십분의 일을 주었으므로 후자가 전자보다 더 높은 것이 분명하다.

> 이는 멜기세덱이 아브라함을 만날 때 레위는 이미 자기 조상의 허리에 있었음이라 (히 7:10).

이것은 매우 유대적이고 랍비적인 논증 방식이다. 이러한 확장된 석의적-신학적 논의를 통해 저자는 **멜기세덱이 아브라함과 레위보다 더 뛰어나며, 멜기세덱 계통의 제사장직이 레위 계통의 제사장직보다 더 뛰어남을 입증한다.** 구약의 모든 희생 제도는 이제 쓸모없게 되었다.

논의를 계속 진행하면서 저자는 모세의 율법이(또한 레위 계통의 제사장직도) "온전함"(perfection)을 이룰 수 있었다면, 즉 영원한 구원을 제공할 수 있었다면, "멜기세덱의 반차를 따른" 또 다른 제사장을 세울 필요가 있었겠느냐고 지적한다(7:11). 그러나 제사장직의 변화는 또한 "율법의 변화"를 의미한다(7:12).

특히, 멜기세덱의 반차를 따르는 새로운 대제사장이신 예수는 레위 지파 출신이 아니라, 제사장 지파가 아닌 유다 지파 출신이었다(7:13-14). 하지만 저자는 여기서 두 번째로 인용하는 시편 110:4에 근거하여(7:17; 참조, 5:6) 예수의 제사장직은 궁극적으로 유다 가문이라는 육체적 혈통의 한 기능이 아니라 그의 영원한 존재에서 파생된 것이라 진술함으로써 자신의 논점을 더 높은 수준으로 끌어올린다.

이렇게 하여 예수는 적어도 성경 기록에 관한 한, "시작한 날도 없고 생명의 끝도 없어 하나님의 아들(즉, 예수)과 닮아서 항상(영원히) 제사장으로 있는"(7:3) 멜기세덱과 같다.

부정적으로 말하면, 율법의 계명(즉 레위 계통의 제사장직)은 "연약하고 무익하므로"(18절, 즉 죄를 영구적으로 제거하고 영원한 구원과 용서를 가져오지 못하는 율법의 무능함) 폐하게 된다.

긍정적으로 말하면, 더 좋은 소망이 생겨 하나님의 사람들이 이 소망을 힘입어 하나님께 가까이 나아갈 수 있게 된다(7:19). 그리하여 용서받은 죄인들은 "긍휼하심을 받고 때를 따라 돕는 은혜를 얻기 위하여 은혜의 보좌 앞에 담대하게 나아갈" 수 있게 된다(4:16).

"더 좋은 소망"을 언급하면서, 저자는 자신을 두고 맹세하심으로 약속의 성취를 보장하시는 하나님의 주제, 즉 저자가 이미 6:13-20에서 도입했던 주제로 돌아온다. 저자가 이렇게 하는 이유는 성경에 근거하고 있으며 사실 앞에서 인용한 시편 110:4의 다음 부분에 근거하고 있다.

> 주께서 맹세하시고 뉘우치지(마음을 바꾸지) 아니하시리니 네가 영원히 제사장이라 하셨도다(히 7:21).

주목할 만한 것은 저자의 주장이 다시금 이전의 성경, 즉 권위 있는 히브리 성경에 대한 확고한 주석에 기초하고 있다는 점이다. 이 경우 중요한 예언적 차원을 가지는 시편이 해당하는데, 예수를 메시아요 하나님의 아들로 묘사하는 제사장직의 유형을 예고한다.

이 서신이 "히브리인들"(Hebrews, 즉 유대인 그리스도인들 또는 적어도 유대인)에게 보내진 것이므로 저자의 논의는 율법(창세기, 레위기)과 시편(2편, 95편, 110편 등)을 연결하는 인상적인 일련의 성경 내적 주석(innerbiblical exegesis)을 보여 준다.

앞에서도 이미 언급했듯이 시편 구절들은 중요한 예언적 함의도 가지고 있다. 저자는 "더 좋은 '언약'(디아데케[*diathēkē*], 7:22, 히브리서에서 16번 나오는 "언약" 용례 중 첫 번째)의 보증자"(엥귀오스[*engyos*], 7:22, 신약에서 여기서만 사용된 단어)가 되시는 예수라는 또 하나의 강력한 개념을 도입한다.

문맥상 7:19에 언급된 "더 좋은 소망"은 예수가 세우신 "더 좋은 언약"에 근거한다.

예수의 제사장직이 가진 또 하나의 이점은(그 영원한 본질에 근거한) 레위 계통의 제사장 직분이 죽음 때문에 그 직무를 계속할 수 없어서 그 수가 많아졌지만, 예수는 영원히 존재하시므로 그 제사장 직분도 영구히 간직하신다는 점이다(7:23-24). 이 때문에, 예수는 자신의 중재 직분을 계속해서 수행하고 그들을 위해 중재함으로써 자기를 힘입어 하나님께 나아오는 사람들을 "온전히"(판텔레스[*panteles*], 신약의 다른 곳에서는 누가복음 13:11에만 나오는 단어) 구원할 수 있다.

이뿐만 아니라 영원한 대제사장으로서 예수는 다른 두 가지 추가적 이점이 있다.

(1) 그는 (인간적이고 죄 있는 제사장과는 달리) 죄가 없으므로 자기를 위하여 희생제물을 드릴 필요가 없다.
(2) 그는 궁극적 희생제물(십자가에서 죄인들을 위해 드려진 자신의 생명)을 단번에(once and for all) 드렸으므로 더 이상의 어떤 다른 희생제물도 드릴 필요가 없다(7:27).
예수의 희생은 언제나 충분하다!

저자는 이 단락(7:20-28) 처음에 시작했던 방식으로 이 단락을 마무리한다(7:20 참조). 즉, 시편 110:4에 따라 율법 이후에 아들을 영원한 제사장 직분으로 임명하신 하나님의 맹세와 관련해서 끝낸다. 그는 "영원히 온전하게 되셨다"(7:28). 이 문구는 7:11의 "온전함"에 대한 언급을 상기시킨다. 그러나 그렇다고 해서 예수가 온전하지 못했던 때가 있었다는 의미는 아니다.[13]

---

13 David G. Peterson, *Hebrews and Perfection: An Examination of the Concept of Perfection in the "Epistle to the Hebrews,"* SNTSMS 47 (Cambridge: Cambridge University Press, 1982)를 보라.

히브리서에 따른 예수의 제사장직의 본질

히브리서	예수의 영원한 대제사장직의 이점
7:20-22, 28; 참조, 6:13-20	하나님의 맹세로 확인
7:27	자신을 위해 희생제물을 드릴 필요가 없음
7:27	희생제물이 단번에 드려졌다.

4) 새 언약의 중보자 예수(8:1-10:25)

저자가 새로운 논의 단락으로 넘어간다는 것은 지금까지의 요점을 요약하고 논의의 다음 단계로 이동하는 8:1의 과도기적 도입 발언으로 분명히 알 수 있다.

"지금 우리가 말하고 있는 것들의 요점은 이것이다…"(사역).

지금까지 저자가 전개한 논의의 과제는 주로 예수의 **제사장직** 유형을 확립하는 것이었다. 즉, 예수는 레위 계통의 제사장직과는 달리 여러 한계에 제한받지 않는 멜기세덱의 반차를 따르는 영원한 제사장이라는 점이다.

이제 저자는 예수의 제사장직 본질에 관한 앞의 논지를 기반으로 예수가 자신의 뛰어난 제사장 직분을 힘입어 맺은 **언약**(the covenant)의 주제를 전개하려고 한다(8-10장에는 히브리서에서 모두 16번, 신약 전체에서 모두 33번 나오는 디아데케[*diathēke*/covenant] 용례 중 13개의 용례가 포함되어 있다).[14]

이것이 바로 저자가 8:6에서 제시하는 요점이다.

> 그러나 이제 그는 더 아름다운 직분을 얻으셨으니 그는 더 좋은 약속으로 세우신 더 좋은 언약의 중보자시라(히 8:6).

---

[14] Gareth L. Cockerill, "Structure and Interpretation in Hebrews 8:1-10:18: A Symphony in Three Movements," *BBR* 11 (2001): 179-201. 그는 8:1-10:18이 희생제사라는 중심주제를 지지하는 성소와 언약의 주제와 더불어, 성소, 희생제사, 언약을 주제로 하는 3악장(8:1-13; 9:1-22; 9:23-10:18)의 "교향곡"(symphony)으로 가장 잘 이해된다고 주장한다.

예수가 세운 새 언약이 모세가 체결한 옛 언약(율법, 그 일부가 레위 계통의 희생 제도인)보다 더 우월하다는 논지가 8:1에서 10:25까지 전 단락에 걸쳐 제시된다. 예수의 영원한 제사장직에 대한 저자의 논의가 주로 시편 110:4에 근거했다면, 새 언약의 우월성에 대한 논의는 예레미야 31:31-34에 근거한다.

이 구약 본문은 "새 언약"이라는 정확한 문구가 나타나는 유일한 구약 구절이다(그 **개념**은 또한 에스겔 36:24-27과 같은 다른 예언서 구절에서도 발견되지만). 실제로 예레미야 31장에 대한 언급은 8:8-12(신약 전체에서 가장 긴 구약 인용문)과 10:15-17에서 발견되는 것처럼 전 단락의 틀을 이룬다.

저자가 예수의 제사장직을 설명하는 밑바탕에는 그 사역이 하늘에서 수행되며, 지상의 제사장들의 섬김은 단지 천상의 실체의 그림자(shadow)일 뿐이라는 개념이 깔려 있다(특히 8:4-5을 보라). 여기서 히브리서 저자의 사상과 이집트 알렉산드리아의 필로(Philo of Alexandria, 20 BC-AD 50)가 옹호한 그리스 철학 사이에 어떤 유사성이 있어 보인다.[15]

그러나 히브리서 저자가 땅은 단지 궁극적 실재(ultimate reality)의 단순한 모형(휘포데이그마[*hypodeigma*]; 9:23 참조; ESV 역이 "종류"로 번역한 4:11도 보라)이요 그림자(스키아[*skia*]; 10:1; 골 2:17 참조)일 뿐이라는 플라톤 철학을 알고 있었는지는 의심스럽다. 보다 가능성이 큰 것은 저자가 다시 한번 그의 논지를 8:5에서 인용한 구약성경에 근거하여 끌어냈다는 견해인데(출 25:40 참조), 거기서는 하나님께서 자신이 시내산에서 보여 준 "양식(pattern)대로"

---

15 이것은 대부분은 아닐지라도 많은 학자가 지지하는 견해이다. 그러나 의존의 정도(extent)에 대해서는 활발한 논쟁이 진행 중이다. Ronald Williamson, *Philo and the Epistle to Hebrews*, ALGHJ (Leiden: Brill, 1970)에 나오는 논의를 보라. Stefan Nordgaard Svendsen (*Allegory Transformed: The Appropriation of Philonic Hermeneutics in the Letter to the Hebrews*, WUNT 2/269 [Tübingen: Mohr Siebeck, 2009])은 필로의 영향을 지지한다. 그러나 Scott D. Mackie (*Eschatology and Exhortation in the Epistle to the Hebrews*, WUNT 2/223 [Tübingen: Mohr Siebeck, 2007])는 플라톤의 우주론보다 유대의 묵시적 종말론의 영향을 선호한다. 그는 히브리서에 있는 "오는 세상"(the coming world)이라는 공간 개념이 "다가올 시대"(age to come)의 관점에서, 즉 시간적으로 가장 잘 이해된다고 주장한다.

성막을 지으라고 모세에게 지시하신 때를 언급한다.

이제 저자는 예레미야 31:31-34을 인용하면서 새 언약의 우월성 주제로 넘어간다.

> 주께서 이르시되 볼지어다 날이 이르리니
> 내가 이스라엘 집과 유다 집과 더불어 **새 언약**을 맺으리라
> 또 주께서 이르시기를 이 언약은 내가 그들의 열조의 손을 잡고
> 애굽 땅에서 인도하여 내던 날에 그들과 맺은 언약과 같지 아니하도다
> 그들은 내 언약 안에 머물러 있지 아니하므로
> 내가 그들을 돌보지 아니하였노라 (히 8:8-9).

모세의 언약(출애굽 시대에 시내산에서 이스라엘 백성과 맺은)은 결함이 있었는데(8:8; 여기서 사용된 동사 멤포마이 [memphomai, "결점을 찾다"]는 신약에서 여기 외에 로마서 9:19에만 나옴), 부분적으로는 하나님의 백성이 그 언약 안에 머물러 있지 않았기 때문이다. 게다가 그것은 단지 **외부의**(external) 것이었으므로 모세의 규정에 순종하는 데 영향을 끼칠 수 없었다. 예레미야(여기서 인용된)는 계속해서 말한다.

> 또 주께서 이르시되 그 날 후에 내가 이스라엘 집과 맺을 언약은 이것이니
> 내 법을 그들의 생각에 두고 그들의 마음에 이것을 기록하리라
> 나는 그들에게 하나님이 되고 그들은 내게 백성이 되리라
> 또 각각 자기 나라 사람과 각각 자기 형제를 가르쳐 이르기를
> 주를 알라 하지 아니할 것은
> 그들이 작은 자로부터 큰 자까지 다 나를 앎이라
> 내가 그들의 불의를 긍휼히 여기고
> 그들의 죄를 다시 기억하지 아니하리라 (히 8:10-12).

여기서 예레미야 선지자(주전 6세기 이스라엘의 바벨론 포로기에 예언)가 강조하는, 새 언약이 옛 언약보다 더 우월한 두 가지 측면은 다음과 같다.

(1) 하나님의 법이 사람의 마음에 내적으로(internally, 내주하시는 성령에 대한 언급) 기록될 것이다.
(2) 하나님은 사람들의 죄를 더 이상 기억하지 않을 것이다. 즉, 새 언약을 통해 중재된 용서는 **최종적이고**(definitive) **완전하다**(complete).

저자는 이러한 요점들을 다음 논의에서 좀 더 상세하게 다룰 것이다. 우선 그는 예레미야의 어휘로부터 명백하지만 중대한 추론을 끄집어낸다. 선지자 예레미야는 미래의 "새 언약"을 언급함으로써 옛 언약이 그때에는 쓸모없게 될 것을 암시한다(8:13).

9장에서 저자는 구약 성막(tabernacle)에 있었던 성물들에 대해 상세하게 설명한다(9:1-5).

<도표 1.1> 구약성경의 성막

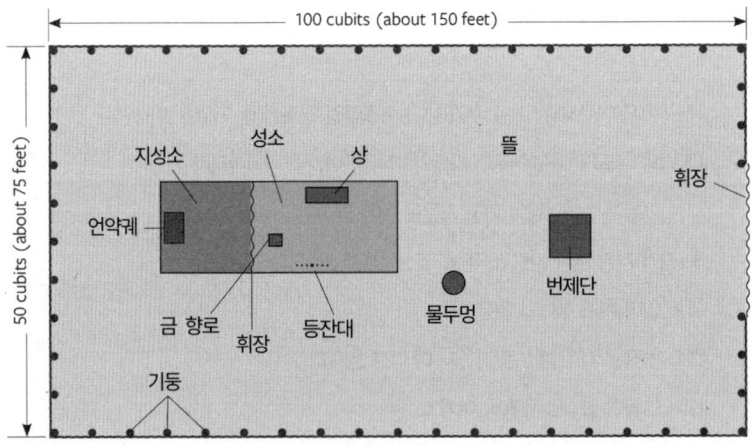

"성소"(Holy Place)에는 금으로 만든 등잔대, 상, 진설병(bread of the Presence)이 있었다(9:2; 참조, 출 25:23-40; 37:17-24). 휘장 뒤에는 "지성소"(Holy of Holies, or "Most Holy Place"; 출 26:31-33)가 있었는데, 거기에는 금으로 만든 금 향로(분향단, 출 30:1-5; 37:25-29)와 "언약궤"(출 25:10-22)가 들어 있었다.

언약궤 안에는 만나(출애굽 기간에 하나님이 제공하신 음식)를 담은 금 항아리, 아론의 싹난 지팡이, 그리고 "언약의 돌판들"이 있었고 그 위에 그룹들(cherubim, 천사에 대한 묘사)과 시은좌(mercy seat, 속죄소)가 놓여 있었다. 다소 상세해 보이는 설명을 제공한 후 저자는 "이것들에 관하여는 이제 낱낱이 말할 수 없노라"(9:5)라고 요약한다.

저자가 성막을 어느 정도 상세하게 설명한 이유는 그것이 구약 레위 계통의 제사장들이 섬기는 영역이었기 때문이다. 제사장들이 희생제물을 드리기 위해 정기적으로 "성소"에 들어가지만, "지성소"는 대제사장만 그것도 일 년에 한 번만 들어갈 수 있었다(9:6-7). 저자가 관찰한 대로 오직 대제사장만이 일 년에 한 번 "지성소"에 들어갈 수 있었다는 사실은 구약 시대의 사람들에게는 하나님께 직접 나아가는 것이 가능하지 않았다는 점을 가리킨다.

이러한 배경에서 저자는 이제 크고 영원하신 대제사장이신 예수께서 십자가에서 자신의 피를 단번에 제물로 드림으로써 길을 열었으니 하나님께 "나아가라"라고 계속해서 촉구한다. 저자가 분명히 밝히듯이 장막의 첫 구역인 "성소"의 존재는 현시대를 상징한다. 즉, 사람은 중재자 없이는 하나님의 임재에 직접 들어갈 수 없음을 보여 준다(9:9).

하나님의 구원 계획의 이 중간 단계에서 제사장들은 진정으로 죄를 속할 수는 없고 "개혁(디올도시스[*diorthōsis*], 어근 올도[*ortho-*/straight, "곧은"]에서 파생; 신약에서 여기서만 나오는 단어)의 때까지"(9:10) 단지 잠정적으로만 수행된 "예물과 제사"를 드렸다.

그리스도의 오심으로 이 모든 것이 변하였다. 히브리서 9:11-12에는 예수가 "더 크고 온전한 장막(스케네[*skēnē*]; 그의 몸을 가리킴; 요 1:14에서 "거하다"로 번역된 헬라어 동사[스케노오/*skēnoō*]는 문자적으로 "천막을 치다"를 의미)"을 통하여 나타났다고 말한다. 그는 "염소와 송아지의 피"가 아니라, "자기의 피"(헬라어 본문에는 강조를 위해 이 문구가 문장 앞에 나옴)를 통해서 나타나셨다.

그가 "이미 일어난 좋은 일을 주관하시는 대제사장"(모호한 표현, 아래의 설명을 보라. 개역개정에는 "장래 좋은 일의 대제사장"으로 번역-역자주)으로 오셨을 때, 그는 영원한 구원(뤼트로시스[*lytrōsis*/redemption], 9:12[개역개정에는 "속죄"로 번역-역자주]; 신약의 다른 곳에서는 누가복음 1:68; 2:38[개역개정에는 "속량"으로 번역-역자주]에서만 나옴)을 이루기 위해 성소들(복수형)로 단번에 들어가셨다.

예수가 영원한 구원을 이루기 위해 단번에 성소들에 들어가셨다는 9:11-12의 중대한 선언은 8:1에서 시작된 단락부터 지금까지의 절정이다. 이 부분에서 저자는 예수의 대제사장직에서 그가 제정하신 언약으로 돌아섰고 두 주제를 서로 연관시켰다.

예수가 영원한 구원을 이루셨다는 선언은 수효는 많아도 지속적인 구원을 제공할 수 없었던 제사와 예물로 구성된 구약 제사장 제도의 지루한 특성과 강하게 대조된다. 희생제사가 끊임없이 필요했던 시대, 사람들은 항상 죄를 지었으므로 계속해서 더 많은 희생제사를 바쳐야만 했던, 그런데도 영구히 죄를 속할 수 없었던 참으로 헛된 악순환의 시대에 살았더라면 어땠을지 한번 상상해 보라.

이와 대조적으로 이제 예수께서 자기를 단번에 제물로 드리셨으므로 하나님께 직접 접근할 수 있는 길이 열렸으며 신자들은 하나님께 직접 나아갈 수 있다. 또 예수의 희생제사가 하나님께 단번에 받아들여졌기 때문에 더 이상 어떤 희생제물도 가져올 필요가 없다. 이것은 진정 "위대한 교환"(great exchange)이요, 그렇지 않으면 지옥에 떨어질 죄인들을 향한 하나님의 놀라운 은혜와 자비의 표현이 아닐 수 없다.

13-14절에서는 단순히 12절에 언급된 두 종류의 피, 즉 염소 및 황소의 피와 예수 자신의 피를 구별한다. 작은 것에서 큰 것으로 나아가는 논증 방식을 통해 저자는 전자가 **일시적** "육체의 정결"을 가져온다면, 그리스도의 피는 신자의 양심을 "얼마나 더" **영구적으로** 깨끗하게 할 수 있겠는지 반문한다. 그리하여 신자들은 "죽은 행실"을 회개하고(6:1에 언급된 기독교 믿음의 "초보"[elementary doctrine/기본 교리]의 일부) 살아 계신 하나님을 섬

기게 될 것이다.

10:29에 있는 성령 언급과 함께 이 구절(14절)은 저자의 성령신학에서 하이라이트를 구성한다. 성령의 사역은 성경 안에서 그리고 성경을 통한 하나님의 능동적인 말씀과 관련이 있으며(예컨대, 9:8), 여기서는 십자가에서 일어난 그리스도의 속죄 사역과 밀접하게 연관되어 있다.[16]

이어 저자는 앞서 8장 대부분에서 다루었던 새 언약의 주제를 다시 시작하는데, 거기서 그는 "더 좋은 언약"(8:6)에 대해 말했고 예레미야서의 "새 언약" 단락(8:8-12; 렘 31:31-34 참조)에 관해서도 광범위하게 언급했다. 이런 점에서 9:1-14은 영원한 대제사장이신 예수가 더 좋은 새 언약을 맺기 위해 오셨다는 저자의 논지(즉, 예수의 대제사장 직분을 구약 레위 계통의 제사장 직분과 대조함으로써 그가 옹호하는 논지)에 중요한 역할을 한다.

"이로 말미암아"로 번역된 15절의 첫 문구 "카이 디아 투토"(*kai dia touto*)는 9:1-14의 논증 사슬에서 이 요점을 끌어낸다. 그리스도가 새 언약의 "중보자"(mediator)라고 단언할 때, "중보자"라는 말은 8:6의 메시테스(*mesitēs*)와 같은 단어를 사용한다(신약의 다른 곳에서는 12:24; 갈 3:19-20; 딤전 2:5에만 나옴). 디모데전서 2:5-6에서 바울은 힘주어 이렇게 말한다.

> 하나님은 한 분이시요 또 하나님과 사람 사이에 중보자도 한 분이시니 곧 사람이신 그리스도 예수라 그가 모든 사람을 위하여 자기를 대속물로 주셨으니(딤전 2:5-6).

히브리서 12:24에서는 예수가 "새 언약의 중보자"임을 반복해서 언급하는데, 그분의 "뿌린 피가 아벨의 피보다 더 나은 것을 말해" 준다는 것이다.

그리스도가 하나님과 인간 사이의 유일무이한 중보자라는 개념은 이 서신의 서두 부분에서 이미 암시된다. 거기서 저자는 예수를 구약의 선지자

---

[16] 히브리서의 성령론(pneumatology)에 대해서는 Gregg R. Allison and Andreas J. Köstenberger, *The Holy Spirit*, Theology for the People of God (NashvilleL B&H Academiv, 2020)을 보라.

든 아니면 천사의 메신저이든, 이전의 다수의 중보자와 대조시켰다. 이러한 이전 인물들이 진정한 중재 기능을 가졌다 할지라도 예수는 그들에 비해 특히 뛰어난 중보자이다. 예수가 중재 역할을 행사한 구체적인 방법은 영원한 대제사장으로서였고, 대제사장으로서 그가 가져온 구체적인 제물은 자기 피의 제물이었다.

이 피가 결국 "더 나은 것을 말한다." 예수의 피가 (아벨이 나중에 "지금도 말하느니라"[11:4]라고 일컬어지는 것처럼) **말씀하신다**. 즉, 그의 희생은 실질적으로 영원한 구원을 이루며 십자가에서 일어난 대제사장으로서의 예수의 대속적 죽음의 수혜자가 될 누구에게나 지속적인 연관성이 있다.

이와 마찬가지로 모세(하나님이 그를 통해 율법을 주신), 여호수아(이스라엘 백성을 약속의 땅으로 인도한), 레위 계통의 제사장들(구약의 제사 제도를 관리한) 모두 구약 시대의 하나님과 그의 백성 간의 진정한 중보자 역할을 했지만, 그들의 역할 역시 탁월한 한 분 중보자 예수 그리스도에 의해 완전히 가려진다.

예수가 십자가에서 드린 단 한 번의 희생은 이전의 모든 중재 행위를 왜소하게 만들 뿐만 아니라, 단지 그가 성취한 일에 대한 예비적이고 예기적인 행위로 만들 뿐이다. 바로 이것이 저자가 독자들에게 그리스도와 십자가에서 그들을 위해 행하신 그의 일을 믿으라고 반복해서 촉구하는 이유이다(흥미로운 점은 "십자가"[스타우로스, *stauros*]라는 단어가 히브리서에서는 유일하게 12:2에 한 번 나온다는 것임).

이제 그리스도가 오셔서 자신을 희생하셨으므로 구약의 율법과 희생 제도를 신뢰하는 것은 몹시 부적절하고 전적으로 용납할 수 없다. 사실상, 그러한 태만은 그리스도와 그의 사역에 대한 거부이며 따라서 그리스도를 "다시 십자가에 못 박는 행위"와 다름없다. 이는 불신앙(unbelief)을 고집하는 사람에게 가장 심각한 결과를 초래할 것이다(6:4-6 참조).

그리스도 이전의 하나님과 인간 사이의 중보자들

히브리서 본문	이전의 중보자들	중보 역할
1:1	구약의 선지자들	하나님의 말씀을 백성에게 중재
2:2; 참조, 1:7-14; 2:5	천사들	하나님의 율법을 중재
3:5	모세	하나님의 율법을 중재하고 하나님의 백성을 인도
4:8	여호수아	하나님의 백성을 약속의 땅으로 인도
5:1-4; 7:11	아론, 레위 사람	예물과 희생제물을 가져 옴.

예수가 새 언약의 중보자가 되신 결과는 "부르심을 입은 자로 하여금 약속된 영원한 기업을 얻게" 하신 것이다(15b절). 예수의 죽음은 "신자들을 첫 언약(즉, 레위 계통의 제사장 희생 제도를 포함한 시내산에서 받는 율법인 모세의 언약) 때에 범한 죄에서"(15a절) 속량한다. 그다음에 저자는 첫 번째 언약하에서조차 "거의 모든 물건이 피로써 정결하게 되고", "피 흘림이 없은즉 (죄) 사함이 없느니라"라는 원칙을 확고히 한다(9:22; 참조 9:18).

저자는 레위기 14:4과 출애굽기 24:8("이는 하나님이 너희에게 명하신 언약의 피라")을 인용하면서, 모세가 희생 짐승의 피와 함께 물과 붉은 양털, 우슬초를 어떻게 취하여 그것을 그 두루마리(율법 책)와 온 백성뿐만 아니라, 장막과 섬기는 일에 쓰는 모든 그릇에도 뿌렸는지 설명한다(9:19-21). 이 모든 것은 "죽음을 통한 생명"의 원리를 분명하게 보여 준다. 구약의 희생 제도의 경우 사람들은 희생 동물의 죽음 때문에 살았다.

오늘날 많은 사람이 그의 독생자의 희생과 관련된 하나님의 구원 방법을 불쾌하게 생각한다. 그들은 예수의 십자가 죽음이 사실상 현대인의 감성을 상하게 하는 원시적이고 낡은 종교의 흔적인 자녀 희생(child sacrifice)이라고 주장한다. 이러한 사람들은 기독교 종교의 중심에는 하나님이 자기 아들을 타인을 위한 희생제물로 삼는다는 개념이 놓여 있다고 주장하는데, 그러한 개념은 계몽된 사람들에게는 용납될 수 없다는 것이다.[17]

---

[17] 예를 들어, Steve Chalke (*The Lost Message of Jesus* [Grand Rapids: Zondervan, 2004])는 형벌적 대속론(penal substitution)이 "우주적 아동 학대의 한 형태"(9)라고 말한다. (S. Chalke와 같은 표현을 사용하지 않더라도) 형벌적 대속을 비판하고 거부하는 학자 중

이에 대해 히브리서 저자는 성경의 첫 페이지, 즉 인류 역사의 시작부터 "(다른 사람의) 죽음을 통한 생명"의 원리가 오랫동안 강력하게 자리 잡고 있다고 응답할 것이다. 이 원리는 인간의 합리성에 반할 수도 있지만, 거룩하신 하나님과 그분의 의가 인간의 죄와 반역을 혐오하시는 방식에 깊이 뿌리를 내리고 있다. 거룩하시고 의로우신 하나님에 대한 반역은 단순히 은폐될 수 없으며, 범죄를 정면으로 마주하여 바로 잡는 적절한 처리 과정 없이는 단순히 용서되거나 잊힐 수도 없다. 바울은 이 점을 로마서에서 다음과 같이 설명한다.

> 이제는 율법 외에 하나님의 한 의가 나타났으니 율법과 선지자들에게 증거를 받은 것이라 곧 예수 그리스도를 믿음으로 말미암아 모든 믿는 자에게 미치는 하나님의 의니 차별이 없느니라 모든 사람이 죄를 범하였으매 하나님의 영광에 이르지 못하더니 그리스도 예수 안에 있는 속량으로 말미암아 하나님의 은혜로 값없이 의롭다 하심을 얻은 자 되었느니라 이 예수를 하나님이 그의 피로써 믿음으로 말미암는 화목제물로 세우셨으니 이는 하나님께서 길이 참으시는 중에 전에 지은 죄를 간과하심으로 자기의 의로우심을 나타내려 하심이니 곧 이때 자기의 의로우심을 나타내사 자기도 의로우시며 또한 예수 믿는 자를 의롭다 하려 하심이라(롬 3:21-26; 또한, 고전 1-2장도 보라).

거룩하신 하나님이 죄를 용서하실 수 있는 유일한 방법은 죄 없는 대리자(sinless substitute)의 죽음과 피 흘림을 통해서이다.

9:23에서 저자는 땅의 모형을 하늘의 실체와 대조하는 주제, 즉 그가 8:5-7에서 도입했던 주제로 되돌아간다. 근본적인 전제는 하나님께서 시내산에서 하늘의 성소에 대한 반영으로 성막을 짓는 방법을 모세에게 보여 주셨다는 것이다(출 25:40 참조).

에는 Joel B. Green and Mark D. Baker, *Recovering the Scandal of the Cross: Atonement in New Testament and Contemporary Contexts* (Downers Grove, IL: IVP Academic, 2000); J. Denney Weaver, *The Nonviolent Atonement*, 2nd ed. (Grand Rapids: Eerdmans, 2011); John Goldingay, ed., *Atonement Today* (London: SPCK, 1995) 등이 포함된다.

이런 점에서 레위 계통의 제사장들은 땅의 제사장 직분을 가졌지만, 예수는 하늘의 제사장 직분을 수행하신다. 저자는 그의 죽음을 통해서 예수가 하늘 (성소 그 자체)에 들어가사 이제 신자들을 위하여 하나님 앞에 나타나셨다고 말한다(9:24). 대제사장은 하늘의 성소에 대한 땅의 **모형**(copy), 즉 "지성소"로 일 년에 한 번(다른 사람들은 들어갈 수 없을지라도) 자기 피가 아닌 짐승의 피를 가지고 들어갔지만, 예수는 자신의 흘린 피로 인해 하늘 그 자체로 들어가셨다. 그러나 몸을 여러 번 반복해서 드릴 필요 없이 단 한 번 그렇게 하셨다(9:24-26).

예수의 대속적 희생의 최종적 특성은 그가 "자기를 단번에 제물로 드려 죄를 없이 하시려고 세상 끝에(=시대의 종말에) 나타나셨다"는 사실에 의해 강조된다(9:26; 1:2의 "이 모든 날 마지막에는" 참조). 저자가 그의 서신 첫 부분에서 언급한 것처럼, "(예수께서) 죄를 정결하게 하는 일을 하시고 높은 곳에 계신 지극히 크신 이의 우편에 앉으셨느니라"(1:3).

십자가의 사역은 완료되었다!

요한복음에서는 십자가에 달리신 예수가 "다 이루었다"(테텔레스타이 [*tetelestai*])라고 선언하신다. 예수 사명의 중심에 십자가가 서 있었다. 그래서 예수는 지상에서의 삶의 마지막 즈음에 아버지 하나님께 다음과 같이 보고할 수 있었다.

> 아버지께서 내게 하라고 주신 일을 내가 이루어 아버지를 이 세상에서 영화롭게 하였사오니(요 17:4).

레위 계통의 제사장 사역이 아직 끝나지 않았고, 정기적으로 자주 반복되어야 했으며, 항상 "시대의 종말에" 있을 예수 자신의 사역에 대한 잠정적이고(provisional) 예기적인(anticipatory) 사역으로 남아 있었다면, 예수의 사역은 단번에 완료되었다. 레위 사람들에 의해 수행된 구약의 희생 제도와 예수의 피로 인해 체결된 새 언약 사역 간의 대조를 과장하기는 어렵다. 이와 관련하여 저자는 최후의 심판 때 예수가 "죄와 상관없이"(즉, 그의 첫 번째 오심의 목적), "자기를 간절히 기다리는 자들을 구원하시기 위해"(사역) "두 번째(로)" 나타나실 것을 알린다(9:27-28).

예수의 첫 번째 오심이 최종적("단번에")이었듯이 그의 두 번째 오심도 최종적일 것이다. 그는 그를 믿는 사람들을 구원하시고 그리스도의 완료된 사역을 믿지 않는 사람들을 심판하실 것이다. "한번 죽는 것은 사람에게 정해진 것이요 그 후에는 심판이 있기" 때문이다(9:27). 이것은 이 책의 모든 독자가 (고대와 현대를 막론하고) 극도로 진지하게 직면해야 하는 냉정한 현실이다.

그리스도를 믿기로 한 결정은 이생에서 내려진다. 언젠가 사람이 죽으면 너무 늦다. 오직 심판만이 그를 기다릴 뿐이다. 불신의 경우, 하나님과는 동떨어진 그리스도 없는 영원(Christless eternity)만이 있을 뿐이다.

<도표 1.2> 역사 안에서의 예수의 활동(히 1:2; 9:26-28)

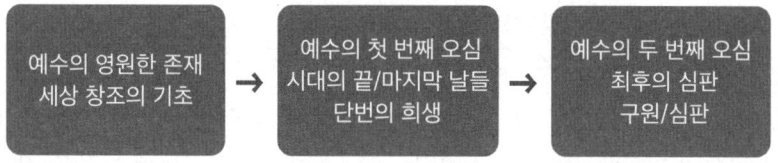

이어지는 다음 단락(10:1-4)에서는 율법(레위 지파의 제사장 제도를 규정하는)이 단지 "장차 올 좋은 일"(즉, 그리스도 안에 있는 영원한 구원; 9:11 참조["그리스도께서는 **장래 좋은 일**의 대제사장으로 오사"])의 그림자(8:5 참조)일 뿐이라는 저자의 논지를 다시 한번 반복한다.

저자는 다음과 같이 반문한다.

레위 지파의 제사장 제도하에서 제사와 예물이 효과가 있었다면, 왜 제사를 바친 사람들이 또다시 죄의식을 가지게 되는가(히 10:2)?

왜 그들은 진정으로 용서받았다고 느끼지 못하는가?

왜 죄책감과 수치심이 계속 남아 있는가?

사실, 해마다 드려야 하는 이러한 제사들은 사람들이 일상생활에서 경험하는 죄의 현실을 기억하게 하고 계속해서 속죄의 필요성을 깨닫게 하는 효력이 있다(10:3). 거대한 돌을 산꼭대기까지 굴려 올리지만, 그것이 계속해서 아래로 굴러떨어지는 것만을 바라볼 뿐인 고대 그리스 신화의 시시포스(Sisyphus)처럼, 고대의 예배자들은 레위 계통의 제사장 제도가 궁극적으로 불충분하다는 것을 가슴 깊이 알고 있었다.

> 이는 황소와 염소의 피가 능히 죄를 없이 하지 못함이라(히 10:4).

이제 우리는 크고 영원한 대제사장으로서 백성을 위해 자신의 피를 흘려야 할 분이 죄 없는 인간 대리자(sinless human substitute), 즉 하나님이시면서 인간이신 하나님의 아들 예수가 틀림없다는 것을 안다. 그분은 자신을 단번에 제물로 드린 다음 하늘로 들어가셔서 하나님 앞에서 우리를 대표하고 그를 믿는 자들에게 하나님께 나아갈 수 있는 길을 열어 주시는 위대하고 영원한 대제사장이시다.

이러한 논지를 뒷받침하기 위해 저자는 그리스도의 첫 번째 오심을 예언적으로 서술하는 시편 40:7-9을 인용한다.

> 하나님이 제사와 예물을 원하지 아니하시고 오직 나를 위하여 한 몸을 예비하셨도다 … 이에 내가 말하기를 하나님이여 보시옵소서 두루마리 책에 나를 가리켜 기록된 것과 같이 하나님의 뜻을 행하러 왔나이다 하셨느니라(히 10:5-7).

저자가 설명하는 것처럼, 인용문 첫 부분에 언급된 제사와 예물은 레위 계통의 제사장 제도의 일부로서 모세 율법에 규정된 제물들이었다. 그리스도가 하나님의 뜻을 행하기 위해 이 땅에 오신 이유는 "예수 그리스도의 몸을 단번에 제물로 드리기" 위함이다(10:10). 영원한 대제사장은 그의 백성을 위해 자신의 몸을 하나님께 제물로 드렸다.

이러한 자기-주심의 행위(self-giving act)는 또한 그리스도를 믿는 자들에게 거룩함(sanctification/또는 거룩한 섬김을 위한 구별함)을 가져다주었다. 저자는 앞에서 그리스도의 피가 신자의 "양심을 죽은 행실에서 깨끗하게 하고 살아 계신 하나님을 섬기게" 했다고 지적했다(9:14; 13절의 "거룩하게 하다"[하기아조[hagiazō] 참조).

이와 유사하게 그는 여기서 "하나님의 뜻을 따라 예수 그리스도의 몸을 단번에 드리심으로 말미암아" 신자들이 "거룩함을 얻었다"(하기아조[hagiazō]라고 단언한다(10:10). 따라서 그리스도의 피는 영원한 속죄(redemption)를 가져올 뿐 아니라(9:12), 또한 영적 거룩함(하나님의 거룩한 사용을 위해 신자들을 죄로부터 구별함)도 가져온다. 저자가 앞에서 이미 확언한 것처럼, "거룩하게 하시는 이와 거룩하게 함을 입은 자들이 다 한 근원"(즉 하나님)에 속하기 때문이다(2:11; 참조, 10:14, 29; 13:12).

이러한 결정적인 단번의 거룩함은 이전의 제도하에서는 불가능했을 것이다. 그것은 이제 그리스도의 몸을 단번에 제물로 드리심으로 성취되었다. 이러한 맥락에서 성경은 거룩함(sanctification)을 **과거에** 일어난 결정적인 사건으로도, 회심 때의 최초의 거룩함에 입각한 지속적인 **과정**(그리스도인의 성장과 성숙)으로도 증언하고 있다는 점에 유념해야 한다.[18]

최초의 거룩함이 은혜로 말미암고 믿음으로 얻어진 것처럼, 점진적인 성화 역시 은혜로 말미암고 믿음으로 얻어진다. 이런 점에서 그리스도의 초림 안에서 그리고 그리스도의 초림을 통한 하나님의 목적은 자신을 위해 한 백성을 구속할 뿐만 아니라, 이 백성을 그의 거룩한 섬김을 위해 따로 구별하는 데도 있었다.

이 주요 단락(8:1-10:18)의 논지를 마무리하면서 저자는 레위 계통의 제사장직이 죄를 영구적으로 제거할 수 없었던 반면(10:11), 그리스도의 단 한 번의 유효한 제사는 그렇게 했다고 다시 한번 강조한다(10:12a). 이러한 제사 이후에 예수는(그의 부활이 암시됨) 하나님 우편에 앉으셨다(10:12b; 참조, 1:3). 그리고서 그는 자기 원수들이 자기 발아래에 굴복할 때까지 기다

---

[18] 이 점에 관해서는 David Peterson, *Possessed by God: A New Testament Theology of Sanctification and Holiness*, NABT 1 (Grand Rapids: Eerdmans, 1995); Andreas J. Köstenberger, *Excellence: The Character of God and the Pursuit of Scholarly Virtue* (Wheaton: Crossway, 2011), 3장을 보라.

리신다(하나님을 반대하는 모든 영적 세력들을 굴복시키실 것에 대한 은유).

이러한 후자의 언급은 시편 110:1에 대한 또 하나의 암시와 연관된다. 저자는 이 시편 구절을 이전 논의에서도 반복해서 인용했는데, 특히 예수의 영원한 제사장직이 멜기세덱의 반열을 따른다는 논지를 지지하기 위해 사용했었다(5:6; 참조, 1:3, 13; 시 110:4).

10:14에 나오는 신자들의 거룩함에 대한 언급은 이미 앞에서 논의한 10:10의 진술을 반복한다. 적절하게도 저자는 서신의 이 부분을 이 문학적 단위의 첫 부분에서 좀 더 길게 인용했던 예레미야 단락의 일부를 인용함으로써 종결한다(10:15-16; 참조, 8:8-12).

여기서 인용된 예레미야 본문은 주님께서 그의 백성과 맺을 종말론적 언약(지금은 그리스도 안에서 성취된)과 관련이 있다. 그것에 따르면, 하나님께서 그분의 법을 사람들의 마음과 생각에 기록하실 것이며 그들의 모든 죄를 용서하실 것이다. 그리고 저자는 용서가 있는 곳에서는 더 이상 죄를 사하는 제사가 필요 없다고 설득력 있게 결론을 내린다(10:18).

3. 우리 앞에 놓여 있는 경주를 완주하시고 성문 밖에서 고난받으신 예수 (10:19-13:16)

1) 예수의 피에 대한 확신을 가지라: 너희의 확신을 버리지 말라 (10:19-39)

본서의 개론 부분에서 언급한 것처럼, 10:19-25의 진술은 큰 대제사장과 새 언약의 중보자로서의 예수라는 주제를 다룬 이전의 단락(4:11-10:25)에서 그 뒤에 나오는 우리 앞에 놓여 있는 경주를 완주하시고 성문 밖에서 고난받으신 예수에 관한 단락(10:19-13:16)으로 넘어가는 과도기적 기능을 한다. 이 단락은 "그러므로 형제들아"라는 문구로 도입되는데, 지금까지 저자에 의해 제시된 논지를 여러 권고를 통해 독자들에게 직접 적용한다.

이러한 권고의 근거는 두 가지이다.

> 우리가 예수의 피를 힘입어 성소에 들어갈 담력을 얻었나니 그 길은 우리를 위하여 휘장 가운데로 열어 놓으신 새로운 살 길이요 휘장은 곧 그의 육체니라 또 하나님의 집 다스리는 큰 제사장이 계시매(히 10:19-21).

(1) 예수가 그의 몸을 희생하여 신자들을 위해 피를 흘리심으로써 하나님께 직접 나아갈 수 있는 길을 열어 주셨다.
(2) 예수는 영원한 대제사장직을 계속해서 갖고 계신다. 즉, 그의 대제사장의 직분은 단지 과거의 일이 아니라 지금도 계속되는 현실이다!

헬라어 본문에는 "우리가 가지고 있으므로"라는 기본 진술이 두 개의 목적어를 가진다.

(1) "거룩한 성소들"(즉 하나님의 임재)에 들어갈 확신(confidence, 개역개정에는 "담력"으로 번역 - 역자주)
(2) 하나님의 집을 다스리는 큰 제사장(즉 그리스도). 우리의 확신은 그리스도 자신과 중보자로서의 그의 역할 및 우리를 대신하여 하나님께 드린 한 번의 희생제사에 있다.

이러한 두 가지 확신에 기초하여 저자는 다음과 같이 세 가지 권고를 준다.

(1) "참 마음과 온전한 믿음으로 하나님께 나아가자"(10:22)
(2) "우리가 믿는 도리의 소망을 움직이지 말며 굳게 잡으라"(10:23)
(3) "서로 돌아보아 사랑과 선행을 격려하라"(10:24)

저자는 히브리서의 수신자(그러나 유대인과 비유대인을 포함한 모든 신자에게도)를 향해 신자들은 이제 하나님께 나아갈 전대미문의 길, 즉 "새로운 살

길"(new and living way)을 얻었다고 쓴다(10:20; 타락 이전의 아담과 하와가 누렸던 삶과 유사). 그러므로 그들은 이 기회를 잘 살려 "마음에 (피) 뿌림을 받아 악한 양심으로부터 벗어나고 몸은 맑은 물로 씻음을 받았으니" 하나님께 나아가도록 촉구받는다(10:22). 희생제사의 관점에서 묘사된 이러한 뿌림과 씻음은 은유적으로 그리스도의 십자가 죽음으로 제공된 속죄 사역과 그로 인한 죄 씻음을 가리킨다.

약속을 주신 하나님은 신실하시니 신자들은 그리스도에 대한 신앙고백(confession, 개역개정에는 "믿는 도리"로 번역-역자주)을 흔들림 없이 굳게 붙잡아야 한다(10:23). 또한, 신자들은 그들의 신앙고백을 이처럼 굳게 붙잡는 표현으로 "어떤 사람들의 습관처럼", 모이기를(만나기를) 소홀히 할 것이 아니라, 상호 간에 친밀하고 사랑하는 공동체로 살아야 한다(10:24-25).

문맥에서 볼 때, 이 "어떤 사람들"은 저자가 서신을 쓰고 있는 회중 중에 박해의 위협이나 박해 현실 때문에 그리스도와 그의 백성과의 교제를 포기한 일부 사람을 가리키는 것이 분명하다. 이러한 유대인들(아마도 [그들 중 일부는] 이전 제사장 출신이었을 가능성[이 서신에서 특히 제사장 주제가 현저하게 나타나는 점을 고려하면; 개론 부분을 보라])은 그들의 유대적 믿음 체계(유대교)로 되돌아가서 그리스도와 신자들의 모임 모두와 관계를 끊었던 것으로 보인다.

앞에서 논의했듯이, 우리는 이 서신 전체에 걸쳐 이러한 사람들을 향해 권고하는 여러 구절을 발견한다. 그러한 구절은 그들에게 그리스도와 그들을 위한 그분의 사역을 거부하지 말아야 하며, 그렇지 않으면 "(심판의) 그날이 가까움을 볼수록"(10:25) 끔찍한 결과를 맞을 것이라고 경고한다.

이어서 저자는 또 하나의 엄중한 경고를 시작한다(10:26-31). 진리를 아는 지식을 얻은 후에도 계속해서 고의로 죄를 짓는 일은 매우 심각한 문제이다. 왜냐하면, 더 이상 속죄하는 제사가 없기 때문이다. 남은 것은 하나님의 심판에 대한 두려운 기대뿐이다(10:26-27; 참조, 9:27).

하나님은 사랑의 하나님이시지만 동시에 의와 정의의 하나님이시기도 하다. 따라서 죄에 대한 그분의 치유책을 무시하는 사람들은 그 결과를 감당해야 할 것이다. 이런 점에서 저자는 하나님의 심판에 대한 전망을 위협 전략이 아니라 아직 시간이 남아 있는 동안 사람들을 회개로 이끌기 위한 동기부여로 사용한다. 때를 놓치면 아무리 후회해도 소용이 없기 때문이다.

모세의 율법하에서는 율법을 어긴 사람은 두세 증인의 증언이 있으면 죽임을 당했다(신 17:6; 참조, 19:15). 저자는 작은 것에서 큰 것으로 나아가는 논증 방식을 통해 매우 강한 어조로 다음과 같이 말한다.

> 하물며 하나님의 아들을 짓밟고 자기를 거룩하게 한 언약의 피를 부정한 것으로 여기고 은혜의 성령을 욕되게 하는 자가 당연히 받을 형벌은 얼마나 더 무겁겠느냐 너희는 생각하라(히 10:29).

새 언약의 피를 "부정한 것으로 여기고"(문자적으로는 "대수롭지 않게 여기다"의 의미), 은혜의 성령(즉 하나님 은혜를 전달하는 성령)을 "욕되게 하는"(에뉘브리조[enybrizō], 신약에서 독특한 단어) 누군가를 상상하면 매우 불안하듯이, 누군가 하나님의 아들을 "짓밟는"(카타파테오[katapateō], 마 5:13; 7:6; 눅 8:5; 12:1) 모습은 생각만 해도 끔찍하다.

그리스도가 짓밟히고 새 언약의 피가 부정한 것으로 여겨질 때, 성령은 모욕을 받는다. 왜냐하면, "영원한 성령으로 말미암아" 그리스도가 "흠 없는 자기를 하나님께" 드렸기 때문이다(9:14). 그리스도와 성령은 매우 밀접하게 연결되어 있어 그리스도가 거부되면 성령은 모욕을 받는다.

10:29의 논지를 뒷받침하기 위해 저자는 하나님께서 갚아 주시고 그의 백성을 심판하실 것이라는 구약성경을 인용한다(10:30; 참조, 신 32:35-36). 사람의 죄가 그리스도의 피로 덮이지 않은 채로, "살아 계신 하나님의 징벌하시는 손에 떨어지는 것"(10:31, 표준새번역)은 실로 무시무시한 일이 아닐 수 없다. 이 말씀은 하나님에 대한 두려움이 크게 사라지고 흔히들 하나님을 "귀신"(the man upstairs) 또는 그와 비슷한 존재쯤으로 여기며 하나님의 권위와 영원한 심판을 경시하는 시대에 하나님의 거룩함과 의로움을

강력하게 일깨워 준다.

6:9의 경우처럼, 저자는 회중 가운데 있는 불신자들에게 보내는 경고에서 대부분 신자로 구성된 전체 회중으로 방향을 바꾼다.

> (그러나) 전날에…생각하라(히 10:32).

복음이 처음 전해진 당시에("너희가 빛을 받은 후에") 회중은 직접적이든 간접적이든 고난을 받았다(10:33). 그들은 믿음 때문에 감옥에 갇힌 사람들에게 자비를 베풀었고 재산을 빼앗기는 일이 있어도 그 일을 기쁘게 감수했는데, 이는 어떤 사람도 그들이 받을 영원한 유산(inheritance)은 빼앗을 자가 없음을 알았기 때문이었다(10:34). 이 진술은 11장의 내용을 미리 예시한다(아래를 보라).

분명한 것은 처음 시작은 이렇게 좋았던 이 회중이 지금은 그들의 믿음과 증거에 굳게 서겠다는 결심이 약해져서 큰 상을 얻게 하는 "담대함(확신)을 버리지 말라"는 격려가 필요했다는 점이다(10:35). 즉, 그들에게는 인내가 필요하다(10:36). 여기서 "담대함"(confidence/확신)으로 번역된 헬라어 단어 파르레시아(parrēsia)는 이 문학적 단위의 첫 번째 권면(10:19)에 나온 저자의 말을 반향한다.

> 그러므로 형제들아 우리가 예수의 피를 힘입어 성소(흥미로운 점은 헬라어 본문에는 복수로 표현/'성소들')에 들어갈 담력(confidence)을 얻었나니(이 단어는 히브리서 3:6과 4:16에도 나타남).

신자들은 그들 자신이 아니라 그리스도께서 십자가에서 그들을 위해 행하신 일에 확신/담대함을 가질 만한 충분한 이유가 있다. 그렇지만 그들은 그리스도와 속죄를 위한 그의 피의 효능을 계속해서 확신해야 하며, 박해에 직면해서도 이러한 확신을 버리지 말고 약속을 반드시 지키시는 하나님의 신실하심(10:23)과 그들이 받을 큰 상(10:35)을 생각하여 그것을 굳게 붙잡아야 한다.

이러한 격려를 더욱 분명히 하고 그것을 성경적으로 뒷받침하기 위해 저자는 하박국 2:3-4을 인용한다. 그 본문에는 하나님께서 지체하지 아니하시고 "잠시 잠깐 후면" 오실 것이며 "의인은 믿음으로 말미암아 살 것"이지만, 하나님은 "뒤로 물러가는" 사람을 기뻐하지 않으신다고 진술한다(히 10:37-38).

하박국 2:4은 로마서(1:16-17)와 갈라디아서(3:11)에서 그리스도 안에 있는 하나님의 의에 대한 바울의 논증에 매우 중요한 역할을 한다. 박해에 직면해서 움츠러드는 것은 당연한 반응이다. 그러나 참된 신자들은 그들의 믿음이 도전받고 시험받을 때 십자가에서 죽으시고 다시 살아나신 그리스도를 따르겠다는 결심을 더욱 굳게 해야 한다.

이 단락을 마무리하면서 저자는 "우리는 뒤로 물러가 멸망할 자가 아니요 믿음을 가지고 영혼을 구원하는(preserve) 자니라"라고 단언한다(10:39, 사역). 박해는 지상의 상실(earthly loss)로 이어질 수 있지만 믿음을 굳게 붙잡으면 하늘의 상과 영혼의 "구원"(페리포이에시스[*peripoiēsis*/preservation], 흔히 "소유"[possession]로 번역; 엡 1:14; 살전 5:9; 살후 2:14; 벧전 2:9 참조)으로 이어질 것이다.[19]

2) "믿음의 전당"(11:1-40)

여기서 저자는 구약 시대에 하나님을 훌륭하게 믿었던 사람들에 대해 길게 논의한다. 그는 이러한 고무적인 믿음의 전형(examples)을 통해 이 서신의 수신자들이 그들의 확신을 버리지 말고 끝까지 믿음을 지키도록 격려하고자 한다. 구약의 신자들이 신약의 신자들을 위한 모범으로 제시되는 것은 놀랄 만한 일이다. 이것은 하나님에 대한 믿음이 본질상 신구약에서 같다는 점을 보여 준다(하나님과 예수 그리스도가 어제나 오늘이나 영원토록

---

19 디모데전서와 디도서에 나타난 "소유 주제"(preservation theme)에 관해서는 Andreas J. Köstenberger, *Commentary on 1-2 Timothy and Titus*, BTCP (Nashville: B&H Academic, 2017), 444-45 참조.

동일하신 것처럼; 13:8 참조).

그러한 믿음은 그리스도 안에서 자신의 약속을 지키시는 신실하시고 살아 계신 하나님을 그 대상으로 한다. 저자는 11:1-31에서 창조 시기에서부터 출애굽 시기 및 약속의 땅 정복 시기까지의 구약 이야기를 개관하고, 11:32-38에서 구약의 나머지 기간을 좀 더 빠르게 개관한 후 "믿음의 창시자요 완성자이신 예수를 바라보자"(12:2)라는 권면으로 나아간다.

그 과정에서 저자는 "믿음으로"라는 문구를 반복적으로 사용하면서, 아벨(11:4), 에녹(11:5), 노아(11:7), 아브라함(11:8-19, 이 시점까지 언급된 모든 구약의 인물과 관련된 요약 진술을 제공하는 11:13-16 포함), 사라(11:11), 이삭(11:20), 야곱(11:21), 요셉(11:22), 모세(11:23-28), 홍해를 건너는 이스라엘 백성(11:29), 여리고 정복(11:30), 라합(11:31)을 논의한다.

때로는 하나의 인물을 논할 때 "믿음으로"라는 문구를 여러 번 사용할 때도 있다(예를 들어, 아브라함[11:8, 9]; 모세[11:23, 24, 27, 28]). 분명히 주된 강조점은 서른한 절 중 열여덟 절(또는 논의의 거의 삼 분의 이)을 할애한 아브라함(분량 면에서 가장 많은 열두 절-앞에서 언급했듯이 요약 진술 포함)과 모세(여섯 절)에게 주어진다.

이런 점에서 아브라함과 모세와 이러한 다른 인물들은 신약의 믿음 즉, 약속을 주신 하나님을 향해, 또 지상의 현실보다 오히려 하늘의 현실을 향해 나아가는 믿음의 원형(prototypes)이요, 전형(paradigms)이요, 선구자(precursors)가 된다.

히브리서 11장에 나타난 "믿음의 전당"

11장	구약의 사건 또는 인물	믿음으로
3	창조	모든 세계가 하나님의 말씀으로 지어졌다는 것을 이해함
4	아벨	가인보다 더 나은 제사를 드림
5	에녹	하나님을 기쁘게 함으로써 죽음을 보지 않고 옮겨짐
7	노아	그의 집을 구원할 방주를 만듦

11장	구약의 사건 또는 인물	믿음으로
8-19	아브라함	부르심을 받았을 때 순종; 약속의 땅으로 나아감; 장막에 거함; 이삭을 드림; 하나님께서 이삭을 죽은 자 가운데서 다시 살리실 것을 믿음.
11	사라	나이가 많아 단산하였으나 잉태할 수 있는 힘을 얻음
20	이삭	두 아들 야곱과 에서에게 장차 있을 일에 대하여 축복함
21	야곱	죽을 때에 요셉의 아들들에게 축복함
22	요셉	임종시에 출애굽을 예고하고 자기 뼈에 대하여 명령함
23-28	모세	태어났을 때 부모에 의해 숨겨짐; 하나님의 백성과 함께 고난받음; 애굽을 떠남; 유월절을 지킴
29	이스라엘 백성	홍해를 건넘
30	여호수아(암시됨)	여리고 성벽을 무너뜨림
31	라합	정탐꾼을 영접함
32	기드온, 바락, 삼손, 입다, 다윗, 사무엘, 선지자들 등	나라를 정복함; 의를 행함; 약속을 받음; 사자의 입을 막음; 불의 세력을 멸함; 칼날을 피함; 연약한 가운데서 강하게 됨; 전쟁에서 용맹을 떨침; 적들을 물리침; 그들의 죽은 자들을 부활로 받아들임; 고문을 견딤; 채찍으로 맞음; 감옥에 갇힘; 돌에 맞음; 톱질을 당함; 칼로 죽임을 당함; 궁핍, 환난, 학대를 받음.

흥미로운 것은 "믿음"(피스티스[pistis])이란 단어가 지금까지는 매우 드물게만 사용되었다는 점이다. 10장 이전에 세 번(4:2; 6:1, 12) 언급된 이 단어는 11장의 믿음에 대한 광범위한 논의를 예고하는 10장의 마지막 부분에서 세 번 사용된다(10:22, 38, 39).

구약 하박국 2:3-4이 로마서의 토대가 되는 것처럼(1:16-17 참조), 그 구절은 또한 11장 전체에 전시된 "믿음의 전당"(Hall of Faith)을 위한 구약의 토대 역할을 한다(장 구분 때문에 이 점을 놓치기가 쉽지만). 다른 한편, "믿음장"이라고도 불리는 11장 이후에 "믿음"이란 단어는 고작 12:2(예수와 관련하여)과 13:7(회중 지도자들의 믿음을 본받으라는 권면과 관련하여)에서만 나타날 뿐이다. 그런데 이 단어가 11장에서는 수십 번 나오는데, 종종 "믿음으로"(피스테이[pistei])라는 도입 문구 형태로 사용되곤 한다.

11장은 "바라는 것들의 확신(assurance, 개역개정에는 "실상"으로 번역-역자 주)이요 보이지 않는 것들의 증거(conviction)"(11:1)라는 믿음에 대한 놀라운 정의로 시작한다. "확신"으로 번역된 헬라어 단어(휘포스타시스[*hypostasis*])는 문자적으로 "실상/실체"(substance)을 의미한다. 이는 믿음 자체는 실체가 없지만(immaterial), 영적 영역에서는 믿음이 소망과 미래 기대의 **본질**(essence)로서 실체적(substantive)이라는 중요한 요점을 제시한다.

예컨대, 믿음은 "그렇게 되기를 바래"(그러나 어떤 일도 일어나지 않을 거란 걸 알아)라고 말할 때처럼 단순히 희망적인 생각이나 모든 역경에 대한 약한 희망이 아니다. 결코 아니다. 믿음이란 아직은 미래의 소망과 연관된 것이지만 매우 **실제적인(real)** 무언가에 대해 취하는 자신감 넘치는 태도(confident stance)이다.

바울 역시 고린도 교인들에게 믿음과 소망(사랑도)이 관련이 있다고 쓴다.

> 그런즉 믿음, 소망, 사랑, 이 세 가지는 항상 있을 것인데(고전 13:13).

휘포스타시스라는 단어는 이 서신의 1:3에도 나타난다. 거기서 저자는 예수가 하나님의 "본체"(nature)의 형상(the exact imprint)이라고 확언한다. 그 단어가 3:14에서는 "확신"(confidence)으로 번역된다. 현재의 본문에서 저자는 믿음이란 우리가 하나님의 약속을 붙잡는 수단(vehicle)이요, 우리가 그리스도 안에서 우리의 소망과 확고한 미래 기대를 꼭 붙드는 방법이라고 단언한다.

믿음은 또한 보이지 않는 것들의 "증거"(conviction)이다. "증거"로 번역된 헬라어 명사 엘렝코스(*elengchos*)가 신약에서는 독특하지만, 동사 엘렝코(*elengchō*)는 어느 정도 자주 사용된다. 이 동사는 어떤 것에 대해 누군가를 "책망하는"(convicting) 강한 의미를 지닌다(죄와 같은; 요 16:8 참조). 보는 것보다 덜 실제적(real)이라는 믿음의 일반적 개념과 달리 저자는 믿음을 하나님의 미래 행위와 영원한 상 및 상속과 같은 신자들을 위한 하나님의 약속 성취를 포함하여, 보이지 않는 영역의 실제/현실(reality)에 대한 강한 확신으로 정의한다.
이 말은 바울의 다음과 같은 진술과 유사하다.

> 이는 우리가 믿음으로 행하고 보는 것으로 행하지 아니함이로라(고후 5:7).

또 "보지 못하고 믿는 자들은 복되도다"(요 20:29)라는 예수의 말씀을 반향한다. 또한, 다음과 같은 베드로의 진술과도 유사하다.

> 예수를 너희가 보지 못하였으나 사랑하는도다 이제도 보지 못하나 믿고(벧전 1:8).

믿음은 실상과 증거(확신)로 강력할 뿐만 아니다. 믿음은 또한 "장로들"이나 "선조들"(프레스뷔테로이 [presbyteroi])이 훌륭하다고 인정받은 덕목이기도 하다(11:2). 믿음은 그들을 다른 사람들과 구분하는 표시였으며, 이 개인들을 그들의 동시대인들과 구별하는 기본 덕목이었다. 믿음은 하나님께서 말씀으로 세상을 창조하셨다는 점을 이해할 수 있게 한다(11:3). 이것은 창조론, 유신론적 또는 무신론적 진화론, 지능적 설계에 관한 현대 논쟁의 관점에서 유념해야 할 진리이다.[20]

믿음으로 인해 아벨은 형제 가인의 제물보다 더 하나님께서 받을 만한 제물을 드릴 수 있었다. 후에 가인은 동생 아벨을 살해했다(11:4). 이 진술은 사건이 언급된 구약의 이야기를 이해하는 데 도움을 준다. 구약 이야기는 단지 "여호와께서 아벨과 그의 제물은 받으셨으나 가인과 그의 제물은 받지 아니하신지라"라고만 서술할 뿐, 그 이유는 제시하지 않는다(창 4:4-5). 히브리서의 저자는 아벨의 죽음이 헛되지 않았다고 덧붙인다.

---

[20] J. P. Moreland, Stephen C. Meyer, Christopher Shaw, Ann K. Gauger, and Wayne Grudem, eds., *Theistic Evolution: A Scientific, Philosophical, and Theological Critique* (Wheaton: Crossway, 2017) 참조.

그가 죽었으나 그 믿음으로써 지금도 말하느니라(11:4).

믿음에 대한 또 하나의 구약 예는 에녹이다. 그는 하나님에 의해 죽지 않고 하늘로 옮겨졌는데, 옮겨지기 전에 하나님을 기쁘시게 하는 자로 인정받았다(11:5). 창세기의 이야기에는 "에녹이 … 삼백 년을 하나님과 동행했다"라고 서술하는데, 아마도 그는 역사상 가장 오랫동안 살았다고 알려진 므두셀라를 낳았을 때부터 하나님과 동행하기 시작한 것처럼 보인다(창 5:21-24).

히브리서 저자는 "에녹이 하나님과 동행하더니 하나님이 그를 데려가시므로 세상에 있지 아니하였더라"(창 5:24)라고 단언한다. 또다시 히브리서의 저자는 하나님을 기쁘시게 한 것이 바로 에녹의 믿음이었다고 분명하게 밝힌다. 삽입구로서 그는 6절에서 다음과 같이 진술한다.

> 믿음이 없이는 하나님을 기쁘시게 하는 것이 불가능하다(without faith it is impossible to please God). 왜냐하면, 하나님께 나아가는 자는 반드시 그가 계시다는 것과 자기를 찾는 자들에게 상을 주신다는 것을 믿어야 하기 때문이다(히 11:6, 사역).

이런 점에서 누구든 하나님을 기쁘시게 한다는 말을 듣는 사람이 있다면, 이 사람은 믿음이 있다고 추론할 수 있다. 이와 반대로, 믿음이 부족한 사람은 하나님을 기쁘시게 할 수 없다(약 1:3-8).

믿음에 대한 다른 주요한 예는 노아이다. 그는 믿음으로, 즉 미래(아직 보이지 않는) 사건에 관한 하나님의 경고를 받아들여 자신의 가족을 구원하기 위해 큰 배(방주)를 만들었다. 이렇게 하여 그는 "세상을 정죄하는"(즉, 세상의 불신을 드러내는) 모범뿐 아니라, 하박국이 칭송한 "믿음을 따르는 의"(10:37-38과 앞의 논의를 보라)의 본보기가 되었다.

저자의 핵심 전제에 따르면, 하나님의 말씀(God's Word)은 시대를 초월해서 말씀하신다. 하나님의 말씀은 피조물을 존재하도록 말씀하셨다. 그것은 인류 역사에서 주요 인물들의 사건과 삶에 대한 영감을 받은 성경 이야기 안에서 말씀하신다. 또한, 그것은 과거에 그의 백성들에게 주신 하나님의 언약과 약속을 통해 말씀하시는데, 그 언약과 약속은 하나님께서 지키려고 하는 것이며 그리스도 안에서 이미 상당 부분 성취되었다(어떤 측면은 여전히 미래의 성취를 기다려야 하지만).

아브라함은 하나님에 대한 굳센 믿음으로 널리 알려져 있으며, 따라서 그가 히브리서의 "믿음의 전당"에서 중심 위치를 차지하는 것은 타당하다. 사도 바울은 아브라함을 "신자"(갈 3:9 NASB 역)라고 부른다. 아브라함이 고향을 떠나 하나님이 그에게 주시기로 약속하신 먼 땅으로 가라는 하나님의 부르심에 순종했을 때 모든 것이 시작되었다(히 11:8; 참조, 창 12:1-4).

하나님에 대한 순전한 믿음으로(그의 약속과 말씀을 온전히 믿음으로) 아브라함은 외국 땅으로 가서 장막에 임시 거처를 마련하여 살았다(11:9; 예컨대, 창 12:8). 저자는 아브라함이 이렇게 순종했던 동기가 바로 약속하신 하나님에 대한 강한 믿음 때문이었다고 상세하게 설명한다. 아브라함은 주변 환경에 집착하지 않았다. 그는 하나님이 "계획하시고 지으실 터가 있는"(11:10) 하늘의 본향을 추구하기 위해 지상에 대한 애착을 버렸다. 이렇게 해서 그는 하나님을 믿는 전형적인 "신자"(paradibmatic believer)가 되었다.

창세기 이야기에서는 아브라함의 아내 사라의 반응이 항상 모범이 될만한 태도는 아니었음을 지적하고 있지만, 저자는 친절하게도 사라를 믿음의 예로 제시한다. 예를 들어, 하나님께서 아브라함에게 상속자를 주시겠다고 하신 약속이 지연되는 것처럼 보였을 때 사라는 여종 하갈을 남편 아브라함에게 주었고, 아브라함이 하갈과 동침하여 하갈이 임신하였다.

그러더니 사라는 자기의 불신의 책임을 하갈에게 돌린다(창 16:1-5). 후에 하나님이 약속을 새롭게 하시고 그녀의 아들이 일 년 내에 태어날 것으로 말씀하셨을 때 사라는 웃었다. 그러나 이내 자신이 웃었다는 사실을 부인했다(18:9-15).

그런데도 히브리서 저자는 사라가 "약속하신" 하나님을 "미쁘신"(신실하신) 분으로 생각했기에, "믿음으로" 약속의 아들을 "잉태할 수 있는 힘을 얻었다"라고 파악한다(11:11). 이렇게 하여 사라는 믿음 안에서 인내했던 구약 인물의 모범 사례 역할을 한다(벧전 3:5-6 참조). 그 결과 아브라함에게 주신 하나님의 약속은 성취되어 하나님이 그로 "큰 민족"을 이루게 하셨고(창 12:2; 참조, 히 11:12) 그의 후손이 "하늘의 허다한 별과 또 해변의 무수한 모래와 같이" 많아지게 되었다(창 22:17 참조).

저자는 몇몇 특정한 구약의 모범적 인물을 제시한 후, "이 사람들은 다 믿음을 따라 죽었으며"라고 요약하여 진술한다. 여기서 "이 사람들"은 아벨, 에녹, 노아, 아브라함, 사라를 가리킨다(11:13; 참조, 11:4-12). 저자의 요점은 이 사람 중 어떤 사람도 자신들의 생애에 그들에게 주신 하나님 약속의 성취를 실제로 목도하지 못했다는 것이다.

그 자신이 큰 믿음의 사람이었던 조디 딜로우(Jody Dillow)가 일찍이 이 본문에 대한 설교에서 언급했듯이, 이 사람들은 말하자면, "안녕, 약속(hello promise)!"이라고 말하면서 하나님의 약속을 단지 멀리서만 맞이했을 뿐이다. 지상에서 살 동안 그들은 단지 "외국인"(크세노이[xenoi])과 "나그네"(파레피데모이[parepidēmoi], 11:13; 참조, 엡 2:19; 벧전 1:1; 2:11)였다. 그들은 "더 나은 본향"을 찾고 있었으며, 실제로 언젠가 "그들의 하나님이라 일컬음 받으심을 부끄러워하지 아니하시는" 하나님이 그들을 위해 예비하신 하나님의 도성으로 들어갈 것이다(11:16).

"믿음의 조상" 아브라함의 예로 돌아가서 저자는 아마도 아브라함의 생애 중 강한 믿음의 사례(그의 최초의 회심과 고향을 떠나라는 하나님의 부르심에 순종한 것을 제외하고)를 가장 현저하게 보여 주는 이야기를 재개한다. 그것은 하나님께서 약속하신 아들 이삭을 제단에 기꺼이 바치려 한 이야기, 즉 유명한 아케다(Akedah, "이삭의 결박") 이야기이다(11:17; 참조, 창 22:1-19).

하나님은 아브라함에게 "이삭에게서 나는 자라야 네 씨라고 부를 것이니라"라고 말씀하셨지만(창 21:12), 아브라함의 믿음을 시험하시고자 그의 아들 이삭을 모리아산에서 번제로 드리라고 명령하셨다(22:1-2).

고향을 떠나 하나님께서 약속하신 땅으로 가라는 첫 번째 부르심에 순종했던 것처럼, 아브라함은 아무 의심 없이 절대적인 순종으로 반응했다. 창세기 이야기에서는 단순히 "(그래서) 아브라함이 아침에 일찍이 일어나…"(22:3)라고 서술한다. 삼 일간의 여정 후에 아브라함은 불과 나무와 함께 아들 이삭을 데리고 산으로 올라갔다. 이삭이 아버지에게 "번제할 어린양이 어디에 있냐고" 물었을 때, 아브라함은 "하나님이 자기를 위하여 친히 준비하시리라"라고 대답했다(22:8).

후에 아브라함이 칼을 들어 자기 아들을 잡으려고 할 때 한 천사가 그를 제지하며 다음과 같이 말한다.

> 네가 네 아들 네 독자까지도 내게 아끼지 아니하였으니 내가 이제야 네가 하나님을 경외하는 줄을 아노라(창 22:12).

아브라함은 눈을 들어 뿔이 수풀에 걸려 있는 숫양을 보고 이삭 대신 그것을 번제로 드렸다(22:13). 다시 한번 히브리서의 저자는 창세기 이야기의 행간을 읽어 다음과 같이 추론한다.

> [아브라함이] 하나님이 능히 이삭을 죽은 자 가운데서 다시 살리실 줄로 생각한지라 비유컨대(파라볼레[parabolē]) 그를 죽은 자 가운데서 도로 받은 것이니라(히 11:19).

따라서 예수가 부활하기 이천 년 전에 아브라함은 이미 죽은 자를 일으키실 수 있는 하나님을 믿었다. 이렇게 하여 아브라함은 예수 부활을 이미 경험한 신약의 신자들을 위해서도 부활 신앙의 원형(prototype)이요 실례(example)의 역할을 할 수 있다.

아브라함이 자기의 "외아들"(약속의 아들 이삭은 유일했으며 사라의 불신의 결과였던 아들 이스마엘과는 완전히 달랐다. 갈 4:21-31 참조)을 제물로 드리라는 하나님의 명령에 순종한 믿음 이야기는 그 장의 핵심을 나타내며, 인류의 죄를 위해 십자가에서 죽도록 "그의 독생자 예수를 주신"(요 3:16) 하나님에 대한 유비(analogy, 유형론[typology]이 아니라면) 역할을 한다. 분명히 유사점이 있지만, 매우 중요한 차이점은 아브라함은 결국에는 이삭을 희생제물로 드리지 못했지만, 예수는 십자가에서 자신의 생명을 희생제물로 드렸다는 점에 있다.

아브라함의 믿음을 매우 심도 있게 다룬 후에 저자는 다른 족장들 즉 이삭, 야곱, 요셉의 믿음을 훨씬 더 빠르게 다루고 넘어간다(11:20-22). 이삭은 자기 아들 야곱과 에서를 축복했고(창 27:27-29, 39-40), 야곱은 요셉의 아들들을 축복했으며(48:8-20), 요셉은 출애굽을 예상하며 자기 뼈를 약속의 땅에 다시 매장해 줄 것을 지시했다(50:25). 각각의 경우에서 족장들의 행위는 하나님께서 약속을 이루실 것을 기대하는 미래지향적인 믿음을 보여 준다.

이렇게 하여 이 인물들은 그리스도의 재림뿐 아니라 하나님이 주실 최종적인 상과 유산 상속을 포함하여 하나님께서 모든 약속을 이루실 것을 신뢰하도록 부름 받은 신약의 신자들을 위해서도 모범 역할을 한다.

이어서 저자는 다시 속도를 줄여 모세와 출애굽 및 가나안 정복 시기를 보다 상세하게 다룬다(11:23-31). 다음 사건들이 설명될 필요가 있다.

첫째, 저자는 모세의 부모에 대한 믿음을 언급하는데, 믿음으로 그들은 바로의 명령을 무서워하지 않고 아이를 석 달 동안 숨겨 두었다(11:23; 참조, 출 1:15-16; 2:2).

둘째, 저자는 바로(Pharaoh)왕의 공주 아들이라 불리기를 거절하고 오히려 "잠시 죄악의 낙"을 누리기보다 하나님의 백성과 함께 고난받는 길을 선택한 모세의 행위에 관심을 둔다(11:24-25; 참조, 출 2:11-12). 이 모범은 저자가 정확히 히브리서의 수신자들, 특히 믿음이 흔들리고 있는 사람들이 본받기를 바라는 선택을 분명히 보여 준다는 점에서 매우 의미가 있다(앞의 "경고 단락"의 논의를 보라).

아브라함이 이미 (신약의) 부활 신앙을 보인 것처럼, 모세 역시 예기의 형태로(in anticipatory fashion) 장차 받을 하늘의 상을 바라보았기 때문에, "**그리스도를 위하여 받는 '수모'**(오네이디스모스[*oneidismos*/모욕])"를 애굽의 모든 보화보다 더 값진 것으로 여겼다(11:26).

저자는 후에 예수가 "죄인들이 이같이 자기에게 거역한 일을" 참으셨고 (12:3), 하나님의 백성을 위해 수치와 치욕 속에서 "성문 밖에서 고난을 받으셨다"라고 언급하면서 독자들도 마찬가지로 "그의 치욕(그[예수]가 겪으신 치욕)을 짊어지고 영문 밖으로" 나아가자(13:12-13)고 요청할 것이다. 실제로 그들 중 일부가 이미 그렇게 했던 것처럼 말이다(10:32-33).

셋째, 그의 부모가 바로의 명령을 두려워하지 않았던 것처럼, 모세도 왕의 분노를 두려워하지 않고 애굽(이집트)를 떠났다. 즉 그는 "보이지 아니하는 자를 보이는 것 같이 하여 참았으며"(11:27; 참조, 11:23) 두려움에 굴복하지 않았다(벧전 3:6 참조). 11:23과 11:27에서 저자는 바로를 "바로"(-Pharaoh)가 아니라 "왕"으로 부르는데, 이는 아마도 독자들이 모세의 믿음을 로마 황제 네로 왕(AD 54-68년)과 비교하여 그들 자신의 상황에 더 쉽게 적용하도록 하기 위한 것처럼 보인다.

이러한 병행 방식은 이 서신이 네로 치하의 박해가 빠르게 고조되었던 제국의 수도 로마의 그리스도인들에게 보내졌다면 특히 의미심장했을 것이다(벧전 4:12 참조). 또다시 저자는 독자들이 모세의 모범을 따라 두려움에 굴복하지 말고 "보이지 않는 분을 마치 보는 듯이 바라보면서" 견뎌 내어야 한다는 점을 암시한다.

넷째, 모세는 이스라엘 사람들에게 유월절(주의 만찬의 모형 역할을 하는)을 지키고 애굽에 있는 그들의 집 문설주 위에 피를 뿌리라고 명령했다. 그 결과 멸하는 자가 그들의 집을 "넘어가서"(pass over) 장자를 죽이지 않았다(11:28; 참조, 12:22-23). 독자들은 정기적으로 유월절을 지켰을 것이기 때문에 그 의미에 대해서는 잘 알고 있었다. 여기서 저자의 요점은 첫 번째 유월절 의식이 그의 백성을 구원하시려는 하나님의 약속에 대한 믿음에서 비롯되었다는 것이다.

저자는 세 개의 추가적 예를 좀 더 간략하게 제시함으로써 출애굽과 정복 시기에서 유래한 구약의 특정한 믿음의 모범들에 대한 진술을 종결한다.

- 홍해 통과(히 11:29; 참조, 출 14:15-31)
- 칠 일 만에 거의 난공불락의 성벽이 무너진 여리고 성 정복(히 11:30; 참조, 수 6:1-21)
- 정탐꾼을 평안히 영접한 기생 라합의 환대(히 11:31; 참조, 수 6:22-25)

히브리서 11장의 "믿음의 전당"은 저자가 믿음의 근본적인 영적 역동성을 보여 주는 일련의 선별된 사례를 통해 믿음만이 하나님을 기쁘시게 한다는 지속적인 구원-역사적 원리를 입증하는 성경신학의 훌륭한 예이다. 성경의 본래 단락에서는 믿음이 항상 명시적으로 언급되지는 않지만, 저자는 믿음이야말로 아브라함이나 모세와 같은 믿음의 주요 인물들이 그렇게 선택하도록 동기를 부여한 일관된 요인으로 작용했음을 솜씨 있게 보여 준다.

그렇지만 저자는 그의 선별된 성경 개관을 여호수아 6장에서 멈춘다. 그가 자신의 요점을 충분히 제시했다고 판단한 것이 분명하다(이것이 본래 한 편의 설교였다면, 그는 많은 설교자처럼 단지 시간이 부족했을 수도 있다). 그는 기드온, 바락, 삼손, 입다의 이름을 거론함으로써(다른 사사들은 생략됨) 사사의 시대로, 그리고 다윗, 사무엘, 예언자들을 언급함으로써(다윗이 사무엘 앞에 언급되는 흥미로운 순서에 주목하라) 왕조 시대로 빠르게 넘어간다.

놀랍게도 이 목록은 사무엘상 12:11에서 발견되는 목록과 매우 유사하다(이 목록에 삼손이 누락된 것이 현저하게 눈에 띄지만).

> 여호와께서 여룹바알(즉 기드온)과 베단과 입다와 나 사무엘을 보내사(삼상 12:11)

특히, 현재 구절(히 11:32)과 사무엘상 12:11 모두 드보라보다는 바락이 언급되어 있는데, 이는 구약과 신약의 저자 모두 드보라가 아닌 바락을 이 시기에 의도된 사사이자 군사 지도자로 여겼음을 시사한다(삿 4-5장 참조).

11:32에서 구약의 특정 인물들을 이름으로 나열한 후 이제 저자는 믿음에 의해 촉발된 일련의 영웅적 행위를 나열하는데 여기서 그것을 다시 재

현할 필요는 없다(11:33-38). 11장은 전체 논의의 토대가 되는 핵심 원칙에 대한 저자의 최종 진술로 마무리된다.

그 원칙은 이 모든 사람이 미래지향적(forward-looking) 믿음을 가지고 있었지만 약속한 것을 아직 받지 못했다는 점이다. 이런 점에서 메시지는 분명하다. 하나님을 기쁘시게 하는 참된 믿음은 오직 하나님의 신실하신 성품에 근거하여 종종 하나님의 약속이 실현되기 훨씬 이전에도 그 약속을 신뢰하는 것이다. 하나님이 신실하시다면(그리고 그가 계신다면), 그분은 우리의 신뢰를 받기에 합당하신 분이다.

더욱이 저자는 구약의 신자들이 왜 약속된 것을 아직 받지 못했는지 또 하나의 이유가 있다고 진술한다. 그것은 "우리(신약의 신자들)가 없이는 그들이 완성에 이를 수" 없기 때문이다(40절, 사역). 이것은 구약의 신자들과 신약의 신자들 간의 연대(solidarity)를 보여 준다. 두 그룹 모두 같은 하나님, 즉 약속하신 하나님(아브라함), 구원하신 하나님(모세), 그리고 자기의 약속을 지키시는 하나님(예수)을 믿는다.

3) 우리 앞에 있는 경주를 완주하신 예수(12:1-29)

"이러므로"라는 접속사로 시작함으로써 저자는 이제 앞 장에서 다룬 "믿음의 전당"에 근거하여 독자들을 권고하고자 한다. 그의 권고의 근거는 "우리에게 구름 같이 둘러싼 허다한 증인들", 즉 11장에서 그들의 믿음으로 칭송받았던 사람들이 있다는 점이다(12:1). 그들은 곧 아벨, 에녹, 노아, 아브라함, 사라, 이삭, 야곱, 요셉, 라합, 기드온, 바락, 삼손, 입다, 다윗, 사무엘, 그리고 예언자들이다. 그들 중 많은 사람이 완벽하지는 않았지만(예컨대, 라합이나 바락, 또는 삼손 등), 이 모든 사람은 믿음의 경주를 마쳤다.[21]

---

[21] 현 단락을 유대적 배경과 그레코-로만 세계의 배경에서 고찰한 연구에 대해서는 N. Clayton Croy, *Endurance in Suffering: Hebrews 12.1-13 in its Rhetorical, Religious, and Philosophical Context*, SNTSMS 98 (Cambridge: Cambridge University, 1998)을 보라.

저자의 권고는 사실상 벌거벗고 달렸던 고대의 경주자처럼 "모든 무거운 것을 벗어" 버리라는 것이다(12:1). 은유적으로 말하면 이것은 "얽매이기 쉬운" 죄를 언급한다. 신자들이 쓸데없는 죄의 짐을 버린다면 그들 앞에 놓여 있는 경주를 인내로 달려갈 수 있다.

앞에서도 이미 언급했듯이, 그리스도인의 삶은 단거리 경주가 아니라 마라톤이나 적어도 장거리 경주와 같다. 월트 헨드릭슨(Walt Henrichsen)이 언급한 것처럼 "열망하는 사람은 많으나 달성하는 사람은 소수이다." 많은 사람이 출발은 좋지만, 출발하는 모든 사람이 경주를 완주하는 것은 아니다. 이것이 바로 우리의 죄를 고백함으로 하나님께서 우리를 그리스도의 피로 용서하시고 깨끗하게 하시는 일이 중요한 이유이다. 그래야만 마침내 결승선을 통과할 때까지 우리가 경주를 계속할 수 있는 신선하고 지속적인 에너지를 얻을 수 있다.

더욱이 우리에게는 "구름같이 둘러싼 허다한 증인들"(구약의 신자들)이 있지만, 우리의 주된 초점은 "우리 믿음의 창시자요 완성자이신"(개역개정에는 "믿음의 주요 온전하게 하시는"으로 번역-역자주) 예수가 되어야 한다(12:2). 모든 신자(서신의 원래 독자들을 포함하여)의 전형적 모범이신 예수는 자기 앞에 놓여 있는 기쁨을 위하여 공개적 수치심과 굴욕감에도 불구하고 십자가의 끔찍한 고통을 참으셨다(12:2이 히브리서 전체에서 "십자가"[스타우로스, stauros]라는 단어가 명시적으로 사용된 유일한 곳임을 주목하라).

그러나 오늘날 예수는 하나님의 보좌 우편에 앉아 계신다(12:2; 참조, 1:3; 시 110:1). 저자는 독자들에게 예수가 죄인들로부터 어떤 놀라운 적대감을 참으셨는지 생각하라고 간청한다. 그래야만 독자들은 낙심하거나 포기하지 않을 수 있다(12:3). 이제 곧 밝혀지겠지만, 그들은 아직 순교를 당하기까지 대항한 일은 없었다(12:4).

이를 뒷받침하기 위해 저자는 잠언 3:11-12을 인용하는데, 그 본문에는 하나님의 사람들에게 정화하시는 하나님의 징계(God's purifying discipline)를 가볍게 여기지 말하고 촉구한다(히 12:5-6).[22] 하나님의 징계는 우리가 하나님의 자녀라고 하는 증거이다(12:8).

저자는 작은 것에서 큰 것으로의 논증 방식을 사용하여 우리 모두는 비록 불완전하기는 하지만, 지상의 아버지로부터 징계를 받았다고 지적한다. 그러나 우리의 하늘 아버지께서 주시는 징계는 완전하다.

그렇다면 우리는 그것을 더욱더 견뎌 내야 하지 않겠는가(12:10)?

달리기 선수의 경우처럼 징계(discipline)는 그 당시에는 고통스럽지만, 그것으로 훈련받은(연단 받은) 사람들은 하나님의 거룩함에 참여하며 "의의 평화로운 열매"(개역개정에는 "의와 평강"의 열매로 번역 - 역자주)를 맺을 것이다(12:10-11). 그러므로 독자들은 견뎌 내려는 결단을 굳건히 해야 한다(12:12-13). 그들은 화평함과 거룩함을 위해 노력해야 하고(12:14) 쓴 뿌리가 자라지 못하게 해야 하며 음행하거나 놀랍게도 음식 한 그릇에 장자의 명분을 팔아넘긴 에서처럼 불경한 자가 되지 않도록 해야 한다. 에서는 후에 몹시 후회하였지만, 결과를 바꾸기에는 너무 늦었다는 사실을 깨달았다(12:15-17; 참조, 창 25:31-34; 27:30-40).

웅장한 피날레(12:18-24)에서 이제 저자는 독자들이 나아가서 이른 곳은 하나님이 무시무시한 징후들과 함께 현현하신 시내산과 같은 곳이 아니라고 진지하게 말한다(출 19:16-19; 20:18 참조). 오히려 그들은 시온산과 하나님의 새 도성인 하늘의 예루살렘, 그리고 축제 의상을 입은 수많은 천사 앞에 나아왔다. 그들은 하늘의 모임, 모든 사람을 심판하시는 하나님, 그리고 "온전하게 된 의인의 영들"(12:23; 즉, 인내로 믿음의 경주를 완주한 사람들) 앞에 나아왔다. 무엇보다 그들은 "새 언약의 중보자이신" 예수(24절; 참조, 9:15)와 아벨의 피보다 "더 나은 것"을 말하는 뿌려진 피, 그리스도의

---

22 Matthew Thiessen, "Hebrews 12. 5-13, the Wilderness Period, and Israel's Discipline," *NTS* 55 (2009): 366-79) 참조. 그는 12:5-13에 언급된 "아들들"(children)이 이스라엘의 광야 경험에 대한 유대 개념에 비추어 해석되어야 한다고 주장하는데, 그것은 하나님의 백성이 약속의 땅을 상속받기 위해서는 징계의 과정(process of discipline) 동안 인내가 요구된다는 것을 가르친다.

피 앞에 나아왔다(11:4 참조).

마지막 "경고 단락"에서 저자는 독자들에게 말씀하신 분, 즉 하늘로부터 경고하신 하나님을 거역하지 말라고 명령한다. 이를 뒷받침하기 위해 저자는 학개 2:6을 인용한다.

> 내가 또 한 번 땅만 아니라 하늘도 진동하리라 하셨느니라(학 12:26).

그렇게 진동하게/흔들리게 하시는 목적은 흔들리지 않는 것들이 남아 있게 하기 위함이라고 저자는 설명한다(12:27). 이 흔들리지 않는 실체는 아무도 이길 수 없고, 비할 바 없으며, 흔들리지 않는 하나님의 나라, 즉 그분의 영원한 통치이다.

이 하나님의 나라를 위해 신자들은 감사를 드리고 "경건함과 두려움으로" 하나님을 기쁘시게 하는 예배를 드려야 한다. 왜냐하면, "우리 하나님은 소멸하는 불"이시요, 정결케 하시는 거룩하고 "질투하는" 하나님이시요, 심판하시는 의로운 하나님이시기 때문이다(12:29; 참조, 신 4:24; 9:3).

4) 영문 밖에서 고난을 받으신 예수(13:1-16)

1:1-4:16에서는 예수를 하나님의 최종적 계시요 구원으로, 저자의 논의의 중심인 4:11-10:25에서는 큰 대제사장이요 새 언약의 중보자로 제시하는 반면, 10:19-13:16에서는 예수를 우리 앞에 놓여 있는 경주를 완주하시고 영문 밖에서 고난을 받으신 분으로 제시한다.

우리는 앞의 10:19-39에 언급된 저자의 주제설명이 어떻게 11장에서 구약의 "믿음의 전당"에 대한 확장된 예증으로 이어지고 있으며, 독자들에게 "우리 믿음의 창시자요 완성자이신" 예수를 바라보라는 권면에서 절정을 이루는지를 살펴보았다(12:1-2). 몇몇 "경고 단락"을 배경으로 이 권면은 논란의 여지가 없는 서신 전체의 핵심이다.

서신을 종결하는 13장에서 저자는 예수가 "자기 피로써 백성을 거룩하게 하려고" 성문 밖에서 고난을 받으셨다는 12절의 진술과 그의 독자들도 "그의 치욕(그가 겪으신 치욕)을 짊어지고 영문 밖으로 그에게 나아가자"라는 13절의 권고를 둘러싼 일련의 권면으로 마무리한다. 13절의 권면은 이 서신의 후반부에서 신자들도 그리스도가 겪으신 치욕을 짊어지라고 권유하는 세 개의 언급 중 마지막 언급이다(오네이디스모스[*oneidismos*/"치욕" 또는 "모욕"]; 10:33; 11:26; 13:13. 헬라어 오네이디스모스는 개역개정의 세 구절에서 각각 "비방", "수모", "치욕"으로 다르게 번역 - 역자주).

계속해서 저자는 독자들에게 다음과 같이 권면한다.

- 형제 사랑(필라델피아[*philadelphia*])하기를 계속하라(13:1).
- 손님(나그네) 접대(필록세니아[*philoxenia*])하기를 잊지 말라(2절).
- 감옥에 갇히거나 학대받는 자를 생각하라(3절).
- 결혼을 귀히 여기고 침소(코이테[*koitē*])를 더럽히지 않게 하라(4절).
- 돈을 사랑하지 말고(아필라르귀로스[*aphilargyros*]) 있는 바를 족한 줄로 알라(5절).

저자는 마지막에 언급한 권면을 신명기 31:6//31:8("너를 떠나지도 아니하시며 버리지도 아니하실 것임이라")과 시편 118:6("주는 나를 돕는 이시니 내가 무서워하지 아니하겠노라 사람이 내게 어찌하리요")을 인용하여 뒷받침한다. 이 두 구절 모두 하나님이 신자들과 함께 계시며 인간의 박해를 두려워할 필요가 없다는 강한 용기와 확신을 제공해 준다.

13:7과 13:17에서 독자들은 그들의 지도자들(헤구메노이 [*hēgoumenoi*])을 기억하고(개역개정에는 "생각하고"로 번역 - 역자주) 심지어 그들에게 "순종하라"라고 권고받는다. 회중의 지도자들을 기억하라는 권고가 반드시 지도자들이 더 이상 살아 있지 않다는 것을 암시하는 것은 아니다. 오히려 독자들이 그들에게 감사하고 "그들의 믿음을 본받으라"(7절)라고 격려하는 것일 수도 있다.

"예수 그리스도는 어제나 오늘이나 영원토록 동일하시니라"라는 단언은 "여러 가지 다른(이상한) 교훈"에 끌려다니지 말라는 경고와 "음식(규정)에 몰두한 자들은 유익을 얻지 못했느니라"(사역) 라는 완곡한 언급의 문맥에서 주어진다(13:8-9). 이 말은 "은혜"(카리스[charis])의 복음보다 모세 율법의 음식 규정에 초점을 둔 거짓 선생들이 있었음을 지적하는 것으로 보인다.

바울에게는 흔하게 사용되는 "은혜"라는 단어가 히브리서에서는 비교적 드물게 나타난다. 여기 말고는 2:9; 4:16; 10:29; 12:15, 28(ESV 역에서는 "은혜로운"으로 번역)에, 그리고 마지막 인사말로 13:25에 나올 뿐이다. 초기 기독교 운동에서 이와 유사한 복음에 대한 도전을 언급하는 다른 신약 용례는 사도행전과 바울 서신의 몇몇 부분에서 발견할 수 있다(예컨대, 행 15장; 골 2:16-23; 딤전 4:1-4).

이어서 저자는 구약 제도하에 영문 밖에서 번제로 드려졌던 희생 짐승과 이와 마찬가지로 거절의 표시로 예루살렘 도성 밖에서 고난을 받은 예수 사이의 유비를 끌어낸다. 저자가 앞에서 독자들에게 그리스도인의 삶의 경주를 하면서 예수를 바라보라고 요청했듯이, 이제 그는 그리스도께서 견디셔야 했던 치욕, 거절, 그리고 박해를 겪으라고 요청한다(13:10-13).[23] 11장에서 제시한 구약의 신자들처럼, 독자들은 하늘의 도성을 추구하고 있다(13:14; 참조, 11:10, 16).

이어서 저자는 로마서 12:1에서의 바울과 베드로전서 2:5에서의 베드로와 유사하게 신약의 신자들을 위한 "제사"의 개념을 재정의한다. 그들은 짐승의 몸을 제물로 바치기보다 "항상 찬송의 제사", 즉 "그 이름을 증언하는 입술의 열매"를 하나님께 드려야 한다(13:15). 그리스도는 이미 십자가에서 자기 몸을 단번에 드리셨다. 그러므로 신자들이 드려야 할 유일한 제사는 기독교의 신앙고백(복음)을 굳게 붙들고 십자가에 달리신 그리

---

23 이 점은 반복해서 디모데에게 자신의 고난에 동참할 것을 요청하는 바울의 권면과 유사하다(예컨대, 딤후 1:8).

스도를 따르는데 물러서지 않음으로써 다른 사람들 앞에서 그의 이름을 인정하는 입술의 제사이다.

더 나아가 신자들은 선을 행하고 가진 것을 나누어야 한다. "(왜냐하면) 하나님은 이같은 제사를 기뻐하시기"(13:16; 참조, 딛 2:14) 때문이다. 이렇게 하여 신자들은 그들의 믿음을 따라 다른 사람들을 위해 이타적이고 희생적인 삶을 살아간다. 그러한 선행들은 은혜에 의해 비롯되는 것이지 어떤 의미에서든 공로가 아님은 분명하다(즉, 그것은 구원과 관련하여 그리스도께서 십자가에서 이루신 일에 보탬이 되지 않는다).

4. 서신의 결말(13:17-25)

17절은 이전 단락(13:1-16)의 결론이나 서신의 결말 부분의 시작으로 받아들여질 수도 있다. 지도자들에게 "순종하고 복종하라"라는 권고는 회중에 대한 교회 지도자들의 권위를 가장 강조하는 신약 구절 중 하나이다(살전 5:12; 딤전 5:17). 교회 지도자들에게 순종하고 복종하라는 명령은 그들이 "너희 영혼을 깨어 있게 하고"(사역, 아그륍네오[*agrypneō*], 신약의 다른 곳에서는 막 13:33; 눅 21:36; 엡 6:18에만 나옴), 장차 하나님 앞에서 이 일에 대해 "결산해야 할" 자들이라는 사실에 근거를 둔다(13:17).

자기를 위해 기도해 달라는 저자의 요청은 본래의 독자들이 저자가 누구인지 알았다는 점을 분명히 한다(우리는 모를지라도). 특별히 저자는 "내가 속히 너희에게 돌아가기 위하여" 기도해 달라고 요청하는데, 이것은 그가 최근에 감옥에 갇혀 있거나 방문하지 못하도록 억류되어 있음(아마도 로마에서; 13:23-24 참조)을 암시할 수도 있다(그러나 반드시 그렇다는 의미는 아니다).

13:20-21에 나오는 장엄한 축복은 "영원한 언약의 피"를 흘려서 "양들의 큰 목자"가 되신 예수를 죽은 자 가운데서 살리신 "평강의 하나님께" 독자들이 하나님의 뜻을 행하는데 필요한 모든 것을 갖추게(카타르티조 [*katartizō*]; 참조, 10:5["예비하셨다"]; 11:3["지어졌다"]) 해 주시기를 빈다. 실제로 "예수 그리스도로 말미암아 우리 가운데 자기가 기뻐하시는 바를 이루

시는" 분은 하나님 자신이시다(13:21, 사역; 참조, 엡 2:8-10; 빌 2:12-13).

하나님께서는 크시고 영원하신 대제사장이요 보다 나은 새 언약의 중보자이신 그분의 아들 안에서 구원을 제공하셨다. 그뿐만이 아니라, 또한 그 아들은 신자들의 거룩함의 주체이시며 그들을 영적으로 구별하여 성령을 통해 그들 안에서 성화의 사역을 수행하신다(10:10, 14 참조. 앞의 논의를 보라).

서신의 마지막 축복에 이어 저자는 독자들에게 그가 그들에게 "간략하게" 쓴 "권면의 말"을 용납해 달라는 "호소"(파라칼레오[*parakaleō*/appeal])를 덧붙인다(13:22). 흥미로운 것은 "권면의 말"(로고스 테스 파라클레세오스[*logos tēs paraklēseōs*]; 참조, 6:18["안위"/위로]; 12:5)이란 문구가 신약의 다른 곳에서는 설교나 연설과 관련해서 나타난다는 점이다(행 13:15).

이는 이 서신이 나중에 수집되어 편지의 형태로 보내진 일련의 설교에서 유래했음을 암시할 수도 있다(앞의 개론 부분을 보라). 이 서신에 적용된 "간략하게"라는 표현도 흥미로운데, 이 서신은 상당히 긴 신약의 문헌 중 하나이며 다소 확장된 논지를 제시하기 때문이다.

최근 알려지지 않은 감옥에서 풀려난 "우리 형제 디모데"라는 언급도 흥미롭다. 이 인물은 신약성경에 포함된 디모데에게 보낸 두 서신의 수신자임이 틀림없기 때문이다(13:23). "그가 속히 오면 내가 그와 함께 가서 너희를 보리라"는 부연 진술은 그와 저자가 공동으로 회중(앞에서 언급했듯이, 아마도 제국의 수도 로마에 있었던)을 방문할 계획이었음을 암시한다. 이 투옥 시기가 디모데전서 기록 전이었는지, 기록 중이었는지 아니면 기록 후였는지는 확실치 않다(디모데후서 이후에는 거의 가능하지 않다).

그러나 어떤 경우든 개론 부분에서 언급했듯이, 로마에 대한 유대인의 반란을 둘러싼 주요 사건들(예루살렘 성전 멸망을 포함하여)이 이 서신에 언급되어 있지 않다는 사실에 비추어 볼 때 히브리서의 저작 시기를 70년 이전으로 보는 것이 거의 확실해 보인다.

이 서신은 지도자들(13:7과 17절 이후 이러한 사람들에 대한 세 번째 언급)과 모든 신자에게 전하는 마지막 문안 인사로 종결된다. "이달리야(이탈리아)에서 온 사람들"이 전하는 문안 인사도 있다. 이들은 아마도 저자(그가 누구이고 어디에 살든지)와 함께 있으며 고향인 로마로 문안 인사를 전하는 신자들을 가리킬 것이다. 이런 점에서 이탈리아의 수도 로마가 이 서신의 목적지일 가능성이 크다.

§ 히브리서 주석서

Allen, David L. *Hebrews*. NAC 35. Nashville: B&H, 2010.
Attridge, Harold W. *The Epistle to the Hebrews*. Hermeneia. Minneapolis: Fortress, 1989.
Bruce, F. F. *The Epistle to the Hebrews*. Rev. ed. NICNT. Grand Rapids: Eerdmans, 1990.
Cockerill, Gareth L. *The Epistle to the Hebrews*. NICNT. Grand Rapids: Eerdmans, 2012.
deSilva, David A. *Perseverance in Gratitude: A Socio-Rhetorical Commentary on the Epistle to the Hebrews*. Grand Rapids: Eerdmans, 2000.
Ellingworth, Paul. *The Epistle to the Hebrews*. NIGTC. Grand Rapids: Eerdmans, 1993.
France, R. T. "Hebrews." In *Hebrews–Revelation*, vol. 13 of *The Expositor's Bible Commentary*, rev. ed., edited by Tremper Longman III and David E. Garland, 17–195. Grand Rapids: Zondervan, 2005.
Guthrie, George H. *Hebrews*. NIVAC. Grand Rapids: Zondervan, 1998.
Hagner, Donald A. *Hebrews*. UBC. Peabody, MA: Hendrickson, 1990.
Heen, E. M., and P. W. D. Krey, eds. *Hebrews*. ACCS. Downers Grove, IL: InterVarsity, 2005.
Hughes, Philip Edgcumbe. *A Commentary on the Epistle to the Hebrews*. Grand Rapids: Eerdmans, 1977.
Johnson, Dennis E. "Hebrews." In *ESV Expository Commentary*, vol. 12, *Hebrews–Revelation*, edited by Iain M. Duguid, James M. Hamilton Jr., and Jay Sklar, 17–217. Wheaton: Crossway, 2018.
Johnson, Luke Timothy. *Hebrews: A Commentary*. NTL. Louisville: Westminster John Knox, 2006.
Koester, Craig R. *Hebrews: A New Translation with Introduction and Commentary*. AB 36. New Haven: Yale University Press, 2001.
Lane, William L. *Hebrews*. 2 vols. WBC 47A–B. Dallas: Word, 1991.
Schreiner, Thomas R. *Commentary on Hebrews*. BTCP. Nashville: B&H Academic, 2015.

§ 히브리서 논문 및 단행본

Allen, David L. *Lukan Authorship of Hebrews*. NACSBT. Nashville: B&H, 2010.
Allison, Gregg R., and Andreas J. Köstenberger. *The Holy Spirit*. Theology for the People of God. Nashville: B&H Academic, 2020.
Barrett, C. K. "The Eschatology of the Epistle to the Hebrews." In *The Background of the*

New Testament and Its Eschatology, edited by W. D. Davies and David Daube, 363-93. Cambridge: Cambridge University Press, 1956.

Bateman, Herbert W., IV, ed. *Four Views on the Warning Passages in Hebrews*. Grand Rapids: Kregel, 2006.

Bauckham, Richard, ed. *The Epistle to the Hebrews and Christian Theology*. Grand Rapids: Eerdmans, 2009.

Bauckham, Richard, Trevor A. Hart, Nathan MacDonald, and Daniel R. Driver, eds. *A Cloud of Witnesses: The Theology of Hebrews in Its Ancient Contexts*. LNTS 387. London: T&T Clark, 2008.

Black, David Alan. "The Problem of the Literary Structure of Hebrews: An Evaluation and Proposal." *GTJ* 7 (1986): 163-77.

Caird, G. B. "The Exegetical Method of the Epistle to the Hebrews." *CJT* 5 (1959): 44-51.

Chalke, Steve. *The Lost Message of Jesus*. Grand Rapids: Zondervan, 2004.

Chester, A. N. "Hebrews: The Final Sacrifice." In *Sacrifice and Redemption: Durham Essays in Theology*, edited by S. W. Sykes, 57-72. Cambridge: Cambridge University Press, 1991.

Cockerill, Gareth L. "The Better Resurrection (Heb. 11:35): A Key to the Structure and Rhetorical Purpose of Hebrews 11." *TynBul* 51 (2000): 215-34.

―――. "Structure and Interpretation in Hebrews 8:1-10:18: A Symphony in Three Movements." *BBR* 11 (2001): 179-201.

Cody, Aelred. *Heavenly Sanctuary and Liturgy in the Epistle to the Hebrews: The Achievement of Salvation in the Epistle's Perspectives*. St. Meinrad, IN: Grail, 1960.

Colijn, Brenda B. "'Let Us Approach': Soteriology in the Epistle to the Hebrews." *JETS* 39 (1996): 571-86.

Cowan, Christopher W. "The Warning Passages of Hebrews and the Nature of the New Covenant." In *Progressive Covenantalism*, edited by Stephen J. Wellum and Brent E. Parker, 189-214. Nashville: B&H Academic, 2016.

Croy, N. Clayton. *Endurance in Suffering: Hebrews 12.1-13 in Its Rhetorical, Religious, and Philosophical Context*. SNTSMS 98. Cambridge: Cambridge University Press, 1998.

Decker, Rodney J. "The Intentional Structure of Hebrews." *JMT* 4 (2000): 80-105.

―――. "The Warning of Hebrews 6." *JMT* 5 (2001): 26-48.

deSilva, David A. *Despising Shame: Honor Discourse and Community Maintenance in the Epistle to the Hebrews*. SBLDS 152. Atlanta: Scholars Press, 1995.

Emmrich, Martin. *Pneumatological Concepts in the Epistle to the Hebrews: Amtscharisma, Prophet, and Guide of the Eschatological Exodus*. Lanham, MD: University Press of America, 2003.

France, R. T. "The Son of Man in Hebrews 2:6: A Dilemma for Bible Translators." In *New Testament Theology in Light of the Church's Mission: Essays in Honor of I. Howard*

Marshall, edited by Jon C. Laansma, Grant R. Osborne, and Ray Van Neste, 81–96. Eugene, OR: Cascade, 2011.

Gelardini, G., ed. *Hebrews: Contemporary Methods—New Insights*. Leiden: Brill, 2005.

Goswell, Gregory. "Finding a Home for the Letter of the Hebrews." *JETS* 59 (2016): 747–60.

Gray, Patrick. "The Early Reception of Hebrews 6:4–6." In *Scripture and Traditions: Essays on Early Judaism and Christianity in Honor of Carl R. Holladay*, edited by Patrick Gray and Gail R. O'Day, 321–39. NovTSup 129. Leiden: Brill, 2008.

Griffiths, Jonathan, ed. *The Perfect Saviour: Key Themes in Hebrews*. Leicester, UK: InterVarsity, 2012.

Grudem, Wayne. "Perseverance of the Saints: A Case Study from the Warning Passages in Hebrews." In *Still Sovereign*, edited by Thomas R. Schreiner and Bruce A. Ware, 133–82. Grand Rapids: Baker Academic, 2000.

Guthrie, George H. "The Case for Apollos as the Author of Hebrews." *FM* 18 (2001): 41–56.

_____. "Hebrews." In *Commentary on the New Testament Use of the Old Testament*, edited by G. K. Beale and D. A. Carson, 919–96. Grand Rapids: Zondervan, 2007.

_____. *The Structure of Hebrews: A Text-Linguistic Analysis*. New York: Brill, 1994.

Guthrie, George H., and Russell D. Quinn. "A Discourse Analysis of the Use of Psalm 8:4–6 in Hebrews 2:5–9." *JETS* 49 (2006): 235–46.

Haber, Susan. "From Priestly Torah to Christ Cultus: The Re-vision of Covenant and Cult in Hebrews." *JSNT* 28 (2005): 105–24.

Hagner, Donald A. *Encountering the Book of Hebrews: An Exposition*. Encountering Biblical Studies. Grand Rapids: Baker Academic, 2002.

Heil, John Paul. *Worship in the Letter to the Hebrews*. Eugene, OR: Wipf & Stock, 2011.

Horbury, William. "The Aaronic Priesthood in the Epistle to the Hebrews." *JSNT* 19 (1983): 52–59.

Hughes, Graham. *Hebrews and Hermeneutics: The Epistle to the Hebrews as a New Testament Example of Biblical Interpretation*. SNTSMS 36. Cambridge: Cambridge University Press, 1979.

Hughes, Philip Edgcumbe. "Doctrine of Creation in Hebrews 11:3." *BTB* 2 (1972): 164–77.

Hurst, L. D. *The Epistle to the Hebrews: Its Background and Thought*. SNTSMS 65. Cambridge: Cambridge University Press, 1990.

Isaacs, Marie E. "Hebrews 13.9–16 Revisited." *NTS* 43 (1997): 268–84.

_____. *Sacred Space: An Approach to the Theology of the Epistle to the Hebrews*. JSNT-Sup 73. Sheffield: JSOT Press, 1992.

Jipp, Joshua W. "The Son's Entrance into the Heavenly World: The Soteriological Necessity of the Scriptural Catena in Hebrews 1:5–14." *NTS* 56 (2010): 557–75.

Jobes, Karen H. "The Function of Paronomasia in Hebrews 10:5-7." *TrinJ* 13 (1992): 181-91.

Johnston, Richard W. *Going outside the Camp: The Soteriological Function of the Leviti- cal Critique in the Epistle to the Hebrews*. JSNTSup 209. London: Sheffield Academic, 2001.

Joslin, Barry C. "Can Hebrews Be Structured? An Assessment of Eight Approaches." *CBR* 6 (2007): 99-129.

_____. "Christ Bore the Sins of Many: Substitution and Atonement in Hebrews." *SBJT* 11 (2007): 74-103.

_____. *Hebrews, Christ, and the Law: The Theology of the Mosaic Law in Hebrews 7:1-10:18*. PBM. Carlisle, UK: Paternoster, 2008.

Kang, Dae-I. "The Royal Components of Melchizedek in Hebrews 7." *Perichoresis* 10 (2012): 95-124.

Käsemann, Ernst. *The Wandering People of God: An Investigation of the Letter to the Hebrews*. Translated by R. A. Harrisville and I. L. Sandberg. Minneapolis: Augsburg, 1984. First published 1957.

Kibbe, Michael. "Is It Finished? When Did It Start? Hebrews, Priesthood, and Atonement in Biblical, Systematic, and Historical Perspective." *JTS* 65 (2014): 25-61.

Köstenberger, Andreas J. "Jesus, the Mediator of a 'Better Covenant': Comparatives in the Book of Hebrews." *FM* 21 (2004): 30-49.

Laansma, Jon C. "The Cosmology of Hebrews." In *Cosmology and New Testament Theology*, edited by Jonathan T. Pennington and Sean M. McDonough, 125-43. LNTS 355. London: T&T Clark, 2008.

_____. "Hebrews and the Mission of the Earliest Church." In *New Testament Theology in Light of the Church's Mission: Essays in Honor of I. Howard Marshall*, edited by Jon C. Laansma, Grant R. Osborne, and Ray Van Neste, 327-46. Eugene, OR: Cascade, 2011.

_____. *"I Will Give You Rest": The Rest Motif in the New Testament with Special Refer- ence to Mt. 11 and Heb 3-4*. WUNT 2/98. Tübingen: Mohr Siebeck, 1997.

Laansma, Jon C., and Daniel J. Treier, eds. *Christology and Hermeneutics of Hebrews: Profiles from the History of Interpretation*. LNTS 432. London: T&T Clark, 2012.

Lane, William. *Hebrews: A Call to Commitment*. Peabody, MA: Hendrickson, 1998. Lehne, Susanne. *The New Covenant in Hebrews*. JSNTSup 44. Sheffield: JSOT Press, 1990.

Leithart, Peter J. "Womb of the World: Baptism and the Priesthood of the New Covenant in Hebrews 10.19-22." *JSNT* 78 (2000): 49-65.

Leschert, Dale F. *Hermeneutical Foundations of Hebrews: A Study in the Validity of the Epistle's Interpretation of Some Core Citations from the Psalms*. NABPRDS 10. Lewiston, NY: Mellen, 1994.

Lindars, Barnabas. "Heavenly Sanctuary Mysticism in the Epistle to the Hebrews." *JTS* 62 (2011): 77-117.

_____. "The Rhetorical Structure of Hebrews." *NTS* 35 (1989): 382–406.

_____. *The Theology of the Letter to the Hebrews*. NTT. Cambridge: Cambridge University Press, 1991.

Mackie, Scott D. "Early Christian Eschatological Experience in the Warnings and Exhortations of the Epistle to the Hebrews." *TynBul* 63 (2012): 93–114.

_____. *Eschatology and Exhortation in the Epistle to the Hebrews*. WUNT 2/223. Tübingen: Mohr Siebeck, 2007.

MacLeod, David J. "The Literary Structure of the Book of Hebrews." *BSac* 146 (1989): 185–97.

MacRae, George W. "Heavenly Temple and Eschatology in the Letter to the Hebrews." *Semeia* 12 (1978): 179–99.

Manson, Thomas W. "The Problem of the Epistle to the Hebrews." *BJRL* 32 (1949): 1–17. Mason, Eric F. "The Epistle (Not Necessarily) to the 'Hebrews': A Call to Renunciation of Judaism or Encouragement to Christian Commitment?" *PRSt* 37 (2010): 7–20.

_____. "Hebrews and the Dead Sea Scrolls: Some Points of Comparison." *PRSt* 37 (2010): 457–79.

_____. *"You Are a Priest Forever": Second Temple Jewish Messianism and the PriestlyChristology of the Epistle to the Hebrews*. STDJ 74. Leiden: Brill, 2008.

Mathewson, Dave. "Reading Heb. 6:4–6 in Light of the Old Testament." *WTJ* 61 (1999): 209–25.

McKelvey, R. J. *Pioneer and Priest: Jesus Christ in the Epistle to the Hebrews*. BZNW 159. Berlin: de Gruyter, 2008.

McKnight, Scot. "The Warning Passages of Hebrews: A Formal Analysis and Theological Conclusions." *TrinJ* 13 (1992): 21–59.

Meier, John P. "Structure and Theology in Heb. 1:1–4." *Bib* 66 (1985): 168–89.

_____. "Symmetry and Theology in the Old Testament Citations of Heb. 1:5–14." *Bib* 66 (1985): 504–33.

Mitchell, Alan C. *Hebrews*. SP. Collegeville, MN: Glazier, 2007.

Moffit, David M. *Atonement and the Logic of the Resurrection in the Epistle to the Hebrews*. NovTSup 141. Leiden: Brill, 2011.

_____. "Unveiling Jesus' Flesh: A Fresh Assessment of the Relationship between the Veil and Jesus' Flesh in Hebrews 10:20." *PRSt* 37 (2010): 71–84.

Moore, Nicholas J. "Jesus as 'the One Who Entered His Rest': The Christological Reading of Hebrews 4.10." *JSNT* 36 (2014): 1–18.

Morrison, Michael D. *Who Needs a Covenant? Rhetorical Function of the Covenant Motif in the Argument of Hebrews*. Eugene, OR: Pickwick, 2008.

Peterson, David G. *Hebrews and Perfection: An Examination of the Concept of Perfec-*

tion in the *"Epistle to the Hebrews."* SNTSMS 47. Cambridge: Cambridge University Press, 1982.

_____. *Transformed by God: New Covenant Life and Ministry.* Downers Grove, IL: InterVarsity, 2012.

Pitts, Andrew W., and Joshua F. Walker. "The Authorship of Hebrews: A Further Development in the Luke-Paul Relationship." In *Paul and His Social Relations*, edited by Stanley E. Porter and Christopher D. Land, 143-84. Leiden: Brill, 2012.

Ribbens, Benjamin J. *Levitical Sacrifice and Heavenly Cult in Hebrews.* BZNW 222. Berlin: de Gruyter, 2016.

Richardson, Christopher A. *Pioneer and Perfecter of Faith: Jesus' Faith as the Climax of Israel's History in the Epistle to the Hebrews.* WUNT 2/338. Tübingen: Mohr Siebeck, 2012.

Rooke, Deborah W. "Jesus as Royal Priest: Reflections on the Interpretation of the Mel- chizedek Tradition in Heb. 7." *Bib* 81 (2000): 81-94.

Schenk, Kenneth L. "A Celebration of the Enthroned Son: The Catena of Hebrews 1." *JBL* 120 (2001): 469-86.

_____. *Cosmology and Eschatology in Hebrews: The Settings of the Sacrifice.* SNTSMS 143. Cambridge: Cambridge University Press, 2007.

_____. "Keeping His Appointment: Creation and Enthronement in Hebrews." *JSNT* 66 (1997): 91-117.

_____. *Understanding the Book of Hebrews: The Story behind the Sermon.* Louisville: Westminster John Knox, 2003.

Scholer, John M. *Proleptic Priests: Priesthood in the Epistle to the Hebrews.* JSNTSup 49. Sheffield: Sheffield Academic, 1991.

Schreiner, Thomas R. *Run to Win the Prize: Perseverance in the New Testament.* Wheaton: Crossway, 2010.

Schreiner, Thomas R., and Ardel B. Caneday. *The Race Set before Us: A Biblical Theology of Perseverance and Assurance.* Downers Grove, IL: InterVarsity, 2001.

Silva, Moisés. "Perfection and Eschatology in Hebrews." *WTJ* 39 (1976): 60-71.

Small, Brian C. "The Use of Rhetorical *Topoi* in the Characterization of Jesus in the Book of Hebrews." *PRSt* 37 (2010): 53-69.

Son, Kiwoong. *Zion Symbolism in Hebrews: Hebrews 12:18-24 as a Hermeneutical Key to the Epistle.* PBM. Waynesboro, GA: Paternoster, 2005.

Stanley, Steve. "Hebrews 9:6-10: The 'Parable' of the Tabernacle." *NovT* 37 (1995): 385-99.

_____. "The Structure of Hebrews from Three Perspectives." *TynBul* 45 (1994): 245-71.

Svendsen, Stefan Nordgaard. *Allegory Transformed: The Appropriation of Philonic Hermeneutics in the Letter to the Hebrews.* WUNT 2/269. Tübingen: Mohr Siebeck, 2009.

Swetnam, James. "Christology and the Eucharist in the Epistle to the Hebrews." *Bib* 70 (1989): 74–95.

―――. "The Greater and More Perfect Tent: A Contribution to the Discussion of Hebrews 9:11." *Bib* 47 (1966): 91–106.

Swinson, L. Timothy. "'Wind' and 'Fire' in Hebrews 1:7: A Reflection upon the Use of Psalm 104 (103)." *TrinJ* 28 (2007): 215–28.

Thiessen, Matthew. "Hebrews 12.5–13, the Wilderness Period, and Israel's Discipline." *NTS* 55 (2009): 366–79.

Thomas, C. Adrian. *A Case for Mixed-Audience with Reference to the Warning Passages in the Book of Hebrews*. New York: Peter Lang, 2008.

Thompson, James W. "The New Is Better: A Neglected Aspect of the Hermeneutics of Hebrews." *CBQ* 73 (2011): 547–61.

Trotter, Andrew H., Jr. *Interpreting the Epistle to the Hebrews*. GNTE. Grand Rapids: Baker, 1997.

Vanhoye, Albert. *Structure and Message of the Epistle to the Hebrews*. SB 12. Rome: Editrice Pontificio Istituto Biblico, 1989.

Vos, Geerhardus. "The Priesthood of Christ in Hebrews." In *Redemptive History and Biblical Interpretation: The Shorter Writings of Geerhardus Vos*, edited by R. B. Gaffin Jr., 126–60. Phillipsburg, NJ: Presbyterian and Reformed, 1980.

Walser, Georg A. *Old Testament Quotations in Hebrews*. WUNT 2/356. Tübingen: Mohr Siebeck, 2013.

Westcott, B. F. *The Epistle to the Hebrews: The Greek Text with Notes and Essays*. Reprint. Grand Rapids: Eerdmans, 1977.

Westfall, Cynthia Long. *A Discourse Analysis of the Letter to the Hebrews: The Relation-ship between Form and Meaning*. LNTS 297. New York: T&T Clark, 2005.

Whitlark, Jason A. *Enabling Fidelity to God: Perseverance in Hebrews in Light of Reciprocity Systems in the Ancient Mediterranean World*. PBM. Milton Keynes, UK: Paternoster, 2008.

Williamson, Ronald. "Hebrews 4:15 and the Sinlessness of Jesus." *ExpTim* 86 (1974): 4–8.

―――. "The Incarnation of the Logos in Hebrews." *ExpTim* 95 (1983): 4–8.

―――. *Philo and the Epistle to the Hebrews*. ALGHJ. Leiden: Brill, 1970.

Wray, Judith Hoch. *Rest as a Theological Metaphor in the Epistle to the Hebrews and the Gospel of Truth: Early Christian Homiletics of Rest*. SBLDS 166. Atlanta: Scholars Press, 1988.

Young, Norman H. "The Gospel according to Hebrews 9." *NTS* 27 (1981): 198–210.

제2장

야고보서

I. 개론

1. 저자, 수신자, 저작 시기, 문학 장르

히브리서의 저자는 알려지지 않지만, 야고보서의 저자는 매우 잘 알려져 있다. 그는 야고보이다. 그는 예수의 이복형제이고(마 13:55), 예루살렘 교회의 지도자이며 베드로, 요한 그리고 바울과 함께 초기 교회의 "기둥"이었다(행 15:13-21; 갈 1:19; 2:9). 이 야고보는 신약의 사도 목록(예를 들면, 마 10:2-4)에 언급된 세배대의 아들이며, 사도 요한의 동생인 야고보 및 알패오의 아들 야고보와 혼동되어서는 안 된다.

흥미로운 것은 야고보와 그의 형제들이 아직 예수를 믿지 않았을지라도(요 7:1-9) 때때로 예수의 초기 사역 여정에 동행했다는 점이다(요 2:1-13). 아마 예수의 십자가 처형 때까지도 야고보는 신자가 아니었던 것 같다. 그랬다면 십자가 위에서 예수가 자기 어머니를 야고보나 그 형제 중 하나가 아니라 사도 요한에게 돌보도록 맡기지 않았을 것이기 때문이다(19:26-27).

하지만 예수의 승천 직후 얼마 안 되어 예수의 형제들은 다락방에서 기도하는 사람들 가운데서 발견된다(행 1:14). 특히, 야고보는 예루살렘 교회와 초기 기독교 운동에서 두각을 나타냈다. 야고보는 초기 교회에서 중요한 인물이었으며 그의 말에는 상당한 무게감이 있었다. 이는 야고보의 서신에 대한 우리의 존경심을 높이고 그것을 보다 진지하게 받아들이도록 한다.

예루살렘 교회에서의 그의 두드러진 지위 외에도 또한 야고보의 중요성은 특히 산상수훈에 언급된 예수의 가르침에 대한 수많은 암시로 강조된다.[1] 이미 언급한 바와 같이 야고보는 예수가 처음 이러한 진리들을 가르쳤을 때는 신자가 아니었던 것으로 보이지만 그것들에 주목한 것이 분명하며, 일단 믿음을 갖게 된 후 예수의 가르침에 대한 기억을 되살렸다.

이처럼 야고보는 초기 교회에서 두드러진 인물이었지만, 또한 논란의 여지가 있는 인물이었다. 이방인들을 교회로 받아들이기 전에 그들이 할례와 같은 유대인의 관습을 지켜야 한다고 주장한 이른바 "유대주의자들"(Judaizers)이 그들의 가르침을 지지받기 위해 야고보의 권위를 내세웠기 때문이다(갈 2:12 참조). 하지만 아이러니하게도 야고보 자신은 예루살렘 공의회(Jerusalem Council)에서 다음과 같이 주장함으로써 다른 태도를 보였다. "이방인 중에서 하나님께로 돌아오는 자들을 괴롭게 하지 말고" (행 15:13-21, 특히 19절).

적어도 예루살렘 공의회 이전에 특히 바울이 갈라디아서(AD 49년경에 기록된 것으로 추정)를 기록하기 이전에 이러한 "유대주의자들"은 야고보를 바울과 겨루게 하려 한 것으로 보인다. 비록 이 두 명의 저명한 기독교 지도자를 이간질하려는 그들의 노력이 궁극적으로는 실패했지만 말이다. 그들의 노력이 성공했다면, 초기 기독교 운동의 일치와 연합을 파괴하는 결과를 초래했을지도 모를 일이다.

심지어 로마서(AD 55-57년경에 기록)에서조차도 바울은 율법이 들어설 자리가 없다는 그들의 비난에 대해 여전히 반응하고 있다(롬 6-7장). 우리는 야고보서 2장을 해석할 때 믿음과 행함의 관계에 대한 야고보의 가르침을 보다 상세하게 논할 것이다.

저자 야고보에서 야고보가 쓴 서신으로 돌아가자. 우리는 야고보서가 아마도 40년대 초반이나 중반에 기록된 가장 초기의 신약 서신일 가능성

---

1 Andreas J. Köstenberger, L. Scott Kellum, and Charles L. Quarles, *The Cradel, the Cross, and the Crown: An Introduction to the New Testament*, 2nd ed. (Nashville: B&H Academic, 2016), 표 17.1 (p. 803)를 보라.

이 크다는 점에 주목해야 한다. 야고보의 유대적 특성(Jewishness)과 함께 서신의 초기 연대로 인해 야고보서는 독특한 유대-기독교적 색채를 띤다. 이로 인해 종종 기독교 설교자들은 어려움을 겪는데, 그들이 이 서신을 초기 유대계 기독교의 모범(exemplar)으로 간주하기보다는 그것을 "기독교화"(Christianize)하는 경향이 있기 때문이다.

다음과 같은 특징들이 야고보서의 유대적 특성을 분명히 보여 준다.

첫째, 서신의 수신자가 "흩어져 있는 열두 지파"이다(1:1). 이 표현은 아마 디아스포라(Diaspora)에서 살았던 유대인, 즉 팔레스타인을 떠나 그레코-로만 세계에 흩어져 살고 있던 유대인을 언급하는 것으로 보인다. 또한 "집회 장소"를 유대 용어 "회당"(쉬나고게[synagōgē])으로 표현한 점도 주목하라(2:2).

둘째, 야고보가 제시하는 믿음의 예가 주로 구약에서 유래한다. 예를 들어, 아브라함(2:21; "우리 조상"으로 불림), 라합(2:25), 선지자들(5:10), 욥(5:11) 그리고 엘리야(5:17) 등이다. 또한, 야고보서에는 일부 구약 인용과 암시들이 포함되어 있다(예컨대, 2:8, 23; 4:6).

셋째, 야고보의 주된 윤리가 구약의 지혜에 기초한다(특히 4:13-18을 보라). 앞에서 언급했듯이 그는 또한 예수의 가르침도 여러 번 암시한다. 신약의 서신으로서 특이한 점은 야고보가 그의 서신 전체에서 예수를 단지 두 번 밖에는 언급하지 않는다는 점이다(1:1; 2:1). 그러나 2:1의 "영광의 주 곧 우리 주 예수 그리스도"라는 표현은 놀랄 만한 고등 기독론(high Christology)을 보여 준다. 특히, 기독교 교회에서 그렇게 이른 시기에 말이다.

구약의 지혜에 대한 언급들이 많고 예수에 대한 직접적 언급이 비교적 적은 것은 야고보의 청중이 유대적이며 예수를 유대인의 메시아로 믿고 있지만 그들의 믿음을 계속해서 구약의 틀 안에 두고 살아갔다는 것을 암시한다. 이 점은 앞에서 논의한 히브리서의 청중과 놀랄 만한 병행을 이룬다. 물론 히브리서의 청중과 달리, 야고보서의 독자들은 로마에 거주하지는 않았을지라도 말이다. 히브리서에서도 11장에 언급된 "믿음의 전당"이 구약의 신자들로 구성되어 있다는 점에 주목하라.

나는 히브리서가 하나의 서신으로 종결되지만, 서신처럼 시작하지는 않는다고 언급한 바 있다. 그런데 야고보서는 그와는 정반대의 경우이다. 야고보서는 하나의 서신처럼 시작하지만, 서신처럼 끝나지 않는다. 실제로 야고보서에는 마지막 안부이든 마지막 축복이든 아니면 다른 결말 부분이든 간에 서신의 맺음말이 없다.

그 대신에 방황하는 영혼을 사망에서 회복하는 사람은 "허다한 죄를 덮을 것임이라"(5:20)라는 진술로 약간 갑작스럽게 끝나 버린다는 인상을 받는다. 이것은 신약의 저자들이 신약 시대의 고대 서신 패턴을 엄격하게 따르기보다는 일정 정도의 융통성을 발휘했다는 점을 암시한다.

우리가 곧 살펴보겠지만 이 서신의 본론 부분은 아마도 시험(유혹) 가운데서 굳게 서 있든지, 부자에게 편파성을 보이든지, 아니면 참된 믿음의 증거로서 행함의 중요성을 경시하든지 간에, 다양한 종류의 도전을 받고 있는 회중 집단에 제공하는 여러 차례의 권면(multiple cycles of exhortation)으로 구성되어 있다. 따라서 예수의 이복동생인 야고보는 이 서신을 40년대 초반이나 중반에 유대인 그리스도인 회중 그룹에 구약의 지혜와 예수의 윤리적 가르침을 지키며 살아가도록 권면하기 위해 기록했다.

2. 구조

야고보서의 편지 서두는 매우 간결하며 단 한 절로 구성되어 있다(1:1). 맺음말 없는 나머지 서신의 본문에는 "내 형제"(아델포이 무[adelphoi mou]) 또는 그와 유사한 호칭이 1:2, 1:16, 1:19, 2:1, 2:5, 2:14, 3:1, 4:11, 5:7, 5:12, 5:19에서 반복해서 나온다. 어떤 경우에 권면은 하나 또는 몇 개의 수사 의문문이나(2:14; 3:13; 4:1; 5:13-14), "들으라"라는 직접적인 어투(4:13; 5:1)로 도입된다. 앞에서 언급했듯이 이 서신에는 실제적인 맺음말이 없다.

"내 형제들아"(또는 그와 유사한 호칭들)라는 호칭이나 다른 도입 문구들은 다음과 같이 나타난다.

야고보서	도입 문구	주제
1:2	내 형제들아	시련과 유혹
1:16	내 사랑하는 형제들아	모든 선한 은사의 근원이신 하나님
1:19	내 사랑하는 형제들아	말씀을 행하는 자들, 참된 종교
2:1	내 형제들아	부자에 대한 차별대우에 대한 경고
2:5	내 사랑하는 형제들아	부자에 대한 편파성(계속)
2:14	내 형제들아	믿음과 행함의 관계
3:1	내 형제들아	선생에 대한 보다 엄격한 심판에 대한 경고 참된 지혜의 본질에 관한 설명
4:1	너희 중에 싸움이 어디로부터 다툼이 어디로부터 나느냐	세상과 벗됨에 대한 경고 하나님께 복종하라, 마귀를 대적하라, 회개하라
4:11	형제들아	형제 판단에 대한 경고
4:13	들으라 너희 중에 말하기를…	교만한 미래 계획에 대한 경고
5:1	들으라 부한 자들아	부자들을 향한 직접적인 권고
5:7	형제들아	오래 참음과 인내에 대한 요청
5:12	내 형제들아	맹세에 대한 경고
5:13, 14	너희 중에 고난 당하는 자가 있느냐 즐거워하는 자가 있느냐 너희 중에 병든 자가 있느냐	기도하라 찬송하라 장로의 기도, 기름 바름; 상호간의 죄 고백
5:19	내 형제들아	그릇된 형제를 회복하라

야고보서를 얼핏 보면 이 서신의 흐름과 구조를 식별하기 어렵고, 기본적으로 느슨하게 연결된 일련의 권면들로 구성된 것으로 보이지만, 좀 더 면밀하게 살펴보면 야고보가 전형적으로 회중에 교훈 또는 경고를 제공하고 그 후에 일종의 여록(excursus) 형태로 이러한 교훈에 대해 자세히 설명한다는 점이 드러난다.[2] 야고보의 방법과 절차에 대한 이러한 이해가 기

---

2 Robert L. Plummer ("James," in *ESV Expository Commentary*, vol. 12, Hebrews-Reve-

본적으로 타당하다면, 야고보서의 잠정적인 개요를 다음과 같이 제시할 수 있다.

야고보서	주요 내용
1:1	편지 서두
1:2-18	시련과 유혹에 대처하는 법
1:19-27	믿음과 참된 종교 실천에 관한 여록
2:1-13	부자에 대한 특별대우에 대한 경고
2:14-26	믿음과 행함의 관계에 관한 여록
3:1-12	선생이 많이 되지 말라는 경고
3:13-18	땅의 지혜와 하늘의 지혜의 대조에 관한 여록
4:1-17	탐욕, 비방, 교만한 미래 계획에 대한 경고
5:1-6	탐욕 또는 불의를 행하는 부자들에 대한 경고
5:7-20	고통 중에 인내와 기도에 대한 마지막 요청

3. 중심 메시지

여러 가지 면에서 야고보는 독자들에게 안일한 삶에서 벗어나 의에 대한 갈증을 불러일으키기 위해 일련의 경고와 권면을 주는 구약 예언자의 역할과 유사한 역할을 맡는다. 그러므로 이 서신의 에토스(ethos)는 "현실에 안주하는 교회에 대한 경종"(wake-up call to a complacent church)으로 가장 잘 특징지을 수 있다. 여러 가지 면에서 야고보는 그의 독자들에게 기독교

---

lation, ed. lain M. Duguid, James M. Hamilton Jr., and Jay Sklar [Wheaton: Crossway, 2018], 229)는 야고보의 "스타카토 문체"(staccato style)에 대해서 말한다. 그는 일부 단위를 하위 단위로 더 세분화한다는 점을 제외하고는 여기서 제안된 것과 유사한 개요를 제공한다(즉, 1:2-18을 1:2-11과 1:12-18로; 4:1-17을 4:1-12과 4:13-17로; 5:7-20을 5:7-12과 5:13-20로; 위의 책 223-25를 보라). 야고보서의 문학적 계획에 관한 다양한 제안 논의에 대해서는 Köstenberger, Kellum, and Charles, *The Cradel, the Cross, and the Crown*, 813-15를 보라.

의 신앙고백에 대해 립 서비스(lip service)만 하지 말고 진정으로 회개하고 그들의 신앙을 실천하라고 요청한다.

이 점은 고대 이스라엘의 구약 예언자들의 역할과 놀라울 정도로 유사하다. 그것은 또한 그동안의 안일한 삶에서 깨어나 회개하고 기독교 신앙고백을 행동으로 옮기라는 오늘날의 교회, 특히 서구의 교회를 위한 요청이기도 하다. 그러므로 히브리서의 메시지와 비교하여, 히브리서의 저자가 독자들에게 그들의 신앙고백으로부터 물러서지 말고 고조되는 박해에 직면해서 그것을 더욱 굳게 붙잡을 것을 권면하는 반면, 야고보는 자신의 독자들에게 기독교의 신앙고백을 행동으로 옮기도록 권면한다고 말할 수 있다.

의심의 여지 없이, 야고보서와 관련하여 가장 빈번하게 논의되는 주제는 믿음과 행함의 관계인데, 특히 동일 주제를 다루는 바울의 가르침과 비교되곤 한다(2:14-26; 참조, 예컨대, 갈 3장). 이 점에 대한 야고보의 메시지는 나중에 야고보서의 관련 부분을 다룰 때 상세하게 논할 것이다. 요컨대, 문제는 야고보와 바울 각각의 강조점 사이의 명백한 모순에 관한 것이다.

야고보는 행함이 필요하고 믿음은 그 자체로는 불충분하다고 주장하는 것처럼 보인 반면, 바울은 어떤 행동도 배제한 오직 믿음만의 구원을 가르치는 것처럼 보인다. 실제로 야고보와 바울은 모두 정반대의 논지를 주장하기 위해 창세기 15:6이라는 동일 구절을 제시한다. 즉, 야고보는 아브라함이 행함으로 의롭게 되는 것이지 믿음으로만 되는 것은 아니라고 가르치지만(2:23), 바울은 아브라함이 행함과는 상관없이 믿음으로 의롭게 되었다고 가르친다(갈 3:6).

사실상 야고보가 "사람이 행함으로 의롭다 하심을 받고 **믿음으로만은 아니니라**"(2:24)라고 말할 때, 후에 종교개혁 시대에 기독교의 핵심 진리 중 하나가 된 이신칭의 교리를 단적으로 반박하는 것처럼 보인다("오직"으로 번역되는 라틴어 단어 솔라스[*solas*]; 즉 "오직 믿음"을 의미하는 솔라 피데[*sola fide*]). 그러므로 후에 2:14-26을 논할 때, 이 두 개의 가르침 간의 관계를 충분히 숙고하는 것이 중요할 것이다.

지금으로서는 야고보가 믿음과 행함의 관계에 대한 신약의 가르침에 중요한 공헌을 한다는 점을 언급하는 것으로 충분하다. 특히, 그는 참된 믿음에 반드시 수반되는 행함의 필요성을 강조한다.

II. 본문 해설

1. 편지 서두(1:1)

예수의 이복동생(개론 부분을 보라)인 야고보는 서신의 맨 처음에 자신을 "하나님과 주 예수 그리스도의 종"으로 소개한다. 여기서 그는 하나님과 예수 그리스도를 병행함으로써 서로 동등하게 배열하는데 이는 그리스도의 신성을 암시한다(이 점은 또한, 구약에서 일반적으로 야웨를 가리키는 "주"(퀴리오스[kyrios])라는 칭호를 통해서도 암시됨).

또 그는 자신을 예수와의 가족 관계로 소개할 수도 있었지만, 오히려 "주 예수 그리스도의 종"으로 부르기로 선택한다. 이것은 놀랄 만한 겸손을 나타내며 예수 그리스도를 향한 적절한 경의와 헌신을 보여 준다. 두 사람이 같은 어머니를 가졌다는 점에서 예수는 야고보의 이복형제였지만, 또한 (더 중요한 것은) 그의 주(Lord)요 주인(Master)이었다.

야고보서의 수신자들은 "흩어져 있는 열두 지파"로 소개된다. 이 문구는 디아스포라(Diaspora)에 사는 유대인, 즉 팔레스타인에서 추방되어 그레코-로만 세계의 어딘가에 흩어져 사는 유대인을 가리킨다. "열두 지파"란 말이 인종적 이스라엘을 연상시키는 반면, "흩어져 있는"(in the Dispersion)이란 말은 이스라엘의 왕정체제 붕괴 이후 아시리아와 바벨론의 유배로 이어진 유대인의 경험을 불러일으킨다. "문안하노라"(카이레인[chairein])라는 인사말은 동일인인 야고보가 주재한 예루살렘 공의회의 결과로 나온 회람 서신에 사용한 인사말과 정확하게 일치한다(행 15:23).

2. 시련과 유혹에 대처하는 법(1:2-18)

여느 서신처럼 중보 기도나 감사의 말도 없이 야고보는 곧바로 권면으로 넘어간다. 헬라어 본문에는 강조를 위해 "모든 기쁨"(파산 카란[*pasan charan*])이 1:2의 처음에 나온다. 그러나 뒤에 나오는 내용은 예상 밖이다. 회중을 "내 형제들"(회중의 여성 구성원도 포함)이라 부르면서, 야고보는 서신 첫머리에 이 유대인 그리스도인들에게 "여러 가지 시험(trials)을 만나거든" 그것을 "모든 기쁨으로 여기라"(개역개정에는 "온전히 기쁘게 여기라"라고 번역-역자주)라고 권면한다(1:2).

"시험"(trials)으로 번역된 헬라어 단어 페이라스모스(peirasmos)는 외적 시련(external trials/testing) 또는 내적 유혹(internal temptation)을 의미할 수 있다. 이 용어는 1:12에 다시 나오는데, 거기서 야고보는 다음과 같이 쓴다.

> 시험(trial)을 참는 자는 복이 있나니 이는 시련(test)을 견뎌 낸 자가 주께서 자기를 사랑하는 자들에게 약속하신 생명의 면류관을 얻을 것이기 때문이라(약 1:12).

동족어 동사 페이라조(*peirazō*)는 1:13-14에서 네 번에 걸쳐 "유혹하다"(tempt)로 번역된다. "여러 가지 시험"(페이라스모스 포이킬로이스[*peirasmos poikilois*])이라는 동일 문구는 베드로전서 1:6에서도 발견되는데, 거기서도 믿음 때문에 박해를 받는 시련/연단(testing)의 맥락(벧전 1:7)이다(바울의 용례에 대해서는 고전 10:13; 갈 4:14; 딤전 6:9을 보라; 참조, 히 3:8).

야고보가 여러 가지 시련(trials)과 믿음의 연단(testing)을 견디라는 권면으로 그의 서신을 시작한다는 사실은 이러한 시련이 그의 서신을 받는 회중이 겪고 있었던 실제적 문제였으며 이러한 그리스도인들이 그들의 믿음이 시험을 받을 때 인내(steadfastness)가 필요했음을 암시한다. 시험의 주제가 야고보서의 첫 번째 권면을 시작하고 또 종결한다(1:2-4, 12-15).

사실상 중간에 나오는 자료도 이 주제와 관련될 수도 있다(즉, 5-8절의 지혜의 필요성과 9-11절의 낮은 형제와 부유한 자 간의 차이). 그러므로 '페이라스모스'

라는 단어의 의미 범위를 고려할 때, 1:2에 언급된 "여러 가지 시험"은 외적 시련과 내적 유혹 모두를 포함할 수 있다(더 상세한 것은 12-16절을 보라).

어떤 경우에나 그러한 시련은 신자의 믿음을 테스트하며, 하나님이 의도하신 결과는 인내의 품성이다. 이 인내는 "너를 죽이지 못하는 시련은 너를 더 강하게 만드는 법이야"라는 통속적 속담과는 다르다. 야고보는 단순히 정신적 강인함에 대해 말하는 것이 아니다. 그는 역경에 직면했을 때 하나님을 신뢰하는 우리의 능력이 자라도록 격려하는 것이다.

예기치 않게 갑작스럽게 찾아오는 도전에 그리스도와 같은 방식(Christ-like manner)으로 반응하는 법을 배운 사람은 인격이 강해진다. 야고보의 표현대로 하면, 그러한 사람은 "온전하고"(텔레이오스[*teleios*]/perfect), "구비하여"(홀로클레로스[*holoklēros*]/complete), 신약의 다른 곳에서는 살전 5:23에만 나옴), "조금도 부족함이 없는" 사람이 된다(1:4).

이러한 묘사는 산상수훈에 나오는 다음과 같은 예수의 말씀을 반향한다.

> 그러므로 하늘에 계신 너희 아버지의 온전하심과 같이 너희도 온전하라(마 5:48).

물론 죄 많은 인간이 온전함(perfection)에 도달하기는 불가능하다. 여기서는 문자 그대로의 완전함이 아니라 검증된 인격, 즉 오랜 훈련과 인격 형성에서 비롯되는 영적 성숙을 의미한다(뒤에 나올 3:2을 보라. 고전 2:6; 빌 3:15; 골 1:28; 4:12; 히 5:14 참조).

이제 어떤 사람들은 힘든 상황에서 필요한 **지혜**가 부족하다고 항변할 수도 있다. "부족하다"(레이포[*leipō*], 야고보서의 다른 곳에서는 2:15에만, 신약에서는 눅 18:22; 딛 1:5; 3:13에서만 나옴)라는 단어가 1:4("부족함이 없게")과 5절("지혜가 부족하거든")을 연결한다. 야고보에게 이는 적절한 변명이 아니다. 그러한 사람은 단순히 하나님께 간구하면 되기 때문이다. 하나님은 일부 특정한 사람만이 아니라, 구하는 "모든 사람에게" "꾸짖지 아니하시고" "후히 주시는" 그러한 성품의 소유자이시다.

따라서 지혜가 필요한 사람은 하나님께 구함으로써 그것을 받을 것이다. 여기서도 야고보의 진술은 산상수훈의 다음과 같은 예수의 말씀을 반향한다.

구하라 그리하면 너희에게 주실 것이요(마 7:7; 참조, 마 7:8-11).

혹 지혜가 사람의 머리나 마음에 마치 마법처럼 불쑥 나타날 것으로 믿거나 아니면 어리석거나 무지한 자에게 갑자기 신적이고 초자연적인 지혜가 주어질 것으로 생각하는 사람도 있을 것이다. 하지만 이 구절에 대한 보다 개연성 있는 해석은 하나님께서 그러한 사람의 지혜를 인생 여정 과정의 일부로 점진적으로 성장시켜 주실(develop) 것이라는 견해이다.

하지만 야고보는 한 가지 주의사항을 일러 준다. 지혜를 구하는 기도는 의심(디아크리노[diakrinō])이 아니라 **믿음**으로 드려야 한다는 점이다. 왜냐하면, 의심하는 사람은 하나님께 아무것도 받지 못할 것이기 때문이다. 그러한 사람은 "두 마음을 품은"(딮쉬코스[dipsychos]; 문자적으로는 "두 혼을 가진", 즉 정신분열[schizophrenic]이나 조울증[bipolar]과 유사한 상태) 자요, "모든 일에 '정함(안정)이 없는'(아카타스타토스[akatastatos]; 신약의 다른 곳에는 약 3:8에서만 나오는데, 거기서는 "쉬지 아니하는"으로 번역) 자"일 뿐이다(1:5-8).

이번에도 야고보의 진술은 다음과 같은 예수의 말씀을 반향한다.

내가 진실로 너희에게 이르노니 만일 너희가 믿음이 있고 의심하지(디아크리노[diakrinō]) 아니하면 이 무화과 나무에게 된 이런 일만 할 뿐 아니라 이 산더러 들려 바다에 던져지라 하여도 될 것이요 너희가 기도할 때에 무엇이든지 믿고 구하는 것은 다 받으리라 하시니라(마 21:21-22).

산을 옮길 만한 믿음이 있는 사람에게 불가능한 것은 아무것도 없다! 야고보는 의심하는 사람을 "바람에 밀려 요동하는 바다 물결"에 비유한다. 이는 복음서의 이야기들이 충분히 입증해 주는 갈릴리 바다의 (빈번하게 요동치는) 날씨를 연상케 한다. 이어서 야고보는 이 서신을 받는 회중의 특정한 문제, 즉 부자에 대한 우대(preferential treatment) 문제를 간략하게 다룬다(1:9-11). 그는 후에 적어도 두 부분에서 이 주제를 좀 더 길게 다룰 것이다(2:1-7; 5:1-6).

여기서 그의 초점은 가난한 자에게는 격려를, 부유한 자에게는 권고를 주는 데 있다. "낮은"(타페이노스[tapeinos]) 형제는 자기의 높음을 자랑해야 하지만(물질적 소유가 부족한 특권을 존중해 자신이 하나님의 공급하심에 의존하고 있음을 더 예민하게 인식), 부한 자(여기서는 "형제"라는 단어가 암시되어 있음)는 자기의 "낮아짐"(타페이노시스[tapeinōsis])을 자랑해야 한다. "낮은"과 '낮아짐'의 언어유희에 주목하라. ESV 역의 경우처럼 타페이노스를 "낮은"으로, 타페이노시스를 "겸손"으로 번역하게 되면, 이러한 특성을 놓치게 된다.

야고보는 분명 회중에 속한 가난한 자와 부한 자 모두를 "형제", 즉 신자로 부르고 있으며, 그들이 처한 물질적 상황 속에서 하나님께 적절한 자세를 취하도록 권고하고 있다(1:9-10). 부유한 자이든 가난한 자이든 자신들이 하나님께 의존하고 있음을 인정해야 한다.

부의 일시적 특성을 뒷받침하기 위해 야고보는 구약 암시(사 40:6-7)와 함께 팔레스타인의 뜨거운 기후에서 끌어온 예증을 사용한다. 태양의 뜨거운 열기가 식물을 시들게 하는 것처럼, 같은 운명이 부유한 자에게도 임할 것이다. 그들의 부도 사업이 진행되는 동안 "사라져"(마라이노[marainō]) 버릴 것이다(1:11).

서신의 이 단락을 시작했던 방식으로 되돌아가 야고보는 이제 신자들이 여러 가지 시험을 만날 때 온전히 기쁘게 여기라는 첫 번째 권면을 상세하게 설명한다(1:3). 처음에 야고보는 인내가 사람을 "온전하고 구비하여 조금도 부족함이 없게" 한다고 기록했다(1:4). 이제 그는 시험을 견뎌 내는 자가 "복이 있다"(마카리오스[makarios])라고 설명한다. 이 말은 아마도 산상수훈에 포함된 예수의 복 선언을 연상시킨다(마 5:3-12). 시험을 견뎌 낸 이 사람은 "생명의 면류관", 즉 그에게 약속된 하늘의 상을 받을 것이다(1:12).

이와 유사하게 바울도 "의의 면류관"에 대해서 말하고(딤후 4:8; 참조, 고전 9:25), 베드로도 "시들지 아니하는 영광의 관"에 대해서 말한다(벧전 5:4). "면류관"(스테파노스[stephanos])은 고대 세계의 운동경기에서 승리자에게 수여된 상이었다. 운동경기 맥락의 근간에는 시련을 참고 끝까지 견디는 사람들이 하늘에 계신 하나님으로부터 영적 보상을 받을 것이라는 신약 저자들의 확신이 놓여 있다.

야고보는 이 권면을 하나의 해명으로 마무리하는데, 그것은 유혹(temptation)이 하나님에게서 오지 않는다는 점이다. 오히려 사람을 유혹하는 것은 자신의 욕심(먼저 잉태된 다음 죄의 형태를 낳는) 때문이다(1:13-15). 여기서도 주의 기도에 언급된 예수의 말씀이 연상된다.

> 우리를 시험(페이라스모스[peirasmos]/temptation)에 들게 하지 마시옵고(마 6:13).

다소 엄중한 책망의 어투로 야고보는 독자들에게 속지 말라고 경고한다(1:16; 1:22과 26에 나오는 자기기만에 대한 경고에 주목하라). 하나님은 변함도 없으시며 모든 좋은 은사는 그분에게서 온다. "위로부터"라는 표현은 하나님의 이름을 언급하기를 꺼리는 유대인의 완곡어법이다(1:17; 참조, 3:15, 17; 요 3:3, 7).

하나님은 선하시다!

그분은 결코 악의 근원일 수 없다. 유혹은 악한 마음에서 생겨난다.

유혹은 본래 하나님처럼 되고자 했던 루시퍼(Lucifer)의 마음속에서 신비한 방식으로 생겨났으며, 에덴동산에서 사탄이 하와에게 금단의 열매를 먹으면 그녀와 남편이 하나님같이 될 것이라고 약속했을 때, 루시퍼(사탄이 된)를 통해 인류를 오염시켰다(창 3:5).[3] 사탄은 이런 식으로 하와를 유혹하여 하나님의 선하심에 의구심을 제기한다.

---

3 이사야 14:12을 보라.

하나님께서 그녀와 남편에게 유익이 될 무언가를 감추려고 하셨음을 암시한 것이다. 사탄은 이러한 방식으로 여자를 속였다(고후 11:3; 딤전 2:14). 야고보는 그의 독자들이 이와 비슷한 방식으로 속아 넘어가기를 원치 않는다(야고보가 타락 때 하와를 속인 사탄의 속임수를 반드시 염두에 두었다는 의미는 아니지만, 이것이 불가능한 것은 아니다).
예수도 유사하게 다음과 같이 말씀하셨다.

> 너희가 악한 자라도 좋은 것으로 자식에게 줄 줄 알거든 하물며 하늘에 계신 너희 아버지께서 구하는 자에게 좋은 것으로 주시지 않겠느냐(마 7:11).

그러한 좋은 선물의 특정한 예로서 누가는 성령을 제시한다(눅 11:13). 그런데 여기서 야고보는 독자들을 하나님의 피조물 중 "첫 열매"(아파르케 [*aparchê*], 그 해의 첫 수확물을 가리키는 또 하나의 농사 은유)가 되게 하시려고(롬 16:5; 고전 16:15; 살후 2:13 참조) "진리의 말씀"으로 낳은 새 탄생을 제시한다 (1:18; 참조, 벧전 1:23; 딤후 2:15).[4]

3. 믿음과 참된 종교의 실천에 관한 여록(1:19-27)

앞의 권고를 종결하고(1:16) 이 새로운 권고를 시작하는(1:19) "내 사랑하는 형제들아"라는 도입 문구를 통해 야고보는 예언자적 권고를 계속 이어간다. 근본적으로 그는 독자들에게 "말씀을 행하는 자"가 되고 "참된 종교"를 실천하도록 도전한다.

---

[4] Plummer("James," 235)는 첫 열매가 "수확의 예상되는 나머지 부분을 기대하여 하나님께 감사하는 마음으로 농작물 수확의 가장 이른 부분을 바치도록 명령하는 구약 율법을 암시한다(출 23:19; 레 2:12; 민 18:12)"라고 언급한다. 그렇다면 그것은 야고보의 독자들에게 그들이 단지 주님께서 그의 우리(fold) 안에 모으실 더 많은 신자 중 첫 번째 신자에 불과했다는 점을 상기시켰을 것이다.

먼저, "듣기는 속히 하고 말하기는 더디 하며 성내기도 더디 하라"(1:19)는 권면은 구약의 지혜에 확고하게 뿌리를 내리고 있다(잠언을 보라). 구약에는 하나님 자신이 노하기를 더디 하신다고 반복해서 단언한다(출 34:6; 민 14:18; 느 9:31; 시 86:5, 15; 욜 2:13).

하물며 사람들은 얼마나 더 노하기를 더디 해야 하겠는가?

> 사람이 성내는 것이 하나님의 의를 이루지 못함이라(약 1:20; 시편 4:4을 인용하는 엡 4:26 참조).

야고보는 또한 독자들에게 모든 "더러운 것"(뤼파리아[*ryparia*], 신약의 다른 곳에는 나오지 않는 단어)과 넘치는 악을 버리고 "심어진"(엠퓌토스[*emphytos*], 신약의 다른 곳에는 나오지 않는 단어) 말씀을 온유함으로 받으라고 촉구한다.[5]

앞의 권면 마지막 부분에 "진리의 말씀"(1:18)을 언급한 후 여기서 "심어진 말씀"(1:21)에 대해 말함으로써 야고보는 "말씀을 듣기만 하여 자신을 속이는 자가 되지 말라"(1:22)고 권면하기 위한 발판을 마련한다. 또다시 산상수훈 끝에 나오는 예수의 말씀이 귀에 쟁쟁하다.

> 나더러 주여 주여 하는 자마다 다 천국에 들어갈 것이 아니요 다만 하늘에 계신 내 아버지의 뜻대로 행하는 자라야 들어가리라…그러므로 누구든지 나의 이 말을 듣고 행하는 자는 그 집을 반석 위에 지은 지혜로운 사람 같으리니…(마 7:21-27).

말씀의 적용 없이 듣기만 하는 것은 자기기만과도 같다. 야고보는 거울로 자신의 얼굴을 보고 떠나가서는 그 모습이 어떠한지를 곧 잊어버리는 사람의 예를 든다(1:23-24). 이와 반대로 "자유롭게 하는 온전한 율법"을 자세히 들여다보고(파라큅토[*parakyptō*], 신약의 다른 곳에서는 눅 24:12; 요 20:5,

---

5 "심어진"이란 말은 씨 뿌리는 자와 네 가지 땅의 비유와 같은 예수의 일부 비유의 언어를 상기시킨다(막 4:1-20과 병행 구들).

11; 벧전 1:12에 나옴) 실천하는 사람은 그가 행하는 일에 복이 있을 것이다 (마카리오스[makarios]; 1:12 참조; 또 5:11도 보라).

여기서 우리는 행함에 대한 강조를 보는데 이는 2장에서 펼쳐질 믿음과 행함의 관계에 대한 야고보의 논지를 미리 알려 준다. 사실 야고보서 2장의 내용 때문에 많은 논의가 생겨났고 (마르틴 루터와 같은) 일부 사람은 야고보의 가르침을 무시했으며, 많은 사람은 야고보의 가르침과 바울의 가르침 사이에 모순(적어도 긴장)을 보았다(이 점에 대해서는 해당 본문에서 좀 더 상세하게 다룰 것이다).

하지만 예수의 가르침이 야고보에게 끼친 입증 가능한 큰 영향력을 고려할 때, 야고보의 가르침은 예수의 가르침과 전적으로 일치하며 두 가르침 모두 믿음에 대한 실천의 중요성을 강조하고 충분한(적절한) 실천이 없는 잘못된 신앙고백에 대해 경고하고 있음을 알 수 있다.

두 번째 권면을 마무리하면서 야고보는 1:26과 27에서 "종교적"(드레스코스[thrēskos/religious]; 신약에서는 오직 여기서만 나옴) 또는 "종교"(드레스케이아 [thrēskeia/religion]; 신약에서는 유대교와 관련하여 행 26:5에서, 천사 숭배와 관련해서 골 2:18에서만 사용)라는 드문 용어를 세 번 사용한다(개역개정에는 "경건한" 또는 "경건"으로 번역 - 역자주). 종교적이라고(경건하다고) 공언하면서도 혀를 통제하지 못하는 사람은 자기를 속이는 것이다(1:26; 참조, 1:16, 22. 야고보는 후에 이 주제에 3장 전체를 할애할 것이다).[6]

야고보에 따르면, "정결하고 더러움이 없는 종교/경건"은 구약의 가르침과 일치하여 고아와 과부를 돌보고(예컨대, 시 19:14, 18; 68:5; 사 1:17; 렘 22:3), 자기를 지켜 세속에 "물들지 않게"(아스필로스[aspilos/unstained]; 신약의 다른 곳에서는 딤전 6:14; 벧전 1:19; 벧후 3:14에서만 나옴, '흠이 없게', '오염되지 않게, 전염되지 않게) 하는 것이다(1:27).

이러한 종류의 기독교 경건은 한편으로는 세상 악으로부터의 분리와 불의에 말려들지 않겠다는 단호한 헌신을, 다른 한편으로는 무력한 자들(고

---

6 Dan G. McCartney, "Self-Deception in James," *CTR* 8, no 2(2011): 31-43을 보라.

아와 과부와 같은)에 대한 기독교적인 사회적 돌봄의 적극적인 표현을 요구한다. 물론 당시 고아들은 부모가 없으므로 돌봄이 절실하게 필요한 상태였다. 고대 세계에서는 과부들 또한 남편이 없으므로 흔히 재정적인 곤경에 빠져 다른 부양책을 필요로 했다(특히 딤전 5:2-16 참조).

현재의 본문은 오늘날의 그리스도인들에게 그들의 신앙을 가시적인 방법으로 실천하기를 등한히 하지 않도록 하고 태아, 어린이, 성매매의 희생자와 같은 구체적인 예에서 보듯이 이와 같은 어려움을 겪는 사람들을 돕는 일에 소홀히 하지 않도록 강력하게 상기시켜 주는 역할을 한다. 최근에 종종 "사회적 복음"의 옹호자와 복음의 영적 메시지(구원과 죄용서)에 초점을 두는 사람들 사이에 적지 않은 논쟁이 있었다.

이런 점에서 야고보는 영적 구원에 대한 필요성(1:18, 21)과 사회적 관심에 대한 가시적 표현의 필요성(1:26-27) 모두를 확언하고 있다는 점에서 도움을 준다. 기독교 신앙의 영적 차원과 사회적 차원은 늘 함께 가며 다른 쪽이 없는 한쪽(사회적 관심이 없는 영적 재생이든 영적 재생이 없는 사회적 돌봄이든)은 불충분하다는 점을 야고보는 조금도 과장 없이 상기시킨다. 앞에서도 언급했듯이, 야고보는 다음 장에서 이 주제에 대해 좀 더 상세하게 다룰 것이다.

4. 부자에 대한 차별대우 경고(2:1-13)

1장에서 야고보는 자신의 청중에게 외적 도전이든 내적 도전이든 믿음이 시험을 받을 때 견고하게 서야 할 필요성에 대해 권면했다(1:2-18). 이러한 최초의 권면의 일부로서 야고보는 또한 낮은 형제와 부한 형제를 위한 적절한 태도를 간략하게 다루었다(1:9-11). 그의 두 번째 권면은 "참된 종교/경건"을 실천해야 할 신자의 필요성, 즉 그들의 믿음을 진정성(authenticity)과 성실함(integrity)으로 살아 내야 할 필요성과 관련되었다(1:19-27).

그들의 믿음을 실천하는 행위는 구약의 가르침과 일치하여 고아와 과부를 돌보는 일과 같은 사회적 관심의 가시적 표현을 포함했다. 1장에는 예수에 대한 어떤 명시적 언급도 포함되어 있지 않지만(1절의 편지 서두를 제외하고), 야고보의 가르침이 철저하게 예수의 가르침, 특히 산상수훈에 나오는 예수의 가르침(마 5-7장)에 근거하고 있음을 살펴보았다.

이 점은 아마도 산상수훈의 마지막 부분의 말씀과 매우 유사한, "말씀을 듣기만 하지 말고 행하는 자가 되라"(1:22; 참조, 마 7:21-27)는 야고보의 권면에서 가장 분명하게 나타날 것이다. 게다가 야고보의 가르침은 일반적으로 고아와 과부의 돌봄에 대한 말씀과 같이 구약의 가르침으로 구성되어 있다(1:27; 예컨대, 사 1:17).

"내 형제들아"라는 문구(1:2 참조; 또한 1:16, 19; 2:5의 "내 사랑하는 형제들아"도 보라)로 도입되는 2장은 야고보서 전체에서 유일하게 예수에 대한 주요한 언급으로 시작된다. 야고보는 낮은 형제와 부유한 자에 관한 앞의 논평(1:9-11)에 대해 자세히 설명하면서 독자들에게 "영광의 주 곧 우리 주 예수 그리스도에 대한 믿음"을 고백하고 있으므로 "사람을 '차별하여'(프로소폴렘프시아[prosōpolēmpsia]) 대하지 말라"고 권고한다(2:1). 이 구문은 헬라어 본문에서는 약간 어색한데, 문자 그대로는 "영광의 우리 주 예수 그리스도"로 표현된다.

또다시 야고보는 부자들을 특별대우하는 태도는 하나님의 성품에 맞지 않는다고 지적함으로써 독자들에게 그들이 가진 믿음의 참된 본질에 따라서 행동하도록 촉구한다(롬 2:11["하나님께서 외모로 사람을 취하지 아니하심이라"]; 엡 6:9; 골 3:25 참조). "영광의 주"라는 말은 예수 그리스도에게 적용된 매우 높여진 표현인데, 아마도 예수가 죽고, 부활하고, 승천하신 지 10년 정도밖에 안 된 시기인 1세기 초에 사용되었다(5:7을 보라).

앞에서 언급한 것처럼 야고보가 빈번하게 지상적 예수의 가르침을 반향하여 끌어오지만, 여기서는(또 1:1에서도) 예수를 현재 승귀하셔서 그의 지

상 사역을 지나 하늘로 옮겨지신 분으로 간주하고 있음을 분명히 한다.[7]

사람을 차별대우하지 말라는 이 권면 역시 새로운 가르침은 아니다. 율법은 이 문제에 대해 이미 매우 명확했다.

> 너희는 재판할 때에 불의를 행하지 말며 가난한 자의 편을 들지 말며 세력 있는 자라고 두둔하지 말고 공의로 사람을 재판할지며(레 19:15).

이 일련의 원칙을 회중의 삶에 적용하면서, 야고보는 회중 모임에서 좋은 자리로 안내된 금가락지를 끼고 아름다운 옷을 입은 부유한 사람과 "거기에 서 있으라"라는 말을 듣는 가난한 사람의 예를 든다(2:2-3). 야고보는 이 같은 행위가 부당한 차별 행위요 "악한 생각"의 결과라고 주장한다(2:4).

하나님은 가난한 사람을 선택하여 "믿음에 부요하게" 하시고 "하나님 나라의 상속자"가 되게 하셨다(2:5). 여기서도 예수의 가르침이 즉각적으로 떠오른다.

> 너희 가난한 자는 복이 있나니 하나님의 나라가 너희 것임이요(눅 6:20; 참조, 마 5:3).

또한, 누가복음 4:18에 인용된 이사야 61:1의 인용문도 떠오른다.

> 주의 성령이 내게 임하셨으니 이는 가난한 자에게 복음을 전하게 하시려고 내게 기름을 부으시고 … (눅 4:18).

결국, 예수의 가르침은 가난한 자에 대한 구약의 가르침과 일치한다(예를 들면, 잠 19:17). 요점은 하나님께는 사람에게 물질적인 소유가 있든지 없든지 아무런 차이가 없다는 점이다. 하나님은 마음을 보시고 사람의 성품

---

[7] 야고보서의 신론, 기독론, 종말론에 관해서는 Köstenberger, Kellum, and Charles, *The Cradel, the Cross, and the Crown*, 821-22를 보라.

을 보신다(삼상 16:7 참조). 그러므로 회중 안에서 우리는 물질적 부에 눈이 멀어서는 안 되며 오히려 이 세상의 권력과 지위, 명성과 관계없이 하나님께서 사람들을 바라보는 방식으로 그들을 보아야 한다.[8]

사실상 하나님 나라에서는 종종 역할이 뒤바뀔 것이고 가난한 사람이 부자보다 들어갈 준비가 더 잘 되어 있음을 발견하게 될 것이다. 예수께서도 다음과 같이 말씀하셨다.

> 내가 진실로 너희에게 이르노니 부자는 천국에 들어가기가 어려우니라 다시 너희에게 말하노니 낙타가 바늘귀로 들어가는 것이 부자가 하나님의 나라에 들어가는 것보다 쉬우니라(마 19:23-24).

야고보는 또한 독자들을 억압하고 법정으로 끌고 가며 심지어 하나님의 이름을 비방하는 자들이 부자들이었다는 점에서도 부자를 우대하는 행위가 모순적인 일이라고 덧붙였다(2:6-7).

그렇다면 왜 부자는 존중하고 가난한 자는 경멸하는가?

이 권면은 물질주의가 만연하고 종종 재력이나 세속적 지위를 가진 사람들에게 특별대우가 주어지는 오늘날의 교회에도 적용될 수 있는 야고보의 예리한 예언적 말씀이다. 가난한 사람은 기껏해야 자비의 대상 정도로 취급되지만, 교회에서 동등한 지위의 구성원으로 받아들여지는 경우는 드물다. 이 같은 점은 이민자, 소수 민족 및 다른 인종과 같이 사회에서 낮은 지위를 가진 다른 사람들에게도 동일하게 적용될 수 있다.

야고보는 이미 율법을 "자유롭게 하는 온전한 율법"(1:25; 참조, 2:12)으로 불렀다. 이제 그는 성경에 기록된 대로 "왕의 법"(royal law, 개역개정에는 "최

---

[8] 사회적 문제를 포함한 야고보의 윤리적 가르침에 대해서는 Andrew Chester, "The Theology of James," in *The Theology of the Letters to James, Peter, and Jude*, by Amdrew Chester and Ralph P. Martin, NTT (Cambridge: Cambridge University Press, 1994), 16-45를 보라. 또 Peter H. Davids, *A Theology of James, Peter, and Jude*, BTNT (Grand Rapids: Zondervan, 2014)도 보라.

고의 법"으로 번역-역자주), 즉 네 이웃 사랑하기를 네 몸과 같이 하라는 명령에 관해 말한다(2:8; 참조, 레 19:18; "왕의"[royal]로 번역된 헬라어 형용사는 바실리코스[*basilikos*]인데, 행 12:21에서 헤롯의 "왕복"[royal robe]을 언급하기 위해 사용됨).[9] 예수는 마음과 목숨과 뜻과 힘을 다하여 하나님을 사랑하라는 명령 다음에 (신 6:5 참조) 이 계명을 두 번째로 열거하면서 다음과 같이 말씀하셨다.

> 이보다 더 큰 계명이 없느니라(막 12:31).

야고보는 계속해서 교회에서 일어나는 부당한 특별대우에 관한 주제를 이어 가고 있는데 그에 따르면, 부자에 대한 차별대우는 사실상 이웃 사랑에 대한 성경의 계명을 어기는 행위라는 것이다(2:9). 이것은 구약의 가르침을 신약 시대에 훌륭하고 매력적으로 적용한 예이며, 초기 기독교 윤리의 사례연구(case study) 역할을 한다. 부자에 대한 특별대우를 책망할 때 야고보는 돌려서 말하지 않는다. 차별 행위는 단순히 변명하거나 이해할 수 있는 실수나 사소한 위반행위가 아니다. 그것은 엄연한 "죄"(하마르티아 [*hamartia*])이며 율법을 어기는 범죄라는 것이다(2:9).

일반적인 랍비의 가르침을 따라(예수의 가르침을 포함하여) 야고보는 하나의 계명을 어기는 사람은 율법 전체를 범한 자가 된다는 논리를 펼쳐 나간다(2:10; 참조, 마 5:18-19; 갈 5:3; 참조, 신 27:26).[10] 어느 누구도 "나는 간음만 저질렀지 살인을 하지 않았으므로(또 그 역도) 괜찮아"라고 말할 수는 없다. 두 계명 모두를 지켜야 한다는 점은 명백하다(출 20:13-14 참조). 산상수훈에 나오는 살인과 간음에 관한 예수의 가르침이 여기에서 적절하다

---

9 2:8에 인용된 레위기 19:18 말씀의 논의에 대해서는 D. A. Carson, "James," in G. K. Beale and D. A. Carson, eds., *Commentary on the New Testament Use of the Old Testament* (Grand Rapids: Baker Academic, 2007), 998-1001을 보라.

10 더 상세한 논의와 성경 이외의 문헌(랍비 문헌을 포함한)의 주요 참고 문헌에 대해서는 표준 주석들을 보라. 예를 들면, Douglas J. Moo, *The Letter of James*, PNTC (Grand Rapids: Eerdmans, 2000), 113-17.

(마 5:21-30).[11] 그러므로 야고보는 독자들에게 긍휼(자비)을 베풀지 않는 자는 긍휼 없는 심판을 받을 것이지만 "긍휼은 심판을 이긴다"라고 경고하면서 다음과 같이 권고한다.

> 너희는 자유의 율법대로 심판받을 자처럼 말도 하고 행하기도 하라(약 2:11-13).[12]

예수 역시 구약의 가르침을 반영하여(예컨대, 미 6:8["자비를 사랑하라", NIV 역]) "긍휼히 여기는 자는 복이 있나니 그들이 긍휼히 여김을 받을 것임이요."(마 5:7)라고 말씀하셨다. 그러므로 하나님의 사람들은 다른 사람에게 긍휼을 베풀어야 하며 사회적 신분에 따라 사람들을 대해서는 안 된다.

마치 이러한 말씀들로 설득력이 충분치 않은 것처럼, 야고보는 계속해서 다음과 같은 도발적인 질문을 통해 자신의 요점을 더 분명하게 제시한다.

> 내 형제들아 만일 …형제나 자매가 헐벗고 일용할 양식이 없는데 너희 중에 누구든지 그에게 이르되 평안히 가라, 덥게 하라, 배부르게 하라 하며 그 몸에 쓸 것을 주지 아니하면 무슨 유익이 있으리요(약 2:14-16).

이 수사 의문문에 대한 분명한 대답은 그러한 믿음이 쓸모없고 사실상 위선적이라는 것이다. 예수 역시 종말에 관한 한 비유에서 같은 요점을 강조했다. 그는 그 비유에서 자신을 따르는 자들이 궁핍한 사람에게 먹을 것, 마실 것, 또는 잠잘 곳을 주거나 감옥에 있는 누군가를 방문

---

[11] 2:11에 나타난 구약 사용에 대해서는 Carson, "James," 1001-1003을 보라. "살인하지 말라"는 계명과 "간음하지 말라"는 계명은 십계명 두 번째 판에 기록된 여섯 번째와 일곱 번째 계명이므로 예수와 야고보는 자연스럽게 이러한 계명들로 시작한다. 이와 마찬가지로 "네 부모를 공경하라"는 계명으로 돌아가서 "네 이웃을 네 자신과 같이 사랑하라"는 계명을 인용하기 전에 "살인하지 말라, 간음하지 말라, 도둑질하지 말라, 거짓 증언 하지 말라"는 계명으로 시작하는 마태복음 19:18의 예수 말씀 참조.

[12] Plummer("James," 248)는 여기에서 야고보의 진술이 마태복음 18:32-35에 나오는 '무자비한 종 비유'에서 예수가 가르친 교훈을 상기시킨다고 언급한다.

할 때마다 마치 그들이 예수 자신을 위해 한 것과 같다고 말한 바 있다(마 25:31-46).

5. 믿음과 행함의 관계에 대한 여록(2:14-26)

여기서 야고보는 가난한 자에게 실제적인 도움을 주는 특정한 예로부터 보다 넓은 신학적 질문으로 넘어간다.
믿음과 행함은 어떤 관계에 있는가?[13]
여기서 신학이 어떻게 실제적 문제에서 발생하는지 주목하는 것은 흥미롭다. 곤경에 처한 가난한 사람을 위해 아무 일도 하지 않는 교인들의 문제는 그들의 신앙고백에 대한 적법성과 진정성 문제를 초래한다.

우리 가운데 있는 어떤 사람들의 곤궁에 대해 행동하지 않으면 그러한 신앙고백은 거짓으로 판명되는가?

곤경에 처한 사람이 나의 이웃이라는 요점을 분명히 하는 예수의 '선한 사마리아인 비유'를 생각해 보라(눅 10:25-37). 이 비유에서 테스트를 통과한 사람은 종교전문가인 제사장과 레위인이 아니라 하찮은 사마리아인이었다. 메시지는 분명하다. 자비로운 행동이 경건한 말보다 더 크게 말한다는 점이다. 사실, 자비로운 행동으로 뒷받침되지 않는 경건한 말은 헛것이고 공허하며 위선적이다.

그러므로 2:14에 언급된 야고보의 질문으로 돌아가서("내 형제들아 만일 사람이 믿음이 있노라 하고 행함이 없으면 무슨 유익이 있으리요"), 우리는 야고보가 17절에서 자신의 질문에 대해 대답하고 있음을 알게 된다.

---

[13] Plummer("James," 250)는 2:16과 2:24 사이의 인클루지오(수미상관 구조)에 주목하고 여기서 야고보가 "소용없는 믿음(useless faith)의 실례"를 제공하고(15-17절), "대화 상대자를 교정하며"(18-20), 아브라함(21-24절)과 라합(25절)에게 나아가고 있음을 관찰한다. 기본적인 논의에 대해서는 Köstenberger, Kellum, and Charles, *The Cradel, the Cross, and the Crown*, 822-25를 보라.

이와 같이 행함이 없는 믿음은 그 자체가 죽은 것이라(약 2:17).

죽었다!
매우 강한 어투이다.
야고보는 어떤 사람들은 그러한 엄격한 평결을 받아들이기가 쉽지 않을 것이라고 예상한다. 그래서 그는 다음과 같이 가상의 상대자와 대화에 참여한다.

어떤 사람은 말하기를 너는 믿음이 있고 나는 행함이 있으니(약 2:18).

야고보는 이에 반박한다.

행함이 없는 네 믿음을 내게 보이라 나는 행함으로 내 믿음을 네게 보이리라(약 2:18).

믿음과 행함의 관계가 그러한 견지에서 표현된다면, 믿음은 행함으로 나타나는 것이 분명하지만, 구체적인 행동이라는 가시적인 표현 없이 자신의 믿음을 보여 주는 것은 사실상 불가능하다. 믿음의 타당성은 믿음으로 행한 행함으로 구성되어 있으므로, 그러한 믿음은 존재할 수는 있지만 보이지 않거나 입증될 수 없다.

야고보는 유대인의 쉐마(Jewish Shema, 하나님은 한 분이라는 유대인 특유의 유일신 신앙고백, 신 6:4)를 인용하지만, "귀신들도 믿고 떠느니라"(2:19)라고 반박함으로써 이 신앙고백을 옆으로 밀쳐 낸다. 다시 말해서 믿음으로 영감을 받은(faith-inspired) 진심 어린 행동 없이 정통 교리에 대한 단순한 지적 동의로는 불충분하고 구원할 수 없다는 것이다.

이에 대한 성경의 근거로 야고보는 "우리 조상"(수신자의 유대적인 특성 표시) 아브라함의 예를 제시한다. 야고보에 따르면, 아브라함은 자기 아들 이삭을 제물로 바칠 때 "행함으로 의롭다 하심"을 받았다(2:21; 참조, 창 22:1-

19, 특히 9절).**14** 창세기 이야기에서는 충분히 설명되지 않은(창세기 22:3에는 하나님의 명령에 "아브라함이 아침에 일찍이 일어나" 번제에 필요한 물품들을 취하여 두 종과 그의 아들 이삭을 데리고 모리아산으로 떠났다고만 언급함) 아브라함의 행동 배후에 있는 역동성(dynamic)을 해석하면서, 야고보는 아브라함의 경우 **"믿음이 그의 행함과 함께 일하고 행함으로 믿음이 온전하게 되었다"**(2:22)는 점을 관찰한다.

이것이 하나님이 보시기에 아브라함을 의롭게 한 믿음이다. 따라서 야고보가 이 지점에서 인용한 창세기 15:6의 진술("아브라함이 하나님을 믿으니 이것을 의로 여기셨다"[2:23])은 그러한 문맥에서 해석되어야지 문맥에서 벗어나(여기서 주된 문맥은 창세기 22장임) 행함으로부터 분리될 수 있는 믿음을 암시하는 것으로 해석해서는 안 된다. 믿음이 우선이지만(primary) 행함은 반드시 뒤따를 것이며 반드시 뒤따라야 한다는 것이다. 이렇게 행동하는 아브라함의 믿음이 하나님께 칭찬받은 믿음이었으며 그러한 믿음으로 인해 아브라함은 후대의 구약성경에서 "하나님의 벗"으로 불리게 되었다 (2:13; 참조, 대하 20:7; 사 41:8).

이어서 야고보는 그의 논지를 다음과 같이 요약한다.

> 사람이 행함으로 의롭다 하심을 받고 **믿음으로만은**(즉 반드시 수반해야 하는, 믿음으로 영감받은[faith-inspired] 행함과 인위적으로[artificially] 단절된 믿음) **아니니라**(약 2:24).

물론 어떤 경우에도 그러한 "죽은" 믿음을 고수하기를 원하는 사람은 없을 것이다.

실제로 행함으로 입증되지 않는다면 믿음은 무슨 소용이 있겠는가?

믿음과 행함 이 둘은 분명히 함께 속해 있다.

본래는 결혼과 이혼의 문맥에서 주어진 예수의 말씀이지만, 현재의 문제에 다음과 같이 적용할 수도 있을 것이다.

---

14 앞의 히브리서 11:17-19에서 이 구절에 대한 논의를 보라.

> 그러므로 하나님이 짝지어 주신 것(즉 믿음과 행함)을 사람이 나누지 못할지니라(즉 이분법적 사고나 신학적 추론에 의한 인위적 분리; 마 19:6//막 10:9).

마지막으로 야고보는 두 번째 예, 즉 기생 라합의 예를 덧붙인다. 그녀 역시 약속의 땅을 탐지하는 정탐꾼들을 보호했을 때 "행함으로 의롭다 하심"을 받았다(2:25; 참조, 수 2:1, 4, 15; 6:17). 야고보는 다음과 같은 의미 있는 비유로 믿음과 행함의 관계에 대한 논의를 종결한다.

> 영혼 없는 몸이 죽은 것 같이 행함이 없는 믿음은 죽은 것이니라(약 2:26).

야고보의 설득력 있는 논지에 근거하면 누가 동의하지 않겠는가? 그러나 사실상 많은 사람이 동의하지 않는다. 앞에서 언급했듯이, 2:14-26에 전개된 믿음과 행함의 관계에 대한 야고보의 논의는 야고보서 전체에서 학자들 간에 가장 논쟁이 많은 단락이다. 이러한 논쟁에서 가장 흔하게 제기하는 문제 중 하나는 이 주제에 관해 사도 바울이 말한 내용(특히 갈라디아서에서)에서 시작하여 야고보의 가르침을 바울의 가르침과 비교한다는 점이다. 이러한 방법론의 문제는 부분적으로는 야고보서가 먼저 기록되었다는 점을 놓치고 있다는 점이다.

그렇다면 야고보의 논지로부터 시작하고 그 후에 바울을 야고보와 비교하는 것이 더 적절한 방법이 아니겠는가?

필자는 이것이 본문을 이해하는 보다 나은 방법이라고 생각한다. 실제로 필자는 앞에서 이런 방식으로 본문을 해석했다(필자가 바울의 가르침에 대해 전혀 언급하지 않은 점에 유의하라). 야고보가 바울의 갈라디아서 및 예루살렘 공의회보다 몇 년 앞선 AD 40년대 초중반에 이 서신을 기록했다면, 갈라디아서에서 전개된 바울의 신학적 논지로 본문을 바라보기 전에 먼저 야고보 자신의 문맥을 염두에 두는 것이 도움이 될 것이다.

특히, 야고보서는 앞에서 언급한 것처럼, 여전히 구약의 가르침에 매우 많이 의존하고 있는 유대인 기독교의 전형이다. 바로 이 점이 창세기 15:6

과 창세기 22장의 아브라함으로부터 끌어온 논지가 그렇게 중요한 이유인데, 야고보는 그것이 그의 유대인 독자들, 특히 이전에는 창세기 15:6을 다르게 해석했을 수도 있는 그들 중 일부에게 설득력 있게 전달되기를 기대하기 때문이다.

창세기 15:6을 문맥과 분리하여 해석하는 방식에 반대하여, 야고보는 그 구절을 그다음에 나오는 이야기, 특히 창세기 22장에 비추어 읽음으로써 아브라함의 믿음(하나님께서 그의 의로 여기셨던 믿음)은 "죽은" 믿음(즉 믿음으로 영감을 받은 행동을 수반하지 않는 믿음)이 아니라 구약에서 가장 두드러진 믿음의 표현 중 하나가 된 믿음임을 보여 준다.

그 믿음은 하나님이 일찍이 약속하시고 아브라함과 맺은 언약(창 12:1-3 참조)의 성취로 주신 자기 아들 이삭까지도 기꺼이 제물로 바치려고 했던 믿음이었다. 이러한 점에서 히브리서(역시 유대인 신자들에게 보내진)의 저자가 동일 구절에 관해 언급하는 다음과 같은 진술은 매우 유익하고도 교훈적이다.

> 믿음으로 아브라함은 부르심을 받았을 때에 순종하여 장래의 유업으로 받을 땅에 나아갈 새 갈 바를 알지 못하고 나아갔으며 믿음으로 그가 이방의 땅에 있는 것 같이 약속의 땅에 거류하여 … 아브라함은 시험을 받을 때에 믿음으로 이삭을 드렸으니 그는 약속들을 받은 자로되 그 외아들을 드렸느니라 그에게 이미 말씀하시기를 네 자손이라 칭할 자는 이삭으로 말미암으리라 하셨으니 그가 하나님이 능히 이삭을 죽은 자 가운데서 다시 살리실 줄로 생각한지라 비유컨대 그를 죽은 자 가운데서 도로 받은 것이니라(히 11:8-9, 17-19).

물론 히브리서의 저자가 아브라함을 **믿음**의 모범으로 제시하는 반면 야고보는 그를 **행함**(강한 믿음에 의해 영감받은 행함일지라도)의 모범으로 제시한다는 차이점은 있다. 그러나 이러한 차이는 상이한(또는 심지어 대립하는) 신학적 관점의 증거라기보다는 오히려 두 저자가 다루고 있는 상이한 목회적 상황의 차이이다. 히브리서의 경우에는 회중이 기독교 신앙에서 이탈하고 싶은 유혹을 받았다. 그러한 맥락에서 저자는 구약의 신자들조차도 사실은 **예수에 대한** 믿음으로 모범이 될 만한 믿음을 가지고 있었음을 강조한다(히 12:1-2).

야고보서의 경우에는 회중이 부자에 대해 특별대우를 하고 그들 가운데 있는 가난하고 궁핍한 자들을 돌보지 않으면서도 믿음을 가지고 있다고 주장했다. 그러한 맥락에서 야고보는 단순한 신앙고백만으로는 충분하지 않음을 강조한다. 즉, 그들은 예수의 가르침에 따라 "말씀을 듣기만 하는 자가 아니라 행하는 자들"(1:22)로서 반드시 행함을 동반해야 한다는 것이다. 결국, 양 저자는 하나님의 약속에 근거하고 행동("행함")을 초래하는 살아 있는 믿음의 필요성을 옹호한다.

바울 역시 독특한 목회적인 맥락, 즉 야고보서가 기록된 지 몇 년 후 로마제국 갈라디아 지방(현재의 터키)의 이른바 유대주의자들(Judaizers)의 가르침을 경고하는 맥락에서 갈라디아서를 기록한다. 바울이 갈라디아서를 기록하는 목적은 이 서신 첫 부분에 나오는 다음과 같은 진술에서 분명해진다.

> 그리스도의 은혜로 너희를 부르신 이를 이같이 속히 떠나 다른 복음을 따르는 것은 내가 이상히 여기노라(갈 1:6).

여기서 "다른 복음"은 무엇인가?

간단하게 말하면, 그것은 이른바 유대주의자들의 가르침, 즉 그리스도인들이 할례와 같은 유대 관습을 따라야 한다는 가르침을 가리킨다. "예수 그리스도께서 십자가에 못 박히신 것이" 갈라디아 교인들 "눈앞에 밝히 보였지만", 바울은 그들에게 다음과 같은 예리한 질문을 던져야만 했다.

> 너희가 성령을 받은 것이 율법의 행위로냐 혹은 듣고 믿음으로냐(갈 3:1-2).

학자들은 여기와 다른 바울 서신 구절에 나오는 "율법의 행위"라는 문구의 의미에 대해 왕성하게 토론한다. 어떤 경우이든 바울의 관심은 믿음 외에 할례를 구원의 조건에 추가하는 것은 단순히 복음을 바꾼 것만이 아니라는 것이었다. 그것은 예수의 십자가를 불필요한 것으로 만들어 복음을 완전히 뒤엎는 태도였다.

만일 구원이 율법을 지킴으로써 얻어질 수 있었다면 그리스도가 왜 오셔서 죽으셔야 했단 말인가?

결과적으로 바울은 모든 사람이(유대인이든 이방인이든) 율법을 지킴으로써가 아니라 믿음으로 의롭다 함을 얻을 수 있다고 단언한다(갈 3:7). 이는 그가 갈라디아서와 로마서(갈라디아서보다 몇 년 후에 기록)에서 인용한 두 개의 단락, 즉 창세기 15:6에 예시된 율법과 하박국 2:3-4에 예시된 예언서 모두의 핵심 메시지와 일치한다.

그렇다면 바울은 앞에서 서술된 야고보의 가르침과 모순되는가?

그것은 두 사람의 가르침을 문자 그대로 이해할 때에만 해당한다. 바울과 야고보의 목적은 모두 각자의 목회 현장에서 신자들이 하나님을 기쁘시게 하는 방식으로 신앙생활을 할 수 있도록 가르치려는 데 있다. 야고보의 경우, 그는 신앙을 고백하는 신자들에게 "행동하는 믿음", 행함을 수반하는 믿음을 촉구함으로써 그들의 기독교적 헌신에 따라 그들의 믿음을 실천하도록 권면해야 한다.

바울의 경우, 그는 어떤 사람도 그리스도가 그들을 위해 십자가에서 행하신 일 외에 다른 어떤 것도 추가할 수 없다고 주장함으로써 복음을 방어해야 한다. 즉, 구원은 오직 은혜를 통하여 오직 믿음으로만 가능하다. 행함은 믿음의 필연적인 결과이지만, 사람들이 구원을 얻기 위해 해야만 하는 복음의 일부는 아니다. 하나님께서 그리스도의 십자가 안에서 이루신 사역에 대한 반응으로 요구되는 것은 오직 십자가에서 죽으시고 부활하신 메시아와 그의 완성된 십자가 사역에 대한 믿음뿐이다.

유대인들이 예수에게 "우리가 어떻게 하여야 하나님의 일을 하오리이까"라고 물었을 때, 그는 간단하게 다음과 같이 대답했다.

> 하나님께서 보내신 이를 믿는 것이 하나님의 일이니라(요 6:27-28).

이 점에 대해 야고보와 바울 모두 진심으로 동의했을 것이다.[15]

6. 선생이 많이 되지 말라는 경고(3:1-12)

아마도 믿음과 행함의 관계라는 까다로운 신학적 주제에 관한 논의와 3:1에서 시작되는 권면 사이에는 어떤 연관성이 있을 것이다.

> 내 형제들아 … 선생이 많이 되지 말라(약 3:1).

바울은 때때로 선생이 되려는 사람들에게 가혹할 때가 있다. 예를 들면, 그는 디모데전서 1:7에서 다음과 같이 언급했다.

> 몇몇 사람은 이러한 목적에서 벗어나서 쓸데없는 토론에 빠졌습니다. 그들은 율법 교사가 되려고 하지만 사실은 자기가 무엇을 말하고 있는지 또는 무엇을 주장하고 있는지도 알지 못합니다(딤전 1:7, 표준새번역).

다시 말해서 그러한 자칭 선생들은 그들이 무엇을 말하고 있는지도 알지 못했다!

---

15 또한, 에베소서 2:8-10에서 같은 문제에 대해 매우 균형 있게 다루는 바울의 진술도 참조하라. "너희는 **그 은혜에 의하여 믿음으로 말미암아** 구원을 받았으니 이것은 너희에게서 난 것이 아니요 하나님의 선물이라 행위에서 난 것이 아니니 이는 누구든지 자랑하지 못하게 함이라 우리는 그가 만드신 바라 그리스도 예수 안에서 **선한 일을 위하여 지으심을 받은** 자니 이 일은 하나님이 전에 예비하사 우리로 그 가운데서 행하게 하려 하심이니라." 그래서 바울은 우리가 **행함에 의해**(by works) 구원받은 것이 아니라 **행함을 위해**(for works) 구원받았다고 말하고 있다. 신약성경 특히 바울 서신에 나타난 은혜의 주제에 관해서는 또한, John M. G. Barclay, *Paul and the Gift* (Grand Rapids: Eerdmans, 2017)도 보라.

다른 곳에서 바울은 장로를 너무 이르게 임명하는 것에 대해 경고하며 다음과 같이 규정한다. 그들은 "가르치기를 잘 하며", "능히 바른 교훈으로 권면하고 거슬러 말하는 자들을 책망할" 수 있어야 한다(딤전 3:2, 6; 딛 1:9). 거짓 가르침의 여파는 교회에 치명적일 수 있다. 예수도 "진리가 너희를 자유롭게 하리라"(요 8:32)라고 말했지만, 반대로 거짓 교훈은 사람들을 노예로 만들고 속박에 빠뜨린다.

야고보는 많은 사람이 선생이 되려고 하지 말아야 할 이유를 다음과 같이 제시한다. "선생 된 우리(자기 자신을 포함하여)가 더 큰 심판을 받을" 것이기 때문이다(3:1). 바울도 이와 유사하게 디모데에게 다음과 같이 쓴다.

> 너는 진리의 말씀을 옳게 분별하며 부끄러울 것이 없는 일꾼으로 인정된 자로 자신을 하나님 앞에 드리기를 힘쓰라(딤후 2:15).

여기서 하나님의 인정에 대한 언급과 "부끄러울 것이 없는"이란 표현은 선생에 대한 하나님의 종말 심판의 개념을 상기시킨다.

선생과 하나님 말씀의 선포자로서 우리는 우리의 해석학(hermeneutics)과 우리 가르침의 정확성에 대한 책임이 있으며 언젠가는 우리가 가르치고 선포한 것에 대한 결산이 있을 것이다. 야고보가 지적한 것처럼, 우리는 모두 여러 면에서 실수가 많지만, **말에** 실수가 없는 사람은 "온전한 사람"(perfect man)이다(3:2; 시련 중 인내에 관한 1:4 참조).

사실, 우리의 혀처럼 작은 신체 부위를 통제하는 일이 얼마나 어려운지 정말 놀랍다!

야고보는 이에 대한 적절한 예를 몇 가지 보여 준다.

- 말(horses)의 입에 재갈 물리는 예(3:3)
- 매우 작은 키로 배 조종하는 예(3:4)
- 작은 불이 큰 숲을 불태우는 예(3:5)

사실상 모든 동물(짐승, 새, 파충류, 바다의 생물)은 인간에 의해 길들여 질 수 있고 또 길들여져 왔다. 그러나 어떤 인간도 혀를 길들일 수는 없다 (3:7-8).[16]

여기 야고보가 혀에 대해 말하는 내용을 보라.

- 큰 것을 자랑한다(3:5).
- 온 몸을 더럽힌다(3:6).
- 삶의 수레바퀴(the entire course of life)를 불사르고 그 자체도 지옥 불에 타버린다(3:6, 개역개정에는 "그 사르는 것이 지옥 불에서 나느니라"로 번역 - 역자주).
- 길들일 수 없다(3:7-8).
- 쉬지 아니하는 악이요 죽이는 독이 가득하다(3:8).
- 하나님을 찬송하기도 하고 하나님의 형상대로 지음을 받은 사람을 저주하기도 한다(3:9).[17]

계속해서 야고보는 혀와 같은 도구가 정반대의 두 행동(축복과 저주)의 매개체가 되는 것이 왜 부적절한지에 대해 다채롭고 문화에 적합한 몇 가지 예를 들어 설명한다.

- 단 물과 쓴 물을 내는 샘물은 없다(3:11).
- 무화과나무가 올리브 열매를, 포도나무가 무화과를 맺을 수 없다(3:12).
- 짠 물이 단물을 낼 수 없다(3:12).

---

[16] Plummer("James," 269)는 7절에서 야고보가 동물을 네 가지 주요 부류로 분류한 창세기 기사를 상기시킨다고 언급한다(창 1:20-21, 24-25 참조).

[17] Plummer("James," 269)는 8절에서 야고보가 시편에 나오는 용어를 반영하고 있음을 관찰한다(예컨대, 시 5:9; 12:2; 140:3). 또 Dale C. Allison, "Blessing God and Cutsing People: James 3:9-10," *JBL* 130 (2011): 397-405)도 보라.

자연의 영역에서는 그러한 양립할 수 없는 결과나 열매는 가능하지도 상상할 수도 없는 것이 분명하다. 그러나 역설적으로 혀의 경우는 그렇지 않다. 그것은 축복도 할 수 있고 저주도 할 수 있다. 하지만 여러 가지 실례를 들어 설명하고자 하는 야고보의 요점은 이것이 가능할 수는 있지만 그렇게 해서는 안 된다는 점에 있다.

야고보가 이 서신을 기록한 이후로 지난 수천 년 동안 상황은 거의 변하지 않았다. 사람들은 여전히 트위터(Twitter)에서 불쾌한 말을 내뱉고 그 때문에 그들의 직업이나 정치적 지위를 잃는다. 남편들은 여전히 본의 아니게 실언을 하여 몰상식한 말로 아내들에게 상처를 준다.

또 설교자들은 여전히 강단에서 전한 말 때문에 몇 년 후에 곤경에 빠지기도 하고 심지어 어떤 경우에는 사임을 강요받기도 한다. 특히, 선생인 우리는 더 공개적이고 더 눈에 띄는 위치로 인해 더 큰 책임이 있으므로 온 힘을 다해 우리의 혀를 지키기로 결단해야 한다.

7. 땅의 지혜와 하늘의 지혜의 대조에 관한 여록(3:13-18)

여기서 야고보는 지혜(소피아[*sophia*])의 여러 덕목을 칭송한다(3:13-18; 빌 4:8에 언급된 바울의 목록과 다소 유사).[18] 그는 "지혜의 온유함"을 "혼란"(disorder)과 "모든 악한 일"(every vile practice)로 이끄는 "독한 시기와 다툼"(bitter jealousy and selfish ambition)과 구별한다(14-16절).[19]

---

18 William Varner ("The Main Theme and and Structure of James," MSJ 22 [2011]: 115-29)는 3:13-18이 야고보의 주된 관심을 강조하면서 이 서신의 정점을 이룬다고 주장한다. 이미 3:13-18에 있는 매크로-교차대구법(macrochiasm)을 서신의 중심으로 받아들이는 George H. Guthrie ("James," in Hebrews-Revelation, vol. 13 of Expositor's Bible Commentary, rev. ed., edoted by Tremper Longman III and David E. Garland [Grand Rapids: Zondervan, 2005], 206)도 보라.

19 Plummer("James," 264)는 여기서 야고보의 어휘가 마태복음 12:33-35에 나오는 바리새인에 대한 예수의 비난을 생각나게 한다고 언급한다.

땅의 "지혜"는 "정욕의 것"(unspiritual)이요 "귀신의 것"(다이모니오데스 [daimoniōdēs], 신약에서 여기에만[3:15] 나오는 단어)인 반면, "위로부터 난 지혜"(즉 하나님이 주시는 지혜)는 다음 일곱 가지 속성으로 특징지어진다. 이러한 속성들의 헬라어 알파벳은 대부분 쉽게 암기할 수 있도록 알파(alpha/ [a])나 엡실론(epsilon/[e])으로 시작한다(17절).

알파(a)로 시작하는 세 개의 헬라어 단어

- 성(순)결하다(아그노스[agnos/pure]; 여인들의 자질로서, 딛 2:5; 벧전 3:2)

엡실론(e)으로 시작하는 세 개의 헬라어 단어

- 화평하다(에이레니코스[eirēnikos]; 신약에서는 여기 외에 히 12:11에만 나옴. 약 3:18 참조)
- 관용하다(에피에이케스[epieikēs/gentle]; 참조, 빌 4:5; 딤전 3:3; 딛 3:2; 벧전 2:18)
- 양순하다(유페이데스[eupeithēs/open to reason]; 신약에서 유일하게 여기서만 나옴)

두 번째, 세 번째 예의 단어가 알파(a)로 시작하는 세 개의 헬라어 단어

- 긍휼과 선한 열매가 가득하다(또 하나의 농사 은유; 5:7, 18 참조)
- 편견이 없다(아디아크리토스[adiakritos/impartial]; 신약에서 유일하게 여기서만 나옴)
- 거짓이 없다(아뉘포크리토스[anypokritos/sincere]; 롬 12:9; 고후 6:6; 벧전 1:22에서는 "사랑"을 수식하고, 딤전 1:5; 딤후 1:5에서는 "믿음"을 수식함)

가장 중요한 지혜의 특성은 화평인데 그것은 마지막 두 구절에서 세 번 언급된다(3:17-18).

우리는 모두 시기, 탐욕, 질투, 이기적 야망이라는 타고난 성향에 맞서서 앞에서 언급한 지혜의 속성 목록을 숙고하는 것이 온당할 것이다. 또한, 지혜가 잠언에서 여인으로 인격화되며(예컨대, 잠 1:20-33) 창조 때에 하나님의 속성으로 제시된다는 것(8:22-31)을 기억할 필요가 있다. 3장의 앞부분에 언급된 선생에 관한 야고보의 진술과 관련하여, 가르치는 일이 지식 전달 이상의 것이라는 사실을 숙고할 가치가 있다. 더 중요한 것은 그 일이 지혜를 요구한다는 점이다.

이런 점에서 야고보 시대와 우리 시대의 선생들은 자신들의 일이 큰 지혜와 자제력(혀를 길들이는)을 요구하는 보다 힘든 과제라는 사실을 깨닫게 된다. 이는 교회의 선생들에게 매우 높은 기준을 설정하고 부지런한 자기 성찰(self-examination)과 함께 교회 내 적합한 후보자에 대한 신중한 선별을 요구한다.

8. 탐욕, 비방, 교만한 미래 계획에 대한 경고(4:1-17)

4장은 수사 의문문으로 시작한다. 야고보는 그가 이 서신을 쓰고 있는 회중 내에 갈등이 있음을 알고 있었던 것으로 보인다. 앞에서 그는 시련과 유혹에 대처하는 문제와 고아와 과부를 돌보아야 할 필요성에 대해 다루었다. 또한, 부자에 대한 특별대우에 대해 경고하고 선생이 많이 되려고 하지 말라고 권고했다.

아마도 회중 가운데 일어난 "싸움"(폴레모이[*polemoi*]; 마 24:6과 병행 구절 참조; 영어 단어 "*polemic*[논쟁]"이 이 단어에서 파생함)과 "다툼"(마카이[*machai*]; 신약의 다른 곳에서는 고후 7:5; 딤후 2:23; 딛 3:9에 나옴)에 관해 다루는 근본적인 동기는 야고보가 방금 "지혜의 온유함"에 대한 필요성을 언급했고 "너희 마음속에 (있는) 독한 시기와 경쟁심(selfish ambition, 개역개정에는 "다툼"으로 번역-역자주)"에 대해 경고했다는 사실에서 그 단서를 찾을 수 있을 것이다(3:13-14). 그렇다면 3:13-18과 4장 사이에는 장 구분으로 인해 가려진 어떤 연관성이 있어 보인다.

야고보는 자신의 질문에 빠르게 답변한다. 이러한 갈등의 원인은 사람들의 "정욕"(헤도네[*hēdonē*/passions]; 4:3 참조; 또 딛 3:3; 벧후 2:13도 보라; 영어 단어 "hedonism"[쾌락주의]이 이 단어에서 파생)이 그들 안에서 전쟁을 일으키고 있기 때문이다. 십계명 중 열 번째 계명을 어기는 탐욕(covetousness, 출 20:17 참조)은 "살인"으로 이어진다. 그러나 여기서 "살인"을 반드시 문자 그대로의 살인으로 이해하기보다는 오히려 증오, 질투, 분노의 표시로 보는 것이 낫다(마 5:21-26의 산상수훈에 언급된 예수의 가르침 참조).

사람들은 가지지 말아야 할 것을 갖고 싶어 하지만 가질 수 없을 때(아마 이미 다른 누군가의 것이기에) 부정적인 감정들이 그들 내면을 마구 휘저어 다툼을 부추긴다. 우리는 우리 자신의 경험을 통해 이 모든 것을 너무나 잘 알고 있다. 그러나 그보다 더 간단한 방법이 있다. 하나님께 구하는 것이다(1:5 참조).

> 너희가 얻지 못함은 구하지 아니하기 때문이요(약 4:2).

그러므로 한 가지 문제는 우리가 어떤 것을 원할 때 "온갖 좋은 은사와 온전한 선물"(1:17)을 주시는 하나님께 구하지 않는 점이다. 그러나 단순히 구하는 것만으로는 충분하지 않다. 때때로 구하긴 하지만 우리가 원하는 것을 얻지 못할 경우가 있다.

왜냐하면, 우리가 잘못된 동기로, 즉 정욕으로 "쓰려고"(다파나오[*dapanaō*]; 막 5:26; 눅 15:14 참조) 잘못 구하기 때문이다(4:3; 1:13-15에서 사람이 자신의 욕심에 끌려 미혹된다는 야고보의 진술 참조). 그렇다면 이루지 못한 욕망에 반응하는 올바른 방법은 자신의 동기를 살펴 적절한 동기와 올바른 이유로 하나님께 구하고 있는지 확인하는 태도이다.

야고보는 이미 4:2에서 독자들을 향해 "너희는…살인하며"라고 고발했다. 이제 그는 그들을 또한 간음하는 자들이라고 말한다. "(너희) 간음한 사람들아!"(4:4, 개역개정에는 "간음한 여인들아"로 번역-역자주).[20] 야고보가 2:11에서 이미 지적했듯이, 제10계명뿐 아니라 제6계명과 제7계명을 어기는 것도 곧 전체 율법을 어기는 것을 의미한다. 여기서도 그가 염두에 둔 것은 문자 그대로의 간음이 아니라 영적 간음이다. 즉 "세상과의 벗됨"은 하나님과 원수가 되는 것이다.

이를 뒷받침하기 위해 야고보는 성경에서 두 구절을 인용한다. "하나님이 우리 속에 거하게 하신 영(spirit, 개역개정에는 "성령"으로 번역-역자주)이 시기하기까지 사모한다"(4:5; 출처는 불분명)라는 본문과 "하나님이 교만한 자를 물리치시고 겸손한 자에게 은혜를 주신다"(4:6; 잠 3:34; 또한 벧전 5:5에서도 인용)라는 본문이다.

전자의 경우 성령(Holy Spirit)이 아니라 하나님께서 아담을 통해 인간에게 불어넣으신 영(spirit)을 가리키는 것으로 보인다(창 2:7 참조). 야고보가 제시하는 두 요점은 다음과 같다.

(1) 하나님은 우리의 올바른 마음의 동기를 질투하신다.
(2) 하나님은 교만을 반대하시고 겸손을 소중히 여기신다.

이어서 야고보는 특징적인 방식으로 일련의 권면들을 빠르게 나열하며 어떤 경우에는 적절한 행동의 결과도 설명한다(4:7-10).

- 그런즉 하나님께 복종할지어다
- 마귀를 대적하라 그리하면 너희를 피하리라

---

20 헬라어에서는 여성명사로 표현되어 있으므로 "너희 간음한 여인들아"라고 번역할 수도 있다(NASB 역; 또 CSB 역, ESV 역, NLT[각주]도 보라). 하나님께서 이스라엘이 하나님을 이스라엘의 영적 남편으로 묘사한 구약 사상에 따라(예컨대, 사 54:5; 렘 2:2; Plummer, "James," 268에 있는 논의 참조) 영적 간음을 범했음을 암시하는 호 3:1 참조.

- 하나님을 가까이 하라 그리하면 너희를 가까이하시리라
- 죄인들아 손을 깨끗이 하라
- 두 마음을 품은 자들아 마음을 성결하게 하라(1:8 참조)
- 슬퍼하며 애통하며 울지어다(5:1 참조)
- 너희 웃음을 애통으로, 너희 즐거움을 근심으로 바꿀지어다
- 주 앞에서 낮추라 그리하면 주께서 너희를 높이시리라

야고보는 또 다른 계명, 즉 서로에 대하여 "거짓 증언하지 말라"는 제9계명의 위반에 대해 다룬다(4:11; 참조, 출 20:16). 야고보는 다른 사람을 판단하는(judge) 행위가 스스로 재판관의 자리에 앉는 일이라고 지적한다. 하지만 "입법자와 재판관은 오직 (하나님) 한 분이시니 능히 구원하기도 하시며 멸하기도 하시느니라"(4:12). 그러므로 이웃을 판단하는 행위는 부적절하고 주제넘은 일이다.

주제넘은 일로 말하자면, 마치 사람이 자신의 운명을 책임지고 있는 것처럼 자신의 미래 활동을 교만하게 계획하는 일 역시 마찬가지이다(들으라 너희 중에 말하기를, 4:13). 외관상 "오늘이나 내일이나 우리가 어떤 도시에 가서 거기서 일 년을 머물며 장사하여 이익을 보리라"(4:13)라는 진술은 야고보 시대의 상인들에게는 하나의 관례였던 것으로 보인다. 문제는 그들이 다음 일 년에 대한 계획은커녕 내일 일도 알지 못하는 연약한 존재라는 데 있다(4:14). 이러한 교만한 태도로 주제넘게 중장기 계획을 세우는 일은 우리의 생명이 "잠깐 보이다가 없어지는 안개"(4:14)일 뿐이라는 사실을 간과한다.[21]

이 말은 모든 계획이 악하다는 의미일까?

전혀 아니다. 그것은 다만 겸손과 하나님에 대한 적절한 태도의 문제이다.

---

21 Plummer("James," 273)는 "인생의 덧없음(brevity)과 우발성(contingency)이…구약의 공통적인 모티브이다"라고 말한다(시 39:5; 102:3; 144:4; 욥 7:7).

> 너희가 도리어 말하기를 주의 뜻이면 우리가 살기도 하고 이것이나 저것을 하리라 (약 4:15).[22]

그러므로 계획은 좋고 필요한 일이다. 다만 **주제넘고** 교만한 계획이 악한 것이다. 그것은 허탄한 자랑(마치 자신이 통제할 수 있는 것처럼 잘못 주장하는)이며 교만한 태도이다(4:16). 그러므로 원칙은 이것이다.

> 사람이 해야 할 선한 일이 무엇인지 알면서도 하지 않으면 그것은 그에게 죄가 됩니다 (약 4:17, 표준새번역).

실제로 적절한 계획과 주제넘은 계획 사이의 경계선이 종종 불분명한 경우가 많다. 이 때문에 우리는 우리의 동기를 살피고(시 26:2; 139:23-24; 잠 16:2; 렘 17:10), 우리 자신과 우리의 계획을 그분께 복종시켜 그분의 수정(필요한 경우)과 승인을 얻도록 하나님께 구해야 한다. 야고보가 이 서신의 첫 부분에서 자신을 소개한 것처럼, 나는 "하나님의 종"이며 그분께 대한 그러한 책임이 있다.

그러므로 우리는 아무에게도 책임이 없는 존재처럼 행동해서는 안 되며 우리가 원하는 대로 갈 수 있거나 할 수 있는 것처럼 행동해서도 안 된다. 오히려 우리의 계획을 그분께 온전히 맡기고 "주 예수 그리스도"(1:1 참조)로부터 우리의 주문(our orders)을 받기 위해 그 앞에서 자신을 낮추어야 한다.

---

22 Plummer("James," 274)는 일부 사람들이 "주님이 원하시면" 어떤 행동을 할 것임을 나타내기 위해 이 헬라어 문구와 동등한 라틴어 문구 데오 볼렌테(*Deo volente*[D.V.])를 사용한 점에 주목한다.

9. 탐욕 또는 불의를 행하는 부자들에 대한 경고(5:1-6)

4:13과 같은 도입 문구("들으라")를 사용하여 야고보는 이전에 1:9-11과 2:1-7에서 다루었던 주제로 되돌아가 부자에게 계속 도전한다. 그는 2:1-7에서 부자가 가난한 자를 억압하며 법정으로 끌고 갔다고 언급했다(2:6). 여기서도 4장과 5장 사이의 장 구분이 4:13-16과 5장의 내적 연관성을 가릴 수 있다. 주제넘은 계획(아마도 부분적으로는 탐욕에서 비롯된["이익을 보리라", 4:13])을 세우는 상인들에 관해 서술함으로써 야고보는 5장에서 부자들에 대해 좀 더 직접적으로 다룰 수 있었을 것이다.

> 들으라 부한 자들아 … (약 5:1).

게다가 많은 주석가들 5:1-6에 언급된 그룹(교회 외부의 그룹)이 4:13-17에 언급된 그룹(교회 내부의 그룹)과 구별된다고 주장한다. 4:13-16에 나오는 상인들의 경우처럼, 야고보는 엘리야나 세례 요한과 같은 예언자를 연상시키는 직설적인 방식으로 이 부자들을 향해 정면으로 도전한다. 부자에 대한 야고보의 도전은 그들에게 임할 불행(탈라이포로스[*talaipōros*]; 신약의 다른 곳에서는 이사야 59:7을 인용하는 로마서 3:16에만 나옴. 관련 동사는 4:9에 나옴)에 대비하기 위함이다.

5:2-6에 언급된 야고보의 부자에 대한 통렬한 비난은 다시 한번 예수가 산상수훈에서 부자들에게 말씀하신 엄격한 경고를 상기시킨다.

> 너희를 위하여 보물을 땅에 쌓아두지 말라 거기는 좀과 동록이 해하며 도둑이 구멍을 뚫고 도둑질하느니라 오직 너희를 위하여 보물(재물)을 하늘에 쌓아두라 거기는 좀이나 동록이 해하지 못하며 도둑이 구멍을 뚫지도 못하고 도둑질도 못하느니라 (마 6:19-20).

야고보는 이와 유사하게 그들의 재물은 썩었고 그들의 옷은 좀먹었으며 그들의 금과 은은 **녹**이 슬었고, 결국 "그들이 말세에 **재물**을 쌓았다"

고 폭로한다(5:2-3).

또한, 야고보는 이전에 2:6에서 암시만 했던 가난한 자에 대한 억압에 대해 상세하게 설명한다. 부자들은 그들의 밭에서 곡식을 벤 품꾼들의 정당한 임금을 사취했다. 그들의 울음소리가 지금 "만군의 주"(5:4; 참조, 사 5:9)의 귀에 들어갔다. 세례 요한도 정의에 대한 예언자적 열정으로 당대의 여러 그룹의 사람들을 이와 유사하게 엄하게 책망했다(마 3:7-10; 눅 3:7-14).

부자의 죄는 방종(스파탈라오[*spatalaō*/self-indulgence], 5:5; 신약의 다른 곳에서는 오직 딤전 5:6에만 나옴)의 죄이다. 다른 사람들은 고난을 겪지만, 그들은 자신의 풍요를 위해 다른 사람들의 곤경을 기회주의적으로 착취했다.

> 너희가 … 살륙의 날에 너희 마음을 살찌게 하였도다(5:5; 참조, 렘 12:1-4).

게다가 그들은 대항할 수도 없고 대항할 의사도 없는 의인을 정죄하고 (낮은 사람을 법정으로 끌고 간다는 2:6의 언급 참조) 죽임으로써 문자 그대로의 살인을 저질렀다(5:6).[23]

오늘날 사회적 정의는 복음적 교회에서 사각지대를 형성한다. 교회들과 기독교의 다른 기구들은 교인이나 직원의 일을 이용하고 그들이 무료로 또는 최소한의 보수로 일하기를 기대한다. 기관들은 직원에게 일을 주면서 그 일에 대해 적절한 임금(또는 보수)을 지불하지 않는다. 힘은 섬기거나 이끌기 위해서가 아니라 억압하기 위해(적어도 자신의 권력을 보호하기 위해) 사용된다.

자기 홍보(self-promotion)는 이타주의(altruism)로 위장하고 경건한 자세는 "대위임령"(Great Commission, 부활한 예수의 지상명령-역자주)이나 다른 고상하게 들리는 목적이나 목표를 불러일으킨다. 진실로 인간의 마음은 사악하고 기만적이다. 탐욕과 이기적 야망은 노출되거나 회개하거나 버리지

---

23 5:4-6에 언급된 구약 사용의 논의에 대해서는 Carson, "James," 1009-11을 보라.

않는 한 죽지 않을 것이다.

늘 그렇듯이 예수께서 모범을 보이셨다. 그분은 머리 둘 곳이 없으셨고(눅 9:58), "부요하신 이로서 너희를 위하여 가난하게 되심은 그의 가난함으로 말미암아 너희를 부요하게 하려 하심이라"(고후 8:9; 고전 9장과 고후 8-9장의 바울의 논의를 보라). 자신이 부자라고 생각하지 않더라도, 우리는 여전히 교회나 다른 사회적 맥락에서 다른 사람을 이용(착취)하지 않도록 조심해야 한다.

10. 고통 중의 인내와 기도에 대한 마지막 요청(5:7)

상인들(4:13-17)과 부자들(5:1-6)에게 직접 권면한 이후("들으라"), 야고보는 그의 "형제들", 즉 그가 서신을 쓰고 있는 회중의 신자들에게 다시 고개를 돌린다(5:7). 그는 그들에게 주(즉, 예수 그리스도; 1:1; 2:1 참조. 또한, 1:12의 "생명의 면류관"에 대한 언급과 아래의 논의도 보라)의 재림(파루시아[*parusia*])이 임할 때까지 길이 참고 인내하라고 요청한다.

신약에서 흔히 나타나듯이 야고보는 수확을 기다리는 인내의 예로 농부를 인용한다(5:7; 참조, 딤후 2:6). 그는 주의 강림이 "가까우므로"(엥기조[*engizō*], "다가오다", "접근하다"; 5:8; 참조, 4:8; 롬 13:12; 히 10:25; 벧전 4:7), "너희의 마음을 굳건하게 하라"(스테리조[*stērizō*]; 롬 1:11; 16:25; 살전 3:2, 13; 살후 2:17; 3:3; 벧전 5:10; 벧후 1:12)고 촉구한다.

예수의 재림 기대는 신자들이 견고하게 서려는 노력을 새롭게 하고 그들의 마지막 구원을 인내하며 기다리도록 격려해야 한다. 인정하건대, 야고보는 이 말씀을 거의 2000년 전에 기록했지만, 아직도 예수는 재림하지 않으셨다. 그러나 베드로는 우리에게 예수의 재림 기대를 버리는 사람들처럼 되지 말라고 상기시키는데, 하나님께는 천 년이 하루와 같기 때문이다(벧후 3:8; 참조, 시 90:4). 이런 식으로 보면 야고보가 서신을 쓴 지 불과 이틀밖에 되지 않았다. 야고보는 여기서 또다시 제자들에게 그의 재림을 인내로 기다리면서 신실한 섬김의 삶을 권면하는 예수의 종말론적 비유를 반향한다(예컨대, 마 25장을 보라).

예수의 재림이 가까울 뿐 아니라 마지막 심판도 그러하다. 그러므로 신자들은 심판주의 심판을 받지 않기 위하여 서로에 대해 원망하지(스테나조 [*stenazō*/grumble]; 히 13:17 참조) 말아야 한다. 그 심판주는 이미 문밖에(문자적으로는 "앞에") 서 계신다(5:9). 이 표현은 하나님의 심판의 임박성을 전하는 강한 은유이다. 바울 또한 이와 유사하게 다음과 같이 단언한다.

> 우리가 다 하나님의 심판대 앞에 서리라 … 우리 각 사람이 자기 일을 하나님께 직고하리라(롬 14:11-12).

이 권면은 다른 사람의 잘못을 염려하여 곁길로 새는 것보다는 마지막 날에 하나님 앞에서 우리의 삶에 대한 결산을 준비하는데 주의를 기울이기 위한 충분한 동기가 되어야 한다. 우리는 그들 또한 하나님 앞에서 자신의 삶에 대해 결산해야 할 것을 확신할 수 있다. 따라서 우리는 다른 사람의 심판을 그분께 맡기는 것으로 만족할 수 있다.

야고보는 앞에서 이미 농부를 인내의 예로 제시했다(5:7). 이제 그는 두 번째로 구약의 선지자들을 예로 추가한다. 이 선지자들은 일반적인 인내의 예일 뿐만 아니라 특별히 고난 중의 인내의 본보기 역할을 한다(10절). 우리는 참고 견딘 이러한 개인들을 "복되다"(마카리조[*makarizō*/"복 있다고 여기다"], 좀 더 흔하게 사용되는 형용사 마카리오스[*makarios*/"복 있는"]의 동사형태)라고 간주한다.

이 언급은 야고보의 독자들에게 이 서신 첫 부분의 구절을 상기시킨다.

> 시험을 참는 자는 복이 있나니 이는 시련을 견뎌 낸 자가 주께서 자기를 사랑하는 자들에게 약속하신 생명의 면류관을 얻을 것이기 때문이라(약 1:12).

흥미로운 것은 야고보가 특별히 욥을 고난 중의 인내의 본보기로 제시함으로써 그를 선지자로 간주하는 것처럼 보인다는 점이다(5:11).

야고보는 "무엇보다도" 독자들("내 형제들아")이 하늘이나 땅이나 그 밖에 무엇을 두고도 맹세하지 말라는 권면을 덧붙인다. 다만 "'그렇다'(yes)고 생각하는 것은 '그렇다'(yes) 하고 '아니라'(no)고 생각하는 것은 '아니라'(no)"라고만 하라는 것이다(5:12; 즉, 말한 것을 지키라). 이 권면은 또다시 예수께서 하신 산상수훈의 말씀을 회상시킨다.

> 도무지 맹세하지 말지니 하늘로도 하지 말라 이는 하나님의 보좌임이요 땅으로도 하지 말라 이는 하나님의 발등상임이요 예루살렘으로도 하지 말라 이는 큰 임금의 성임이요 … 오직 너희 말은 옳다(yes) 옳다(yes), 아니라(no) 아니라(no) 하라(마 5:33-37).

두 본문의 유사점은 부인할 수 없다. 이처럼 여러 면에서 야고보는 독자들에게 많은 중요한 주제에 관해 예수의 가르침의 진수를 전달하려 한다.

앞의 경우처럼(2:14; 3:13; 4:1), 야고보는 하나의 질문 내지 일련의 질문들로 새로운 권면을 시작하는데, 이 경우는 대답도 함께 제시한다(5:13-14. 독자들을 교훈하기 위한 자신과의 일종의 질의&응답 방식).

> 너희 중에 고난 당하는 자가 있느냐
> 그는 기도할 것이요
> 너희 중에 즐거워하는 자가 있느냐
> 그는 찬송할지니라
> 너희 중에 병든 자가 있느냐
> 그는 교회의 장로들을 청할 것이요(약 5:13-14).

야고보는 5:10-11에서 이미 고난의 주제를 다룬 바 있다. 이제 여기서는 그 주제에 대한 교훈을 추가로 제시한다. 고난에 대한 적절한 반응은 불평하거나 보복하거나 어떤 다른 형태의 죄가 되는 방식이 아닌, 하나님께 기도하는 것이다. 행복이나 좋은 소식 또는 그 밖의 다른 긍정적인 감정이나 일에 대한 적절한 반응은 자랑하거나 우쭐하거나 그 밖의 다른 방식으로 자신을 높여 다른 사람의 시기심이나 심지어 혐오를 일으키는 것이 아닌, 하나님을 찬송하는 것이다. 좋은 일을 만나든 나쁜 일을 만나든 우리의 반응은 기도의 형태든 찬송의 형태든 항상 하나님께 초점을 맞추어야 한다.

그렇기는 하지만, 야고보는 세 번째 시나리오를 상정하는데 곧 질병의 경우이다. 질병 또한 고난의 한 형태이기도 하다. 그러나 이러한 병든 자는 홀로 고독 속에서 기도하기보다는 장로들(복수형에 유의; 이는 초기 교회가 복수의 리더십을 가졌다는 견해를 지지함)을 불러 그들이 신자들의 전체 모임을 대표하여 그 사람을 위해 기도하게 해야 한다.

게다가 야고보는 장로들이 병든 자에게 기름을 바르도록 조언한다. 이것은 아마 고대 관습이었던 것 같지만, 오늘날 대부분의 교회에서는 더 이상 지키지 않는다(로마가톨릭교회는 이 관습을 칠 성례 중 하나, 즉 종부성사[Last Rites]로 삼았지만).

믿음으로 드려진 장로들의 기도는 병든 사람의 건강을 회복시킬 것이라는 기대가 있다. 또 병이 죄의 결과라면 그 사람은 용서받을 것이다(회개를 전제하고). 야고보는 바로 다음 진술에서 치유를 위한 상호 고백과 상호 기도를 요청함으로써 이 점을 분명히 한다(5:15-16).

로마가톨릭교회는 죄 고백을 사제가 집행하는 또 하나의 성례(고해성사)로 격상시켰지만, 로마가톨릭 전통에 서 있지 않은 대부분의 기독교 교회는 그러한 고백을 등한시했다. 그러나 그 위험이나 남용의 가능성이 없는 것은 아니지만, 한 사람의 죄를 다른 사람에게 고백하는 행위는 상호 책임의 중요한 부분이며 죄에 빠지는 것을 막아 주는 중요한 보호책이다.

신자로서 우리는 그리스도의 완성된 십자가 사역과 그들의 진심 어린 회개, 그리고 그리스도에 대한 신뢰를 바탕으로 다른 사람의 죄가 용서된다고 선언할 권한을 받았다(마 18:18; 요 20:23 참조).

야고보는 구약의 예언자 엘리야를 "의인의 간구하는 기도가 역사하는 힘이 크다"라는 증거의 예로 제시한다(5:16-18). 이스라엘 왕 아합을 상대할 때, 바알 선지자들과의 중대한 대결 전과 후 엘리야는 기도했다. 먼저 비가 오지 않도록 기도하자 비가 오지 않았고 심각한 기근이 뒤따랐다. 후에 그가 비가 오도록 기도하자 비가 내렸다(왕상 17:1; 18:42-45; 참조, 18:1).

오늘날 위대한 신앙을 가진 사람들조차도 이러한 기적을 문자 그대로 재현하기는 불가능할 수 있지만, 하나님께서 구약 시대에 엘리야의 기도를 들으시고 그토록 비범한 방식으로 응답하셨다는 사실은 기도의 능력이 매우 강력할 수 있다는 점을 보여 준다. 이는 부분적으로는 기도하는 사람 때문이지만(엘리야는 의인이며 하나님의 선지자였다), 더 중요한 것은 하나님이 우주를 다스리시는 전능하신 하나님이시기 때문이다.

이 서신은 마지막 중요한 격려의 말과 함께 다소 예기치 않게 마무리된다. 아마도 죄에 빠졌기 때문에("죄인을 미혹된 길에서 돌아서게 하는," 5:20) 일시적으로 진리에서 벗어난 동료 교인을 회복시키는 사람은 그의 영혼을 죽음에서 구원하고(또는 보존하고; 딤전 2:15; 4:16 참조) "허다한 죄를 덮을 것"이다(잠 10:12을 암시할 가능성이 있는 벧전 4:8 참조).

바로 앞 단락에서 야고보는 "믿음의 기도는 병든 자를 구원하리니 주께서 그를 일으키시리라 혹시 죄를 범하였을지라도 사하심을 받으리라"(5:15)라고 단언했다. 이 구절과 5:20은 서로 관련이 있을 가능성이 있다. 그렇다면 5:19은 새로운 단락을 시작하기보다는 5:13-18과 함께 읽어야 한다. 하지만 한 가지 중요한 차이는 14절에서는 교회의 장로들을 부르는 사람이고, 20절에는 죄인을 방황에서 돌아오게 하는 다른 사람이다. 상황이 일치하지는 않을지라도 두 부분은 여전히 관련이 있을 수 있다.

여기서 야고보의 서신은 영혼이 사망에서 구원되고 허다한 죄(아마 회복된 사람이 저지른)가 덮일 것이라는 희망의 메시지로 종결한다. 이 서신의 끝부분에서 우리는 회중의 리더십 구조(유대인 회당에서 흔했던 장로들 그룹)와 회중의 관습 일부, 즉 기도, 찬송, 병든 자 돌봄, 죄 고백 등을 엿볼 수 있다.

서신 전반에 걸쳐 우리는 부자와 가난한 자, 부유한 상인들, 믿음으로 인한 고난에 대해 들었다. 또한, 우리는 예수의 임박한 재림 기대를 단언하는 종말론적 맥락에서 인내, 오래 참음, 지혜, 기도의 필요성에 대한 야고보의 교훈을 들었다. 예수에 대한 명시적 언급은 드물지만, 예수의 가르침(특히 산상수훈에 나오는) 배경은 거의 어디에나 있다.

야고보의 가르침은 개념적 차원에서 분명한(지혜) 구약의 가르침과 명시적 구약 인용문들에 기반을 두고 있으며 아브라함, 라합, 욥, 엘리아와 같은 구약의 모범을 통해 제시된다. 무엇보다도 야고보는 고대나 오늘날에나 그의 독자들에게 적극적으로 "행하는 믿음"의 형태로 그들의 믿음을 실천하도록 촉구한다.

§ 야고보서 주석서

Adamson, James B. *The Epistle of James*. NICNT. Grand Rapids: Eerdmans, 1976.
Allison, Dale C., Jr. *James: A Critical and Exegetical Commentary*. ICC. London: Bloomsbury T&T Clark, 2013.
Blomberg, Craig L., and Mariam J. Kamell. *James*. ZECNT. Grand Rapids: Zondervan, 2008.
Davids, Peter H. *The Epistle of James*. NIGTC. Grand Rapids: Eerdmans, 1982.
Dibelius, Martin, and Heinrich Greeven. *James: A Commentary on the Epistle of James*. Hermeneia. Philadelphia: Fortress, 1976.
Hort, F. J. A. *The Epistle of St. James*. London: Macmillan, 1909.
Johnson, Luke Timothy. *The Letter of James*. AB 37A. New York: Doubleday, 1995.
Laws, Sophie. *The Epistle of St. James*. HNTC. New York: Harper & Row, 1980.
Martin, Ralph P. *James*. WBC 48. Waco: Word, 1988.
McCartney, Dan G. *James*. BECNT. Grand Rapids: Baker Academic, 2009.
McKnight, Scot. *The Letter of James*. NICNT. Grand Rapids: Eerdmans, 2011.
Moo, Douglas J. *James: An Introduction and Commentary*. TNTC. Downers Grove, IL: InterVarsity, 2015.
_____. *The Letter of James*. PNTC. Grand Rapids: Eerdmans, 2000.
Painter, John, and David A. deSilva. *James and John*. Paideia. Grand Rapids: Baker Academic, 2012.
Plummer, Robert L. "James." In *ESV Expository Commentary*, vol. 12, *Hebrews– Revelation*, edited by Iain M. Duguid, James M. Hamilton Jr., and Jay Sklar, 219–86.

Wheaton: Crossway, 2018.

Reicke, Bo. *The Epistles of James, Peter, and Jude*. AB 37. Garden City, NY: Doubleday, 1964.

Ropes, James Hardy. *A Critical and Exegetical Commentary on the Epistle of St. James*. ICC. New York: Scribner's Sons, 1916.

Varner, William. *James: A Commentary on the Greek Text*. Philadelphia: Fontes, 2017.

Vlachos, Chris A. *James*. EGGNT. Nashville: B&H Academic, 2013.

§ 야고보서 논문 및 단행본

Aletti, Jean-Noël. "James 2,14-26: The Arrangement and Its Meaning." *Bib* 95 (2014): 88-101.

Allison, Dale C. "Blessing God and Cursing People: James 3:9-10." *JBL* 130 (2011): 397-405.

Baker, William R. "Searching for the Holy Spirit in the Epistle of James." *TynBul* 59 (2008): 293-315.

Bauckham, Richard. *James: Wisdom of James, Disciple of Jesus the Sage*. NTR. New York: Routledge, 1999.

Chester, Andrew, and Ralph P. Martin. *The Theology of the Letters to James, Peter, and Jude*. NTT. Cambridge: Cambridge University Press, 1994.

Chilton, Bruce, and Craig A. Evans, eds. *James the Just and Christian Origins*. NovTSup 98. Leiden: Brill, 1999.

_____. *The Missions of James, Peter, and Paul: Tensions in Early Christianity*. NovTSup 115. Leiden: Brill, 2005.

Chilton, Bruce, and Jacob Neusner, eds. *The Brother of Jesus: James the Just and His Mission*. Louisville: Westminster John Knox, 2001.

Davids, Peter H. "God and the Human Situation in the Letter of James." *CTR* 8, no. 2 (2011): 19-29.

_____. "Theological Perspectives on the Epistle of James." *JETS* 23 (1980): 97-103.

_____. *A Theology of James, Peter, and Jude*. BTNT. Grand Rapids: Zondervan, 2014.

Deppe, Dean B. *The Sayings of Jesus in the Epistle of James*. Chelsea, MI: Bookcrafters, 1989.

deSilva, David A. *The Jewish Teachers of Jesus, James, and Jude: What Earliest Chris- tianity Learned from the Apocrypha and Pseudepigrapha*. Oxford: Oxford University Press, 2012.

Fiorello, Michael D. "The Ethical Implication of Holiness in James 2." *JETS* 55 (2012): 557-72.

Hartin, Patrick J. "Call to Be Perfect through Suffering (James 1,2-4): The Concept of Perfection in the Epistle of James and the Sermon on the Mount." *Bib* 77 (1996): 477-92.

———. *James of Jerusalem: Heir to Jesus of Nazareth*. Interfaces. Collegeville, MN: Liturgical Press, 2004.

Johnson, Luke Timothy. *Brother of Jesus, Friend of God: Studies in the Letter of James*. Grand Rapids: Eerdmans, 2004.

Kamell, Mariam J. "The Implications of Grace for the Epistle of James." *Bib* 92 (2011): 274-87.

Kirk, J. A. "The Meaning of Wisdom in James." *NTS* 16 (1969): 24-38.

Kloppenborg, John S. *James, 1 & 2 Peter, and Early Traditions*. JSNTSup 478. London: T&T Clark, 2014.

Knox, W. L. "The Epistle of St. James." *JTS* 46 (1945): 10-17.

Lockett, Darian R. *Purity and Worldview in the Epistle of James*. JSNTSup 366. London: T&T Clark, 2008.

Mayor, Joseph P. *The Epistle of St. James: The Greek Text with Introduction, Notes and Comments, and Further Studies in the Epistle of St. James*. London: Macmillan, 1913.

McCartney, Dan G. "Self-Deception in James." *CTR* 8, no. 2 (2011): 31-43.

Morgan, Christopher W. *A Theology of James: Wisdom for God's People*. EBT. Phillipsburg, NJ: P&R, 2010.

Niebuhr, Karl-Wilhelm, and Robert W. Wall, eds. *The Catholic Epistles and Apostolic Tradition: A New Perspective on James to Jude*. Waco: Baylor University Press, 2009.

Nienhuis, David R. *Not by Paul Alone: The Formation of the Catholic Epistle Collection and the Christian Canon*. Waco: Baylor University Press, 2007.

Painter, John. *Just James: The Brother of Jesus in History and Tradition*. Minneapolis: Fortress, 1999.

Varner, William. "James as the First Catholic Epistle." *Int* 60 (2006): 245-59.

———. "The Main Theme and Structure of James." *MSJ* 22 (2011): 115-29.

Wall, Robert W. *Community of the Wise: The Letter of James*. NTC. Valley Forge, PA: Trinity Press International, 1997.

Wall, Robert W., and David R. Nienhuis. *Reading the Epistles of James, Peter, John, and Jude as Scripture*. Grand Rapids: Eerdmans, 2013.

Ward, Roy Bowen. "Partiality in the Assembly: James 2:2-4." *HTR* 62 (1969): 87-97.

———. "The Works of Abraham: James 2:14-26." *HTR* 61 (1968): 283-90.

Webb, Robert L., and John S. Kloppenborg, eds. *Reading James with New Eyes: Methodological Reassessments of the Letter of James*. LNTS. New York: T&T Clark, 2007.

제3장
베드로전서

I. 개론

1. 저자, 수신자, 저작 시기, 문학 장르

우리는 야고보의 서신에서 신약 교회의 또 하나의 "기둥"이었던 사도 베드로의 첫 번째 서신으로 이동한다.[1] 베드로는 예수의 사도 그룹인 열둘(Twelve)의 리더이자 대변인이었다. 그는 또한 초기 교회 성장의 최초 단계에 활동했던 지도자이기도 했다.

베드로는 오순절에 행한 그의 강력한 설교를 통해 많은 유대인과 다른 사람들이 구원을 받게 되었으며(행 2장), 그 후 예수의 십자가 처형에 공모했던 공회(산헤드린) 앞에서 증언했다(행 3-4장). 또한, 사마리아인들을 초기 교회에 합류시키는 데 중요한 역할을 했을 뿐만 아니라(8장), 환상을 통해 주의 지시를 받은 후 첫 번째 이방인 고넬료를 개종시켰다(행 10-11장).

베드로전서는 베드로가 로마제국의 본도, 갈라디아, 갑바도기아, 아시아와 비두니아에 "흩어진 택하심을 받은 나그네(exiles)" 그룹에 보낸 서신

---

1 베드로전서를 베드로가 기록했다는 점에 대해서는 심각하게 논란이 되지 않는다. 이레니우스(Irenaeus)는 이 서신을 베드로의 서신으로 명시적으로 밝힌 첫 번째 교회 교부이다. 유세비우스(Eusebius)는 베드로전서를 공동서신 가운데 유일하게 논란이 되지 않은 서신으로 인용한다(무라토리아 단편[Muratorian Fragment]에는 포함되지 않았지만).

으로 언급된다(1:1). 언뜻 보기에 이 표현은 야고보서의 수신자인 "흩어져 있는 열두 지파"(1:1)와 유사해 보인다. 그러나 베드로전서의 내용은 수신자가 유대인이 아니라 이방인임을 분명하게 보여 준다.

예를 들어, 베드로는 그의 독자들에게 "나그네 삶을 사는 동안 두려운 마음으로 살아가라"(1:17, 표준새번역)라고 요청할 때 "너희 조상이 물려 준 헛된 행실"(1:18)이라는 표현을 사용한다. 역설적으로 그는 독자들에게 "너희가 이방인 중에서 행실을 선하게" 가지라고 촉구한다(2:12; 참조, 4:3). 이는 역설적으로 그들 자신이 이방인이기 때문이다.

그러나 베드로에 따르면, 그들은 더 이상 이방인이 아니다. 이제 그들은 우상숭배로부터 그리스도에게로 개종했으므로 구약의 이스라엘의 정체성과 유사한 새로운 정체성을 가지게 되었다. 그들이 이전에는 백성이 아니었지만, 이제는 하나님의 백성이다(2:10).

유대인의 사도 베드로(갈 2:7-8)가 지금 이방인들 가운데서 사역하고 있다는 점은 일면 이상해 보일 수도 있다. 그러나 이것은 사실인 것처럼 보인다. 예수의 지상 사역 시기와 첫 번째 오순절 시기, 그리고 복음이 처음으로 사마리아와 고넬료에게 전해진 시기 이후 수십 년의 기간이 지나갔다. 따라서 베드로의 사역도 로마의 더 외딴 속주에 있는 이방인들도 포함하도록 확장된 것으로 보인다.

베드로의 첫 번째 서신은 AD 60년대 초반에 기록되었을 가능성이 가장 크다. 4:12에서 베드로는 그의 독자들에게 곧 일어날 "불 시험"(fiery trial)에 대해 경고하며, 서신 전체에 고난에 대한 언급이 나타난다.

서신에 의하면, 베드로는 로마에 있는 것으로 보인다. 비록 그는 "바벨론"이라는 단어를 사용하고 있지만(5:13), 그 명칭은 당시 악을 지배하고 있는 세계 권력 로마를 가리키는 암호명이다. 또한, 로마는 예수의 예언에 따라(요 21:19) 몇 년 후 베드로가 순교했다고 전해진 전승의 장소였다. 마가복음의 저자로 알려진 마가가 로마에서 베드로와 함께 있었는데, 이는 마가가 로마에서 그곳의 교회를 위해 그의 복음서를 기록했다는 초기 전승과 일치한다(5:13).

점점 고조되는 고난에 대한 언급은 소아시아에 있는 그들의 지역 공동체로부터 박해가 시작되었을 뿐만 아니라 추가적 박해도 분명히 눈앞에 있음을 암시한다. 이러한 박해는 점점 더 격렬해질 것인데, 이는 AD 60년대 초반, 즉 네로 황제가 그리스도인들을 희생양으로 삼았던 AD 64년 로마 대화재 사건 이전으로 아마 62년 또는 63년을 가리키는 것으로 보인다. 결국, 이 사건으로 인해 격렬한 박해가 촉발되었고, 많은 일반 신자 및 베드로와 바울과 같은 두드러진 지도자들이 순교하게 되었다(약 AD 65년 또는 66년).

아마도 로마에 있던 베드로는 박해가 다가오고 있음을 알고 로마제국의 변두리 지방에 있는 신자들에게 곧 박해가 임할 것을 경고하며 그들이 굳건히 서서 하나님의 궁극적인 종말론적 구원을 신뢰하도록 준비시키기 위해 이 서신을 보냈을 것이다. 이 서신이 베드로의 친서임을 암시해 주는 증거는 무엇보다도 자신을 "함께 장로 된 자요 그리스도의 고난의 증인"(5:1)으로 소개하고 있다는 점이다.

2. 구조

이 서신의 서두 부분은 일반적인 편지 양식을 따른다.

> 예수 그리스도의 사도 베드로는 … 흩어진 나그네에게 … 은혜와 평강이 …(약 1:1-2).

이 서신의 마지막 부분에서는 실루아노("실라"보다는 좀 더 긴 형태의 이름: 그 또한 바울의 동역자임, 예컨대, 행 15:22, 32)를 이 서신의 전달자 또는 가능성은 적지만 베드로의 대필자(amanuensis)로 소개하며 서신을 다소 간결하게 종결한다(5:12-14).[2] 이 서신의 본문은 도입 감사로 시작하고("우리 주 예

---

2 베드로가 베드로전서나 베드로후서를 기록할 때 대필자(scribe)를 두었다면 적어도 부분적으로는 두 서신 사이의 문체적 차이를 설명할 수 있다. 많은 학자가 베드로후서가 익명의(실제로 베드로가 아니라 누군가 베드로의 이름으로 기록한) 서신이라고 주장

수 그리스도의 아버지 하나님을 찬송하리로다"[1:3-12]) 뒤이어 거룩(1:13-21) 및 뜨거운 기독교의 사랑(1:22-25)에 대한 권면이 나오며, 하나님의 백성으로서 (이방인) 신자의 새로운 정체성에 대한 설명(2:1-10)이 나온다.

그다음에 "사랑하는 자들아"(아가페토이 [agapētoi])라는 호칭이 2:11에서 새로운 단락을 시작하는데, 이 단락은 수신자를 "택하심을 받은 나그네"(1:1)로 부르는 편지 서두를 상기시키면서 신자들을 "거류민(sojourners)과 나그네 (exiles)"로 부른다. 이렇게 하여 베드로는 신자들은 단지 이 세상에 거주하는 나그네일 뿐이고 그들의 참된 집은 하늘에 있다는 사실을 거듭 강조한다. 따라서 그들은 이 세상과 구별되어 거룩한 삶을 살아야 한다.

그다음에 **가훈표**(Haustafel) 또는 가정 규례(household code)가 나온다. 이 가훈표는 신자들에게 기독교 시민(2:13-17), 종(2:18-25), 아내와 남편(3:1-7), 그리고 일반 신자(3:8-12)로서 다양한 역할을 담당하는 법을 가르친다. 하나님은 모든 사람에게 서로에 대해 특정한 역할과 책임을 맡기신 질서의 하나님이시라는 확신에 근거하여 베드로는 삶의 모든 영역, 즉 정치 분야, 경제 영역, 가정 영역에서 하나님이 제정하신 권위에 복종하도록 촉구한다.

이러한 각 영역에서 하나님은 지상의 권위에 복종하기를 기뻐하신다. 이는 민감한 주제이고 결코 남용을 용납하지 않지만, 베드로는 그리스도가 불의한 자들의 손에 의로운 고난을 받으신 모범이 되시며 신자들은 그분의 자취를 따르도록 부름을 받았다고 강조한다(2:21-25, 사 52:13-53:12을 빈번하게 암시하면서).

이러한 맥락에서 베드로는 신자들이 선을 행함으로 고난을 받음으로써 주변 문화에서 하나님을 증언하는 일에 관해 상세하게 설명하고(3:13-22),

---

하지만, 베드로후서는 여러 가지 면에서 사실상 좀 더 개인적이며(예컨대, 벧후 1:1에 언급된 "시몬 베드로"라는 표현), 바울의 경우 디모데후서와 유사하게 베드로가 순교하기 이전 마지막 유언의 특성을 전달하고 있는 듯하다. E. Randolph Richards ("Silvanus Was Not Peter's Secretary: Theological Bias in Interpreting διὰ Σιλουανοῦ ἔγραψα in 1 Pet. 5:12," *JeTS* 43 [2000]: 417-32)는 베드로전서 5:12이 비서(secretary)가 아니라, 단지 편지 전달자만을 밝혀 줄 뿐이므로 베드로전서와 베드로후서 사이의 헬라어 차이에 대한 근거로 실바누스(실라)에 호소하는 것은 더 이상 타당하지 않다고 주장한다.

다시금 그들에게 과거 이방인의 삶의 방식에서 벗어나도록 요청한다(4:1-6). 2:11에서 시작된 단락은 "만물의 마지막"이 가까이 왔다는 말로 시작하고 송영으로 종결되는 4:7-10로 끝난다.

4:12의 첫 문구 "사랑하는 자들아"는 같은 호칭으로 시작한 2:11을 상기시킨다. 여기서 베드로는 임박한 "불 시험"에 대해 말하고 신자들에게 "그리스도인(크리스티아노스[*Christianos*]; 4:16, 신약에서 이 단어가 사용된 첫 번째 용례 중 하나; 행 11:26 참조)으로 [고난을 받도록]" 요청한다.

이어서 베드로는 먼저 함께 장로 된 자로서 (동료) 장로들에게(5:1-5), 그 다음에 젊은 자들(5:5)에게, 그리고 모든 사람에게(5:6-7) 서로에 대해 겸손하라고 권고한다. 일련의 종결 권면이 두 번째 송영으로 끝난다(5:8-11, 특히 11절; 참조, 4:10). 이상의 베드로전서의 흐름과 구성에 관한 관찰을 토대로 다음과 같은 개요를 제시할 수 있다.[3]

베드로전서	내용
1:1-2	편지 서두: 베드로가 흩어진 택함 받은 나그네에게
1:3-2:10	감사, 거룩과 사랑의 요청, 신자의 새로운 정체성
2:11-4:11	거류민과 나그네에 대한 권면(가정 규례 포함)
4:12-5:11	그리스도인으로서 모든 겸손으로 고난을 받으라는 권면
5:12-14	편지 맺음말: 실루아노의 손으로, 로마로부터, 마가와 함께

3. 중심 메시지

분명히 서신 전체를 관통하는 핵심 주제는 그리스도인의 고난이다. 그리스도를 가까이 따르는 자로서 베드로는 "그리스도의 고난의 증인"(5:1)

---

3 C. Samuel Storms도 이와 유사한 개요를 제공하지만, 4:12-5:11을 4:12-19과 5:1-11로 좀 더 세분한다. Storms, "1 Peter," *ESV Expository Commentary*, vol. 12, *Hebrews-Revelation*, ed. Iain M. Duguid, James M. Hamilton Jr., and Jay Sklar (Wheaton: Crossway, 2018), 297-98).

이었다. 그는 예수를 모든 그리스도인이 뒤따라야 할 기독교 고난의 최상의 모범(example)으로 칭송하며 이사야 53장에 언급된 고난의 종을 연상시키는 언어를 사용한다(2:21-25; 3:18; 4:1).

베드로는 예수를 의로운 고난의 궁극적 모범으로 인정한다. 그는 기독교의 고난을 종말론의 맥락과 그 구조 안에 두고, "예수 그리스도가 나타나실 때"(revelation of Jesus Christ, 즉 재림; 예컨대, 1:5, 13; 5:4)에 있을 미래 구원에 대한 그리스도인의 소망을 반복해서 언급한다.

그러므로 그리스도인의 삶과 고난은 의롭게 고난받는 자의 정당성을 입증해 주시고 정해진 때에 마지막 심판과 보상을 가져오실(2:23; 5:4) 의롭고 정의로운 창조주이시자 재판관이신 하나님께 대한 "산 소망"(1:3, 13)과 신뢰를 통해 촉진된다. 더욱이 그러한 어떤 고난도 "잠깐"(for a little while)만 지속할 뿐이다(1:6).

베드로전서의 전반적 요지는 아마 다음과 같은 결론적 확언으로 가장 잘 요약될 수 있을 것이다.

> 모든 은혜의 하나님 곧 그리스도 안에서 너희를 부르사 자기의 영원한 영광에 들어가게 하신 이가 잠깐 고난을 당한 너희를 친히 온전하게 하시며 굳건하게 하시며 강하게 하시며 터를 견고하게 하시리라(벧전 5:10).

II. 본문 해설

1. 편지 서두: 베드로가 택하심을 받은 흩어진 나그네에게(1:1-2)

히브리서와 야고보서가 유대인 그리스도인 회중에 기록된 반면, 베드로전서는 대부분 비유대인 신자들로 구성된 그룹에 보내진다.[4] 이는 일면 놀

---

4 예를 들어, 베드로가 이 서신에서 유대인에게는 적용될 것 같지 않은 방법으로 수신자

랄 만한 일일 수도 있는데, 베드로가 유대인의 사도(이방인, 즉 비유대인의 사도인 바울과 달리)로 알려져 있기 때문이다. 그러나 유대인이었던 베드로가 교회의 핵심 그룹인 열두 사도의 리더로 시작했고 예루살렘에서 오순절 설교를 전했지만(행 2장), 또한 최초의 교회 설립 이후 몇십 년이 지나는 동안 비유대인 사역도 수행한 것으로 보인다.

베드로는 자신을 "예수 그리스도의 사도"로 (히브리서의 저자와 예수의 이복형제 야고보와는 다르게) 소개하면서, 그의 첫 번째 서신을 본도, 갈라디아, 갑바도기아, 아시아, 비두니아 지방을 포함하는 거대한 지역에 사는 "택하심을 받은 흩어진 나그네"에게 보낸다(1:1; 아래 지도를 보라).[5]

자신을 "사도"로 소개하는 베드로의 태도는 매우 겸손하다. 그는 단순히 한 사람의 사도만이 아니라, 열둘의 리더요 대변인이었다. "택하심을 받은 나그네"(elect exile)는 은유적 표현이며 두 가지 점을 말해 준다.

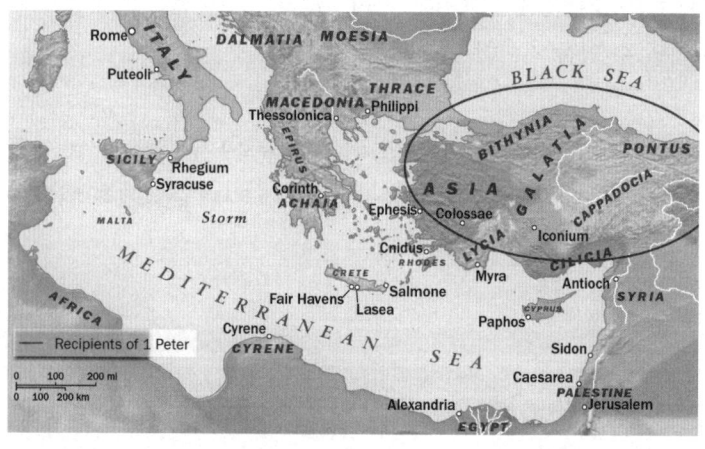

들의 이전 삶의 방식을 반복적으로 언급하고 있다는 점에 주목하라(1:18; 4:3).
5 사도행전 16:7이 사도 바울이 비두니아로 가려고 했지만, 예수의 영이 그리로 가는 것을 허락하지 않았음을 암시하고 있다는 점에 주목하라. Peter H. Davids (*A Theology of James, Peter, and Jude: Living in Light of the Coming King*, BTNT [Grand Rapids: Zondervan, 2014])는 베드로전서의 독자층이 대체로 이방인이었다는 점에 대한 강력한 근거를 제시하고(102-6), 그리스도인들이 왜 그레코-로만 세계에서 박해를 받았는지를 설명하기 위해 탁월한 사회-역사적 배경을 제공한다(112-20). 또 Mark Wilson, "Peter's Christian Communities in Asia Minor," in *Lexham Geographic Commentary on Acts through Revelation*, ed. Barry J. Beitzel (Bellingham, WA: Lexham, 2019), 604-18도 보라.

(1) 이러한 신자들은 하나님이 택하신 사람들(구약에서 이스라엘 민족을 가리키는 명칭) 가운데 있었다.
(2) 그들은 아시리아와 바벨론 포로 이후에 흩어진(이른바 디아스포라) 유대인을 연상시키면서 그레코-로만 세계에 흩어져 있었다. 그러므로 이 두 명칭은 베드로전서의 수신자들을 구약의 이스라엘과 동일시한다.

그러나 "택하심을 받은"과 "나그네"라는 용어는 유대인만이 아니라 모든 하나님의 백성을 포함하도록 확장된다. 이렇게 하여 이방인 신자들의 정체성은 구약에서 이스라엘 백성을 묘사하기 위해 사용된 말로 표현된다. 더욱이 "나그네"라는 말은 궁극적으로 이 땅이 이러한 신자들의 집이 아니며, 그들은 단지 이 세상의 일시적 거주민일 뿐임을 시사한다(1:17["나그네로 있을 때"]; 2:11["거류민과 나그네"] 참조).[6]

여기서 베드로는 이른바 대체신학(replacement theology), 즉 주로 이방인으로 구성된 교회가 하나님의 계획 속에서 인종적 이스라엘을 대체했다는 가르침을 지지하는 것처럼 보일 수도 있다. 그러나 그것은 특히 바울이 신약의 다른 곳에서 인종적 이스라엘을 위한 미래가 아직 남아 있음을 분명히 밝히고 있으므로(롬 9-11장) 너무 성급한 결론일 것이다.

좀 더 가능성이 있는 견해는 베드로가 구약의 이스라엘 범주를 확장하여 유대인이든 이방인이든 하나님의 모든 백성에게 적용한다는 것이다. 이는 이제 교회는 인종적 정체성과 상관없이 예수 그리스도를 믿는 모든 신자로 구성된 새로운 구원역사적 실체를 나타낸다는 점을 강조하기 위함이다. 이 점은 나중에 구약에서는 이스라엘을 위해서만 배타적으로 사용된 범주들을 베드로가 다음과 같이 말하면서 이방인들에게도 적용하는

---

6   John H. Elliott (*A Home for the Homeless: A Sociological Exegesis of 1 Peter, Its Situation and Strategy* [Philadelphia: Fortress, 1981])은 수신자들이 "개종주의자 당파"(conversionist sect) 출신의 실제 거주 외국인(aliens)이었는데, 베드로는 그들의 독특한 공동체적 정체성을 주장함으로써 그들을 격려하고 있다고 주장한다. 그러나 엘리옷(Elliott)은 이 구절의 영적이고 신학적인 차원을 지나치게 경시하는 경향이 있다.

2장에서 특히 분명해질 것이다.

> 너희가 전에는 백성이 아니더니 이제는 하나님의 백성이요 전에는 긍휼을 얻지 못하였더니 이제는 긍휼을 얻은 자니라(벧전 2:10; 참조. 호 1:6, 9).

베드로는 1:2에서 이방인 수신자들의 택하심에 대해 삼위일체의 방식으로 자세히 설명한다.

(1) "하나님 아버지의 미리 아심(foreknowledge)을 따라"
(2) "성령이 거룩하게 하심으로"
(3) "예수 그리스도께 순종하고 그의 피 뿌림을 얻기 위하여"(개역개정에는 "…순종함과 예수 그리스도의 피 뿌림을 얻기 위하여"로 번역됨-역자주) 선택되었다.

이는 하나님의 세 위격이 어떻게 일치하며 구원 안에서 함께 사역하는지를 보여 준다. 성부 하나님은 신자들을 미리 아셨고, 예수 그리스도는 십자가에서 죽으셔서 우리 죄를 위해 피를 흘리셨으며 성령은 하나님과 그분의 거룩한 용도를 위해 우리를 구별하고 거룩하게 하신다(여기서는 성부-성령-예수 그리스도의 순서로 나오는데 아마도 예수 그리스도를 절정으로 끝내기 위함인 것으로 보인다).

베드로에 따르면, 우리가 예수 그리스도께 순종하기 위해 선택되었고 구원되었으며 거룩해졌다는 사실은 숙고할 만한 가치가 있다!

또한, 우리는 삼위일체 하나님의 구원 사역에 어떤 것도 기여할 수 없다. 즉, 우리는 성부 하나님의 선택, 성령의 거룩하심, 예수 그리스도의 구원의 수혜자들이다. 베드로는 1:2의 신학을 나중에 이 서신 본문의 첫 번째 주요 단위의 결론 부분인 1:19-21에서 전개할 것이다. "은혜와 평강"이라는 일반적 인사말이 편지 서두를 종결한다.

2. 감사, 거룩과 사랑의 요청, 신자의 새로운 정체성(1:3-2:10)

1) 감사(1:3-12)

서신의 본문은 "우리 주 예수 그리스도의 아버지 하나님"의 축복의 형태로 된 감사로 문을 연다(1:3). 감사 부분은 베드로가 권면으로 이동하는 12절까지 계속된다. 헬라어 본문에서 정관사는 "하나님"과 "아버지" 모두를 수식하는데(호 데오스 카이 파테르[ho theos kai patēr]), 두 표현은 하나의 존재를 언급한다(이른바 그랜빌 샤프 법칙[Granville Sharp rule], 등위 접속사를 통한 동의 반복어 법칙-역자주).

자신의 개인 경험에 근거하여 베드로는 하나님의 "많으신 긍휼"(great mercy)을 찬양한다. 그에 의하면, 그러한 크신 긍휼로 하나님은 "우리를 거듭나게 하셨다"("거듭나게 하셨다"로 번역된 헬라어 단어는 아나겐네사스[anagennēsas]인데, 기본형은 아나겐나오[anagennaō]로 신약에서는 여기와 1:23에만 나오는 동사). 사도 요한과 함께(요 3:3-7) 베드로는 회심 때 신자들의 삶에서 일어나는 새로운 영적 탄생의 중요성을 강조한다(중생과 밀접하게 관련; 딛 3:5 참조). 예수는 "이스라엘의 선생"이요 유대인 랍비인 니고데모에게 "너희(니고데모뿐만 아니라 일반 유대인도 가리키는 복수형)는 거듭나야(born again)만 한다"(요 3:3, 5, 7; 참조, 1;12-13)고 말씀하셨다.

영적 재탄생의 필요성은 메시아 시대에 하나님께서 가져다주실 영적 갱신(renewal)과 정결(cleansing)에 대한 예언자의 환상에 근거한다(특히, 겔 36:24-27을 보라). 이러한 기대는 대부분 민족으로서의 이스라엘을 가리키는 공동체적 특성을 가졌지만(겔 37장에 묘사된 에스겔의 마른 뼈 골짜기 환상 참조), 개별적 요소도 중요했다(예컨대, 렘 31:31-34 참조. 또 단 12:1-2도 보라).

베드로가 언급하는 이러한 새 탄생은 "예수 그리스도를 죽은 자 가운데서 부활하게 하심으로 말미암아 산 소망(living hope)"을 갖게 했다(1:3). 베드로의 독자들은 고난을 당하고 있었거나, 적어도 고난이 눈앞에 있었다. 그래서 그들이 믿음을 견고하게 붙잡기 위해 소망은 필수적이었다.

교회의 초기 시대부터 베드로와 다른 사도들은 예수가 죽은 자 가운데서 다시 살아나셨다고 선포했다(행 2장). 베드로 자신이 부활하신 예수를 만난 첫 번째 그룹에 속했으며 여러 번 부활하신 예수를 보았다. 이에 대해서는 무엇보다도 이 서신을 쓸 때 베드로와 함께 있었던 복음서 저자 마가가 보고한다(5:13, 참조, 막 16:7["가서 그의 제자들과 베드로에게 이르기를"]; 고전 15:5).

베드로의 친밀한 동료 사도 중 하나인 사도 요한도 베드로와 아홉 명의 다른 사도들이 부활하신 밤에, 또 일주일 후에(이때는 도마도 포함하여) 부활하신 예수를 보았으며, 베드로가 고기 잡으러 돌아갔던 갈릴리 호수에서도 여섯 제자와 함께 부활하신 예수를 세 번째로 보았다고 보고한다. 이 세 번째 만남에서 베드로는 의심의 여지 없이 예수의 말씀에 순종하여 "가득히 찬 큰 물고기"(정확하게 153마리)를 그물로 끌어 올리는 결코 잊을 수 없는 경험을 했다(20:19-21:14).

요한은 또한 아침 식사 후 부활하신 주 예수께서 베드로를 따로 불러 자기를 사랑하는지 세 번 물으신 후 그에게 예수의 "양"을 먹이라고 위임하신 이야기를 서술한다. 예수는 또한 베드로가 나이 들어 순교할 것임을 예언하셨다(21:15-19). 베드로는 또한 부활하신 주님으로부터 가서 모든 민족으로 제자를 삼으라는 예수의 "대위임령"(Great Commission)을 받은 제자 중 한 사람이었다(마 28:18-20).

이러한 목격자의 모든 보고에 따르면, 베드로는 "예수 그리스도가 죽은 자 가운데서 부활하신 것"을 직접 경험한 장본인이었다. 여기서 베드로는 예수의 부활이 신자들에게 주는 유익을 지적한다. 예수가 부활하심으로 말미암아 신자들은 영적으로 새롭게 태어나 "산 소망"(living hope)을 가질 수 있게 되었다. 더욱이 그 산 소망은 "썩지 않고 더럽지 않고 쇠하지 아니하는", 신자들을 위해 "하늘에 간직하신" "유업"(클레로노미아[klēronomia/inheritance/유산], 벧전에는 여기서만 나옴; 엡 1:14, 18; 골 3:24; 히 9:15 참조)임이 추가로 명시된다(1:4). 신자들의 "소망"과 "유업"(유산)은 또한 바울의 가르침에도 서로 연결되어 있음에 주목하라(엡 1:18).

우리가 받은 유업의 세 가지 속성(썩지 않고[아프다르토스⟨*aphthartos*⟩; 1:23; 3:4 참조; 롬 1:23과 딤전 1:17에서는 하나님께 적용], 더럽지 않고[아미안토스⟨*amiantos*⟩; 히 7:26; 13:4; 약 1:27 참조], 쇠하지 아니하는[아마란토스⟨*amarantos*⟩; 신약에서 여기서만 나오는 단어; 벧전 5:4의 아마란티노스⟨*amarantinos*⟩참조])은 헬라어 본문에서는 모두 철자 알파(*a*, 이른바 알파 부정접두사[alpha privative])로 시작하는 두운법을 사용하여 유업의 특성이 **아닌 것**(not)을 지정해 준다. 그것은 썩지 않을 것이고 더러워지지 않을 것이며 낡아 없어지지 않을 것이다.

즉, 우리가 상속받을 유업/유산은 죽음, 악, 시간의 영향을 받지 않는다. 그것은 영구적이고, 영광스러우며(엡 1:18), 영원하다(히 9:15 참조). 우리가 상속받을 유업/유산은 여전히 미래의 것이지만 충분히 기다리며 노력할 가치가 있다!

1:4 후반부에서 베드로는 이인칭 복수 "너희"를 사용하여 독자들을 직접 겨냥한다. 그리고 그들의 유업/유산이 그들을 위하여 하늘에 간직되어 있으므로(완료 분사는 안정된 상태를 표현하고, 신적 수동태는 우리의 유산을 간직하고 계시는 분이 하나님이심을 암시) 안전하다고 확언한다. 1:5에 따르면, 신자들 자신이 "말세에 나타내기로(아포칼립토[*apokalyptō*]) 예비하신 구원을 얻기 위하여" 믿음을 통하여(피스티스[*pistis*], 이 서신에서 믿음의 첫 번째 언급) 하나님의 능력으로 (현재) "보호받고 있다"(프루루메노스[*phrouroumenos*], 현재분사로 계속 진행되는 보호 과정을 표현; 갈 3:23; 빌 4:7 참조).

이러한 언급은 독자들의 현재의 고난과 경험을 종말론적 구조 안에 세우려는 베드로의 일관된 시도의 일부이다(1:12; 5:1에서 동사 아포칼립토[*apokalyptō*] 사용과 1:7, 13; 4:13에서 명사 아포칼립시스[*apokalypsis*] 사용 참조). 그래서 어떤 사람들은 베드로전서를 "묵시적 서신"(apocalyptic epistle)이라고 불렀다.[7] 실제로 "묵시적"(apocalyptic)이라는 어휘는 특히 이 서신의 첫 부분에 나타나며 신자들의 구원, 믿음, 소망과 같은 다양한 개념과 연관

---

[7] Peter H. Davids, *The First Epistle of Peter*, NICNT (Grand Rapids: Eerdmans, 1990), 15-17 참조. 그는 또한, Robert L. Webb, "The Apocalptic Perspective of First Peter" (unpubilished ThM thesis, Regent College, 1986)도 참조한다.

해서 사용된다.

- 1:5 신자들의 **구원**은 "말세에 나타내기로(아포칼립데나이 [apokalyphthē-nai]) 예비된다."
- 1:7 참되고 검증된 **믿음**은 "예수 그리스도께서 나타나실(아포칼립시스 [apokalypsis], 즉 재림) 때에 칭찬과 영광과 존귀를 얻게 할 것"이다.
- 1:12 선지자들은 자신들이 섬긴 그 일들이 신자들의 후대를 위한 것임을 계시로(아포칼립데 [apekalyphthē]) 알게 되었다.
- 1:13 신자들은 자신들의 **소망**을 예수 그리스도께서 나타나실(아포칼립시스[apokalypsis], 즉 재림) 때에 그들에게 가져다주실 은혜 위에 온전히 두어야 한다.

주목할 것은 신자들이 자신의 구원을 보호하는 것이 아니라는 점이다. 오히려 신자들은 하나님의 **능력**(뒤나미스[dynamis])으로 보호하심을 받는데, 이때 **믿음**은 하나님의 능력을 적용하는 수단이 된다(1:5). 더욱이 여기서는 신자들의 구원이 과거에 이미 성취된 유리한 관점으로부터(이것은 확실히 사실이지만), 또는 현재에 경험된 것으로서(이것 또한 사실이지만) 제시되는 것이 아니라, 미래의 유리한 관점에서 제시된다(전치사 에이스[eis/for]는 빈번히 미래의 목적이나 목표를 전달; 1:2["순종"]; 3["산 소망"]; 4["유업"]; 5["구원"] 참조).

베드로가 미래의 구원에 대해 말하는 것을 보고 처음에는 놀랄 수도 있지만, 신약성경에서 구원은 과거, 현재, 미래의 세 가지 차원이 있다고 단언한다. 과거에 예수가 십자가에서 우리를 위해 죽으심으로 우리를 구원하셨다. 현재에 우리는 보호되고(preserved) 거룩해진다(sanctified)는 의미에서 구원받고 있다. 미래에 예수께서 다시 오셔서 우리와 영원히 함께 계실 때 우리는 사탄의 권세와 우리 삶의 죄악으로부터 완전하고 최종적인 구원을 경험할 것이다.

현재 문맥에서 볼 때, 5절은 우리의 미래 구원의 개념을 도입한다. 이어서 베드로는 9절의 미래 구원으로 되돌아가기 전까지 6-8절에서 구원의 현재 차원(시험과 시련을 포함한)에 초점을 맞춘다. 끝으로 10-12절에서 우리 구원의 과거 배경에 대해 논의한다.

영어 번역에서 6절은 종종 새로운 문장으로 번역되곤 한다. "이것으로 말미암아 너희는 기뻐한다"(In this you rejoice, 개역개정에도 "그러므로 너희가 … 크게 기뻐하는도다"라고 새로운 문장으로 번역-역자주). 그러나 헬라어 본문에서 6절은 관계대명사로 5절의 내용을 계속 이어 간다. "마지막 때에 나타나기로 준비된 구원을 얻기 위하여…그로 인해 너희는 기뻐한다…"(for a salvation ready to be revealed in the last time, **in which you rejoice**…). 이 점은 베드로의 사고의 연속성을 보여 주고, 3-12절이 하나의 문학적 단위를 이루며 일관성 있고 지속적인 논의를 담고 있다는 사실을 강조한다.

이것은 또한 10절의 도입부가 분명하게 보여 주듯이("이 구원에 대해서는"), 5절에서 언급된 구원이 6-12절의 주제로 계속 진행되고 있다는 점에서도 알 수 있다(일종의 여록이나 여담). 전체 단락(3-12절)에는 신자들이 현재 겪고 있는 고난의 경험이 아니라, 미래의 구원과 유업/유산에 초점을 두어야 한다는 베드로의 권면이 스며들어 있다.

즉, 그들은 믿음으로 살아야 하며 현재 상황에 영향을 끼쳐야만 하는 확실한 미래 현실을 소망하며 살아야 한다는 것이다. 바로 이것이 또한 6절의 핵심 메시지이다. "**이것**으로(궁극적으로 베드로가 3-5절에서 쓴 모든 것을 포괄) 말미암아 너희는 기뻐한다"(뒤의 8절 참조). 고난받는 신자들의 삶은 믿음, 소망, 심지어는 기쁨을 특징으로 해야 한다(빌 4:4, 7 참조. "주 안에서 항상 기뻐하라…하나님의 평강이 그리스도 예수 안에서 너희 마음과 생각을 **지키시리라**"[프루레오/*phroureō*; 벧전 1:5 참조]).[8]

---

[8] 수신자들이 살았던 지방에서 받은 그리스도인의 박해에 관해서는 Eckhard J. Schnabel, "The Persecution of Christians in the First Century," *JETS* 61 (2018): 543-44를 보라. 슈나벨(Schnabel)은 그 시대의 박해가 "비방"(slander/2:12; 3:16), "욕"(3:16), "비방"(malign/4:4), "치/모욕"(4:14)과 용어들이 암시하듯이 주로 언어적 학대의 형태를 취했다고 주장한다.

이 기쁨은 여러 가지 시련 속에서도 흔들리지 않고 유지될 수 있다. 여기서 "잠깐"(올리곤[*oligon*], 1:6; 참조, 5:10)과 "~하지 않을 수 없지만"(데온[*deon*/if necessary]; 행 19:36 참조)이란 표현에 주목할 필요가 있다. "잠깐"이란 말은 신자들을 위해 하늘에 간직된 "쇠하지 아니하는"(unfading/영원한) 유업(4절)과 대조된다. 현재 겪고 있는 고난의 기간이 장차 하나님과 함께 영원한 유업을 누릴 시간에 비하면 단지 찰나에 불과하다는 사실을 상기시키는 것은 이러한 신자들에게 엄청난 격려와 위로와 안심이 되었을 것이다.

궁극적인 분석에 있어서 "~ 하지 않을 수 없지만"(if necessary)이란 표현은 고난은 하나님이 정하시거나 적어도 하나님이 허용하신 과정임을 확언한다. 즉, 인간의 모든 삶은 하나님의 구원과 성화라는 목적의 주권적인 우산 아래에서 펼쳐진다.

이 목적은 무엇인가?

이것은 7절에서 분명해진다. 그것은 우리 믿음의 연단(testing)인데, 학교의 경우처럼 시험을 통과하는 견지에서가 아니라 우리의 믿음을 단련하고 보다 견고하게 하는 견지에서 이해되어야 한다.

그렇게 검증된 믿음은 심지어 "금보다 더 귀하다." 금도 불로 단련하긴 하지만, 궁극적으로는 사라지고 만다("불"이 하나님의 심판에 대한 흔한 상징임에 주목하라; 예컨대, 히 12:29). 그러나 믿음은 견디며 예수 그리스도의 재림 때에 하나님께 드리는 찬양과 영광과 존귀의 근거가 될 것이다.

베드로는 예수의 지상 사역 동안 그를 가까이에서 따른 제자였지만, 그의 독자들은 예수를 눈으로 본 적이 없다는 점을 염두에 두고 있다(요 20:29 참조). 그럼에도 불구하고 그들은 그를 사랑하고 믿으며 "말로 다 표현할 수 없는"(아네클라레토스[*aneklalētos*], 신약에서 여기서만 나옴) 기쁨과 영광(수동태로 사용된 독사조[*doxazō*], 문자적으로는 "영광을 받다"의 의미; 8절)으로 가득 차 있다. 이렇게 하여 9절에 따르면 신자들은 믿음의 목표(텔로스[*telos*], 개역개정에는 "결국"으로 번역됨-역자주), 즉 영혼의 구원을 얻는다(코미조[*komozō*]; 특히 약속을 받다는 의미로 사용되는 히브리서의 용례[10:36; 11:19, 39]).

이런 점에서 신자들은 그들의 현재의 삶을 미래의 목표에 비추어 살아야 한다. 그들의 구원은 과거에 예수께서 십자가에서 이루신 사역을 통해 얻어졌다. 그것은 현재 여러 가지 시련 가운데서 그들을 지탱하고 있는 믿음으로 말미암아 그들에게 주어져 있다. 그러나 그 구원은 예수가 재림하실 때만 완전히 경험되고 완성되고 실현될 것이다.

이어서 베드로는 "이 구원"에 대해 간략하게 설명한다(1:10-12). 구원은 선지자들이 부지런히 탐구했던 대상이었다(베드로가 선지자들이 탐구한 강도를 전달하기 위해 10절과 11절에서 세 개의 다른 헬라어 단어를 사용한 점에 주목하라: 신약에서 여기서만 나오는 두 단어 에크제테오[ekzēteō]와 엑스에라우나오[exeraunaō], 그리고 에라우나오[eraunaō], 롬 8:27; 고전 2:10 참조).

특히, 선지자들은 "그들 안에 계신 그리스도의 영이" 그리스도의 **고난**(sufferings)과 후에 받으실 **영광**(glories)을 예고하셨을 때, "누구를 또는 어느 때를 지시하시는지(델로오[dēloō]; 벤후 1:14 참조; 또 히 9:8; 12:27도 보라)"에 대해 연구했다(11절, 복수형에 주목하라). 놀라운 것은 구약 시대에 성령과 그분의 활동이 여기서는 "**그리스도의** 영"으로 언급되어 있으며, 선지자들이 "그리스도의 고난과 후에 받으실 영광"에 대해 연구했을 때 그 영(Spirit)이 선지자들 "안에"(in) 계신 것으로 말해지고 있다는 점이다.

또 하나 놀라운 것은 동일한 영(Spirit)이 메시아의 고난과 영광을 예고하는 구약의 선지자들 안에서도, "하늘로부터 보내신 성령을 힘입어" 독자들에게 "복음을 전하는 자들" 안에서도(12절) 일하고 계셨음을 베드로가 분명하게 밝히고 있다는 점이다. 이는 메시아를 고대하는 구약 선지자의 메시지와 이 메시아가 지금 고난을 받으시고 죽으셨으며 부활하셨고 승귀하셨다고 선포하는 신약 사도의 메시지, 즉 복음 사이에 본질적인 연속성이 있음을 강조해 준다(그리스도의 승천 다음에 "하늘로부터 보내신 성령"을 언급한 점 참조).

이런 점에서 선지자들과 사도들은 모두 메시아의 고난과 구원을 예고하고 선포함으로써 신약의 신자들을 섬겼으며, 구원사(salvation history)는 고난받으시고 영광을 받으신 메시아, 즉 주 예수 그리스도의 복음에 초점을 맞추고 있다.

베드로는 신자들의 구원에 대한 설명을 매우 흥미로운 논평으로 종결하는데, 그것은 구원의 직접적인 수혜자는 아니지만, 천사들조차도 성령을 힘입어 복음을 전하는 자들이 선포한 복음을 둘러싼 이러한 일들을 자세히 들여다보기(파라큎토[parakyptō]; 눅 24:12; 요 20:5, 11; 약 1:25 참조)를 갈망한다는 것이다. 이런 점에서 이 단락은 시작한 방식대로 종결된다. 즉, 신자들의 유업/유산이 "하늘에 간직되어"(1:4) 있지만, 복음은 "하늘로부터 보내신"(1:12) 성령에 의해 그들에게 전파되었다.

이상에서 베드로는 현재 고난을 당하고 있는 독자들에게 하늘(천국)의 관점을 전달하려고 노력한다. 천국은 실제이다(real). 그것은 어느 모로 보나 신자들이 현재 경험하고 있는 여러 가지 시련만큼이나 실제적이며 한없이 더 오래 지속한다. 그러한 천국의 관점을 선택하는 일은 그들이 그리스도가 재림하실 때 그들의 구원의 완전한 몫을 받을 것을 기대함으로써 믿음으로 인내하고 소망 가운데 살며 말로 표현할 수 없는 큰 기쁨을 가지는 데 도움이 될 것이다.

2) 거룩한 삶에 대한 요구(1:13-21)

1:13의 "그러므로"(디오[dio])는 성경에 근거한 고난의 미래지향적 틀에 대한 설명(신자의 산 소망[명사]과 하늘의 유업)에서 현실에 기반을 둔 행동 요청(동사)으로 이동하는 주요 전환을 표시해 준다. 신자들을 거듭나게 하사 "산 소망"(1:21; 3:15 참조)을 갖게 해 주신 하나님의 행위에 대해 말하는 3절의 경우처럼, 베드로는 지금 13절에서 독자들에게 그들의 소망(3:5; 벧후 1:12; 딤전 4:10; 히 11:1 참조)을 온전히 그리스도와 그들이 재림 때에 받을 은혜 위에 두라고 촉구한다.

미래의 소망과 미래의 은혜는 행동을 위해 "너희의 마음의 허리를 동이도록"(아나보사메노이[anazōsamenoi], 앞선 동작을 나타내는 단순과거 분사) 그들에

게 동기를 부여해야 한다.[9]

행동을 위한 준비를 마친 후 신자들은 근신하여(네폰테스[nēphontes]; 4:7; 5:8; 살전 5:6, 8; 딤후 4:5) 그들의 소망을 예수 그리스도께서 나타나실 때에 그들에게 주어질 은혜에 온전히(텔레이오스[teleios], 신약에서 여기서만 나옴) 두어야 한다.[10] 이런 식으로 베드로는 3-12절에서 제시한 미래-지향적 틀(future-oriented framework) 안에서 그의 논지를 계속 진행한다.

베드로는 독자들에게 어떤 특정한 행동을 촉구하고 있는가?

그들을 "순종하는 자식"(자녀)으로 부르면서, 그는 독자들이 이전에 알지 못하고(아그노이아[agnoia], 이방인을 가리키는 것이 분명; 엡 4:18; 행 17:30 참조) 따르던 사욕(passion)을 "본받지"(쉬스케마티조[syschēmatizō/conform], 신약의 다른 곳에서는 오직 로마서 12:2에만 나오는데 거기서 바울은 그의 독자들에게 "이 세상을 본받지 말고" 그들의 사고방식이 변화되기를 요청) 않기를 원한다. 오히려 베드로는 독자들에게 모든 행동에 있어 하나님의 거룩한 성품을 본받으라고 권면한다.

베드로는 특유의 방식으로 먼저 명령을 하고 뒤이어 그 명령의 성경적 근거를 덧붙인다. 이 경우에 그는 레위기의 성결 규범(holiness code)을 인용한다.

> 내가 거룩하니 너희도 거룩할지어다(1:16, 레 11:44 인용; 참조, 19:2; 20:7, 26).

개론에서 이미 언급한 것처럼, 놀랍게도 여기서 베드로는 본래 이스라엘에 주어진 구약의 명령을 인용한 후 그 범위를 확장하여 주로 이방인 청중으로 구성된 베드로의 수신자들을 포함하여 모든 하나님의 백성들에게 다시 적용한다.

---

9   "허리를 동이는"이라는 은유(즉, 행동을 위해 준비하는[복음서에 나오는 베드로 모습의 특징])를 (ESV 역과 같은) 어떤 영어 번역에서는 놓치고 있다. 관련 동사 존뉘미(zōnnymi)는 신약성경에서 베드로와 관련해서만 사용된다(요 21:18[두 번]; 행 12:8).
10 앞의 베드로의 "묵시적" 언어에 대한 논의를 보라.

베드로는 2장에서 하나님 백성의 정체성을 논할 때 이러한 방식의 해석학을 계속 사용할 것이다. 실제로 다음 구절에서 베드로는 다시 한번 "나그네"(exile, 역시 본래 이스라엘에 적용된 용어)라는 용어를 사용하여 그의 (이방인) 독자들이 "나그네로 있을 때"(1:17; 베드로가 독자들을 "택하심을 받은 나그네"로 부르는 1:1 참조; 또 2:11; 4:12도 보라)에 관해 말할 것이다.

이 나그네(exile)라는 명칭은 구약 시대에 이방 민족들 가운데에서 이스라엘의 구별된 정체성을 언급하는데, 유대인들은 아시리아와 바벨론 포로 이후 유배로 흩어졌을 때도 그 정체성을 유지하였다. 남은 자들이 거룩한 땅으로 귀환했지만, 유대인들의 대다수는 그러지 못했고 그레코-로만 세계 전역에 예배 처소(회당)를 포함한 유대인 정착지를 설립했다. 나중에 이 회당은 바울과 초기 교회가 복음을 선포할 이상적인 출발점 역할을 했다(사도행전을 보라).[11]

유대인들이 문자적이고 물리적인(지리적인) 의미의 나그네로 살았다면, 개종한 이방인들은 영적 의미의 나그네, 즉 그리스도께로 개종한 이후에는 이 세상이 더 이상 그들의 참된 고향이 아닌, 외국인(aliens)으로 살았다.[12] 바울도 빌립보서에서 이와 유사하게 썼다.

> 그러므로 우리의 시민권은 하늘에 있는지라(빌 3:20).

---

11 누가-행전에는 회당(synagogue)에 대한 용례가 34번 나오는데, 그중 19번이 사도행전에서 나온다. 이러한 회당에는 다메섹, 비시디아 안디옥, 이고니온, 데살로니가, 베레아, 아덴, 고린도, 에베소에 있는 회당이 포함된다. Anders Runesson, Donald D. Binder, and Birger Olsson, *The Ancient Synagogue from Its Origins to 200 CE: A Source Book* (Boston: Brill, 2008), 45 참조.

12 게다가 N. T. Wright와 같은 작가들은 이스라엘에서도 AD 1세기에는 남은 자들이 성지로 돌아갔지만, 이스라엘은 여전히 영적 유배 상태에 있다는 의식이 있었다고 지적한다. 하지만 라이트의 논지는 광범위한 학술 토론의 주제이다. 예를 들어, James M. Scott, ed., *Exile: A Conversation with N. T. Wright* (Downers Grove, IL: InterVarsity, 2017)을 보라. 또 Carey C. Newman, ed., *Jesus and the Restoration of Israel: A Critical Assessment of N. T. Wright's "Jesus and the Victory of God"* (Downers Grove, IL: InterVarsity, 1999)와 Christoph Heilig, J. Thomas Hewitt, and Michael F. Bird, eds., *God and the Faithfulness of Paul: A Critical Examination of the Pauline Theology of N. T. Wright* (Minneapolis: Fortress, 2017), 181-206도 보라.

이러한 구별된 영적 정체성은 한편으로는 세상으로부터의 영적 분리, 즉 이방인 특유의 관습적인 부도덕과는 거리 두기를, 다른 한편으로는 하나님 자신의 성품과 구속받은 모든 백성에 대한 그분의 목적에 부합하는 거룩한 삶을 필요로 했다.

이러한 거룩한 삶은 그들 자신을 위해서뿐만 아니라 주변의 불신 세상에서 증언을 위해서도 필수적 요소이다. 이런 점에서 거룩한 삶은 베드로에게 있어 개인이든 공동체이든 이 세상에서 신자들이 감당해야 할 사명(mission)의 핵심 요소이다.

하나님을 심판자로 언급함으로써 베드로는 이 서신 전체에 만연된 종말 지향적 특징을 계속 이어 간다(1:17). 신자들은 하나님("아버지")께서 "각 사람의 행위대로 공평하게(아프로소포렘프토스[aprosōpolēmptōs], 신약에서 유일하게 여기서만 나옴. 개역개정에는 생략되었음-역자주) 심판하시는" 분임을 염두에 두고 이 세상에서 나그네로 있는 동안 "두려움"(포보스[phobos])을 가지고 살아야 한다. 다시 말해 하나님은 사람을 편파적으로 대하시지 않는다. 오로지 하나님이 우리를 상대하고 계신다는 이유만으로 우리에게 특혜를 주실 것이라고 기대하는 것이 우리의 본성이지만, 하나님은 공평하신 분이다(약 2:1 참조).

이어서 베드로는 그의 이방인 독자들에게 그들이 "(그들의) 조상이 물려준 헛된 행실에서 대속함을 받은 것(여기서도 베드로전서의 수신자가 주로 이방인임을 암시)은 은이나 금같이 없어질 것으로 된 것이 아니요 오직 흠 없고 점 없는 어린양(의 피와) 같은 그리스도의 보배로운 피로 된 것"임을 상기시킨다(1:18-19; 참조, 1:2). 은과 금의 가치도 타의 추종을 불허하는 그리스도의 귀중한 피의 구속 가치에 비하면 하찮아 보일 뿐이다!(1:4의 "썩지 않고 더럽지 않고 쇠하지 아니하는" 참조).

하나님이 "창세 전부터"(즉 영원부터; 1:1 참조) 그리스도를 미리 아셨지만, 그리스도는 (문자적으로) "말세에"(the last of times) "너희"(여기서도 독자들에게 직접 말을 건넴)를 위하여(on account of/ 때문에) 나타나셨다(아포칼립토[apokalyptō])(1:20). 예수를 미리 아시고 죄를 위한 속죄 제물로 보내셨을 뿐만 아니라 그를 죽은 자 가운데서 살리시고 그에게 "영광을 주신"(즉 그를 높이신) 분도 하나님이시기 때문에 독자들의 믿음과 소망은 하나님 안에 있어야 한다(1:21). 이 서신의 시작 부분인 1:3과 5절에 각각 나오는 소망과 믿음에 대한 언급과 22절의 "사랑"에 대한 언급이 "믿음, 소망, 사랑"의 삼중 구조를 완성한다는 점에 주목하라(고전 13:13).

1:19-21에 언급된 베드로의 진술은 이 서신의 첫 번째 부분에 적합한 결론을 제공하는데, 그 부분은 유사한 용어, 즉 하나님이 신자들을 미리 아신다는 언급으로 시작했다. 여기서도 그는 하나님께서 예수를 미리 아셨고(특히 그의 속죄 제물뿐 아니라 그의 부활과 승귀도) 또한 그리스도의 피가 신자들에게 뿌려진 것을 미리 아셨다(1:2)고 말한다.

전반적으로 베드로의 진술은 철저하게 유대적이지만(하나님의 거룩, 홈 없고 점 없는 어린양으로서의 그리스도의 희생, 유랑 중인 하나님의 백성) 그는 여기서 유대인 용어로 구성된 기독교 메시지를 이방인 청중에게 적용한다.

3) 사랑에 대한 요청(1:22-2:3)

베드로는 1:13-21에 제시한 거룩한 삶에 대한 권면의 논리를 계속 진행하여 이제 사랑에 대해 요청함으로써 그의 권면을 확장한다. 13절의 경우처럼, 그는 선행 사건을 전제조건으로 내세운다.

> 너희가 진리를 순종함으로 너희 영혼을 깨끗하게 하였으므로…(벧전 1:22).

이 어휘는 또다시 이 서신의 시작 부분을 상기시키는데, 거기서 베드로는 신자들이 "예수 그리스도께 순종하기 위해" 택하심을 받았다고 말한다(1:2, 개역개정에는 "…순종함과 예수 그리스도의 피 뿌림을 얻기 위하여"로 번역됨-역자주).

후에 베드로는 신자들의 믿음의 목표인 그들의 "영혼" 구원에 대해 말했다(1:9). 물론 신자들은 그들을 죄악의 삶으로부터 대속해 주신 오직 흠 없고, 점 없는 어린양 주 예수 그리스도의 보배로운 피에 근거해서만 (1:18-19) "그들의 영혼을 깨끗하게"(아그니조[*agnizō*], 희생제물 용어; 요 11:55; 행 21:24, 26; 24:18; 약 4:8; 요일 3:3 참조) 할 수 있다. 그런데도 이 깨끗함/정결함은 단순히 수동적 수용의 문제만이 아니라 또한 능동적 믿음의 문제이기도 하다. 진리에 대한 순종 또한 죄로부터의 정결을 수반한다.

그러나 죄로부터의 정결은 그 자체가 목적이 아니다. 그것은 "순수한" 마음에서 우러나는(1:22, 개역개정에는 "순수한"이 생략됨-역자주) 거짓 없는(아뉘포크리토스[*anypokritos*/sincere]; 사랑과 관련해서는 롬 12:9; 고후 6:6 참조; 믿음과 관련해서는 딤전 1:5; 딤후 1:5 참조; 지혜와 관련해서는 약 3:17 참조) 형제 사랑을 목적으로 한다. 신자들은 "썩을 씨"가 아니라 "썩지 않을 씨로"(1:23) 거듭났으므로, 서로 "뜨겁게"(에크테노스[*ektenōs*/earnestly]; 4:8 참조; 또한 기도와 관련하여 사용되는 눅 22:44; 행 12:5도 보라) 사랑해야 한다.

23절의 거듭남(being born again)에 대한 언급은 하나님께서 "그의 많으신 긍휼대로" 신자들을 거듭나게 하사 "산 소망"이 있게 하셨다고 말하는 서신의 감사 부분을 상기시킨다(1:3). 여기서 베드로는 우리의 새로운 탄생(거듭남)이 그리스도를 믿는 동료에 대한 진정한 사랑으로 귀결되어야 한다고 지적한다. 베드로는 썩을 것과 썩지 아니할 것 사이의 대조를 여기서 세 번째로 언급한다(1:7에서 믿음과 관련하여; 1:18-19에서 그리스도의 피와 관련하여; 그리고 여기서는 신자의 거듭남의 수단으로 "살아 있고 항상 있는[영원한]" 하나님의 말씀과 연관하여).

또다시 베드로는 먼저 1:23에서 그의 요점을 말하고 이어서 구약성경의 근거를 제공한다(1:24; 사 40:6, 8 인용).

··· 풀은 마르고 꽃은 떨어지되 오직 주의 말씀은 세세토록 있도다 ··· (벧전 1:23-24).

본래의 문맥에서 이사야의 진술은 일반적으로 야웨의 말씀을 언급했지만, 여기서 베드로는 흔히 페셰르(pesher)라고 불리는 랍비적 기법의 형태로(즉, 현대적 적용 방식을 통해["이것은···그것이다"]) 이사야의 말씀을 그의 독자들에게 전해진 복음에 적용한다.

> 이것(즉 "주의 말씀")이 너희에게 전해진 복음이다(벧전 1:25, 사역; 참조, 1:12).

이렇게 하여 베드로는 다시 한번 선지자 이사야의 시대에 이스라엘에 주신 주의 말씀과 자신이 속한 시대의 하나님의 백성(현재의 경우는 이방인)에게 전해진 복음 사이의 본질적 연속성을 확립한다.

4) 구원에 이르도록 성장하고 버림받은 모퉁잇돌에 나아가라는 요청 (2:1-10)

1:13 및 1:22의 경우와 같은 형태를 따라 베드로는 "모든 악독과 모든 기만과…비방 하는 말을 버리고(버린 후에)"라는 전제조건(단순과거 분사로 표현된)으로 새로운 단락을 시작한다. 이어서 그는 "순전하고 신령한 젖을 사모하라"라는 명령(imperative)을 주고, 그다음에 "그로 말미암아 너희로 구원에 이르도록 자라게 하려 함이라"라는 바람직한 결과를 덧붙인다(2:1-2; "구원"이 1:9과 10절에서 이미 언급되었다는 점에 주목하라).

신자들이 구원에 이르도록 성장하기 위해서는 "순전하고 신령한 젖"(pure spiritual milk)으로 영양분을 공급받아야 한다. 문맥에서 볼 때 순전하고 신령한 젖은 1:23에 언급된 "살아 있고 항상 있는 하나님의 말씀"을 언급할 가능성이 매우 크다.

하나님의 말씀으로 양육되기 위해 신자들은 먼저 모든 불경건한 행위, 즉 악덕(카키아[kakia/악의]), 기만(돌로스[dolos]; 2:22; 3:10; 롬 1:29 참조), 외식(휘포크리시스[hypokrisis/위선]; 딤전 4:2 참조), 시기(프도노스[phthonos]; 딤전 6:4; 딛 3:3; 약 4:5), 비방(카타랄리아[katalalia]; 2:12을 보라; 참조, 고후 12:20)을 버려야 한다. "모든"이란 형용사가 이러한 악덕 목록의 첫 번째와 두 번째 그리고 다섯 번째 악덕과 함께 사용된다. 이와 유사한 에베소서 4:31과 골로새서 3:8에 열거된 악덕 목록을 보라.

이러한 모든 악한 특징은 사악하고 죄악 된 마음에서 나오며 결국 다른 사람에게 부정적 성향과 행동을 초래한다.

- 다른 사람이 실패하기를 원하는 마음(악덕/악의)
- 다른 사람을 조종하거나 속이거나 오도하는 행위(기만)
- 진정한 자기 자신이 아닌 다른 사람인 척 가장하는 태도(외식/위선)
- 다른 사람들이 가진 것에 대해 분개하고 스스로는 그러한 것들을 원하는 태도(시기)
- 다른 사람들에 관해 부정적이고 허위로 말해 그들의 인격을 침해하는 행위(비방; 신자들 자신들이 주변 사람들에게 비방을 받고 있음을 분명히 하는 2:12 참조)

그리스도 안에 있는 신자들은 이러한 악에서 돌아서야만 하고 하나님 말씀의 "순전하고 신령한 젖"을 이용해야만 한다("순전한"으로 번역된 헬라어 단어는 로기코스[*logikos*]인데, 이 단어는 또한 "적절한"[proper]의 의미도 가질 수 있으며 신약의 다른 곳에서는 로마서 12:1에서만 나온다. "신령한"으로 번역된 헬라어 단어는 아돌로스[*adolos*]인데, 이 단어는 1절의 "기만"을 뜻하는 돌로스[*dolos*]와 언어 유희의 일부이며 신약의 다른 곳에서는 나오지 않음).

악에서 돌아서서 하나님의 말씀으로 양육받을 때 신자들은 "구원에 이르도록 자라게" 될 것이다. 즉, 어린아이가 엄마의 젖을 먹고 점차 신체적으로 성장하는 것처럼, 그리스도 안에서 영적으로 성숙해질 것이다(즉, 거룩해질 것이다). 여기서도 베드로는 먼저 논지를 제시하고 그다음에 성경으로 그것을 뒷받침한다. 이번에는 다음과 같은 시편 34:8을 암시한다.

너희는 여호와의 선하심을 맛보아 알지어다(벧전 2:3).

대부분의 영어 번역에서 4절의 새로운 문장은 헬라어 본문에서 그 구절이 앞의 3절과 긴밀하게 연결되어 있다는 사실을 표시해 준다.

> 너희가 주의 인자하심을 맛보았으면,…그(예수)에게 나아가라.

첫 번째 경우(3절에 인용된 시 34:8)에는 야웨(성부 하나님)를 가리켰던 헬라어 "퀴리오스"(*kyrios*/주)가 다음 단락(2:4-11)에서는 예수 그리스도에게 재적용된다(2:4; 참조, 1:23).

그는 "사람에게는 버린 바가 되었으나 하나님께는 택하심을 받은 보배로운 산 돌(living stone)"이셨다(2:4; "산 소망"에 대해 말하는 1:3 참조). 베드로는 행동의 사람이지만(아나스트로페[*anastrophē*/"행실"]의 많은 용례에 주목; 1:15, 18; 2:12; 3:1, 2, 16), 자신의 가르침을 신학적으로 일관되게 구약에 근거하려고 주의를 기울인다.

그렇게 함으로써 베드로는 구약성경을 직접 인용(예, 1:16, 24-25), 암시(예, 2:3, 12), 진주 엮기 방식(pearl-stringing/게제라 샤바[*gezerah shawah*]; 예, "돌 인용문"; 2:4-11), 구약 인물에 대한 언급(예, 3:5-6) 등 여러 가지 방식으로 사용한다.

베드로전서의 구약 인용

벧전	구약 구절	내용
1:16	레 11:44	내가 거룩하니 너희도 거룩하라
1:24-25	사 40:6, 8	주의 말씀은 세세토록 있도다
2:3	시 34:8	주는 인자하시다
2:6	사 28:16	예수는 모퉁잇돌이시다
2:7	시 118:22	예수는 모퉁잇돌이시다
2:8	사 8:14	예수는 걸려 넘어지게 하는 바위이시다
2:9a	출 19:5-6; 사 43:20	택하신 족속, 왕 같은 제사장들, 거룩한 나라, 그의 소유가 된 백성
2:9b	사 43:21; 참조, 42:12	하나님의 백성은 그의 아름다운 덕을 선포하기 위해 부름을 받았다
2:10	호 1:6, 9-10; 2:23	전에는 하나님의 백성이 아니더니 이제는 하나님의 백성이다
2:12	사 10:3	오시는 날
2:18-25	사 53:4-6, 9, 12	예수는 고난의 종이시다

벧전	구약 구절	내 용
3:5-6	창 18:12	사라는 아브라함을 "나의 주"라 불렀다
4:18	잠 11:31	불경건한 자들과 죄인들에 대한 어두운 전망

베드로는 1:1에서 수신자들을 "택하심을 받은(에클렉토스[eklektos]) 나그네"로 소개했다. 지금 여기서는 예수가 하나님 앞에서 "택하심을 입은"(에클렉토스[ekletos]; 2:4; 참조, 2:6, 9) 분이며, "보배로운"(엔티모스[entimos]; 2:4; 참조, 2:6; 눅 7:2; 14:8; 빌 2:29; 같은 의미의 1:19의 티모스[timos] 참조) 분이라고 말한다. 여기서도 베드로는 일련의 구약 구절을 다른 말로 바꾸어 표현함으로써 자신의 논지를 먼저 제시하고(2:4), 그다음에 그것을 공식적인 구약 인용으로 뒷받침한다(1:15-16, 23-25 참조; 아래를 보라).

하지만 베드로는 예수께로 넘어가기 전에 유비를 제시한다. 예수가 "산 돌"이신 것처럼, 신자들도 "신령한 집"(즉 성전)으로 세워져 가고 있는(오이코도메오[oikodomeō]) "산 돌"(living stones, 복수형에 유의)이 되고 예수 그리스도로 말미암아 하나님이 기쁘시게 받으실 "신령한 제사"를 드리는 "거룩한 제사장"(히에라튜마[hierateuma])이 된다(2:5).

베드로는 이전에도 그랬지만(1:1, 15-16), 지금은 훨씬 더 광범위하게 구약의 용어와 개념(성전, 제사장, 제사)을 그의 이방인 독자들과 신약의 모든 신자에게 적용하여 그들이 이러한 현실의 성취임을 나타낸다. 물리적 건물이나 구조(구약의 성전)에 조점을 맞추기보다 여기서 베드로는 교회가 그리스도 안에서 "세워져 가고 있는" **신자들**임을 지적한다.

신약의 다른 곳에서 바울도 이와 유사하게 신자들을 다음과 같이 표현한다. 너희는 "하나님의 권속(가족)이라 사도들과 선지자들의 터 위에 세우심을 입은 자라 그리스도 예수께서 친히 모퉁잇돌이 되셨느니라. 그의 안에서 건물마다 서로 연결하여 주 안에서 성전이 되어 가고"(엡 2:19-21). 그는 또한 교회를 신자들이 그 몸의 개별 지체들로 섬기는 그리스도의 몸으로 표현하기도 한다(예, 롬 12:3-8; 고전 12-14장; 엡 4-5장).

2:4-5에 언급된 베드로의 진술 다음에 일련의 "돌(과 연관된) 인용문"(stone citations)이 나온다. 이 인용문들은 예수를 **모퉁잇돌**(cornerstone)과 **걸려 넘어지게 하는 돌**(stone of stumbling)로 묘사하는데, 이는 예수의 유사한 용례를 반영한다(2:6-8; 참조, 마 21:42//막 12:10// 눅 20:17). 베드로는 이전 교회의 초기 시대에 공회(산헤드린/유대인의 통치 의회) 앞에서 말할 때도 같은 논지를 지적했다(행 4:11). 바울 역시 로마서에서 같은 구약성경의 구절을 인용했다(9:32-33; 참조, 엡 2:20).

베드로는 이러한 "돌 인용문"에서 주로 이사야와 시편에서 가져온 복수의 구절을 인용하여 예수를(구약의 메시아적 예언을 따라) 역설적으로 모퉁잇돌(사 28:16; 시 118:22)이면서 동시에 넘어지게 하는 돌(사 8:14 참조)로 묘사한다. 그는 독자들에게 예수와 교제하도록 촉구하는("그에게 나아가라") 맥락에서 예수는 하나님의 계획 속에서(그의 귀중한 피로 그들을 대속하신[1:18-19]) 모퉁잇돌이며 동시에 그의 반대자들이 걸려 넘어지는 돌로 소개한다. 이는 결국 신자들 역시 이 세상에서 그리스도와 동일시됨으로써 그리스도와 함께 거절당하도록 부름을 받을 것을 암시한다.

이어서 베드로는 사람들이 그리스도에 걸려 넘어진 것은 말씀에 순종하지 않기 때문이며 그들이 그렇게 된 것은 "정해진"(신적 수동태로 하나님이 그렇게 정하셨다는 의미; 2:8) 일이기 때문이라고 지적한다. 여기서 그는 유사한 문맥에서 하나님이 인간의 죄에 대해서도 주권을 가지고 계신다는 점을 분명히 하는 요한이나 바울과 같은 다른 신약의 저자들과도 밀접하게 일치한다(예컨대, 요 12:38-41; 롬 9:6-33).

9절에 나오는 "그러나 너희는"(인칭대명사 휘메이스[*hymeis*]는 강조의 표현)은 그리스도에 걸려 넘어지는 사람들과 독자들 사이의 대조를 나타낸다. 베드로는 이제 독자들의 정체성을 구약의 기본 단락 출애굽기 19:5-6에서 직접 끌어온 용어들로 묘사하되 몇 개의 다른 관련 구약 단락으로 보충한다(사 42:12; 43:20-21; 호 1:6, 9-10; 2:23).

베드로가 여기서 출애굽기 19:5-6을 인용하고 있다는 사실은 그 구절이 출애굽 이후 시내산에서 율법 수여와 함께 새롭게 탄생한 이스라엘 민족을 제시하기 때문에 중요하다. 베드로가 이사야 43:20-21과 호세아 1:6, 9절을 인용하고 있다는 사실은 이 구절들이 바벨론 포로 이후 회복된 이스라엘과 심지어 이방인을 포함하는 하나님의 백성을 상정하기 때문에 의미가 크다.

구약 이스라엘과의 영적 연속성에서 베드로의 이방인 독자들은 다음과 같은 정체성을 가진다(2:9-10).

- **택하신 족속**(a chosen race/사 43:20: "내가 택한 백성"): 1:1(신자들); 2:4(예수) 참조: 교회는 지상의 인종적 경계를 초월하고 신자들은 버림받은 모퉁잇돌이신 그리스도 안에서 믿음으로 연합된 영적 "족속"이다.
- **왕 같은 제사장**(a royal priesthood/출 19:6: "제사장 나라"): 2:5(신령한 제사를 드리는 "거룩한 제사장") 참조: 종교개혁자들은 이 개념을 로마 가톨릭교회의 별개의 계급으로서의 사제 개념 및 성직자-평신도 구별에 반대하는 만인 제사장직에 대한 가르침으로 발전시켰다.[13]
- **거룩한 나라**(a holy nation/출 19:6: "거룩한 백성"): 교회는 지상의 국경을 초월하여 영적으로 세상과 구별된다.
- **하나님의 소유가 된 백성**(a people for God's own possession/출 19:5: "너희는 모든 민족 중에서 내 소유가 되겠고"): 신자들은 세상과 구별되며 그분에 의해, 그리고 그분을 위해 따로 떼어둔 유일한 주님의 소유이다.
- **그들을 어두운 데서 불러내어 그의 기이한 빛에 들어가게 하신 이의 아름다운 덕을 선포하도록 부름 받은 자들**(사 43:21: "이 백성은 내가 나를 위하여 지었나니 나를 찬송하게 하려 함이니라"; 사 42:12 참조): 신자들은

---

13 성경에 나타난 제사장직에 관해서는 Andrew S. Malone, *God's Mediators: A Biblical Theology of Priesthood*, NSBT 43 (Downers Grove, IL: InterVarsity, 2017) 참조. 그러나 또 John H. Elliott, *The Elect and the Holy: An Exegetical Examination of 1 Peter 2:4-10 and the Phrase basi,leion i`era,teuma*, NovTSup 12 (Leiden: Brill, 1966)도 보라. 엘리옷은 제사장직이 베드로전서 2:4-10의 주요 관심이라는 점과 전체로서의 공동체-개별 구성원의 기능이 아니라-가 이 단락의 초점이라는 점을 부인한다. 그리스도인 전체는 제사장 나라였던 이스라엘의 선택된 백성과 연속성이 있는 제사장의 몸(a body of priests)이다.

도덕적 어둠과 죄로부터 용서하시고 구원하신 은혜에 대한 보답으로 하나님의 증인으로 섬겨야만 한다.
• **전에는 하나님의 백성이 아니었고 긍휼을 얻지 못한 자들이었으나 이제는 하나님의 백성이요 긍휼을 얻은 자들**(호 1:6, 9-10; 2:23): 호세아서에서 "내 백성이 아니었던" 자들은 관계가 끊어진 이방인들이었고 구약 시대에는 그룹으로서의 이방인은 하나님의 구원 반열에 포함되어 있지 않았지만(선지자들은 이것이 변화될 때를 상상했지만), 여기서 베드로는 그 구절을 관계가 회복되어 구원을 받은 이방인들에게 적용한다.

이러한 그리스도인의 정체성 묘사는 틀림없이 베드로의 이방인 독자들뿐만 아니라 오늘날의 모든 하나님의 백성들에게도 깊은 감사를 불러일으킬 것이 분명하다. 우리는 하나님의 택하심을 받았고 그분 앞에 귀중한 존재들이며 그분의 거룩한 목적을 위해 따로 구별된 존재들이다. 또한, 우리는 이전에는 하나님에게서 멀리 떨어져 있었지만, 이제는 하나님의 백성이 되었고, 영적 어둠에서 벗어나 그분의 놀라운 빛으로 들어간 존재들로서 그분의 아름다운 덕을 증언할 증인으로 부름을 받은 존재들이다.

이 모든 것은 2:11에서 시작하는 다음 단락에 대한 배경을 완벽하게 제공한다. 다음 단락에서 베드로는 독자들에게 죄를 멀리할 것을 촉구하며 이 세상의 "거류민과 나그네", 즉 하나님과 함께하는 천국이 참 고향인 거주 외국인(resident aliens)으로서의 그들의 정체성에 근거하여 권면한다.

이 땅에 있는 동안 그들은 그리스도와 연합하여 거룩하게 살고 영적으로 구별된 삶을 살며 숨 막힐 정도로 놀라운 하나님의 구원 사역, 즉 흠 없고 점 없는 하나님의 어린양이시며, 하나님의 구원 계획의 모퉁잇돌(cornerstone)이 되신 그리스도 안에 있는 구원을 증언하도록 부름을 받았다.

3. 거류민과 나그네에 대한 권면(2:11-4:11)

1) 지상 권위에 대한 순종(2:11-3:12)

2:11의 "사랑하는 자들아"라는 시작 문구(아가페토이[agapētoi]; 4:12에 다시 나옴)는 이 서신의 두 번째 주요 단위(major unit)를 도입한다(첫 번째 주요 단위인 1:3-2:10에 이어).

베드로가 독자들을 "거류민"(파로이코스[paroikos/sojourners]; 아브라함의 후손과 관련하여 행 7:6 참조; 미디안 땅의 모세와 관련하여 행 7:29 참조; 크세노이[xenoi/개역개정에는 "외인"으로 번역-역자주]와 한 쌍으로 언급되는 엡 2:19[개역개정에는 "나그네"로 번역-역자주] 참조)과 "나그네"(파레피데모스[parepidēmos]; 1:1과 크세노이[xenoi/개역개정에는 "외국인"으로 번역-역자주]와 한 쌍으로 언급되며, 아벨, 에녹, 노아, 아브라함, 이삭, 야곱과 관련하여 사용되는 히 11:13 참조)로 부르는 것은 이 서신의 서두에서 그의 수신자들을 "택하심을 받은 나그네"로 소개하는 장면을 연상시킨다.

놀랍게도 히브리서에는 "외국인"과 "나그네"라는 용어들을 아브라함과 족장들에게도 적용한다. 이는 이러한 용어들이 유대인이든 이방인이든 하나님의 약속에 대한 믿음으로 살면서 영원한 하늘의 본향을 고대하는 모든 신자를 포괄한다는 점을 보여 준다.[14]

베드로는 계속해서 그의 독자들(이미 언급했듯이 전부는 아니지만 대부분 이방인 출신)이 부도덕한 이방인 환경의 한복판에서 영적으로 구별되어 하나님께 영광을 돌리는 삶을 살도록 권면한다. 이러한 목적을 위해 그는 그들에게 영혼(프쉬케[psychē], 2:11; 참조, 1:9, 22)을 거슬러 싸우는(스트라튜오마이[strateuomai]) 육체의 정욕을 멀리하라고 촉구한다.

---

[14] 엘리옷(Elliott, *Home for the Homeless*)은 이러한 용어들이 또한 문자적으로 그 시대의 신자들이 집 없고 살았던 세상에서 추방되었다는 점에서 사회적 차원을 지닌다고 제안했다. 그러나 엘리옷이 베드로가 이 세상에서 신자들의 존재를 특징짓는 데 매우 중요한 구원-역사적 차원을 등한시하는 것은 부당하다.

"싸우다"(wage war)로 번역된 헬라어 스트라튜오마이는 문자적으로 군인들이 전쟁하는 것을 가리킨다(예, 눅 3:14; 고전 9:7; 딤후 2:4). 그러나 바울(고후 10:3; 딤전 1:18), 야고보(약 4:1), 베드로(2:11) 모두는 그 표현을 비유적 의미로 사람들이 경험하는 내적 투쟁과 하나님의 종들이 참여하는 영적 전쟁을 가리키기 위해 사용한다. 여기에서의 분명한 메시지는 육체의 정욕이 사람의 영혼에 해로우며 우리는 우리 자신의 죄 많은 경향 및 성향과 맞서 치열한 투쟁을 벌이고 있거나 또는 적어도 그래야 한다는 점이다.

아이러니하게도 베드로는 그다음 구절에서 그의 독자들(대부분 이방인 출신)에게 "이방인 중에서 (그들의) 행실을 선하게(칼로스[kalos], 같은 절 후반부에 나오는 '선한 일[행위]' 참조) 가지라"고 촉구한다(2:12). 이 말은 이제 그리스도인으로서 그 이방인들은 더 이상 이방인이 아니라 새로운 정체성을 가지고 있으므로(베드로가 이 장의 앞부분 2:4-10에서 길게 설명했듯이) 그들의 영적 행위(아나스트로페[anastrophē]; 1:15, 18; 3:1, 2, 16 참조)가 주변 환경의 부도덕함을 초월하도록 부름 받았음을 나타낸다.

그들의 전략은 그들의 선한 행위로 자신들을 악행자로 비방하는 반대자들을 침묵시켜 그 반대자들이 "오시는 날에 하나님께 영광을 돌리게" 하는 것이어야 한다(2:12, 사 10:3 암시). "오시는 날"이란 모든 사람이 모든 일에 대해 하나님께 설명하도록 소집될 마지막 심판 날을 가리킨다. 여기서 베드로의 진술은 다음과 같은 예수의 산상수훈 말씀을 반향한다.

> 너희는 세상의 빛이라 … 이와 같이 너희 빛이 사람 앞에 비치게 하여 그들로 너희 착한 행실을 보고 하늘에 계신 너희 아버지께 영광을 돌리게 하라(마 5:14-16).

우리는 오늘날 같은 전략을 취하여 우리의 정체성에 적합하게, "세상의 소금" 및 "세상의 빛"으로의 부르심에 맞게 살아야 한다(마 5:13-14 참조).

2:11에서 새 단락을 도입한 다음, 13절부터는 가훈표(house table) 또는 가정 규례(household code)를 시작한다. 이 가정 규례는 이 장의 후반부에서부

터 다음 장의 전반부에 걸쳐 논의되며(2:13-3:7), 이어서 3:8-12은 요약 및 다음 단락으로의 전환 역할을 한다.

가훈표를 도입하는 헤드 명령(head command)은 이것이다. "인간의(이 세운) 모든 제도(크티시스[*ktisis*], 롬 1:20의 경우처럼 '피조물'을 의미할 수 있지만 여기서는 '제도'를 의미)를 … 순종하라"(휘포타소[*hypotassō*]). 동사 휘포타소("순종하다")와 긴밀하게 연관된 가정 규례의 구조는 다음과 같다.

베드로전서 2:13-3:7에 나타난 가정 규례

벧전	휘포타소의 형태	내용
2:13	순종하라(명령형)	"인간의 모든 제도에…순종하라"
2:18	순종하는(분사)	"사환들아(servants)…주인들에게 순종하되"
3:1	순종하는(분사)	"아내들아 이와 같이 자기 남편에게 순종하라"

이런 식으로 "인간의 모든 제도에 순종하라"는 헤드 명령은 처음에 정부(2:13-17)에 적용되고 그다음에는 다른 두 가지 형태의 인간관계, 즉 종(노예)과 주인(2:18-25) 및 아내와 남편(3:1-7)으로 확대된다. 언급된 사람들의 관점에서 초점은 정확히 순종하도록 요청받은 사람들, 즉 시민들, 종(노예)들, 아내들에게 있다. 정부 관료들이나 노예의 주인들에 대한 언급은 전혀 없으며 단 한 구절만이 그리스도인 남편(3:7)에 대해 언급된다.

눈에 띄는 것은 2:21-25의 가정 규례에 그리스도인 노예가 왜 그들의 주인에게 순종해야 하는지에 대한 장문의 이유가 포함되어 있다는 점이다. 즉, 그들은 그리스도를 본받아 십자가로 가는 길에 그분이 겪었던 고난을 염두에 두고 그분의 발자취를 따라야 한다. 또한, 2:19-20이 선을 행함으로 고난을 받으라는 권면과 함께 "이는 은혜이다"(this is grace)라는 문구로 시작하고 마친다는 점도 주목하라(개역개정에는 "이는 아름다우니라"로 번역됨-역자주). 그 문구는 "이는 하나님의 인정을 받고 하나님의 보상을 받을 일이다"라는 의미이다.

가정 규례에서는 황제나 총독이든, 노예의 주인이든, 불신 남편이든 간에 학대를 받거나 믿지 않는 권위자로부터 고난을 받는다는 점이 특별히 강조된다. 이러한 점에서 기독교의 자유는 인간 권위(로마의 독재자[베드로전서의 저작 시기에는 네로 황제가 AD 54-68년에 왕좌에 있었음]이든 냉혹한 노예 주인이든)에 반항하고 자신의 독립을 주장하기보다는 자발적으로 복종하는 것으로 표현되는데, 이는 근본적으로 반문화적(countercultural) 반응이다.

이와 유사하게 그리스도인 아내들도 믿지 않는 남편에게 복종하는 방식이나 머리 장식, 보석 치장, 옷을 입는 방식에서도 주류 문화보다는 하나님의 인정(승인)을 구해야만 한다. 즉, 1세기 문화와는 달리, 그리스도인 아내들은 종교를 선택할 때는 남편에게 순종할 필요가 없지만(이는 놀라운 예외였다), 그 밖의 경우에는 헌신적이고 겸손하며 순종적인 아내여야 한다.

베드로전서에 나타난 권위에 대한 순종

구절	순종 대상
2:13	정부
2:18	일터(잔인한 주인까지도)
3:1	남편(불신 남편까지도)
3:5-6	아브라함(사라에 의한)
3:22	그리스도(영적 세력에 의한)
5:5	장로들(젊은 자들과 다른 사람들에 의한)

먼저 2:13-18에서 베드로는 그리스도인들에게 정부 당국에 순종할 것을 권고함으로써 그 운동이 본질상 체제 전복적(subversive)이라는 1세기 몇몇 기독교 반대자들에 의해 퍼진 오해를 잠잠하게 한다(특히 누가-행전에 언급된 예수와 바울에 대한 고발을 보라). 오히려 그리스도인들은 권위 있는 사람들을 존경하는 준법 시민이었다(롬 13:1-7; 딛 3:1에 나오는 이와 유사한 바울의 가르침 참조).

이 단락은 황제에게 순종하라(또는 "존대하라")는 명령으로 시작하고 끝난다(2:13, 17). 마찬가지로 그리스도인들은 지방 총독(헤게몬[*hēgemōn*]; 빌라도

[마 27:2, 11, 14, 15, 21, 27; 28:14; 눅 20:20], 벨릭스[행 23:24, 26, 33; 24:1, 10], 아그립바왕[행 26:30] 참조; 그를 따르는 자들이 "총독들과 임금들" 앞에 서서 증언할 것이라는 예수의 예고가 나오는 마 10:18; 막 13:9; 눅 21:12도 참조)도 존경해야 한다.

이에 대한 베드로의 근거는 모든 인간 제도가 궁극적으로는 하나님께서 "악행하는 자를 징벌하고 선행하는 자를 포상하기 위하여" 제정하신 것이라는 점에 있다(2:14). 신자들은 권위 있는 자들에게 도전하기보다는 선을 행함으로써 "어리석은 사람들의 무식한 말(입)"을 막아야 한다(2:15).

베드로는 신자들은 자유로우나 그들의 자유를 악을 가리는 데(문자 그대로는 "베일"[veil]) 사용하지 말고 오히려 하나님의 "종" 또는 "노예"(둘로스[doulos])로 살라는 권면을 덧붙인다. 베드로는 다음과 같이 각각 하나의 목적어를 가지는 간결한 명령형으로 가정 규례의 첫 부분을 끝마친다. "뭇(모든) 사람을 공경하며(honor) 형제를 사랑하며 하나님을 두려워하며 왕을 존대하라(honor/공경하라)."

이렇게 하여 그는 황제 공경을 모든 사람 공경의 일부로 삼는다(첫 번째 명령과 마지막 명령). 이러한 "공경하라"라는 두 명령 사이에 베드로는 형제(아델포테스[adelphotēs]; 신약의 다른 곳에서는 오직 5:9에서만 나옴)를 사랑하며(틀림없이 더 높은 수준으로), 하나님을 두려워할(포메오마이[phobeomai]) 것(인간 권위에 대한 공경과 존중보다 더욱 높은 수준으로)을 요구한다. 즉, 베드로 자신이 일찍이 유대 공회에서 외친 것처럼, 인간 권위에 대한 공경은 절대적인 것이 아니다.

> 사람보다 하나님께 순종하는 것이 마땅하니라(행 5:29; 참조, 4:19-20).

이어서 베드로는 두 번째 가정 규례로 2:18에서 종(오이케타이[oiketai]; 신약의 다른 곳에서는 오직 눅 16:13; 행 10:7; 롬 14:4에만 나옴)에 대한 권면으로 전환하는데, 이 권면에는 앞서 언급했듯이 그리스도의 모범에 대한 여록(2:21-25)이 포함되어 있다. 2:13의 헤드 명령("인간의 모든 제도에 …순종하라")과의 연관성은 이미 언급한 것처럼 18절의 "순종하라"는 동사의 분사

형태(휘포타소메노이 [*hypotassomenoi*]; 문자적으로는 "순종하는")를 통해 분명해진다.

일반적으로 오늘날 우리는 노예 제도는 하나님을 공경하는 일이 아니며, 종종 완전한 악(어느 인간도 다른 사람을 소유할 수 없다는 공리)으로 인정하지만, 인류 역사를 통해 볼 때 다양한 형태의 노예 제도가 존재했었다. 따라서 여기서 베드로의 요점은 단순히 그리스도인 종이 주인에게 순종하는 것이 하나님을 공경하는 일이라는 점에 있다. 왜냐하면, 그것이 "주를 위하여" 하는 것이고(2:13) 지상의 권위에 순종하는 일이 궁극적으로는 그분을 공경하는 일이기 때문이다.

베드로는 그리스도인 종들에게 선하고 온화한 주인에게만이 아니라 부당하거나 까다로운(스콜리오스[*skolios*]; 신약의 다른 곳에서는 눅 3:5; 행 2:40; 빌 2:15에만 나옴) 주인에게도 순종하라고 권고함으로써(2:13) 그 기준을 훨씬 더 높인다. 부당하게(억울하게) 고난을 당해도 하나님을 생각하면서 슬픔을 참으면 이는 "은혜"(카리스[*charis*], 개역개정에는 "아름다우니라"로 번역-역자주)이다(2:19). 베드로는 이 점을 2:19에 지적하고 2:20의 끝부분에 다시 언급한다.

정반대로 죄를 짓고 고난을 받는 사람은 어떤 칭찬도 없다(2:20). 이 진술은 선지자 이사야가 메시아(예수)에 대해 "간고를 많이 겪었으며 질고를 아는 자"(man of sorrows and acquainted with grief)로 묘사한 장면(사 53:3)을 기억나게 한다. 아니나 다를까 베드로가 이 이사야 구절을 염두에 두었다는 사실은 고난에 대한 그리스도의 모범을 상세히 설명한 2:21-25에서 확인된다.

놀랍게도 여기서 베드로의 요점은 예수가 십자가에서 우리 죄를 위해 죽음으로써 얻은 구원 자체가 아니라 그리스도가 고난을 받은 방식에 놓여 있다. 그리스도인은 바로 그 방식을 본받아야 한다.

> 이를 위하여 너희가 부르심을 받았으니 그리스도도 너희를 위하여 고난을 받으사 너희에게 본(휘포그람모스[*hypogrammos*/example], 신약에서 여기에만 나옴)을 끼쳐 그 자취를 따라 오게 하려 하셨느니라(벧전 2:21).

다음에 이어지는 베드로의 묘사는 이사야의 고난받는 종의 노래(사 52:13-53:12) 일부를 연상시키는 동시에 복음서의 수난 이야기에 나오는 그리스도의 고난에 대한 묘사를 상기시킨다. 베드로 자신이 이러한 사건에 대한 주요 목격자요 "그리스도의 고난의 증인"이다(5:1 참조).

때때로 영어 번역에서는 놓치는 경우가 있지만, 베드로는 22, 23, 24절에서 각각 "그리스도"를 수식하는 관계 대명사 "who"(호스[hos])로 시작하여 그리스도가 고난의 본을 보이신 방식을 묘사하는 운문 형태(poetry)로 전환한다(ESV 역은 이러한 병렬 구조를 잘 보여 준다).

- "그는(who) 어떠한 죄도 범하지 않으셨으며 그의 입에서는 아무런 거짓도 발견되지 않았다"(22절).
- "그는(who) 모욕을 당했으나 모욕으로 갚지 않으시고, 고난을 받았으나 위협하지 않으시고, 계속해서 자신을 의롭게 심판하시는 그분께 맡기셨다"(23절).
- "그가(who) 친히 우리의 죄를 나무(크쉴로스[xylos], 즉 십자가. 목적어 "나무"는 여격이 아니라 대격)에 달린 자기의 몸에 지셨기 때문에[15] 우리가 죄에 대해 죽었지만 의에 대해 살 수 있었으며 그분의 상처로 너희가 나음을 얻었다"(24절).

베드로는 2:25에서 다음과 같은 진술로 그의 권면을 종결한다.

> 너희가 전에는 양과 같이 길을 잃었더니 이제는 너희 영혼(프쉬케[psychē]; 1:9, 22; 2:11 참조)의 목자(포이멘[poimēn])와 감독(에피스코포스[episkopos])되신 이에게 돌아왔느니라.[16]

---

15 베드로가 사도행전 5:30과 10:39에서 같은 용어를 사용한 것은 베드로전서의 베드로 저작성과 사도행전의 역사적 정확성에 대한 강력한 확증이다. 또한, 신명기 21:23(갈 3:13 참조)에 대한 암시도 주목하라.
16 2:21-25의 번역은 헬라어의 어휘와 어순에 근거한 저자의 사역이다.

베드로는 여기서 미드라쉬(주석 형태)의 방식으로 항상 이사야 본문의 순서대로는 아니지만, 이사야의 고난받는 종의 노래를 창의적으로 몇몇 부분을 통합하여 주 예수 그리스도의 메시아적 고난을 나름대로 묘사한다. 이사야의 종의 노래(Isaiah's servant song)를 다섯 부분으로 구분할 수 있다면, 베드로는 주로 그 노래의 중심인 세 번째 단락(사 53:4-9)에 초점을 둔다.

베드로전서 2:21-25에 나타난 이사야 53장의 사용

베드로전서	고난 받는 종 예수	이사야
2:22	그의 입에는 거짓이 없었다.	53:9
2:23	그는 입을 열지 않고 잠잠하셨다.	53:7
2:24	그는 우리의 죄를 지셨다.	53:4, 6, 12
2:24	그가 상함으로(채찍에 맞음으로) 우리가 나음을 입었다.	53:5
2:25	우리가 양과 같이 길을 잃었다.	53:6

그러므로 여러 가지 면에서 2:21-25은 서신 전체는 아니더라도 2:13-3:7(또는 2:13-3:12)에 나오는 가정 규례의 신학적 절정 역할을 한다. 이는 바울이 빌립보서 2장에서 그리스도에 대해 묘사하는 부분(예수의 겸손에 강조점이 있는)과 유사한 절정이라 할 수 있다.

이런 식으로 베드로는 부당하게 고난을 받았던 인물의 궁극적인 모범을 신자들 앞에 제시한다.

예수가 자기 손으로 보복하지 않고 하나님께 맡김으로써 그와 같은 믿을 수 없는 부당한 고난을 견디셨다면, 하물며 그를 따르는 자들은 얼마나 더 그리스도의 행위를 본받아 의로운 심판을 하나님께 맡기는 데 더 만족해야 하겠는가?

그렇게 함으로써 신자들은 그리스도의 구속 사명을 계속 확장할 수 있다(2:21; 3:18의 카이[kai]는 등위접속사[and]가 아니라, "~도[also]"를 의미하는 강조형으로 사용된다는 점 참조. "그리스도도"-역자주). 베드로는 3:18 이하에서 이 문제를 다시 다룰 것이다. 이런 식으로 신자들은 고난받는 종을 넘어 이사야 53장의 성취를 확장하여 다른 사람들을 위한 하나님의 구원 계획과 목

적의 일부가 된다.

베드로는 세 번째 가정 규례로 주로 불신 남편의 아내들을 위한 권면을 제공한다(3:1-7). 베드로는 여기서도 "순종하라"는 분사형(휘포다소메나이 [*hypotassomenai*])을 통해 일련의 권면들을 앞부분의 가정 규례와 연결한다. 여기서는 모든 남성에 대한 모든 여성의 순종이 아니라 "자기 남편"에 대한 아내의 순종이 고려된다.

바울은 다른 곳에서 **그리스도인** 남편들의 아내들에게 권면하지만(엡 5:21-23; 골 3:18), 베드로는 여기서 "말씀을 순종하지 않는(아페이데오[*apeitheō*]; 2:8; 4:17 참조) 자라도 말로 말미암지 않고 그 아내의 행실로 말미암아 구원을 받게 하려고" 주로(배타적이지는 않지만) **믿지 않는** 남편의 아내에게 말한다(3:1; "말씀"[word]의 언어유희에 주목하라. 그들은 **말씀**[즉 하나님의 말씀]을 순종하지 않지만, **말**[즉 아내의 말]로 말미암지 않고 구원될 것이다). 여기서 베드로의 조언은 후에 3:14-15에서 일반적인 관점에서 진술되는 원칙과 유사하다.

여기서는 **학대하는**(abusive) 남편에 대한 언급은 없다. 베드로는 단지 신자가 아닌 일부 남편에 대해 언급할 뿐이다. 그들의 저항을 극복할 최상의 방법은 그리스도인 아내가 자신의 행동을 통해 말하는 것이라고 베드로는 조언한다(조용히 자신을 하나님께 맡기신 2:23의 그리스도의 모범 참조). 베드로는 그러한 불신 남편들이 "(아내들의) 두려워하며 정결한 행실을 볼 때" 구원을 받을 수도 있다는 희망을 품는다(3:2).

"보다"라는 번역은 여기서 사용된 특이한 헬라어 단어 에포프튜오(*epopteuō*)의 의미를 제대로 반영하지 못한다. 이 단어는 주의 깊고 통찰력 있게 관찰하는 것을 가리키며 신약의 다른 곳에서는 이 서신의 2:12에서만 나오는데, 거기서 베드로는 독자들에게 이방인 중에서 행실을 선하게 가져 그들을 비방하는 주변 사람들이 그들의 선한 행실을 보고(에포프튜오/감지하고) 하나님께 영광을 돌리게 하라고 촉구한다.

"두려워하여"(영어 원서에는 "존중하는"[respectful]으로 번역-역자주)는 문자적으로 "두려워하는"(in fear)의 의미(궁극적으로는 그리스도로 인한; 엡 5:21 참조.

또 바울이 에베소서 5:33에서 사용하는 단어들도 보라)이고, "정결한"(pure)은 헬라어 하그노스(*hagnos*)의 번역이다(딛 2:5의 유사한 문맥에서도 사용; 참조, 고후 11:2).

아내들에 대한 베드로의 격려(베드로 자신이 결혼했다는 사실을 기억하라, 고전 9:5에서 믿는 아내를 가진 베드로, 다른 사도들, 예수의 이복형제들에 대한 언급을 보라; 또 복음서에 나오는 베드로의 장모에 대한 언급도 보라[마 8:14; 막 1:30; 눅 4:38])는 그들의 외적 아름다움보다 내적 아름다움에 초점을 두어야 한다는 것이다. 머리 모양을 꾸미고 금으로 치장하며 값비싼 옷으로 외모를 꾸미기보다는 "온유하고 안정한 심령"으로 내면을 가꾸어야 한다(3:3-4).

이것은 1세기 유대인 여성과 그레코-로만 세계의 여성들에게도 표준적 가르침이었으며 오늘날에도 적용할 수 있다. 그것은 부분적으로는 청지기 직분의 문제이다.

우리는 우리 시간의 대부분을 무엇을 하며 보내는가?
또 우리는 우리 돈의 대부분을 무엇에 쓰는가?
머리를 손질하고 미용실에서 시간을 보내며 옷, 신발, 및 기타 품목을 쇼핑하는 데 사용하는가?
아니면 인격을 형성하고, 하나님과 다른 사람을 사랑하며, 우리의 살아가는 방식을 통해 하나님을 증언하는 일에 집중하는가?

이 경우 베드로의 주된 적용 요점은 믿지 않는 남편에 대한 그리스도인 아내의 복음 증거이다(항상 어려운 문제이긴 하지만). 그러나 그 원칙은 이러한 상황을 넘어서까지 확장된다(교회의 일반 여성에게 확장되어 "많은 머리와 금이나 진주나 값진 옷"에 집중하기보다는 단정, 절제, 선행을 요청하는 딤전 2:9-10의 바울의 진술 참조).

베드로가 지적하는 것처럼, "마음에 숨은 사람(속사람)"과 "온유하고 안정한 심령(마음)"에 초점을 두면 "하나님 앞에서 값진"(폴뤼텔레스[*polytelēs*], 신약의 다른 곳에서는 막 14:3과 딤전 2:9에서만 사용되는데, 전자의 구절에서는 베다니의 마리아가 예수의 머리에 부을 때 사용한 값진 향유를 수식함) "썩지 아니할"(아프다르토스[aphthartos], 1:4, 23에서 사용되었으며 지속적인 것과 일시적인 것의 대조를 보여줌) 아름다움이 드러난다(3:4).

다시 말해서 여인들은 다른 **사람들**(남자들을 포함해서)이 생각하는 것보다 **하나님**이 생각하시는 일에 더 관심을 가져야만 한다!

이에 대한 성경의 유비와 선례로서 베드로는 "하나님께 소망을 두었던 거룩한 부녀들도 자기 남편에게 순종함으로 자기를 단장했던" 방식을 제시하고 아브라함에게 "순종하여" 그를 "주"(lord)라고 불렀던 사라의 특정한 예를 인용한다(3:6; 참조, 창 18:12). 이 사례는 맹목적 복종이 아니라, (완전하지는 않지만) 경건한 남편 아브라함에 대한 존경의 순종으로 이해되어야 한다. 사라의 예(선을 행하고 두려워하지 않는)를 따르는 여인들은 그녀의 "딸"이 될 것이다(3:6).

다른 경우들(통치자나 종에 대한 권면)과는 달리, 베드로는 3:7에서 (그리스도인) 남편에 대한 간략한 권면을 제시한다(3:1과 유사하게 "이와 같이"라는 번역에 주목하라). 남편들은 문자적으로는 "지식에 따라"(카타그노신[katagnōsin]) 아내들과 함께 살아야(문자적으로는 쉰오이케오[synoikeō/"동거하다"]) 한다.

어떤 지식을 말하는가?

문맥에서 볼 때, 그 대답은 문자적으로 아내들이 "더 연약한 여성(귀나이케이오스[gynaikeios], 신약에서 여기서만 나오는 단어) 그릇"이라는 사실이다. 남편들이 알아야 하는 것(즉 그들이 아내와 관련해서 이해하고 명심해야 할 것)은 아내들이 어떤 의미에서 "더 연약하다"라는 점이다. 이것이 신체적 힘에만 적용되는지 아니면 일반적으로 남성에 대한 여성에 대해 좀 더 광범위하게 적용되는가에 대해서는 학자들 간의 견해 차이가 있다.

우리가 현대 심리학이나 문화적 감성보다 베드로가 살던 1세기의 틀에서 힌트를 얻는다면, 그는 일반적으로 여성들이 그들의 남편에게 더 의존하고 있었다는 점을 염두에 두고 있었다. 왜냐하면, 창조 이야기가 말해 주고 바울 역시 인정하듯이 하나님은 특별히 남자를 위해 여자를 만드셨기 때문이다(고전 11:8-9; 참조, 창 2:15-23). 이 점에서 여인은 남편을 지향하며 그의 "적합한 조력자"(suitable helper) 역할을 한다(창 2:18, 20 참조).

뱀이 남편과 떨어져 있는 여자에게 접근했을 때 그녀는 범죄에 빠졌다 (창 3:1-5; 참조, 딤전 2:14).

여하튼 남편은 아내를 거칠게 대할 것이 아니라, 오히려 잘 배려해야 할 것이다(골 3:19 참조). 베드로는 두 가지 중요한 요점을 추가로 제시한다.

첫째, 여인들은 더 연약한 그릇일 뿐만 아니라, 더 중요한 것은 "생명의 은혜를 함께 이어받을 자"(함께 상속받은 자)이기도 하다.

둘째, 남편들이 아내를 배려하지 않으면 그들의 기도(아마도 남편의 기도를 가리킴)가 막히게 될 것이다(3:7).

베드로는 2:13-3:7에 전개된 가정 규례를 "마지막으로"(토 텔로스[to telos])라는 말로 도입되는 3:8-12의 간략한 요약문으로 종결한다. 그는 독자들에게 마음을 같이하고(호모프로네스[homophrones]; 신약의 다른 곳에서는 나오지 않는 단어), 서로 동정하며(쉼파데이스[sympatheis]; 신약의 다른 곳에서는 나오지 않는 단어), 형제를 사랑하고(필라델포이 [philadelphoi]; 신약의 다른 곳에서는 나오지 않는 단어), 불쌍히 여기며(유스플랑크노이 [eusplangchnoi]; 신약의 다른 곳에서는 엡 4:32에만 나옴), 겸손하라(타페이노프로네스[tapeinophrones]; 신약의 다른 곳에서는 나오지 않는 단어)고 권고한다.[17]

3:9의 "악을 악으로 욕을 욕으로 갚지 말라"는 권면은 2:23의 그리스도의 모범과 관련된 명령과 유사하다(롬 12:17 참조). 오히려 베드로는 예수가 제자들에게 원수를 사랑하라고 가르친 것처럼(마 5:44; 눅 6:27), 독자들에게 상대방의 복을 빌어 주라고 촉구한다. 이렇게 하여 신자들은 문자적으로 복을 "이어받게"(inherit) 될 것이다(3:9; 참조, 1:4).[18]

---

17 접미사 -프로네스(-phrones/"minded")를 포함하는 첫 번째 단어와 마지막 단어가 제공하는 종결 부분에 주목하라. 또한, 3:8에 열거된 5개의 특성이 독자들이 2:1에서 버리라고 권고된 부정적 특성에 대한 긍정적 상관관계를 제공한다는 점도 주목하라.
18 Karen H. Jobes, *1 Peter*, BECNT (Grand Rapids: Baker Academic, 2005), 218-20에 나오는 이 문구에 대한 탁월한 논의를 보라.

베드로는 다시 한번 그의 권면에 대한 성경적 근거를 제공하면서 이 단락을 끝마친다. 여기서는 비교적 길게 시편 34:12-16을 인용하는데, 그는 이미 2:3에서 시편 34:8을 인용한 바 있다. 이 인용문은 박해를 당하는 사람들에게 긍정적 전망과 방향을 제공함으로써 그들이 혀를 통제하고 악에서 떠나 선을 행하며 화평을 추구하고 주님께 기도하도록 촉구한다.

2) 의를 위한 고난(3:13-22)

3:13에서 베드로는 가정 규례를 넘어서 악을 행함으로 고난을 받지 말고(고난받아 마땅한 사람도 있지만) 선을 행함으로 고난을 받으라는 추가적 권면을 제공한다. 그는 13절을 "No"라는 부정의 대답을 기대하는 수사 의문문으로 시작한다.

> 또 너희가 열심으로 선을 행하면 누가 너희를 해하리요(벧전 3:13).

이 질문에 대해 암시된 대답은 "아무도 없다"이다. 그러나 14절은 기원문(optative)의 드문 형태로 신중하게 하나의 가능성(아마도 그 당시와는 동떨어진)을 표현한다. 즉, 그리스도인은 의(righteousness)를 위하여 고난을 받을 수도 있다. 만일 베드로가 심각한 박해가 진행된 네로의 통치 후반에 이 서신을 기록했다면(네로는 AD 54-68년에 통치하였고 통치 말년에 한층 더 심각한 박해를 진행했음), 그가 여전히 기원문 형태를 사용했을지 의문이다.

이사야 8:12-13에 대한 암시로 베드로는 독자들에게 다음과 같이 요청한다.

> 그들을 두려워하지 말고 근심하지도 말며 대신에 너희 마음에 그리스도를 주님으로 거룩하게 모시고(하기아조[hagiazō]) 너희 속에 있는 소망에 대한 이유를 묻는 사람에게는 항상 변호(아폴로기아[apologia]/또는 "답변"; 행 22:1; 25:16 참조)할 준비를 하되 온유와 존경심(포

> 보스[*phobos*], 문자 그대로는 "두려움")을 가지고 그렇게 하라(벧전 3:14-15, 사역).[19]

여기서 언급된 원칙은 앞의 3:1-6에서 베드로가 믿지 아니하는 남편을 둔 아내에게 제공한 조언과 유사하다.

이렇게 신자들은 선한 양심을 가져야만 한다(2:19; 3:21 참조). 그러면 자신들을 비방하는 사람들(2:1, 12)이 그리스도 안에서 행하는 "너희의 선행"에 의해 부끄러움을 당하게 될 것이다(3:16). 내가 아는 어떤 노 목사는 "그냥 저들보다 오래 살아!"(Just outlive 'em!)라고 말하곤 했다. 3:13에서 시작된 단락을 마무리하면서 베드로는 악을 행함으로 고난을 받는 것보다 오히려 선을 행함으로 고난을 받는 원칙을 다시 한번 반복한다(3:17).

2:21-22의 경우와 유사하게, 3:18-19에서도 베드로는 독자들의 주의를 다시 한번 그리스도께 돌림으로써 상세하게 설명한다. 그는 다음과 같이 쓴다.

> 왜냐하면, 그리스도께서도 죄를 위해, 의로운 사람이 불의한 사람을 위해 단 한 번 고난을 받으심으로써(죽으심으로써) 우리를 하나님께로 인도하셨기 때문이다. 그분은 육체로는 죽임을 당했지만, 영으로는 다시 살아나셨다(사역, 3:18).

프뉴마티(*pneumati*)라는 단어는 "성령"(Spirit) 또는 "영"(spirit)으로 번역할 수 있는데, 여기서는 "성령"을 의미할 가능성이 더 크다. 왜냐하면, 바로 뒤 3:19에 나오는 전치사를 가진 관계대명사 절("in whom"으로 도입, 개역개정에는 "영으로"로 번역-역자주)이 "영"(spirit)으로 번역하면 이해하기 어렵기 때문이다(ESV 역이 여기서는 "영"으로, 병행 구절인 딤전 3:16에서는 "성령"[Spirit]으로 번역하는 것에 주목하라).

여기서 베드로의 논지는 신자들이 선을 행함으로써 고난을 받을 때 예수의 예를 본받아야 한다는 점에 있는 것으로 보인다. 예수 역시 마찬가지

---

[19] 1:3에 언급된 신자들의 "산 소망"에 대한 언급 참조; 또 1:21도 보라.

로 의로운 자로서 불의한 자를 위해 고난을 받으셨다. 즉, 예수의 고난은 구원을 위한 것이었고 다른 사람들의 유익을 위한 것이었다. 심지어 그의 고난은 그에게 고난을 안겨 주었던 바로 그 사람들의 유익을 위한 것이었다. 더구나 예수의 고난은 "우리를 하나님 앞으로 인도하려는" 분명한 목적을 가졌다.

여기서 베드로가 그리스도를 따르는 사람들이 그와 마찬가지로 **선을 행함으로 고난을 받는다면** 그들의 고난이 구원의 요소를 지닌다는 사실을 암시하고 있다는 결론을 피하기 어렵다. 그렇게 함으로써 그들은 예수가 행하신 것과 똑같이 다른 사람들을 하나님 앞으로 인도하게 될 것이다. 이것은 의를 위한 고난에 커다란 구원의 가능성을 부여하고 그것을 고귀하게 하여 어떤 무의미함과 절망감도 훨씬 뛰어넘게 한다. 그리스도를 위한 고난에는 목적이 있다.

그것은 그리스도의 죽음이 십자가에서 그랬던 것처럼(물론 가장 원초적이고 유일무이하고 배타적인 의미에서; 즉 모든 그리스도인의 고난은 그의 고난에서 파생된 것임), 타인의 악을 흡수하여 그 대신 축복으로 바꾸기 때문에 의미가 깊다.

19절은 3:18의 시적 운율을 계속 이어 간다.

> 그(예수)가 또한 영으로(in which or in whom) 가서 옥에 있는 영들에게 선포하시니라 (벧전 3:19).

예수는 (아마 부활 후에) 가서 투옥된 영들(아마도 악마적인 영들)에게 선포했다.[20] "선포했다"로 번역된 헬라어 단어 케뤼소(*kerysso*)는 "복음을 전하다"라는 기술적 용어가 아니라 좀 더 일반적 의미로 전령(케뤽스[*keryx*])으

---

20 "갔다"로 번역된 헬라어 단어 포류오마이(*poreuomai*)는 단지 여행을 가리킬 뿐 반드시 하강(descent)을 의미하는 것은 아니다("내려가다"를 의미하는 헬라어 단어는 카타바이노(*katabainō*)이다. Storms ("1 Peter," 339)가 Paul J. Achtemeier, *1 Peter*, Hermeneia (Minneapolis: Fortress, 1996), 257을 참고로 하여 올바르게 그렇게.

로 "선포하다"라는 뜻으로 사용되었다.

신약성경에서 "영들"(프뉴마[pneuma]의 복수형)이라는 용어는 거의 항상 세상을 떠난 인간이 아니라, 타락한 천사든 아니든 간에 천사 같은 존재를 언급한다.[21]

그러나 이 옥에 갇힌 영들은 누구인가?

또 그들에게 전한 예수의 선포 내용은 무엇인가?

베드로는 3:20에서 이 영들이 "전에 노아의 날 방주를 준비할 동안 하나님이 오래 참고 기다리실 때 복종하지 아니하였기 때문에" 옥에 갇혔다고 말한다. 그때 방주에서 물로 말미암아 구원을 받은 사람은 겨우 여덟 사람밖에 없었다는 것이다.[22] 그 구절은 다수의 문제를 제기하므로 Q&A 형식으로 처리하는 것이 가장 좋다.

- **이 영들은 누구인가?**

아마도 그들은 노아의 날에 순종하지 않았고(창 6:1-4 참조), 인간 여자들과 아이를 낳은 악령들(타락한 천사들)일 것이다. 창세기 6장의 관련 구절은 에녹1서와 같은 중간기 문헌에서 광범위하게 숙고한 주제였다.

- **왜 이 영들은 옥에 갇혔는가?**

확실하게 파악하기는 어렵다. 그러나 아마도 그들이 특히 심각한 죄를 저질렀기 때문일 것이다. 즉, 앞서 언급한 바와 같이, 인간 여자들과 성관계를 갖고 잡종 자손을 낳았기 때문이었을 것이다(창 6:2, 4["하나님의 아들들이…자기들이 좋아하는 모든 여자를 아내로 삼는지라…하나님의 아들들이

---

21 유일한 예외는 히브리서 12:23이다.
22 "~말미암아"(디아[dia]/through)라는 전치사는 또한 "~에 의하여"(수단의 의미)를 의미할 수도 있다. 후자의 의미로 사용되었다면, 이 구절은 노아와 그의 가족이 물에 의하여(by means of water) 구원받았다는 의미가 될 수 있을 것이다. 그렇다면 이는 세례의 물로 상징되는 신자들의 구원을 묘사하는 것으로 받아들여질 것이다. R. T. France, "Exegesis in Practice: Two Examples," in *New Testament Interpretation: Essays on Principles and Methods*, ed. I. Howard Marshall (Grand Rapids: Eerdmans, 1977), 273-74를 참고로 하는 Storms, "1 Peter," 342의 간략한 논의를 보라.

사람의 딸들에게 들어와 자식을 낳았으니"] 참조). 또한, 베드로후서 3:6에 의해 판단하건대, 노아의 날에 세계가 홍수에 잠겨 망했다는 사실을 반박하는 듯한 거짓 선생들이 있었는데, 이는 왜 베드로가 홍수를 둘러싼 상황에 특별히 초점을 맞추는지 그 이유를 설명해 준다.

- **그들은 어디에 있는가 또는 어디에 있었는가?**

이러한 악령들은 예수가 부활 후에 그들에게 갔을 때 정확히 어디인지는 몰라도 옥에 있었다. 일부 초기 신조(예컨대, 사도신조)는 그리스도께서 지옥으로 내려가셨다는 점을 확증한다(사도신경의 공인 본문에는 예수께서 "음부에 내려가사"라는 지옥 강하에 관한 문구가 들어있지만, 한국 교회가 공인한 사도신경에는 이 문구가 빠져있다-역자주).²³ 여하튼 그들은 아마 최후의 심판을 기다리면서 임시 수감 장소에 갇혀 있었을 것이다(벧후 2:4; 유 1:6; 계 20:7-15).

---

23 라틴어로 이 문구는 "데센수스 아드 인페로스"(*descensus ad inferos*)로 알려져 있다. 좀 더 상세한 논의를 위해서는 Andreas J. Köstenberger, L. Scott Kellum, and Charles L. Charles, *The Cradle, the Cross, and the Crown: An Introduction to the New Testament*, 2nd ed.(Nashville: B&H Academic, 2016), 851-53을 보라. 또 J. Ramsey Michaels, *1 Peter*, WBC 49 (Waco: Word, 1988), 194-222; Thomas R. Schreiner, *1, 2 Peter, Jude*, NAC 37 (Nashville: Broadman & Holman, 2003), 184-90도 보라. 고전적인 연구는 W. J. Dalton, Christ's Proclamation to the Spirits: A Study of 1 Peter 3:18-4:6, AnBib 23 (Rome: Pontifical Biblical Institute, 1965)이다. 달톤(Dalton)은 베드로전서 3:18-4:6이 그리스도께서 승천하실 때 천사의 권세에 대한 승리를 선포하신 것을 가리키는 문학적 단위라고 주장한다. Wayne Grudem (*First Epistle of Peter*, TNTC [Grand Rapids: Eerdmans, 1988], 203)은 예수가 성령 안에서 홍수에 앞서 노아를 통해 노아의 동시대인들에게 말했다는 광범위한 논의를 제공한다. 좀 더 최근에 Chad T. Pierce (*Spirits and the Proclamation of Christ*, WUNT 2/305 [Tübingen: Mohr Siebeck, 2011])는 베드로전서 3:18-22의 전승과 편집 분석을 제공하면서 "에녹1서"와 "파수꾼의 책"(Book of Watchers)을 포함하는 베드로 이전의 다른 관련 전승들의 영향을 탐구한다. Justin W. Bass (*The Battle for the Keys: Revelation 1:18 and Christ's Descent into the Underworld* [Eugene, OR: Wipf & Stock, 2014])는 예수가 십자가에 못 박힌 후 부활하기 전에 음부에 내려갔다는 주장을 펼치려 한다.

- **그리스도는 언제 이러한 선포를 했는가?**

그리스도는 선재하는 그리스도(preexistent Christ)로서 노아의 날에 옥에 갇힌 그러한 영들에 선포하지 않았다. 아마도 영들은 노아의 날에 불순종했으나, 예수는 그의 부활 이후(18절)와 승천 이전(22절)에 그들에게 선포했을 것이다.

- **그리스도는 이러한 영들에게 무엇을 선포했는가?**

예수는 십자가에 달리고 죽은 자 가운데서 살아났으므로 아마도 죽음과 사탄에 대한 그의 승리를 선포했을 것이다(골 2:15 참조). 이러한 의기 양양한 승리의 선언은 악마들에게 죽음이 임박했다는 점을 알려 주었을 것이다.

- **베드로는 이것을 어떻게 알았을까?**

우리는 모른다. 이러한 정보는 여기 외에 신약 어디에서도 입증되지 않는다.

3:18-20에 대한 해석은 많은 복잡한 해석 문제를 제기하고 신약의 다른 곳에서는 입증되지 않는 자료를 다루고 있어서 처음에는 당황할 수도 있지만, 한 가지 중요한 관찰은 여기서 베드로의 진술 순서가 시간적, 연대적 순서를 따른다는 중요한 해석 틀을 제공한다.

- **십자가 처형**("육체로는 죽임을 당하시고," 18절)
- **부활**("성령[Spirit]으로는 살리심을 받으셨으니," 18절; "예수 그리스도께서 부활하심으로 말미암아", 21절)
- **옥에 갇힌 영들에게 선포**("그가 가서 선포하셨다," 19절; 20절의 회상; 21절의 세례에 관한 여담)
- **승천**("하늘에 오르사," 22절)

이러한 연대기적 읽기가 정확하다면, 19-21절은 앞에서 본 것처럼, **부활과 승천** 사이에 일어난다. 여기서 기억해야 할 다른 중요한 해석 원칙은 베드로의 의도가 무미건조한 신학 문제를 다루기보다는 독자들을 격려하려는 데 있었다는 점이다. 따라서 이러한 구절들을 설득력 있게 해석하려면 베드로가 왜 이러한 정보를 독자들에게 전달했는지 납득할 만한 **목적**을 파악할 필요가 있다.

우리는 베드로의 독자들이 고난을 받고 있었으며 베드로가 미래에 있을 훨씬 더 강력한 고난(4:12 참조)에 대해 그들을 준비시키고 있음을 알고 있다. 그렇다면 아마도 현재의 이 단락은 신자들이 당하는 고난 속에서 그들을 격려하려는 베드로의 전반적인 목적 중 일부일 것이다.

그들에게 예수가 부활 후에 이미 영적 세계에 가서 죽음에 대한 승리를 알렸다고 말함으로써 신자들은 고난 중에도 큰 용기를 얻게 될 것이다. 예수가 십자가 처형 이후 부활을 통해 자신의 정당함이 입증된 것처럼, 그들도 역시 부당한 고난을 끝까지 견딘다면 자신들의 정당성이 입증될 것을 알기 때문이다.

3:21에서 삽입구의 형태로 언급된 베드로의 진술("세례가 지금 너희를 구원한다")은 이해하기 어렵다. 왜냐하면, 신약의 다른 곳에서는 세례 자체가 사람을 구원하지 않는다고 분명히 밝히고 있기 때문이다(세례 중생 개념[baptismal regeneration, 세례에 의해 다시 태어나며 속죄가 된다고 하는 교리-역자주]에 대한 반대). 오히려 세례란 이미 일어난 현실, 즉 참된 회개에 의한 죄 용서와 그리스도의 십자가 희생에 대한 믿음(trust)을 동반하는 내적 정화(cleansing)와 갱신(renewal)의 외적 표현이다(특히, 롬 6:4을 보라).

여기서 "구원"의 예표(antitype)는 분명히 노아와 그의 가족이 홍수를 통한 하나님의 진노로부터 구원받은(디아소조[$dias\bar{o}z\bar{o}$]) 사건이다. 베드로는 그의 가르침이 이전에 세례를 받은 신자들과 관련성이 있음을 보여 주기 위해 이 삽입구를 추가했을 수 있다. 그러한 신자들은 유형론적으로 세례의 물에 해당하는 홍수를 통해 구원받았다는 점에서 노아 및 그의 가족과 연결되어 있다.

이와 관련해서 베드로는 또한, 세례가 하나님을 향한 "호소" 또는 "서약"(에페로테마[eperōtēma])이라고 진술한다(개역개정에는 "간구"라고 번역됨-역자주).

우리가 어떻게 "호소"(appeal) 또는 "서약"(pledge)이라는 이 용어를 가장 잘 이해할 수 있을까?

이 단어는 신약의 다른 곳에서는 발견되지 않지만, 2세기 파피루스 사본들은 "서약"이라는 번역을 선호한다.

만일 "선한 양심"이 목적격의 속격으로 이해된다면("선한 양심을 **위한** 하나님께 대한 서약"), 베드로가 여기서 말하고 있는 바는 세례는 선한 양심을 유지하겠다는 서약이라는 점이다(3:21; "선한 양심을 가지라"는 3:16 참조). 세례의 이러한 측면이 오늘날 교회에서는 거의 보편적으로 무시되고 있다.

베드로는 신자들이 "예수 그리스도의 부활을 통하여" 이러한 서약을 할 수 있다고 덧붙이는데, "그(예수)는 하늘에 오르사 하나님 우편에 계시니 천사들과 권세들과 능력들이 그에게 복종하느니라"라는 말로 이 단락을 마무리한다(3:21-22). 3:22의 "하늘에 오르사"(포류데이스[poreutheis])는 3:19(포류데이스[poreutheis])의 내용이 끝나는 지점과 직접 연결된다.

앞에서 이미 언급했듯이 시적 운율(poetic cadence)을 보이는 3:18-19은 미리 형성된 전승에서 유래했을 가능성이 있다(이와 유사하게 "육"과 "영"의 대조를 특징으로 하는 딤전 3:16 참조; 또 4:6도 참조). 그러나 그렇다고 해서(종종 주장되듯이) 이것이 반드시 세례 예전의 일부가 되는 것은 아니다. 여하튼 20-21절은 3:18-19을 기반으로 하는 베드로의 상술, 여담, 또는 삽입구이며 22절은 시적 운율로 표시되는 3:18-19의 내용을 재개하고 종결한다.

3) 하나님의 뜻에 따라 사는 삶(4:1-6)

속격 독립 구문(genitive absolute/주어와 동사 모두 문장의 나머지 부분과 분리된 형태)이라 알려진 문법구조로 시작하는 4:1은 3:18의 진술로 다시 돌아가는데, 거기서 베드로는 "그리스도께서도 단번에 죄를 위하여 죽으사"라고 언급했다. 베드로는 여기 4:1에서 그와 유사하게 "그러므로 그리스도가 육체로 고난을 받으셨으니"라고 쓴다(개역개정에는 "그러므로"라는 접속사가 생략됨-역자주).

앞의 경우에 베드로는 "우리를 하나님 앞으로 인도하시기 위해" "의인으로서 불의한 자를 대신하여" "단번에 죽으신" 그리스도의 모범을 인용함으로써 선을 행함으로 고난을 받는 일의 중요성을 보강했고, 그 뒤로 주목할 만한 기독론적 단락이 이어졌다.

이제 베드로는 "그러므로 그리스도가 육체로 고난을 받으셨으니"라는 유사한 진술을 사용하여 독자들에게 같은 마음(엔노이아[*ennoia*], 신약의 다른 곳에서는 히 4:12에만 나옴)으로 갑옷을 삼으라(호플리조[*hoplizō*/"무장하다"], 신약에서 여기서만 나오는 단어)라고 촉구한다. 이러한 권면은 베드로가 이 전체 서신을 쓰는 주된 목적을 요약한다. 즉, 신자들을 그리스도와 같은 방식으로 고난을 받을 수 있도록 준비시키는 것이다.

베드로가 고난을 다룰 때 그리스도와 같은 마음 방식을 장려하는 이유는 이것이다. "육체로 고난을 받은 사람은 죄와 관계를 끊었으므로"(사역/"그리스도께서도 **단번에** 죄를 위해 죽으사"라는 3:18 참조), "그 후로는 다시 사람의 정욕을 따르지 않고 하나님의 뜻을 따라 육체의 남은 때를 살게 하려 함이라"(4:1-2; 물론 이 말은 그리스도가 전에 죄를 지었다는 암시는 아님). 바울은 이 점을 다음과 같이 표현한다.

> 내가 그리스도와 함께 십자가에 못 박혔나니 그런즉 이제는 내가 사는 것이 아니요 오직 내 안에 그리스도께서 사시는 것이라 이제 내가 육체 가운데 사는 것은 나를 사랑하사 나를 위하여 자기 자신을 버리신 하나님의 아들을 믿는 믿음 안에서 사는 것이라(갈 2:20).

4:1-2가 신자들이 어떻게 "육신의 남은 때(크로노스[*chronos*])"를 살아가야 하는지에 대해 앞을 내다보면서 말한다면(더 이상 "사람의 정욕[에피뒤미아/*epithymia*; 2:11 참조]을 따르지 않고"), 4:3은 뒤를 돌아보면서 "지나간 때(크로노스[*chronos*])"에 관해 성찰한다. 과거 베드로의 이방인 그리스도인 독

자들이 "이방인의 뜻(블레마[boulēma])"을 따라 행했다면, 이제 그들은 "하나님의 뜻(델레마[thelēma])"을 따라 살아야 한다.

베드로는 이러한 이방인 신자들이 개종하기 이전의 삶의 방식을 다음과 같이 여섯 가지 특징으로 열거한다. "음란, 정욕, 술취함, 방탕, 향락, 무법한 우상숭배"(4:3). 베드로는 독자 편에서의 성숙을 예상한다(또는 적어도 촉구한다). 여기서 그의 요점은 그리스도와 같은 방식의 고난에 반응하려는 사람들은 과거와 단호하게 결별해야 한다는 점이다. 예수도 다음과 같이 가르쳤다.

> 손에 쟁기를 잡고 뒤를 돌아보는 자는 하나님의 나라에 합당하지 아니하니라(눅 9:62).

4:3과 매끄럽게 연결되는 4:4의 헬라어 본문에서 베드로는 독자들의 이전 **친구들**과 동료들이 신자들이 더 이상 "그들과 함께" 그런 극한 방탕(아소티아[asōtia]; 앞에 열거된 여섯 가지 특징 중 세 가지가 마시는 것과 연관된다는 점에 주목하라)에 "달음질하지" 않는 것을 보고 "이상히 여겨"(크세니조[xenizō/"놀라다"]) 결과적으로 독자들, 즉 지금은 우상숭배에서 떠나 살아 계신 하나님을 섬기는 이전의 이방인들을 비방한다고 통찰력 있게 지적한다("비방하다"로 번역된 헬라어 동사 블라스페메오[blasphēmeō]가 다른 곳에서는 하나님 자신을 모독하는 데 사용된다는 점에 주목하라).[24] 후에 12절에서 베드로는 같은 크세니조(xenizō)라는 동사를 사용하여 **독자들**이 불 시험이 오더라도 이상히 여기지 말라(놀라지 말라)고 쓴다.[25]

자신들의 이전 친구들이 하나님께로 돌아섰다는 이유로 비방하는 무법한 이방인들의 사악한 잘못에 대해 그들이 처벌을 면치 못할 것이라고 베드로가 말하는 것은 놀라운 일이 아니다. 4:5에서 베드로는 다음과

---

24 ESV 역이 "그들과 같은 (방탕의) 홍수에 가담하다"라고 번역하는 곳에서 NLT 역은 "(방탕의) 홍수에 뛰어들다"로 번역한다. Greg W. Forbes (*1 Peter*, EGGNT [Nashville: B&H Academic, 2014], 140)는 후자의 번역을 선호한다.
25 4:4과 4:12에 나오는 크세니조(xenizō/"이상하게 여기다")의 언어유희에 주목하라.

같이 경고한다.

> 그들이 산 자와 죽은 자를(즉 모든 사람을) 심판하기로 예비하신 이에게 사실대로 고하리라(벧전 4:5).

베드로가 미래에 있을 하나님의 심판에 대해 이처럼 상기시키는 것은 독자들이 그들의 이전의 삶의 방식으로 돌아가기보다는 부당하게 고난을 받을 때조차도 계속해서 굳게 서서 그리스도를 따르겠다는 결심을 굳건히 하도록 격려하는 역할을 한다.

이 단락을 마무리하면서 베드로는 바로 이러한 목적을 위해 복음이 "죽은 자들에게도" 전파되었다(유앙겔리조[euangizō])고 덧붙인다. 죽은 자를 위한 기도에 관해 말하는 외경(예컨대, 마카비2서)이 더러 있다(고전 15:29에 나오는 죽은 자를 위한 세례에 대한 언급 참조).

그러나 신약성경은 죽음 이후에는 사람이 회개할 기회나 가능성이 전혀 없음을 분명하게 밝힌다.

> 한 번 죽는 것은 사람에게 정해진 것이요 그 후에는 심판이 있으리니(히 9:27).

이런 이유로 여기서 "죽은 자들"은 아마도 살아생전 전파된 복음을 받았지만, 지금은 죽은 사람들을 가리킬 것이다. 아마도 그들은 복음에 호의적 반응을 보였고 그것을 받아들였으며 독자들보다 먼저 믿은 사람들이었을 것이다.

그 결과는 "육체로는 사람으로(카타 안드로푸스[kata anthrōpous]) 심판을 받으나 영으로는 하나님을 따라(카타 데온[kata theon]) 살게 하려 함이라"이다(4:6). 독자들의 이방 이웃들과 친구들은 순전히 인간의 기준으로 그들을 심판했지만, 하나님의 심판 기준은 그와는 전적으로 다르다.

이 단락이 시작하는 방식으로, 즉 "육체"에 대한 언급으로 끝난다는 점에 주목하라(4:1-2["그러므로 그리스도께서 육체의 고난을 받으셨으니"…"육체의 고난을 받은 자는"…"육체의 남은 때를"]; 4:6["육체로는 심판을 받으나…성령/영으로 살게 하려 함이라"]). 이런 식으로 베드로는 정욕을 위해 살아가는 인간의 지상의 삶과 -그리스도와 같은 방식으로 고난에 반응하는 삶을 포함하여- 성령 안에서 살아가는 삶을 대조시킨다(3:18 참조).

4) 하나님의 은혜의 청지기로서 봉사하기(4:7-11)

베드로가 "만물의 마지막이 가까이 왔으니"와 "무엇보다도"(4:7-8)라는 표현을 쓰면서, 이 단락을 웅장한 "아멘"(Amen, 4:11)이라는 말로 끝맺는 것을 볼 때 두 번째로 이 서신을 마무리하려고 하는 것으로 보인다(3:8의 "마지막으로" 참조). 그러나 곧 살펴보겠지만, 4:12이 이 서신의 마지막 단락을 시작한다. 거기서 베드로는 다시 한번 선을 행함으로 고난을 받으라는 주제로 돌아갈 것이다.

"만물의 마지막"(예수의 재림과 하나님의 마지막 심판을 포함하는)에 대한 베드로의 언급은 또다시 이 서신 전체에 걸쳐 베드로가 채택하고 있는 관점을 반영한다. 즉, 독자들이 겪고 있는 현재의 고난은 임박한 "예수 그리스도의 나타나심"(즉 "만물의 마지막"을 표시하는 그의 재림; 1:7, 13 참조)이라는 배경과 보호 아래에서 일어난다는 점이다.

이러한 그리스도의 재림과 하나님의 심판에 대한 경각심을 상기시키면서(4:5 참조), 베드로는 독자들에게 "그러므로" "자제하고"(소프로네사테[sōphronēsate/self-controlled]; 롬 12:3; 딛 2:6 참조, 개역개정에는 "정신을 차리고"로 번역-역자주), "정신을 차려"(1:13에서 텔레이오스[teleios]와 병행하여 사용되는 네포[nēphō]에서 온 네프사테[nēpsate/sober-minded]. 같은 권면이 5:8에서도 나옴; 살전 5:6, 8; 딤후 4:5 참조. 개역개정에는 "근신하여"로 번역-역자주) "기도하라"라고 촉구한다(둔감한 남편의 기도가 막힐 수 있다는 3:7의 언급 참조).

영어로 "자제"(self-control)란 단어는 좁은 의미로 사람의 성적 욕구와 과식 또는 과도한 음주 성향에 대한 절제를 떠올리게 할 수도 있지만, 헬라어에서 그 용어는 좀 더 넓은 의미로 사람의 태도/마음가짐(mindset)을 포함한다. 이러한 의미로 3:8에서 베드로는 일치와 겸손(프론[*phron*-])의 태도를 촉구했고, 4:1에서는 고난 앞에서 그리스도와 같은 태도(엔노이아[*ennoia*])를 요구했다. 여기서 베드로가 염두에 둔 것은 상황이 다르게 나타나더라도 하나님이 통제하고 계심을 아는 강인한 태도, 즉 그리스도의 재림과 하나님의 최후 심판과 같은 미래의 영적 현실을 확신하는 태도이다(히 11:1).

그러므로 고난받는 신자들은 불신 세상의 부정적인 반응에 직면하더라도 그러한 마음 자세로 무장한 채 믿음으로 선한 일을 계속해서 할 수 있다. 이것은 또한 자제(self-control)와 냉철한 정신(sober-mindedness)이 신자들이 하나님께 기도드릴 때 요구되는 태도라는 점에 의해 확인된다. 이런 점에서 자제는 단순히 의지력이나 인간의 결의 능력을 발휘하는 것만이 아니다. 오히려 그것은 (현재는) 보이지 않는 세상을 포함하여 있는 그대로의 세상을 완전하고 현실적으로 판단할 수 있는 틀(framework)의 기능을 한다(1:8-9 참조).

베드로는 계속해서 신자들은 "무엇보다도"(프로 판톤[*pro pantōn*]) 세 가지 중요한 활동에 참여해야 한다고 말한다. 곧 형제 사랑, 관대한 접대, 상호 간의 봉사가 그것들이다.

첫째, 그들은 서로 "뜨겁게"(에크테네스[*ektenēs*/earnest], 신약에서 유일하게 여기서만 나오는 단어이지만, 1:22의 부사형 용례 참조; 또 3:8도 보라) 사랑해야 한다(4:8). 왜냐하면, "사랑은 허다한 죄를 덮어 주기" 때문이다(4:8. 이와 유사하게 잠언 10:12을 암시하는 약 5:20 참조).

이 권면은 이 서신 첫 부분에 나오는 베드로의 다음과 같은 진술을 반향한다.

> 너희가 진리를 순종함으로 너희 영혼을 깨끗하게 하여 거짓이 없이 형제를 사랑하기에 이르렀으니 마음으로 뜨겁게(에크테노스[*ektenōs*]) 서로 사랑하라(벧전 1:22).

둘째, 신자들은 "원망 없이"(공귀스모스[*gongysmos*/불평 없이]; 요 7:12; 행 6:1; 빌 2:14 참조; 출애굽 이후 광야에서 유리할 때 이스라엘 백성이 보인 태도 회피; 요 6:41, 43, 61; 고전 10:10; 참조, 민 16:11-25) 서로 대접"(필로크세노이[*philoxenoi*]; 문자적으로는 "나그네 사랑"; 딤전 3:2과 딛 1:8에서는 감독의 자격으로 언급됨)해야 한다. 즉, 그들은 단지 부담스러운 의무를 이행하는 태도가 아니라 기꺼이 즐겁게 그렇게 해야 한다. 이것은 은혜로 동기가 부여되어 은혜로 둘러싸인 환경에서 살아가는 그리스도인에게 베드로가 계속해서 강조하는 권면과 일치한다(예컨대, 2:19-20; 3:7; 4:10).

셋째, 모든 신자는 각각 하나님께 "은사"(카리스마[*charisma*])를 받은 대로, 하나님의 "여러 가지"(포이킬로스[*poikilos*/varied], 1:6 참조. 또 약 1:2도 보라) 은사를 맡은 "선한 청지기"(오이코노모이[*oikonomoi*]) 같이 자신의 은사를 사용해야 한다(3:7 참조).²⁶ 신자들은 "하나님의 말씀"(로기아[*logia*])을 전하든지 아니면 자신의 힘이 아니라 하나님이 공급하시는(코레게오[*chorēgeō*]) 힘으로 봉사하든지 그들의 영적 은사를 서로 **봉사하는**(디아코네오[*diakoneō*]) 데 사용해야 한다(4:10-11).²⁷

이 구절은 신약성경에서 신자들이 교회 안에서 그들의 영적 은사를 사용하는 것에 대해 말하는 여러 구절 중 하나이다(롬 12:1-8; 고전 12장과 14장; 엡 4:11-16).²⁸

이 단락에서 다시 한번 베드로는 행위, 즉 건전하고 현실적인 태도와 역경 속에서도 그리스도를 따르겠다는 굳건하고 흔들리지 않는 헌신에 근거하여 기독교 신앙을 실천하며 살아가는 행위에 초점을 둔다. 목표는 "범사에 예수 그리스도로 말미암아 하나님이 영광을 받으시는" 데 있다. 베드로는 이 서신의 두 번째 주요 단원을(아직 서신 자체는 끝이 아니지만) 웅장한

---

26 "은사"(gift)가 단수형으로 표현되었다고 해서 모든 그리스도인이 하나의 영적 은사만 받는다고 이해할 필요는 없다.
27 헬라어 단어 디아코네오(*diakoneō*)는 베드로전서와 베드로후서의 다른 곳에서는 단지 베드로전서 1:12에서만 나온다.
28 헬라어 단어 코레게오(*chorēgeō*)는 신약의 다른 곳에서는 단지 고린도후서 9:10에서만 나온다.

"아멘"으로 이어지는 송영(doxology)으로 종결한다. "그(문맥 상 예수 그리스도)에게 영광과 권능(dominion)이 세세에 무궁하도록 있느니라 아멘"(4:11; 이보다는 짧지만 이와 유사하게 이 서신의 실제적인 끝을 표시하는 5:11의 송영을 보라. "권능이 세세 무궁토록 그에게 있을지어다 아멘").

4. 모든 겸손으로 그리스도인으로서 고난을 받으라는 권면(4:12-5:11)

베드로는 2:11에서 시작되는 앞의 주요 단락처럼, 마지막 주요 단락도 "사랑하는 자들아"라는 호칭으로 시작한다. "…이상한(크세노스[xenos]) 일 당하는 것 같이 이상히 여기지(크세니조[xenizō]) 말고"라는 첫 명령은 흥미롭게도 앞 단락에서 사용된 같은 동사를 상기시키는데(4:4), 거기서 베드로는 신자들의 이전 이방인 친구들과 이웃들이 신자들이 더 이상 그들과 함께 방탕하게 살아가지 않는 것을 "이상히 여겼다"라고 지적한 바 있다.

하지만 여기서는 독자들을 이상히 여기는 자들은 다른 사람이 아니다. 오히려 불길한 "불 시험"(퓌로시스[pyrōsis/fiery trial], 여기 외에 신약의 다른 곳에서는 "큰 성" 바벨론의 심판을 의미하는 요한계시록 18:9, 18에서만 나옴)을 이상히 여기지 말라고 권고받는 대상은 독자들 자신이다. 베드로는 그러한 불 시험이 신자들을 "연단하기"(페이라스모스[peirasmos/test]) 위해 그들에게 곧 닥칠 것이라고 예고한다.

이 서신의 첫 부분에서 베드로는 이와 비슷하게 독자들에게 일어날 "여러 가지 시험"에 대해 언급했었다(1:6-7). 이제 그는 "불 시험"(퓌로시스라는 단어는 "불"을 의미하는 퓌르[pyr]의 파생어임)을 언급함으로써 그보다 훨씬 더 구체적이고 강렬한 어떤 시련(단수 형태)에 대해 말하고 있는 듯하다.[29]

---

[29] 동족어 동사 퓌로오(pyroō)는 에베소서 6:16에서 "악한 자의 **불(불타는)** 화살"을 가리키기 위해 사용되며 베드로후서 3:12에서는 "하늘이 **불에 타서** 풀어지고 물질이 뜨거운 불에 녹아질" "하나님의 날"을 가리키기 위해 사용된다.

갑자기 격렬한 시련이 닥치면 당황하는 것이 정상적인 인간의 본성이다. 그래서 베드로는 시련이 찾아올 때 신자들이 그것을 예상하고 넘어지지 않도록 그들에게 미리 알려 준다. 이로 인해 그들은 그리스도와 같은 방식으로 응답하여 하나님을 영화롭게 할 수 있을 것이다.[30] 야고보와 같이 (1:2-4), 베드로도 독자들에게 역경 자체 때문이 아니라 그리스도의 고난에 동참한다는 마음으로 "기뻐하라"라고 촉구한다. 그것이야말로 참으로 초자연적이고 성경에 근거한 반응이다. 이렇게 하여 그들은 또한, "그의 영광을 나타내실" 재림 때에도 기뻐할 수 있을 것이다(4:13).

그의 두 번째 서신에서 베드로는 그리스도의 재림에 대한 자신의 가르침이 거짓이라는 비난에 반박하기 위해 직접 목격한 예수의 변모 사건에 대해 언급할 것이다.

> 우리 주 예수 그리스도의 능력과 강림하심(재림)을 너희에게 알게 한 것이 교묘히 만든 이야기를 따른 것이 아니요 우리는 그의 크신 위엄(변모 사건 때의)을 친히 본 자라 지극히 큰 영광 중에서 이러한 소리가 그에게 나기를 이는 내 사랑하는 아들이요 내 기뻐하는 자라 하실 때에 그가 하나님 아버지께 존귀와 영광을 받으셨느니라 이 소리는 우리가 그와 함께 거룩한 산에 있을 때에 하늘로부터 난 것을 들은 것이라(벧후 1:16-18).

다시 말해서 베드로는 변모 사건에서 처음으로 영광 중에 오신 예수를 보았기 때문에, 그가 (두 번째로) 영광 중에 오실 것를 안다! 베드로는 변화산에서 세베대의 아들 야고보, 요한과 함께 예수의 변모 사건을 목격한 세 증인 중 하나였다(마 17:1-8; 막 9:2-8; 눅 9:28-36).

베드로는 이전에 3:17-18과 4:1에서 그리스도의 고난에 대해 말했다. 이제 그는 4:13에서 신자들이 "그리스도의" 고난에 "참여하는 것"(코이노네오[koinōneō])에 관해 말한다(헬라어 본문에서는 "그리스도의"가 강조되어 앞에

---

30 Thomas Schreiner(*1, 2 Peter, Jude*, 219)가 인상적으로 표현하듯이, 그리스도인의 고난은 하나님의 부재(God's absence)의 징후가 아니라 정화하시기 위한 그분의 임재(his purifying presence)의 표시이다.

나온다). 이것은 그리스도의 고난이 단순히 과거의 일만이 아님을 암시한다. 오히려 그것은 기독교 공동체에서 계속된다.

이런 점에서 예수는 사울이 교회를 박해하고 있을 때 다메섹 도상에서 사울(후의 바울)에게 물었다.

> 사울아, 사울아 네가 어찌하여 나를 박해하느냐(행 9:4).

또 후에 바울은 심지어 다음과 같이 썼다.

> 나는 이제 너희를 위하여 받는 괴로움을 기뻐하고 그리스도의 남은 고난을 그의 몸된 교회를 위하여 내 육체에 채우노라(골 1:24).

이는 그리스도와 교회의 놀라운 동일성과, 비록 파생적인 방식이기는 하지만 신자들이 그리스도의 구속과 속죄 사역에 참여하는 특권을 보여준다(오직 예수만이 십자가에서 인류의 속죄를 위해 죽으셨다!). 흥미롭게도 여기서는 예수의 재림이 그의 영광이 온전히 나타날 때로 표현된다(4:13).

또다시 베드로는 "그리스도의 이름으로" 치욕(모욕)을 당하는(동사 오네이디조[*oneidizō*], 베드로의 서신에서는 여기서만 나옴; 약 1:5 참조; 명사 오네이디시모스[*oneidismos*]는 히 10:33; 11:26; 13:13에서 사용됨) 사람들에게 축복을 선언한다. 이 구절은 산상수훈에 나오는 예수의 유사한 가르침을 반향한다.

> 나로 말미암아 너희를 욕하고 박해하고 거짓으로 너희를 거슬러 모든 악한 말을 할 때에는 너희에게 복이 있나니(마 5:11// 눅 6:22; 참조, 마 27:44; 마카리오스[*makarios*/blessed]와 오네이디조[*oneidizō*/revile] 두 단어가 벧전 4:14과 마 5:11 두 곳에 모두 사용된다는 점에 주목하라).[31]

---

[31] 베드로가 마태복음 5:10-11에 있는 예수의 말씀을 반향하는 3:14 참조. "의를 위하여 박해를 받은 자는 복이 있나니 천국이 그들의 것임이라 나로 말미암아 너희를 욕하고 박해하고 거짓으로 너희를 거슬러 모든 악한 말을 할 때에는 너희에게 복이 있나니."

자기를 따르는 자들이 박해를 받을 것이라는 예수의 예언이 성취되고 있었으며 베드로는 예수가 자기의 이름 때문에 모욕을 당하고 있었던 사람들에게 선포한 복을 반향한다.

신자들이 박해를 견뎌낼 때 복이 있는 이유는 "영광의 영 곧 하나님의 영"(Spirit of glory and of God)이 그들 위에 계시기 때문이다. 성령에 대한 특이한 명칭은 13절의 "영광"의 주제를 반향한다(신약에서 성령이 신자들 안에 내주하신다는 표현과 달리 그들 위에 "머물러 계시다"는 표현 또한 특이하다). 하나님의 영(영광스러운 성령)이 자기 위에 계시는 것은 실로 하나님의 큰 축복이다. 베드로는 여기서 고난에 대한 삼위일체의 틀을 제공한다.

그리스도의 고난에 참여하여 그리스도의 이름으로 치욕을 당하는 사람은 영광의 영 곧 하나님의 영이 그들 위에 계신다!

또다시 베드로는 신자들이 살인이나 도둑질이나 악행이나 남의 일을 간섭하는 것(알로트리오에피스코포스[allotrioepiskopos], 이전의 그리스 문헌에서는 입증되지 않으므로 아마도 베드로가 직접 만든 용어로 추정)과 같은 악행으로 고난을 받지 말 것을 강조한다(4:15; 참조, 3:17).[32] 처음에 언급된 세 가지(살인, 도둑질, 악행)는 분명히 범죄행위를 의미하지만, 네 번째 마지막 용어 "남의 일을 간섭하는 자"(두 번째 "호스"[hōs/as]로 도입되는)는 범죄까지는 아니지만 무척 짜증 나게 하는 행위이다. 어떤 사람도 남의 일에 간섭하는 것을 좋아하지 않는다.

이와 대조적으로 베드로는 "그리스도인"(크리스티아노스[Christianos], 신약의 다른 곳에서는 행 11:26과 26:28에서만 나옴)으로서, 즉 공개적이고 두려움 없이 그리스도의 이름을 지닌 사람으로서 고난을 받으면 부끄러워하지 말

---

[32] 헬라어 알로트리오에피스코포스(allotrioepiskopos)는 "알로트리오스"(allotrios/ "다른 사람에게 속한")와 에피스코포스(episkopos/"감독자")의 합성어로서 문자적으로는 "다른 사람의 일을 감독하는 자"라는 의미이다. 5:2의 동사 "에피스코페오"(episkopeō) 사용 참조(개역개정에는 이 부분이 생략되어 있지만, 고대 사본에는 있음-역자주). Forbes, *1 Peter*, 158-59에 나오는 긴 논의를 보라. 또 Jeannine K. Brown, "Just a Busybody? A Look at the Greco-Roman Topos of Meddling for Defining *allotrioepiskopos* in 1 Peter 4:15," *JBL* 125 (2006): 549-68도 보라.

고(롬 1:16 참조) 도리어 그 이름으로 하나님께 영광을 돌려야(독사조[*doxazō*]) 한다고 권면한다. 여기서도 베드로는 하나의 논지를 제시한 후 이어서 구약성경을 인용한다.

먼저 논지는 다음과 같다.

> 하나님의 집에서 심판을 시작할 때가 되었나니 만일 우리에게 먼저 하면 하나님의 복음을 순종하지 아니하는 자들이 그 마지막은 어떠하며(벧전 4:17).

그다음에 성경을 인용한다.

> 의인이 겨우 구원을 받으면 경건하지 아니한 자와 죄인은 어디에 서리요(잠 11:31 참조; 보라 의인이라도 이 세상에서 보응을 받겠거든 하물며 악인과 죄인이리요).

베드로가 이렇게 진술하는 배경에는 메시아적 저주(messianic woes)의 시작에 대한 기대가 있을 것이다(벧후 3:8-13 참조). 4장을 종결하는 베드로의 맺음말은 전체 단락(unit)의 요지를 요약한다.

> 그러므로 하나님의 뜻대로 고난을 받는 자들은 또한 선을 행하는 가운데에 그 영혼을 미쁘신 창조주께 의탁할지어다(벧전 4:19; 참조, 2:23-25).

베드로는 "함께 장로 된 자요 그리스도의 고난의 증인(마르튀스[*martys*])이요 나타날 영광에 참여할 자"(코이노노스[*koinōnos*])로서 지금 서신을 쓰고 있는 교회의 장로들에게 권면함으로써(파라칼레오[*parakalō*]; 참조, 2:11), 이 서신의 결말을 향해 나아간다(5:1; 하나의 관사가 둘 또는 그 이상의 명사를 지배하는 "그랜빌 샤프의 법칙"[Granville Sharp rule]의 한 예).

베드로가 독자들에게 "그리스도의 고난에 참여하라"라고 요청했지만(4:13), 자기 자신이 "고난의 증인"이다. 즉, 그는 메시아의 십자가 처형을 둘러싼 사건들을 직접 목격했다("그의 크신 위엄을 친히 본 자"로 밝히는 벧후

1:16 참조). 이 점은 베드로가 자기의 동료들을 권면하는 데 있어 엄청난 신뢰성과 권위를 부여한다.[33]

더구나 그리스도의 고난에 참여하는 자들은 또한 "고난을 통해 영광으로 가는"(1:11 참조; 또 행 14:22; 히 12:2도 보라) 익숙한 성경의 경로를 따라 그의 영광에도 참여할 것이다. 예수의 지상 사역 중에 베드로가 그에게 "보소서 우리가 모든 것을 버리고 주를 따랐나이다"라고 말했을 때 예수는 다음과 같이 대답했다.

> 내가 진실로 너희에게 이르노니 나와 복음을 위하여 집이나 형제나 자매나 어머니나 아버지나 자식이나 전토를 버린 자는 현세에 있어 집과 형제와 자매와 어머니와 자식과 전토를 백 배나 받되 박해를 겸하여 받고 내세에 영생을 받지 못할 자가 없느니라
> (막 10:28-30; 참조, 마 19:27-29).

베드로가 동료들에게 주는 주된 명령은 5:2에 언급된다.

> 너희 중에 있는 하나님의 양 무리를 치고 감독하라("감독하라"라는 말은 헬라어 본문[Nestle-Aland 28판]에는 나오지만, 개역개정에는 생략됨-역자주).

5:1-2에서 주목할 점은 "장로"(프레스뷔테로스[*presbyteros*/elder])라는 명사와 "하나님의 양 무리를 치라"(포이마이노[*poimainō*], 즉 목회자) 및 "감독하라"(에피스코페오[*episkopeō*], 즉 감독으로 섬기는 일[이 동사가 모든 사본에서 발견되는 것이 아니지만; "너희 영혼의 목자와 감독"이 언급된 2:25 참조)는 두 동사가 상호 교환적으로 사용되고 있다는 점이다.

같은 직분에 관한 이 세 가지 명칭은 일반적인 신약성경의 용례를 따른다(행 20:17, 28; 딤전 3:1; 5:17; 딛 1:5-9 참조). 나중에 가서야 이러한 직분들이

---

33 위대하고 탁월한 사도 베드로가 자신이 쓰고 있는 교회의 장로들을 "함께 장로된 자"(fellow elders)로 부름으로써 전하는 놀라운 겸손을 어렵지 않게 알아차릴 수 있다.

분리되어 교회 리더십은 지역 교회를 목회하는 장로(elders)나 사제(priests)로, 그리고 그들이 목회하는 교회를 지역적으로 감독하는 주교(bishops)로 두 계층의 형태로 수행되었다.

예수가 십자가에 못 박히시기 전 세 번이나 예수를 부인한 이후 부활하신 그리스도에 의해 재위임되어 "그의 양을 돌보고 먹이는 사역"을 맡은 베드로(요 21:15-19; 참조, 18:15-18, 25-27)가 이제는 장로들에게 "양 무리를 치라"고 권면함으로써 예수 – 베드로 – 신약의 장로들로 사역의 사슬을 이어 가는 모습은 감동을 준다(물론 그렇다고 베드로가 최초의 교황, 하물며 오류가 없는 교황이 되는 것은 아니지만 말이다).

여기서 한 가지 주목할 것은 장로들이 양들을 돌볼 뿐 아니라, 감독으로도 행사한다고 언급한다는 점이다. 이는 장로들을 감독권을 행사하는(교회의 주요 결정에 영향을 끼치면서) 이사회나 기업의 집행 위원회처럼 사용하지만, 목양의 역할은 (집사 또는 유급 교회 직원과 같은) 다른 사람에게 위임하는 교회 리더십 모델이 성경적 명령에 미치지 못한다는 것을 암시하는 것으로 보인다.

이러한 장로들이 어떻게 양을 돌보고 감독해야 하는지에 대한 베드로의 권면은 다음과 같이 "~ 하지 말고…~ 하라"(not…but)라는 세 가지 대조 진술의 형태로 주어진다.

- "억지로 하지 말고…자원함으로 하며"(2절)
- "더러운 이득을 위하여 하지 말고 기꺼이 하며"(2절)
- "주장하는 자세를 하지 말고 양 무리의 본(튀포이 [typoi])이 되라"(3절)

어떤 사람도 권력에 대한 욕망이나 탐욕에 이끌려 교회를 목회해서는 안 된다. 타인에 대해 권력을 갖거나 재정적으로 풍요롭기 위해 종교적 직분을 사용하기를 공개적으로 인정하는 사람은 드물지만, 안타깝게도 자신의 진정한 동기를 얄팍하게 위장한 채 경건하고 이타적인 외양으로 은폐하는 것은 가능하다. 또는 혼합된 동기가 작용할 수도 있는데, 교회의 지도자들은 주님을 섬기면서 동시에 자신의 야망을 추구하려 할 수도 있다. 하지만 예수는 다음과 같이 말씀하셨다.

> 한 사람이 두 주인을 섬기지 못할 것이니…너희가 하나님과 재물을 겸하여 섬기지 못하느니라(마 6:24).

또는 한 사람의 목회자가 처음에는 올바른 동기로 시작하지만, 유혹이나 도덕적 인격의 약함에 굴복하여 부적절한 동기로 빠져들 수도 있다. 악마의 속임수에 면역이 된 사람은 아무도 없으므로, 바울은 디모데에게 장로를 선택할 때 신중하고 갓 신앙을 가진 새 신자를 임명하지 않도록 조심해야 한다고 강조한다(딤전 3:6-7).

베드로는 "함께 장로 된 자"로서 "장로들"에게 "양 무리를 돌보라"고 권면했다(5:1-2). 이제 그는 "목자장"(아르키포이멘[*archipoimēn*], 신약의 다른 곳에서는 나오지 않음)이신 주 예수 그리스도에 대해 언급한다(5:4). 앞에서 베드로는 "너희가 전에는 양과 같이 길을 잃었더니 이제는 너희 영혼의 목자와 감독 되신 이에게 돌아왔느니라"라고 썼다(2:25).

지상 사역 동안 예수는 그가 (적어도 암암리에) "도둑", "강도", 그리고 "삯꾼"으로 불렀던 이스라엘의 종교 지도자들과는 대조적으로 자신을 "선한 목자"(요 10:11, 14)로 불렀다. 그들은 다른 사람을 희생시키면서 자신을 풍요롭게 하지만 그들에게 맡겨진 "양"에 대해서는 전혀 신경을 쓰지 않는 자들이다(요 10:1, 12-13; 참조, 겔 34장, 특히 1-9절).

어떤 사람들은 베드로를 "목자장"으로 고려했을 수도 있지만, 베드로는 겸허히 이 명칭을 자신으로부터 돌려 예수에게 돌린다. 그는 단지 한 사람의 목자요 교회의 다른 장로들과 동료 목자일 뿐이다. 그가 사도의 역할을 하는 것은 사실이지만(사도 바울의 역할과 유사한), 동료 장로들에 대한 그의 권면은 그들보다 우위에 있는 제도적 권위를 가진 인물이 아니라 동등한 사람으로 주어지는 것이다.

다시 한번 베드로는 그리스도의 재림(목자장의 나타나심)과 "시들지 아니하는(아마란티노스[*amarantinos*]; 1:4의 아마란토스[*amarantos*] 참조) 영광의 관"의 보상이라는 종말론적 관점을 취하여 독자들에게 동기를 부여한다(5:4). "영광의 관"이라는 표현은 "영광스러운 면류관"이 아니라, 아마 설명적 보족어로(epexegetically) "영광인 면류관"으로 이해해야 할 것이다.

이 마지막 주요 대단락(unit)에서 "영광"이란 어휘가 빈번하게 사용되는 것에 주목하라. 그것은 결국 독자들의 인생관, 특히 현재 그들이 당하는 시련과 고난이라는 캔버스 위에 베드로가 투영하는 영광의 파노라마에 추가된다. 그들은 그리스도의 고난에 참여하는(코이노네오[*koinōneō*]) 것이므로 그의 영광이 나타날 때 기뻐할 것이다(4:13). 현재, 그들은 영광의 영이 그들 위에 계시므로 복이 있다(4:14).

베드로 자신이 나타날 영광에 참여할 자(코이노노스[*koinōnos*])이다(5:1). 그리고 예수가 재림하실 때 신자들도 시들지 않는 영광의 보상을 받을 것이다. 현재는 고난으로 가득 차 있지만, 미래는 영광으로 가득 찰 것이다. 사실 지금도 우리는 영광의 성령이 우리 위에 계시고 우리 주 예수 그리스도의 영광스러운 재림을 고대하고 있다는 점에서 영광을 엿볼 수 있다.

5절은 "이와 같이"(호모이오스[*homoiōs*]; 3:1, 7 참조)라는 도입구를 포함하여 2:13-3:7에 언급된 가정 규례의 부록처럼 읽힌다. 물론 베드로가 여기서 먼저 장로들(권위 있는 사람들)에게, 그리고 그다음에 장로들에게 순종해야 할(여기서도 "순종하다"라는 말로 번역된 헬라어는 휘포타소[*hypotassō*]임; 2:13, 18; 3:1 참조) 더 젊은 사람들에게 권면한 순서의 차이만 제외하면 말이다.

결론적으로 베드로는 독자들 모두에게 겸손의 "옷을 입으라"(엥콤보오마이[*engkomboomai*], 신약에서 유일하게 나오는 단어)고 요청한다(개역개정에는 "겸손으로 허리를 동이라"로 번역됨-역자주). 이어서 성경의 근거로 잠언 3:34을 제시한다(같은 구절이 약 4:6에서 인용됨). 신자들이 "하나님의 능하신 손 아래에서" 겸손하면 하나님께서 적절한 때에(아마도 앞으로 있을 정당성 입증[vindication]과 심판 때에) 그들을 높이실 것이다(5:6; 약 4:10에 나오는 유사한 권

면과 비교하라).[34]

이러한 겸손은 신자들이 하나님께서 그들을 돌보신다는 사실을 알기 때문에, 그들의 모든 염려(메림나[merimna]; 복음서를 제외하면 오직 고후 11:28에만 나옴)를 하나님께 맡기며(에피립토[epiriptō], 신약의 다른 곳에서는 눅 19:35["자기들의 겉옷을 나귀 새끼 위에 걸쳐 놓고"]에만 나옴) 온전히 하나님을 의존하는 마음에서 나온다.

하나님께 기도하는 것이 자신의 옷을 나귀 위에 던지는 것(throwing)과 같다면, 이것은 우리가 일단 옷을 나귀 위에 던지면, 그것을 짊어지는 것은 더 이상 우리가 아니라 나귀라는 것을 의미한다. 이와 마찬가지로 우리가 일단 우리의 염려를 믿음으로 주님께 던져버리면 이제부터는 그분이 그것을 짊어지실 것이다. 따라서 우리가 더 이상 그 염려를 지고 다닐 필요가 없다. 이것을 안다면 믿을 수 없는 안도감과 "날마다 우리 짐을 (대신) 지시는"(시 68:19) 하나님께 대한 감사로 가득 찰 것이다.

5:8의 "정신을 차리고(sober-minded) 깨어 있으라(watchful)"라고 하는 권면(개역개정에는 "근신하라 깨어라"로 번역됨-역자주)은 "만물의 마지막이 가까이 왔으니", "자제하고(self-controlled) 정신을 차리라"(sober-minded, 개역개정에는 "정신을 차리고 근신하여"로 번역됨-역자주)는 4:7의 유사한 권면을 반향한다. 예수도 이와 유사하게 그의 재림을 예고하는 몇 가지 비유를 통해 신자들에게 주의하라고 요청한 바 있다(마 25장).

여기서 베드로는 신자들이 왜 조심해야 하는지 추가적인 이유를 제공한다. 왜냐하면, 그들의 대적(안티디코스[antidikos]; 마 5:25; 눅 12:58; 18:3 참조) 마귀가 "우는/부르짖는 사자"(아마 시 22:13에 대한 암시)와 같이 "두루 다니며"(문자적으로는 "걷다"[페리파테오/peripateō]) 삼킬 자를 찾고 있기 때문이다. 영적으로 말하면, 마귀가 삼킬 가능성이 있는 자가 바로 당신이 아닌지 점검하라는 것이다.

---

34 Storms("1 Peter," 356)는 "(하나님의) 능하신 손"(mighty hand)이 출 3:19; 13:3, 9, 14, 16; 신 3:24; 4:34; 겔 20:34과 같은 구약 구절을 상기시킨다고 언급한다.

오히려 우리는 믿음을 굳건하게 하여 마귀를 대적해야 한다. 왜냐하면, 우리는 원수 마귀와 싸우는 영적 전투에서 혼자가 아님을 알기 때문이다. 같은 종류의 고난(파데마[*pathēma*])이 세상에 있는 모든 그리스도인(아델포테스[*adelphotēs*]; 문자적으로는 "형제"[brotherhood]의 의미; 신약의 다른 곳에서는 2:17["형제를 사랑하며"]에만 나옴)에 의해 완수된다(에피텔레오[*epiteleō*/perfected or completed]; 고후 7:1; 빌 1:6 참조. 개역개정에는 이 부분이 "세상에 있는 너희 형제들도 동일한 고난을 당하는 줄 앎이라"로 번역됨 - 역자주).

이 단락을 종결하면서 베드로는 독자들에게 다음과 같이 확언한다.

> 모든 은혜의 하나님 곧 그리스도 안에서 너희를 부르사 자기의 영원한 영광에 들어가게 하신 이가 잠깐 고난을 당한 너희를 친히 온전하게 하시며 굳건하게 하시며 강하게 하시며 터를 견고하게 하시리라(벧전 5:10).

이 서신에서 이보다 더 위로와 격려가 되는 결말을 생각할 수 있겠는가!

베드로는 하나님께서 지극히 은혜로우시다고 단언한다(주격적 속격). 그분은 받을 자격이 없는 우리에게 호의를 베푸시며 비난보다는 오히려 축복을 아낌없이 부어 주신다. 하나님의 은혜에 대한 궁극적인 표현은 지옥으로 보내져 그분으로부터 영원히 분리되어야 마땅할 우리를 하나님께서 그리스도 안에서 부르사 자기의 영원한 영광에 들어가게 하셨다는 데 있다(5:10).

이 얼마나 환상적인 일인가!

거의 상상할 수도 없는 일이다. 그래서 비록 우리가 지금 당혹스럽고 힘들고 잠시 고난을 받을지라도 하나님께서 **친히**(얼마나 강력한가!) 우리를 확고하고 굳건한 영원한 기반 위에 세우실 것이다.

불꽃놀이의 대단원처럼, 베드로는 사실상 동의어들인 미래시제의 동사들을 속사포처럼 빠르게 연결하여 이 점을 단언한다. 하나님께서는 "온전하게 하시며"(카타르티조[*katartizō*/restore]; 갈 6:1; 살전 3:10; 히 13:21 참조), "굳건하게 하시며"(스테리조[*stērizō*]; 롬 1:11; 16:25; 살전 3:2, 13; 살후 2:17; 3:3; 약

5:8; 벧후 1:12; 계 3:2 참조), "강하게 하시고"(스데노오[sthenoô], 신약에서는 여기서만 나오며 그리스 문헌에서도 드물게 사용), "(우리의) 터를 견고하게 하실"(데멜리오오[themelioô]; 마 7:25; 엡 3:17; 골 1:23; 히 1:10 참조) 것이다.[35]

앞에 나온 5:4의 논의에서 강조된 "영광"의 주제와 함께, 이 마지막의 낙관적 확언은 독자의 현재와 미래의 고난에 대해 밝은 배경을 이루는 종말론적 무지개(희망)가 된다. 베드로는 독자들에게 "산 소망"이 있다고 확언함으로써 이 서신을 시작했다(1:3). 그는 이제 그들에게 미래의 영광과 구원에 대해 확언함으로써 소망을 준다.

5. 편지 맺음말: 실루아노를 통해, 로마로부터, 마가와 함께(5:12-14)

베드로전서의 결론 부분에는 다소 간결한 마지막 인사말뿐 아니라 서신 발송과 수신자를 둘러싼 몇 가지 흥미로운 정보도 포함되어 있다.

먼저 베드로는 이 서신을 "실루아노(즉 실라; 고후 1:19; 살전 1:1; 살후 1:1 참조)로 말미암아" "간단히"(briefly) 썼다고 언급한다. "간단히"(디 올리곤[di' oligon]; 히 13:22[디아 브라케온/dia bracheôn] 참조)라는 말은 이 서신이 신약에서 비교적 긴 서신 중 하나임을 고려하면 겸손의 표현인 듯하다(히브리서만큼 길지는 않지만, 빌레몬서, 요한2서, 요한3서, 유다서와 같은 신약의 간략한 서신들보다는 훨씬 길다). 실라는 베드로의 비서나 대필자였을 수도 있지만, 편지 전달자의 역할을 했을 가능성이 더 크다.[36] 흥미롭게도 실라는 예루살렘 공의회의 결정문의 전달자 역할을 했다(행 15:22-23, 32).

이 서신의 내용은 독자들에게 보편적으로 "하나님의 참된 은혜" 안에 "굳게 서라"고 격려하는 것으로 묘사된다(5:12). "택하심을 함께 받은(에클레시아[ekklēsia]/교회]가 헬라어로는 여성명사이므로 이 형용사의 여성 형태는 이것이

---

35 Forbes, *1 Peter*, 180에 나오는 논의를 보라.
36 앞의 개론 부분을 보라.

로마에 있는 교회임을 암시) 바벨론[37](즉, 로마)에 있는" 교회가 베드로의 영적 "아들" 마가와 함께 문안 인사를 전한다고 말한다. 마가는 복음서 저자이자 바나바의 조카이며 한때는 바나바와 바울의 여행동반자였다(5:13; 참조, 행 12:25; 13:13).

"사랑의 입맞춤"은 아마도 바울의 "거룩한 입맞춤"과 같은 의미의 인사일 것이다(롬 16:16; 고전 16:20; 고후 13:12; 살전 5:26).[38] 끝인사로 베드로는 그리스도 안에 있는 모든 사람에게 "평강"(히브리어 샬롬[shalom]의 헬라어 음역; 1:2 참조)을 전하는데 이는 바울의 인사말을 연상시킨다.

§ 베드로전서 주석

Achtemeier, Paul J. *1 Peter*. Hermeneia. Minneapolis: Fortress, 1996.
Beare, Francis Wright. *The First Epistle of Peter*. Oxford: Blackwell, 1970.
Best, Ernest. *1 Peter*. NCB. Grand Rapids: Eerdmans, 1971, 1982.
Davids, Peter H. *The First Epistle of Peter*. NICNT. Grand Rapids: Eerdmans, 1990.
Dubis, Mark. *1 Peter: A Handbook on the Greek Text*. BHGNT. Waco: Baylor University Press, 2010.
Elliott, John H. *1 Peter: A New Translation with Introduction and Commentary*. AB 37. New York: Doubleday, 2000.
Feldmeier, Reinhard. *The First Letter of Peter: A Commentary on the Greek Text*. Translated by Peter H. Davids. Waco: Baylor University Press, 2008.
Forbes, Greg W. *1 Peter*. EGGNT. Nashville: B&H Academic, 2014.
Goppelt, Leonhard. *A Commentary on 1 Peter*. Translated by J. E. Alsup. Grand Rapids: Eerdmans, 1993.
Green, Joel B. *1 Peter*. THNTC. Grand Rapids: Eerdmans, 2007.

  1. See the introduction above.
  2. In addition to referring metaphorically to the current world power, Rome, "Babylon" also serves as a metaphor for displacement (as in the Babylonian exile suffered by Israel in OT times), which contributes the final bookend to a letter that started with a reference to the read-

---

[37] "바벨론"은 현재 세계 강국인 로마를 은유적으로 표현할 뿐만 아니라, 또한 독자들을 "택하심을 받은 나그네"(elect exiles)로 언급함으로 시작한(1:1; 참조, 1:17; 2:11) 이 서신의 마지막 장에 어울리는 유랑(구약 시대에 이스라엘이 겪은 바벨론 포로의 경우처럼)에 대한 은유 역할도 한다. Forbes, 1 Peter, 185 참조.

[38] 이 서신 여기저기에 등장하는 사랑에 대한 언급 참조(1:22; 2:17; 3:8).

ers as "elect exiles" (1:1; cf. 1:17; 2:11). Cf. Forbes, *1 Peter*, 185.

3. Cf. the references to love sprinkled across the letter (1:22; 2:17; 3:8).

Grudem, Wayne. *1 Peter*. TNTC. Grand Rapids: Eerdmans, 1988.

Harink, Douglas. *1 and 2 Peter*. BTCB. Grand Rapids: Brazos, 2009.

Jobes, Karen H. *1 Peter*. BECNT. Grand Rapids: Baker Academic, 2005.

Kelly, J. N. D. *A Commentary on the Epistles of Peter and of Jude*. HNTC. New York: Harper & Row, 1969.

Marshall, I. Howard. *1 Peter*. IVPNTC. Downers Grove, IL: InterVarsity, 1991.

McKnight, Scot. *1 Peter*. NIVAC. Grand Rapids: Zondervan, 1996.

Michaels, J. Ramsey. *1 Peter*. WBC 49. Waco: Word, 1988.

Richard, Earl J. *Reading 1 Peter, Jude, and 2 Peter: A Literary and Theological Commentary*. Macon, GA: Smyth & Helwys, 2000.

Schreiner, Thomas R. *1, 2 Peter, Jude*. NAC 37. Nashville: Broadman & Holman, 2003.

Senior, Donald P. *1 Peter, Jude, and 2 Peter*. SP 15. Collegeville, MN: Liturgical Press, 2003.

Storms, C. Samuel. "1 Peter." In *ESV Expository Commentary*, vol. 12, *Hebrews–Revelation*, edited by Iain M. Duguid, James M. Hamilton Jr., and Jay Sklar, 287–361. Wheaton: Crossway, 2018.

§ 베드로전서 논문과 단행본

Balch, David L. *Let Wives Be Submissive: The Domestic Code in 1 Peter*. SBLMS 26. Ed. J. Crenshaw. Chico, CA: Scholars Press, 1981.

Batten, Alicia J., and John S. Kloppenborg, eds. *James, 1 and 2 Peter, and Early Jesus Traditions*. LNTS 478. London: Bloomsbury T&T Clark, 2014.

Blazen, Ivan T. "Suffering and Cessation from Sin according to 1 Peter 4:1." *AUSS* 21 (1983): 27–50.

Bockmuehl, Markus. *Simon Peter in Scripture and Memory: The New Testament Apostlein the Early Church*. Grand Rapids: Baker Academic, 2012.

Bond, Helen K., and Larry W. Hurtado, eds. *Peter in Early Christianity*. Grand Rapids: Eerdmans, 2015.

Boring, Eugene M. "First Peter in Recent Study." *WW* 24 (2004): 358–67.

Brown, J. P. "Synoptic Parallels in the Epistles and Form-History." *NTS* 10 (1963–1964): 27–48.

Brown, Raymond E., Karl P. Donfried, and John Reumann, eds. *Peter in the New Testament*. Minneapolis: Augsburg, 1973.

Burtness, J. H. "Sharing the Suffering of God in the Life of the World." *Int* 23 (1969): 277–88.

Campbell, Barth L. *Honor, Shame, and the Rhetoric of 1 Peter*. SBLDS 160. Atlanta:

Scholars Press, 1998.
Carson, D. A. "1 Peter." In *Commentary on the New Testament Use of the Old Testament*, edited by G. K. Beale and D. A. Carson, 1015-61. Grand Rapids: Baker Academic, 2007.
Clemen, C. "The First Epistle of Peter and the Book of Enoch." *Expositor* 6, no. 4 (1902): 316-20.
Cross, Frank L. *1 Peter: A Paschal Liturgy*. London: Mowbray, 1954.
Cullmann, Oscar. *Peter: Disciple, Apostle, Martyr*. Translated by F. V. Wilson. Philadelphia: Westminster, 1962.
Dalton, William J. *Christ's Proclamation to the Spirits: A Study of 1 Peter 3:18-4:6*. AnBib 23. Rome: Pontifical Biblical Institute, 1965.
Danker, Frederick W. "1 Peter 1:24-2:17: A Consolatory Pericope." *ZNW* 58 (1967): 93-102.
Davids, Peter H. "A Silent Witness in Marriage: 1 Pet. 3:1-7." In *Discovering Biblical Equality: Complementarity without Hierarchy*, edited by Ronald W. Pierce and Rebecca Merrill Groothuis, 224-38. Downers Grove, IL: InterVarsity, 2004.
_____. *A Theology of James, Peter, and Jude: Living in Light of the Coming King*. BTNT. Grand Rapids: Zondervan, 2014.
_____. "What Glasses Are You Wearing? Reading Hebrew Narratives through Second Temple Lenses." *JETS* 55 (2012): 763-71.
Dryden, J. de Waal. *Theology and Ethics in 1 Peter: Paraenetic Strategies from Christian Character Formation*. WUNT 2/209. Tübingen: Mohr Siebeck, 2006.
Dubis, Mark. "Research on 1 Peter: A Survey of Scholarly Literature since 1985." *CBR* 4 (2006): 199-239.
Elliott, John H. *The Elect and the Holy: An Exegetical Examination of 1 Peter 2:4-10 and the Phrase βασίλειον ἱεράτευμα*. NovTSup 12. Leiden: Brill, 1966.
_____. *1 Peter: Estrangement and Community*. Chicago: Franciscan Herald, 1979.
_____. *A Home for the Homeless: A Sociological Exegesis of 1 Peter, Its Situation and Strategy*. Philadelphia: Fortress, 1981.
_____. "Rehabilitation of an Exegetical Stepchild: 1 Peter in Recent Research." *JBL* 95 (1976): 243-54.
Filson, Floyd V. "Partakers with Christ: Suffering in First Peter." *Int* 9 (1955): 400-412.
Furnish, Victor P. "Elect Sojourners in Christ: An Approach to the Theology of 1 Peter." *PSTJ* 28 (1975): 1-11.
Gross, Carl D. "Are the Wives of 1 Pet. 3:7 Christian?" *JSNT* 35 (1989): 89-96.
Gundry, Robert H. "Further 'Verba' on 'Verba Christi' in First Peter." *Bib* 55 (1974): 211-32.
_____. "'Verba Christi' in I Peter: Their Implications concerning the Authorship of 1 Peter and the Authenticity of the Gospel Tradition." *NTS* 13 (1966-1967): 336-50.
Harner, Philip B. *What Are They Saying about the Catholic Epistles?* Mahwah, NJ: Paulist

Press, 2004.
Heil, John Paul. *1 Peter, 2 Peter, and Jude: Worship Matters*. Eugene, OR: Cascade, 2013.
Helyer, Larry R. *The Life and Witness of Peter*. Downers Grove, IL: IVP Academic, 2012.
Hengel, Martin. *Saint Peter: The Underestimated Apostle*. Grand Rapids: Eerdmans, 2010.
Hill, D. "On Suffering and Baptism in 1 Peter." *NovT* 18 (1976): 181-89.
Holdsworth, J. "The Sufferings in 1 Peter and 'Missionary Apocalyptic.'" *Studia Biblica* 3 (1980): 225-32.
Horrell, David G. *1 Peter*. NTG. New York: T&T Clark, 2008.
Huther, J. E. *Critical and Exegetical Handbook to the General Epistles of Peter and Jude*. Translated by D. B. Croom and P. J. Gloab. Edinburgh: T&T Clark, 1881
Jobes, Karen H. "The Syntax of 1 Peter: Just How Good Is the Greek?" *BBR* 13 (2003): 159-73.
Lapham, F. *Peter: The Myth, the Man and the Writings: A Study of Early Petrine Text and Tradition*. JSNTSup 239. Sheffield: Sheffield Academic, 2003.
Martin, Troy W. *Metaphor and Composition in 1 Peter*. SBLDS 131. Atlanta: Scholars Press, 1992.
Mason, Eric F., and Troy W. Martin, eds. *Reading 1-2 Peter and Jude: A Resource for Students*. SBLRBS. Atlanta: Society of Biblical Literature, 2014.
Mbuvi, Andrew Mutua. *Temple, Exile and Identity in 1 Peter*. LNTS 345. London: T&T Clark, 2007.
Michaels, J. Ramsey. "Eschatology in I Peter III.17." *NTS* 13 (1966-1967): 394-401.
_____. "Jewish and Christian Apocalyptic Letters: 1 Peter, Revelation, and 2 Baruch 78-87." In *SBL Seminar Papers* 26 (1987): 268-75.
Niebuhr, Karl-Wilhelm, and Robert W. Wall. *The Catholic Epistles and Apostolic Tradition: A New Perspective on James to Jude*. Waco: Baylor University Press, 2009.
Nienhuis, David R., and Robert W. Wall. *Reading the Epistles of James, Peter, John, and Jude as Scripture: The Shaping and Shape of a Canonical Collection*. Grand Rapids: Eerdmans, 2013.
Perkins, Pheme. *Peter: Apostle for the Whole Church*. Minneapolis: Fortress, 2000.
Piper, John. "Hope as the Motivation of Love: 1 Peter 3:9-12." *NTS* 26 (1980): 212-31.
Richards, E. Randolph. "Silvanus Was Not Peter's Secretary: Theological Bias in Interpret-ing διὰ Σιλουανοῦ ἔγραψα in 1 Pet. 5:12." *JETS* 43 (2000): 417-32.
Sargent, Benjamin. *Written to Serve: The Use of Scripture in 1 Peter*. LNTS 547. London: Bloomsbury T&T Clark, 2015.
Schattenmann, J. "The Little Apocalypse of the Synoptics and the First Epistle of Peter." *TT* 11 (1954-1955): 193-98.
Schutter, W. L. *Hermeneutic and Composition in First Peter*. WUNT 2/30. Tübingen:

Mohr Siebeck, 1989.

Selwyn, Edward Gordon. *The First Epistle of St. Peter*. New York: Macmillan, 1946, 1969.

Senior, Donald. "The Conduct of Christians in the World (1 Pet. 2:11–3:12)." *RevExp* 79 (1982): 427–38.

Sleeper, C. F. "Political Responsibility according to 1 Peter." *NovT* 10 (1968): 270–86.

Sly, Dorothy I. "1 Peter 3:6b in the Light of Philo and Josephus." *JBL* 110 (1991): 126–29.

Steuernagel, V. "An Exiled Community as a Mission Community: A Study Based on 1 Peter 2:9, 10." *ERT* 10 (1986): 8–18.

Sylva, D. "The Critical Exploration of 1 Peter." In *Perspectives on First Peter*, edited by C. H. Talbert, 17–36. Macon, GA: Mercer University Press, 1986.

Talbert, Charles H., ed. *Perspectives on First Peter*. Macon, GA: Mercer University Press, 1986.

Thompson, J. W. "'Be Submissive to your Masters': A Study of 1 Pt 2:18–25." *ResQ* 9, no. 2 (1966): 66–78.

Thurén, Lauri. *Argument and Theology in 1 Peter: The Origins of Christian Paraenesis*. SBLDS 114. Atlanta: Scholars Press, 1995.

van Unnik, W. C. "The Teaching of Good Works in I Peter." *NTS* 1 (1954–1955): 92–110.

Villiers, J. L. de. "Joy in Suffering in 1 Peter." *Neot* 9 (1975): 64–86.

Watson, Duane Frederick. "The Petrine Epistles: Recent Developments and Trends." In *The Face of New Testament Studies: A Survey of Recent Research*, edited by Scot McKnight and Grant R. Osborne, 373–90. Grand Rapids: Baker Academic, 2004.

Watson, Duane Frederick, and Terrance Callan. *First and Second Peter*. Paideia. Grand Rapids: Baker Academic, 2012.

Webb, Robert L., and Betsy Bauman-Martin, eds. *Reading First Peter with New Eyes: Methodological Reassessments of the Letter of First Peter*. LNTS 364. New York: T&T Clark, 2007.

Williams, Martin. *The Doctrine of Salvation in the First Letter of Peter*. SNTSMS 149. Cambridge: Cambridge University Press, 2011.

Williams, T. B. *Good Works in 1 Peter: Negotiating Social Conflict and Christian Identity in the Greco-Roman World*. WUNT 1/337. Tübingen: Mohr Siebeck, 2014.

―――. *Persecution in 1 Peter: Differentiating and Contextualizing Early Christian Suffering*. NovTSup 245. Leiden: Brill, 2012.

Witherington, Ben, III. "Not So Idle Thoughts about *eidōlothyton*." *TynBul* 44 (1993): 237–54.

Workman, Herbert B. *Persecutions in the Early Church*. Oxford: Oxford University Press, 1980.

제4장

베드로후서

I. 개론

1. 저자, 수신자, 저작 시기, 문학 장르

베드로후서를 베드로가 기록했다는 견해에 이의를 제기하는 학자들이 있긴 하지만, 서신 자체는 사도 베드로가 기록했다고 명시적으로 밝힌다. 따라서 베드로의 저작성을 의심할 이유는 거의 없다.[1]

첫째, "시몬 베드로"라는 발신자의 자기 소개는 단지 "베드로"로 자신을 소개하는 베드로의 첫 번째 서신보다 훨씬 더 개인적인 특성을 가진다.

둘째, 저자는 예수의 변모 사건을 목격한 증인이었다고 주장하는데(1:16-18), 복음서의 증언에 따르면 그 사건은 베드로와 세베대의 두 아들 요한과 야고보만 목격했다(마 17:1-8; 막 9:2-8; 눅 9:28-36).

셋째, 저자는 특별히 "이제 이 둘째 편지를 너희에게 쓰노니"라고 진술함으로써(3:1), 이 서신을 베드로전서와 분명하게 연결하고 있다.

---

1 베드로후서의 저자에 대한 문제에 관해서는 Michael J. Kruger, "The Authenticity of 2 Peter," *JETS* 42 (1999): 645-71을 보라. 문학 장르의 문제에 관해서는 Mark D. Mathews, "The Genre of 2 Peter: A Comparison with Jewish and Early Christian Testaments," *BBR* 21 (2011): 51-64을 보라. 베드로후서에 관한 교부들의 참고 문헌에 대해서는 Robert E. Picirilli, "Allusions to 2 Peter in the Apostolic Father," *JSNT* 33 (1988): 57-83을 보라.

베드로전서와 베드로후서 간에 문체상의 차이가 있다는 것은 사실이다. 그러나 이러한 차이는 대필자를 고용하여 베드로전서와/또는 베드로후서를 기록했다거나, 아니면 베드로후서 2장이 유다서의 상당 부분을 개작하고 있다는 등 여러 다른 요인으로 설명할 수 있다.[2] 후대의 추종자가 지금은 죽은 사람의 마지막 유언을 기록하는 형식의 유언 장르(testamentary genre)로 베드로후서를 분류하는 이들도 있다. 하지만 이러한 견해는 불필요하며(고대의 위명 서신[pseudonymous epistles]에 대한 증거 부족은 말할 것도 없고), 어떤 경우든 서신 자체가 밝히고 있는 앞서 언급한 진술과 모순된다.

그러므로 사도 베드로가 베드로전서와 베드로후서 두 서신 모두를 기록하였으며, 베드로후서는 베드로전서가 기록된 지 몇 년 후, 베드로가 AD 65/66년경 네로 치하에서 순교 당하기 직전 아마도 AD 60년대 중반에 기록되었다고 추정하는 것이 가장 좋다.[3]

베드로후서의 주요 저작 동기는 하나님이 결코 인간 역사에 개입하지 않으신다고 주장한 일부 비방자들의 예수 재림 부인과 연관되는 것으로 보인다. 베드로는 자신이 이미 예수의 **초림** 때(변모 사건 때) 그의 영광을 보았다고 진술함으로써 그러한 주장에 대해 반박한다. 이 사건이 영광 중에 오실 예수의 **재림**에 대한 기대를 매우 타당하게 만든다는 것이다.

이뿐만 아니라, 권위 있는 성경이 입증하는 바와 같이 하나님은 명백하게 범세계적 홍수를 통하여 과거의 인간 역사에 개입하였다. 이 점이 이러한 비방자들의 추정을 반증한다. 베드로가 지적하듯이, 외관상의 재림 지연은 하나님께는 천 년이 하루 같고 따라서 하나님과 인간의 달력이 매우

---

[2] Andreas J. Köstenberger, L. Scott Kellum, and Charles, *The Cradle, the Cross, and the Crown: An Introduction to the New Testament,* 2nd ed. (Nashville: B&H Academic, 2016), 857-63, 특히 도표 18.5(pp. 862-63); Terrance Callan, "Use of the Letter of Jude by the Second Letter of Peter," *Bib* 85 (2004): 42-64; Lauri Thurén, "The Relationship between 2 Peter and Jude: A Classical Problem Resolved?," in *The Catholoc Epistles and the Tradition,* ed. Jacques Schlosser, BELT 176 9leuven: Peeters, 2004), 451-60을 보라.

[3] 또한 George H. Boobyer, "The Indebtedness of 2 Peter to 1 Peter," in *New Testament Essays: Studies in Memory of T. W. Manson,* ed. A. J. B. Higgins (Manchester: University of Manchester Press, 1959), 34-53도 보라.

다르다는 사실에 비추어 볼 필요가 있다. 하나님이 예수의 재림과 관련하여 지체하시는 것처럼 보일 수도 있지만, 재림은 하나님이 정하신 때에 확실히 일어날 것이다.

2. 구조

언급한 바와 같이 편지 서두는 시몬 베드로를 저자로 소개한다. 베드로전서와 달리 특정한 수신자에 대한 언급이 없다. 그다음에 "은혜와 평강"이라는 호의적 인사가 뒤따른다. 편지의 본론은 일련의 기독교의 미덕을 추구하라는 권면(1:3-7)과 이 권면에 대한 몇 가지 이유(1:8-11)로 시작한다.

이어서 베드로는 자신이 곧 "떠날 것"(즉 그의 순교; 1:15)을 고려해 이러한 일들을 기억할 수 있게 하려고 이 글을 쓴다고 진술한다. 베드로는 당당하게 자신이 영광의 그리스도를 보았다는 사실에 그의 권위를 둔다. 그는 이 주제를 이 서신의 나머지 부분(3장)에서 다시 다룰 것이다. 이렇게 하여 베드로는 자기 자신을 사람의 권위로 말한 것이 아니라 "성령의 감동하심을 받은 사람들이 하나님께 받아 말한" 구약의 선지자들과 동등한 지위에 놓는다(1:21).

2장에서 베드로는 "멸망하게 할 이단을 가만히(몰래) 끌어들일" 거짓 선생들을 비교적 길게 비난한다(2:1). 아마도 베드로는 여기서 베드로후서보다 먼저 기록된 유다서의 부분을 개작하고 있는 것 같다(아래 논의를 보라). 이 점은 또한 베드로가 유다서에 언급된 모든 구약 외의 자료를 제거하고 유다서의 부정적 구약 인물들과 함께 긍정적 인물들도 추가로 나열하고 있다는 것에서도 암시된다.[4]

---

[4] 제2성전 문헌 사용에 관해서는 Peter H. Davids, "The Use of Second Temple Traditions in 1 and 2 Peter and Jude," in *The Catholic Epistles and Tradition*, ed. Jacques Schlosser, BETL 176 (Leuven: Peeters, 2004), 409-31을 보라.

3장에서 베드로는 이 서신을 기록한 주된 이유, 즉 재림 현실을 부인하는 거짓 선생들 문제를 다루는 것으로 보인다. 3장 전체에 나오는 네 단락이 각각 "사랑하는 자들아"라는 호칭을 사용하는데, 1, 8, 14, 그리고 17절에 나온다. 이 서신은 "우리 주 곧 구주 예수 그리스도의 은혜와 그를 아는 지식에서 자라 가라"는 권면과 마지막 송영으로 끝난다(3:18).

베드로후서의 구조

베드로후서	내용
1:1-2	편지 서두
1:3-21	기독교의 미덕에 대한 권면과 베드로의 예언적 권위 주장
2:1-22	거짓 선생의 특성과 동기에 대한 비난
3:1-18	예수의 재림에 대한 거짓 선생들의 부인에 대한 비난; 결말

출처: Andreas J. Köstenberger, L. Scott Kellum, and Charles, *The Cradle, the Cross, and the Crown: An Introduction to the New Testament*, 2nd ed. (Nashville: B&H Academic, 2016), 도표 18.5(p. 883).

베드로후서 2장의 유다서 단락에 대한 베드로의 개작을 다음과 같이 도표로 나타낼 수 있다.

유다서	베드로후서 2장
천사들(6절)	천사들(4절)
소돔과 고모라(7절)	소돔과 고모라(6절)
천사장 미가엘(9절)	이름을 밝히지 않은 천사장 미가엘(11절)
발람(11절)	발람(15절)
	노아(5절)
	롯(7절)
광야의 이스라엘(5절)	
가인(11절)	
고라(11절)	

우리는 유다서가 구약 시대의 부도덕하고 반역적인 활동에 참여한 사람들의 목록에 오직 부정적인 인물들만 포함하지만, 베드로는 그러한 인물

들을 솎아 내고(가인과 고라 뿐 아니라 광야의 이스라엘도 생략) 노아와 롯과 같은 긍정적 인물들을 추가시킨 것을 본다. 베드로는 또한 유다서가 인용하고 있는 모세 승천기와 에녹 1서에 대한 언급도 생략한다. 이로 인해 더욱 균형 잡힌 설명이 가능하며 골치 아픈 외경 문학에 대한 언급이 제거된다.

모든 것을 감안할 때, 베드로후서가 먼저 기록되고 그다음에 유다서가 모든 긍정적 인물들을 제거하고 더 부정적 인물들을 추가하며 성경 외의 언급들을 삽입했다기보다는, 반대로 유다서가 먼저 기록되고 베드로가 그러한 변화를 주었다고 추정하는 것이 더 개연성이 크다. 더구나 유다서와 베드로후서 2장은 상당한 수의 동사들이 서로 유사하다는 특징을 지닌다.

예를 들어, 다음과 같다.

- "가만히 들어 온"(유 1:4)과 "멸망하게 할 이단을 가만히 끌어들여"(벧후 2:1)의 유사성
- "우리 하나님의 은혜를 도리어 방탕한 것으로 바꾸고 홀로 하나이신 주재(Master) 곧 우리 주…를 부인하는 자"(유 1:4)와 "자기들을 사신 주(Master)를 부인하고"(벧후 2:1)의 유사성
- 천사, "어둠", "심판"에 대한 언급(유 1:6과 벧후 2:4)
- "본"의 역할을 하는 "소돔과 고모라"에 대한 언급(유 1:7과 벧후 2:6)
- 이 밖에 다수의 다른 유사성.[5]

3. 중심 메시지

앞에서 언급했듯이 베드로후서의 주요 주제는 **파루시아**(parusia), 즉 예수 재림의 외관상 지연이다. 베드로는 자신을 예수의 초림 때 그의 영광의

---

5   Köstenberger, Kellum, and Charles, *The Cradle, the Cross, and the Crown*, 882-83에 있는 내 글을 보라.

목격자로 소개함으로써 외관상의 재림 지연에도 불구하고 예수의 영광스러운 재림의 확실성을 단언한다. 예수 재림의 견지에서 베드로는 독자들에게 "게으르지 않고 열매 없는 자가 되지 않게 하는"(1:8) 일련의 그리스도인의 미덕을 추구하라고 촉구하며, 그렇게 함으로써 "그들의 부르심과 택하심을 굳게 하라"(1:10)고 요청한다.

베드로는 구약의 예언자들을 인도하는 성령 감동(inspiration)의 **과정**(process)을 언급함으로써 신약 정경에 공헌하는데(1:19-21), 그것은 베드로전서에서 구약 예언자의 활동을 계속해서 언급할 뿐만 아니라, 디모데전서 3:16-17에 언급된 성령 감동의 **결과물**(product), 즉 성경(구약과 더 나아가 신약도)에 대한 바울의 확언과도 잘 들어맞는다. 놀랍게도 베드로는 또한 신약성경의 일부가 여전히 기록되고 있었던 시기에 바울 서신을 성경으로 언급하기도 한다(3:15-16).

II. 본문 해설

1. 그리스도인의 미덕 추구와 예수 재림의 확실성(1:1-21)

1) 편지 서두(1:1-2)

베드로후서의 편지 서두는 베드로전서와 두 가지 면에서 변화를 보인다.

(1) 저자는 자신을 단순히 "베드로"가 아니라 좀 더 개인적인 표현인 "시몬 베드로"로 소개한다.
(2) 베드로는 자신을 "사도"뿐만 아니라 예수 그리스도의 "종"(둘로스 [doulos])으로도 부른다(1:1).

이는 "시몬 베드로"가 베드로의 전체 이름이며, "종"이라는 명칭은 종속된 관계를 가리키기 때문에 더 친밀하고 겸손한 어조를 띤다. "동일하게 보배로운 믿음을 우리와 함께 받은 자들에게"라는 수신자에 대한 언급 역시 겸손의 톤을 유지한다. 그리스도에 대한 믿음은 모든 그리스도인에게 하나님 앞에서 동등한 지위를 부여한다. 베드로는 그가 편지를 쓰고 있는 회중의 다른 구성원(또는 오늘날의 우리 그리스도인)과 똑같이 구원받았고 똑같은 신자이다.

당신과 내가 그리스도의 탁월한 사도였고 초기 교회의 지도자였으며, 그리스도를 위해 순교했던 위대한 사도 베드로와 동등한 믿음을 가지고 있는 것이 가능할까?

그렇다. 같은 믿음을 가진다. 왜냐하면, 하나님께서는 우리 자신이 누구인지 또는 우리가 그분을 위해 무엇을 했는지에 비추어 우리를 보시는 것이 아니라, 그리스도가 우리를 위해 행하신 일에 비추어 보시기 때문이다.

우리가 그분을 위해 행하는 일은 그분이 우리를 위해 하신 일에 대한 감사의 반응에서 우러나오는 것이다. 행위는 우리 자신을 위해 공로를 쌓거나 우리를 "열등한 그리스도인"(lesser Christians)보다 우월하게 만드는 것이 아니다. 그러나 성경은 또한 그리스도를 신실하게 섬기는 자들이 어느 날 하나님께 상을 받을 것이라는 점도 가르친다(예컨대, 벧전 5:4; 딤후 4:8).

신자들은 사도 베드로와 같이 동등하게 설 수 있는 그러한 믿음을 어떻게 얻었는가?

그들은 "우리 하나님과 구주 예수 그리스도의 의를 힘입어"(1:1) 그렇게 되었다. **예수야말로** 신자들의 의(righteousness)이시다. 바울의 표현에 따르면 다음과 같다.

> 하나님이 죄를 알지도 못하신 이를 우리를 대신하여 죄로 삼으신 것은 우리가 그 안에서 하나님의 의가 되게 하려 하심이라(고후 5:21).

그리스도인이 믿는 내용이 바로 이것이다. 즉, 예수가 "의인으로서 불의한 자를 대신하여"(벧전 3:18) 십자가에서 돌아가심으로써 예수를 믿는 사람들은 은혜로 말미암아(2절 참조) 믿음을 통하여(1절 참조) 구원을 얻는다는 점이다. 베드로는 베드로전서에서 그리스도인들이 믿음 때문에 고난을 받을 때 그리스도의 발자취를 따라야 한다는 권면의 맥락에서 이 사실을 설득력 있게 증언했다.

그는 고난받는 하나님의 종에 대한 이사야의 묘사를 연상시키는 언어로 다음과 같이 썼다.

> 그는 죄를 범하지 아니하시고 그 입에 거짓도 없으시며…친히 나무에 달려 그 몸으로 우리 죄를 담당하셨으니 이는 우리로 죄에 대하여 죽고 의에 대하여 살게 하려하심이라 그가 채찍에 맞음으로 너희는 나음을 얻었나니 너희가 전에는 양과 같이 길을 잃었더니 이제는 너희 영혼의 목자와 감독 되신 이에게 돌아왔느니라(벧전 2:22-25; 참조, 사 52:13-53:12; 또 벧전 3:18; 4:1도 보라).

예수는 죄 없는 대속물로 우리를 대신하여 십자가에서 죽으셨다. 그 결과로 신자들은(길 잃은 양과 같았던) 이제 그들의 목자와 창조주께로 돌아왔다. 더욱이 베드로는 예수를 "우리의 의"라고 소개할 뿐 아니라, 또한 그를 "우리 하나님과 구주(Savior)"로 소개한다. 아마도 대략 AD 66년 순교당하기 직전에 이 서신을 쓰면서 베드로는 여기서 예수를 하나님과 구주로 인정한다. 예수를 "구주"로 부르는 것은 예상할 수 있지만, 예수를 "하나님"으로 부르는 것은 주목할 만한 점이다.

유대인들은 주변의 고대 근동 세계와 그레코-로만 세계에서 유일신 사상(monotheism), 즉 다른 민족의 다신교적 숭배와는 달리 오직 한 분 하나님만 존재한다는 믿음을 강력하게 고수한 사람들로 알려져 있었다. 자신의 신들을 만드는데 그다지 창의적이지 않았던 그리스의 판테온(만신전, 후에 로마인이 모방)은 매우 다양한 신으로 구성되었다.

그래서 사도 바울이 아덴(Athen)을 방문했을 때는, "그 성에 우상이 가득한 것"과 심지어 "알지 못하는 신에게라고 새긴 단"도 보았을 정도였다(행 17:16, 23). 아덴 사람들은 자신들이 알지 못하는 어떤 신도 경배에 빠뜨릴까 두려워한 나머지 심지어 알지 못했던 신에 대한 제단까지 세웠다. 만약을 위해서 말이다!

지금 매우 주목할 만한 점은 처음으로 예수를 따르는 자들(유대인이었던 베드로와 열둘에 속한 다른 제자들을 포함한)이 야웨(성부 하나님, 아브라함과 이삭과 야곱의 하나님)뿐만 아니라 **예수**도 하나님으로 섬겼다는 점이다. 부활 직후에 열둘 중 하나인 도마가 예수 앞에 엎드려 "나의 주님이시요 나의 하나님이시니이다"라고 소리쳤다(요 20:28). 표면적으로 볼 때 이 고백은 야웨만이 아니라 예수를 하나님으로 인정한 것이므로 유대인의 유일신 신앙과 정면으로 충돌한다.[6]

그러나 도마, 베드로, 요한, 그리고 다른 제자들은 이 점 때문에 전혀 동요하는 것처럼 보이지 않았다. 우리는 여기서 나중에 완전한 모양을 갖추게 될 삼위일체 교리, 즉 하나님은 성부, 성자, 성령 세 위격을 가지신 한 분 하나님이시라는 기독교 신앙의 초기 형태를 볼 수 있다.[7]

---

[6] 이에 대한 상세한 논의에 대해서는 Andreas J. Köstenberger, Chap. 1 in *Father, Son and Spirit: The Trinity and John's Gospel*, by Andreas J. Köstenberger and Scott R. Swain, NSBT 24(Downers Grove, IL: InterVarsity, 2007)을 보라. 또한, Richard Bauckham, *God Crucified: Monotheism and Christology in the New Testament* (Grand Rapids: Eerdmans, 1999); Bauckham, *Jesus and the God of Israel: God Crucified, and Other Studies on the New Testament's Christology of Divine Identity* (Grand Rapids: Eermans, 2008); Michael F. Bird, Craig A. Evans, Simon J. Gathercole, Charles E. Hill, and Chris Tilling, *How God Became Jesus: The Real Origins of Belief in Jesus' Divine Nature: A Response to Bart Ehrman* (Grand Rapids: Zondervan, 2017); Larry W. Hurtado, *Lord Jesus Christ: Devotion to Jesus in Earliest Christianity* (Grand Rapids: Eerdmans, 2005); Hurtado, *Ancient Jewish Monotheism and Early Christian Jesus-Devotion: The Context and Character of Christological Faith*, Library of Early Christology (Waco: Baylor University Press, 2017); Christopher J. H. Wright, *The Mission of God: Unlocking the Bible's Grand Narrative* (Downwes Grove, IL: InterVarsity, 2006), chaps. 3-4도 보라.

[7] 삼위일체 신앙의 진수는 이미 "아버지와 아들과 성령의 이름으로" 세례를 베풀라는 예수의 분부에 대해 말하는 마태복음 28:19과 같은 구절에서 찾아볼 수 있다. 또한, 베드로전서의 시작 부분을 보라. "하나님 **아버지**의 미리 아심을 따라 **성령**이 거룩하게 하심

"우리 하나님과 구주 예수 그리스도"라는 베드로의 표현은 "우리의 크신 하나님 구주 예수 그리스도"의 영광스러운 재림 소망에 대한 바울의 유사한 언급과 병행한다(딛 2:13). 이런 점에서 베드로와 바울 모두 초기 그리스도인들이 단순히 예수를 구주(Savior)로 뿐만 아니라 하나님(God)으로도 예배했다는 점을 입증한다.

편지 서두의 인사말은 "하나님과 우리 주 예수를 앎으로"라는 표현을 추가함으로써 "은혜와 평강이 더욱 많을지어다"라는 베드로전서의 인사말을 확장한다(1:2). 이는 성부 하나님과 주 예수 그리스도의 동등함을 한층 더 나타낸다(1:1 참조). 여기서 베드로는 이 서신의 수신자들이 은혜와 평강의 풍성함을 경험할 수 있기를 바라고 기도한다("더욱 많을지어다"[플레둔데이에/*plēthuntheiē*]는 헬라어 본문에서는 희구법 형태임; 벧전 1:2; 유 1:2 참조).

그러한 은혜와 평강은 주 예수 그리스도를 믿음으로 가능해진 관계를 통해 하나님을 점점 더 많이 알게 됨으로써 얻어진다. 이러한 소망은 이 서신의 마지막 구절에서도 유사하게 표현된다.

> 오직 우리 주 곧 구주 예수 그리스도의 은혜와 그를 아는 지식에서 자라 가라 영광이 이제와 영원한 날까지 그에게 있을지어다(벧후 3:18).

베드로는 이 서신의 본론에서 신자들이 예수 그리스도와의 관계를 통해 하나님을 아는 지식이 성장할 수 있는 방식을 설명할 것이다(1:3-11을 보라).

2. 기독교의 미덕에 대한 권면과 베드로의 예언적 권위 주장(1:3-21)

베드로는 두 번째 서신의 본론을 충격적인 발언으로 시작한다. 그는 대담하게도 신자들이 영광(glory)과 덕(excellence)으로 그들을 부르신 분을 앎

으로 순종함과 **예수 그리스도**의 피 뿌림을 얻기 위하여"(벧전 1:2).

으로 생명과 경건에 속한 모든 것(그들이 경건한 삶을 사는 데 필요한 모든 것)을 받았다고 단언한다. 그분은 그가 바로 앞 구절에서 "하나님과 우리 주 예수를 앎으로"(1:2)라고 말할 때 소개한 분이다.

우리가 주 예수 그리스도 안에서 하나님을 앎으로 말미암아 하나님은 우리에게 경건하게 살아가기에 필요한 모든 것을 주셨다!

우리가 예수 그리스도와의 관계 안에서만 그리고 그 관계를 통해서만 경건한 삶을 사는 모든 영적 수단들을 받았다는 점에 주목하라. 이는 동방 종교에서 명상이나 신과의 신비적 교감, 또는 그 밖의 영성의 정점에 도달하는 방식을 통해 경건을 추구하는 것과 대조를 이룬다. 바울이 골로새서에서 기록했듯이 그러한 관습은 "자의적 숭배와 겸손과 몸을 괴롭게 하는 데는 지혜 있는 모양이나 오직 육체 따르는 것을 금하는 데는(육체의 정욕을 억제하는 데는) 조금도 유익이 없느니라"(골 2:23).

하나님의 충만(fullness)은 오직 그리스도 안에서만 발견되며 만물은 그로 말미암아, 그를 통해, 그리고 그 안에 존재한다(골 1:15-20; 참조, 2:6-23). 이런 점에서 하나님의 은혜는 신자들의 구원뿐만 아니라 그들을 성화와 기독교적 성장의 길로 인도하는 데까지도 이어진다.

구원이 은혜로 말미암는 것처럼, 성화도 은혜로 말미암는다!

베드로가 베드로전서의 서두 부분에서 "성령이 거룩하게 하심으로"라고 언급하고(벧전 1:2), 이 두 번째 서신을 "은혜와 평강"이 독자들에게 "더욱 많을지어다"라는 소망으로 시작한 것에 주목하라(1:2). 그 은혜는 신자들이 하나님과 주 예수 그리스도를 알게 됨으로써 "더욱 많아지고"(훨씬 더 풍성해지고) 있다.

하나님은 전능하신 분("그의 신기한 능력")이시기 때문에 신자들에게 그들이 경건한 삶을 살아가기에 필요한 모든 것뿐만 아니라(1:3), "보배롭고(티미오스[*timios*], 벧전 1:19 참조) 지극히 큰(메기스토스[*megistos*], 신약에서 여기서만 나옴) 약속"도 주실 수(도레오마이[*dōreomai*], 신약에서는 1:3, 4와 빌라도가 아리마대 요셉에게 예수의 시신을 내어 주는 막 15:45에서만 나옴) 있다(1:4). 신자들이 하나님에 의해 선택되고(벧전 1:1) 부르심을 받은(벧후 1:3) 목적은 죄, 사망, 그리고 영원한 파멸에서 구원받기 위함일 뿐만 아니라, "산 소망"(벧전 1:3), 영원한 유업, 그리고 밝고 복된 미래(벧전 1:4)로 나아가기 위함이기도 하다.

"보배롭고 지극히 큰 약속"은 일반적 언급이지만, 여기서 사용된 "약속"(에팡겔마[*epangelma*])이란 단어와 같은 단어가 신약의 다른 곳에서는 단지 이 서신의 3:13에서만 나온다는 점이 특이하다. 거기서 베드로는 "우리는 그의 **약속**대로 의가 있는 곳인 새 하늘과 새 땅을 바라보도다"라고 쓴다. 이러한 "보배롭고 지극히 큰 약속"은 아마 의로 가득 찬 새 하늘과 새 땅에 대한 하나님의 종말론적 약속을 가리키는 것 같다.

현 단락에서 신자들은 "경건"(유세베이아[*eusebeia*/godliness], 1:3; 참조, 1:6, 7; 3:11)의 삶을 살도록 부름을 받는다. 그레코-로만 세계에서 이 용어는 경건함(piety)과 종교적 헌신의 삶을 의미했지만, 신약의 경우에는 성령과 하나님의 참된 지식 안에서의 성화(sanctification), 즉 기독교 특유의 미덕 목록이 예시해 주듯이(1:5-7을 보라) 점점 더 그리스도를 닮아 가는 성장 과정을 의미한다.

게다가 하나님은 신자들을 "자기의 영광과 덕으로써" 이러한 도덕적 탁월함과 기독교적 미덕의 삶으로 부르셨다(1:3; 참조, 1:5; 사 42:8, 12 참조).**⁸** "영광"(독사[doxa])이란 말이 신약에서 흔하게 사용되지만, "덕"(아레테[*aretē*/excellence])이란 용어는 자주 나오지 않는다(신약의 다른 곳에서는 벧전 2:9과 빌 4:8에서만 나옴). 여기서 이 단어의 여격을 신자들이 "하나님 자신의 영광과 덕으로"(to) 부름을 받은 것으로 해석할 것인지 아니면 하나님 자신의 영광과 덕으로써/말미암아"(by)로 해석할 것인지 약간의 문제가 있다.

아마도 후자일 가능성이 더 크지만, 두 가지 의미 모두 가능할 수도 있다. 하나님은 영광스럽고 도덕적으로도 탁월하신 분이시다. 따라서 그분은 신자들을 그 자신의 영광과 탁월한 덕으로 말미암아 부르실 수도 있고, 또 그 자신의 영광과 탁월한 덕으로 부르실 수도 있다.

---

8 Matthew S. Harmon, "2 Peter," in *ESV Expository Commentary*, vol. 12, *Hebrews-Revelation*, ed. Iain M. Duguid, James M. Hamilton Jr., and Jay Sklar (Wheaton: Crossway, 2018), 372에 있는 논의를 보라.

베드로는 베드로전서에서 레위기의 성결 법전의 "내가 거룩하니 너희도 거룩하라"라는 말씀을 인용했다(벧전 1:16; 참조, 레 11:44). 그런데 여기서는 독자들에게 "내가 도덕적으로 탁월하니 너희도 도덕적으로 탁월하라"라고 촉구하신다. 두 권면의 의미가 유사하지만, 전자가 이 진리를 표현하는 보다 유대적 방식이라면 후자는 보다 헬라적 관점에 가깝다고 할 수 있다. 베드로는 독자들에게 주변 문화와 구별되어 진실성(integrity)과 흠잡을 데 없는 인격으로 특징지어지기를 요청한다.

주변 문화와의 관계에서 하나님의 뜻은 신자들이 "정욕 때문에 세상에서 썩어질 것을 피하여 신성한(데이오스[theios/divine], 신약의 다른 곳에서는 벧후 1:3, 4과 바울의 아레오바고 설교의 일부인 행 17:29에만 나옴) 성품(퓌시스 [physis])에 참여하는 자"(코이노니아[koinōnia])가 되는 것이다(1:4). "신성한 성품(divine nature)에 참여하는 자"라는 표현이 자주 논란이 되었다. 초기 교회는 점차로 데오시스(theosis)의 개념, 즉 인간에게 어떤 의미에서 신성이 주입되었다는 교리를 발전시켰다.[9]

아마도 여기서 베드로는 단순히 신자들이 성령을 받음으로써(벧전 1:2 참조) 하나님의 본성에 참여한다고 의미하는 것 같다. 이는 참으로 깊이 묵상할 만한 놀라운 사상이다. 성육신을 통해 인간의 육신을 입으신 예수와는 다소 반대의 방식으로 인간은 예수를 믿자마자 내주하시는 하나님의 영을 받고 이런 식으로 신적 성품에 참여한다.

그들은 "세상에서 썩어질 것을 피"했다. 이 말은 현재의 부패와 미래의 멸망 모두를 언급한다. 동일한 두 개의 단어가 거짓 선생들과 연관해서 사용된다. "피하다"(아포퓨고[apophegō])는 신약의 다른 곳에서는 단지 2:18과 2:20에만 나타나지만, "썩을 것/부패"(프도라[phthora])는 2:12과 2:19(개역개정에는 "멸망"으로 번역-역자주)에 나온다(이 용어는 일반적으로 신약에서 종말론적 의미를 지님; 롬 8:21; 고전 15:42, 50; 갈 6:8 참조).

---

[9] 고대 배경 연구를 위해서는 James M. Starr, *Sharers in the Divine Nature: 2 Peter 1:4 in Its Hellenistic Context*, ConBNT 33 (Stockholm: Almqvist & Wiksell, 2000)을 보라.

이는 베드로의 이 권면이 독자들을 미혹시키려고 노력하는 거짓 선생들을 경고하는 배경에서 주어진다는 점을 보여 준다(뒤에 나올 2장의 논의를 보라). 세상은 "정욕"(에피뒤미아[epithymia], 베드로 서신에서 매우 빈번하게 나타나는 단어: 벧전 1:14; 2:11; 4:2, 3; 벧후 1:4; 2:10, 18; 3:3)의 지배를 받기 때문에 멸망할 운명이다. 세상 부패에 대한 언급은 베드로의 서신에 종말론적 프레임을 세운다. 이러한 종말론적 특성은 서신 내내 유지되며 특히 예수의 재림에 대한 기독교의 가르침을 반박하는 거짓 선생들을 비난하고 논박하는 3장에서 전면에 나타난다.

5절은 "그러므로"(헬라어 본문에는 "바로 이러한 이유로"로 표현됨-역자주)라는 말로 도입된다.

어떤 이유로인가?

이 질문에 대한 대답은 선명하지 않다. 아마도 하나님께서 예수 그리스도와의 관계를 통하여 신자들에게 경건한 삶을 살아가는 데 필요한 모든 것을 주셨다는 사실(긍정적인 측면에서)과 신자들이 세상의 썩을 것/부패를 피하도록 (신성한 성품에 참여하여) 성화의 길에 올라 계속 성장해야 할 필요성 때문일 것이다.

베드로의 권면은 수신자들이 "더욱 힘써"(스푸데[spoudē]; 유다서 1:3 참조) "그들의 믿음에" 1:5-7에 상술한 그리스도인의 미덕 목록을 더하라는 것이다. "더욱 힘써"(make every effort)라는 드문 단어 (에피코레게오[epichorēgō], 신약의 다른 곳에서는 고후 9:10; 갈 3:5; 골 2:19에만 나옴)는 1:5과 1:10에 반복됨으로써 그리스도인의 미덕을 추구하라는 단락 전체의 틀을 형성한다.

"더하다"(파레이스페로[pareispherō/supplement])라는 단어는 이 구절에만 나온다. "더욱 힘써"라는 표현은 베드로가 이전에 강조했던 하나님의 은혜와 명백한 긴장 상태에 있다(1:2의 "은혜"; 1:3, 4의 "주셨다"). 이를 올바르게 이해하면, 베드로는 신자들을 하나님의 은혜에 근거하는 존재로 제시하고 이를 바탕으로 그리스도인의 미덕을 추구하는 데 열심히 헌신할 것을 촉구한다.

"너희 믿음에 ~을 더하라"(supplement your faith)라는 말도 처음에는 오직 믿음만으로(*sola fide*)[10]의 구원 교리에 어긋나는 것처럼 보인다는 점에서 이상해 보인다.

우리가 오직 은혜만을 통하여 오직 믿음으로만 구원받는다면, 베드로는 어떻게 독자들에게 그들의 믿음에 "~을 더하라"라고 권면할 수 있을까(엡 2:8-9 참조)?

하지만 여기서 "이로 보건대 사람이 행함으로 의롭다 하심을 받고 믿음으로만 아니니라"(약 2:24)라는 야고보의 말씀에 대해 생각해 보라. 또한, 단호하게 구원이 행위와는 별개로 믿음만으로 이루어진다고 언급한 바울이 빌립보서에서는 신자들에게 "두렵고 떨림으로 [그들의] 구원을 이루라"라고 쓴다(빌 2:12).

이러한 구절들이 암시하는 바는 하나님의 은혜는 믿음이라는 반응을 목표로 하고 믿음은 결국 믿음으로 촉발된 행동으로 나타나야 한다는 점이다. 그렇다면 이러한 의미에서 그리스도인은 그들의 믿음에 그리스도인의 미덕(ESV 역이 1:3에서는 "탁월함"[excellence]으로 번역했으나 1:5에서는 두 번이나 "미덕"[virtue]으로 번역한 헬라어 단어 아레테[*aretē*]를 보라)을 더하기 위해 온 힘을 다해 노력해야 한다. 이런 점에서 (도덕적 탁월함으로 이해된) 미덕은 믿음의 참됨을 입증한다는 점에서 그리고 하나님의 성품을 닮은 가시적 특징의 견지에서 볼 때 우리 구원의 열매의 초자연적 결과라는 점에서 우리의 믿음을 "보완한다"(supplement).

이런 식으로 신자들은 경건을 나타내고 자신이 신성한 성품에 참여하는 자임을 보여 준다. 하나님께서 "자기의 영광과 덕으로써" 우리를 부르신 것처럼(1:3), 우리도 그리스도인의 미덕을 추구하여 탁월한 도덕성을 함양함으로써 하나님을 영화롭게 한다(1:5). 그러므로 역설적으로 하나님의 은혜에 가장 감사하는 사람들이 그리스도인의 인격을 추구하기 위해 전력을

---

10 종교개혁의 네 개 또는 다섯 개의 솔라(solas) 중 하나. 이것에 대해서는 앞의 야고보서 2장에 있는 믿음과 행함의 관계에 대한 논의를 보라.

다할 것이다. 진정으로 이해된 은혜는 안주함이 아니라 믿음의 행동으로 이어지기 때문이다.

1:5-7에 열거된 베드로의 미덕 목록은 도표 4.1에서 보는 것처럼 미덕의 계단 형태로 위로 올라간다.[11]

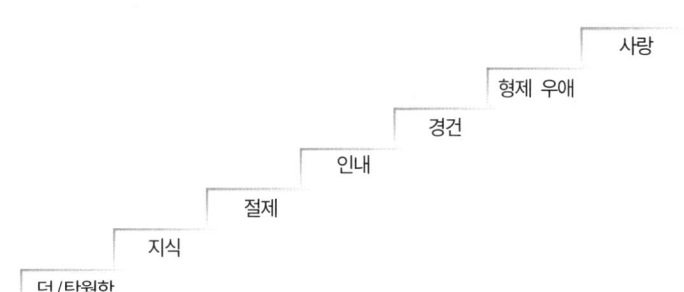

<도표 4.1> 베드로후서 1:5-7에 나타난 미덕의 계단

바울은 사랑으로 시작하여 절제로 끝나는 성령의 열매인 아홉 가지 미덕을 제시한다(갈 5:22-23). 베드로도 그와 마찬가지로 절제를 포함하고 사랑으로 끝나는 일곱 개의 미덕을 제시한다. 비교해 보면, 바울은 이러한 미덕들이 성령이 맺은 열매임을 더욱 날카롭게 강조하는 반면, 베드로는 신자들에게 그들의 신앙을 보완하기 위해 의도적이고 헌신적으로 노력함으로써 그리스도인 미덕의 계단을 힘써 오르기를 촉구한다.

---

11 베드로는 여기서 연쇄논법(sorites)으로 알려진 문학적 기법을 사용하는데, 그 논법에서는 하나의 요소가 앞의 요소를 기반으로 한다. 또한, 로마서 5:3-5도 보라; Peter H. Davids (*The Letters of 2 Peter and Jude*, PNTC [Grand Rapids: Eerdmans, 2006]), 177-78)을 인용하는 Harmon, "2 Peter," 373 참조. 벧후 1:3-11의 해설을 위해서는 Andreas J. Köstenberger, Excellence: The Character of God and the Pursuit of Scholarly Virtue (Wheston: Crossway, 2011), chap. 2를 보라. 신앙적 논평에 관해서는 Köstenberger, "Something to Think About: Cultivating Christian Virtues," in Köstenberger, Kellum, and Quarles, *The Cradle, the Cross, and the Crown*, 867을 보라. 또한, J. Daryl Charles, *Virtue amidst Vice: The Catalog of Virtues in 2 Peter 1*, JSNTSup 150 (Sheffield: Sheffield Academic, 1997)도 보라.

- **"덕"**(virtue) 또는 **"(도덕적) 탁월함"**(excellence)은 아마 나머지 모든 미덕을 포괄하는 상위 개념의 용어이기 때문에, 목록의 처음에 나오는 것으로 보인다(바울이 교회 지도자들의 자격 요건을 열거할 때 "책망할 것이 없으며"를 상위 용어로 사용하는 점과 유사함; 딤전 3:2; 딛 1:6 참조).
- **"지식"**은 1:2과 1:3에서 그분들의 영광과 덕으로써 우리를 부르신 하나님과 주 예수 그리스도에 관한 지식으로 이미 언급한 바 있다.
- **"절제"**(엥크라테이아[*engkrateia*])는 바울이 언급한 성령의 열매이기도 하다(갈 5:23; 신약의 다른 곳에서는 바울이 벨릭스 총독에게 의와 절제와 장차 올 심판에 관한 말하는 행 24:25에만 나옴; 또 고전 7:9; 9:25도 보라).
- **"인내"**(휘포모네[*hypomonē*]/steadfastness or endurance)는 박해를 포함한 역경 앞에서 회복력/탄력성(resilience)을 보이는 검증된 인격에 대한 공통의 특성이다(공동서신의 다른 곳에서는 히 10:36; 12:1; 약 1:3, 4: 5:11에 나오며 바울 서신에는 빈번하게 나타남).
- **"경건"**(유세베이아[*eusebeia*])은 1:3의 앞부분에서 하나님을 기쁘시게 하는 삶의 전반적인 특징으로 언급되었다(그곳의 해설 부분을 보라).
- **"형제 우애"**(필라델피아[*philadelphia*])와 **"사랑"**(아가페[*agapē*])이 그리스도인의 삶에서 사랑의 우월성을 강조함으로써 미덕 목록의 마무리를 장식하는 것은 적절하다(고전 13:13 참조). 베드로는 베드로전서에서 다음과 같이 기록했다.

> 너희가 진리를 순종함으로 너희 영혼을 깨끗하게 하여 거짓이 없이 형제를 사랑하기(필라델피아)에 이르렀으니 마음으로 뜨겁게 서로 사랑하라(아가파오[*agapaō*])(벧전 1:22).

그는 이와 유사하게 독자들에게 "형제를 사랑하라"(벧전 2:17)라고 촉구했으며, "마지막으로 말하노니 너희가 다 마음을 같이하여 동정하며 형제를 사랑하며…"(벧전 3:8)와 "무엇보다도 뜨겁게 서로 사랑할지니 사랑은 허다한 죄를 덮느니라"(벧전 4:8)라는 말씀을 추가했다. 이것은 형제 우애/사랑에서 절정을 이루는 베드로후서 1장의 미덕 목록이 베드로전서의 사랑에 대한 그의 권면과 전적으로 일치하고 있다는 점을 보여 준다.

베드로는 신자들이 추구하기를 원하는 그리스도인의 미덕을 열거한 후에 이제 이러한 권면에 대한 이유를 설명한다(1:8의 가르[*gar*/"왜냐하면"]). 어떤 사람이 이러한 미덕들을 갖추고 점차 풍성하게 된다면, 그는 주 예수 그리스도를 아는 일에 "쓸모없거나"(아르고스[*argos*/ineffective]; 딤전 5:13; 딛 1:12; 약 2:20 참조. 개역개정에는 "게으르지 않고"로 번역됨-역자주), "열매 없는 자"(아카르포스[*akarpos*/unfruitful], 문자적으로 "열매 없는"을 의미; 유 1:12에서 거짓 선생을 가리키기 위해 사용됨; 또 엡 5:11; 딛 3:14도 보라)가 되지 않을 것이다. 이 말은 어떤 사람이 그리스도인이 되었어도 그의 삶에 어떤 효과나 열매가 부족할 수도 있다는 점을 시사한다.

"열매 없는"이라는 말은 씨 뿌리는 자와 밭의 비유에서 "세상의 염려와 재물의 유혹과 기타 욕심" 때문에 말씀을 받지 못해 열매를 맺지 못하는 사람과 관련된 예수의 말씀을 반향한다(막 4:19; 참조, 마 13:22). 또 예수의 포도나무와 가지의 비유도 떠오르게 한다.

> 나는 포도나무요 너희는 가지라 그가 내 안에, 내가 그 안에 거하면 사람이 열매를 많이 맺나니 나를 떠나서는 너희가 아무 것도 할 수 없음이라. 사람이 내 안에 거하지 아니하면 가지처럼 밖에 버려져 마르나니 …. 너희가 열매를 많이 맺으면 내 아버지께서 영광을 받으실 것이요 너희는 내 제자가 되리라(요 15:5-6, 8).

베드로는 이전에 들었을 예수의 이 두 가지 가르침을 지금 여기서 독자들에게 상기시키고 있는 것 같다.

이와 반대로 이러한 덕목들(1:5-7에 열거한 일곱 가지 미덕들)을 갖추지 못한 사람은 눈이 멀 정도로 근시이다. 이는 우리 중 소경이 될 정도로 근시인 사람들에 대한 가슴 아픈 실례이다. 영적으로 말하면, 그러한 사람들은 자기의 옛 죄가 깨끗해진 것을 잊어버린 것이다(1:9).

그러므로 그리스도인의 미덕 추구와 관련하여 베드로의 마지막 권면은 독자들이 더욱 힘써(스푸다조[*spoudazō*], 문자적으로는 긴박감을 전달하면서 "최선의 노력을 하여"를 의미; 딤후 2:15 참조) 그들의 "부르심"(클레시스[*klēsis*]; 빌 3:14의 "위에서 부르신 부름"; 딤후 1:9의 "거룩한 부르심"; 히 3:1의 "하늘의 부르심" 참조)과 "택하심"(에클로게[*eklogē*]; 롬 9:11; 11:5, 7, 28; 살전 1:4 참조)을 굳건히 해야 한다는 것이다.

이러한 언급들은 선택에 있어서 하나님의 주권, 은혜 및 사랑을 강조한다. 우리 중 어떤 사람도 구원을 받을 자격이 없다. 하나님의 은혜는 순전히 관대함과 선함으로 말미암아 값없이(freely) 주어진다. 무엇보다도 하나님의 부르심과 선택은 죄인에 대한 그분의 신적 사랑의 증거이다.

베드로는 이러한 미덕들을 실천하는 사람들은 잘못되는 법이 없다고 덧붙인다. 그들은 결코 넘어지지(프타이오[*ptaiō*]; 1:10; 참조, 약 2:10; 3:2) 않을 것이다.[12] 그러한 덕목들을 실천하면 온전해진다(마 5:48 참조). 이렇게 하여 신자들은 "우리 주 곧 구주 예수 그리스도"(하나의 관사가 두 개의 단수 명사를 지배하는 그렌빌 샤프[Granville Sharp] 구조를 사용한 베드로의 또 하나의 실례, 여기서는 "주"와 "구주")의 영원한 나라에 들어갈 자격을 충분히 갖추게 될 것이다.

그렇다면 주 예수 그리스도 안에서 또 그분을 통해 하나님의 영원한 천국으로 들어갈 자격을 충분히 갖추는 것, 이것이 바로 그리스도인들이 이 땅에 사는 동안 기독교적 미덕을 추구해야 할 **목표**이다. 그러므로 논리적으로 볼 때 목표 또는 목적이 우리의 현재 행동과 미덕 추구에 결정적인 영향을 끼쳐야 한다.

기독교적 인격의 개발과 성장이 우리 개인적 삶에서, 우리 아이들 양육에서, 그리고 교회에서 우선순위가 되어야 한다. 마찬가지로 제자도(Discipleship) 역시 아무리 중요하더라도 단순히 기독교 훈련의 목록으로 정의되어야만 하는 것이 아니라, 인격 개발과도 연결되어야 한다.

---

12 "프타이오"(fall)는 문자 그대로는 발을 헛디디는 것을 언급할 수 있지만, 여기서는 비유적으로 "이탈하다"(fall away)라는 의미로 사용된 것 같다(유 1:24 참조; Harmon, "2 Peter," 376에 있는 논의를 보라).

우리 그리스도인의 삶은 일차적으로 **우리가 무엇을 하는가**(what we do)가 아니라 **우리가 누구인가**(who we are)로 측정되어야 한다. 십자가에 달리신 분을 따르는 자로서 그리스도인은 점점 더 그리스도를 닮은 모습을 보여야 한다(롬 8:29).

베드로후서 1장의 후반부에서 베드로는 그가 아직 "이 육신의 장막에" 있는 동안 "생각나게 하는"(1:12, 13) 관점에서 그의 가르침을 제공한다. 그는 예수께서 예고하셨듯이(1:14; 요 21:19) 순교의 날이 얼마 남지 않은 것을 안다.

독자들이 자기의 교훈을 따른다면 하나님의 나라에 "넉넉히 들어갈"(에이소도스[*eisodos*]; 히 11:22 참조) 것이지만(1:11), 그러나 베드로의 "떠남"(엑소도스[*exodos*]; 예수의 떠남과 관련하여 눅 9:31 참조; 문자적으로는 이스라엘의 출애굽을 의미, 히 4:11)이 다가오고 있다(1:15).

그들과 함께 있는 동안 그는 "더욱 힘써"(스푸다조[*spoudazō*]; 1:5과 수미상관 구조[inclusio]를 형성한다는 점에 주목하라; 1:10; 3:14; 엡 4:3; 딤후 2:15; 히 4:11 참조) 그들에게 그리스도인의 품성을 추구하는 일의 중요성을 이해시키려고 한다. 그래야만 그가 떠난 뒤에도 그들은 그의 말을 기억할 것이다 (1:15). 이렇게 하여 베드로후서는 그의 생애 말기에 그의 엄숙한 교훈을 표현하는 일종의 마지막 유산인 유언 서신의 성격을 갖는다.[13]

새로운 단락은 1:16의 이유 접속사 가르(*gar*/"왜냐하면")를 통해 앞 단락(1:12-15)과 연결되는데, 거기서 그는 아직 살아 있는 동안 기억나게 할 목적으로 이 편지를 썼다고 말한다. 아마도 두 단락의 연결 고리는 그의 교훈에 대한 기억이 결정적으로 영향을 끼칠 베드로의 신뢰성과 관련되는 것 같다.

---

13 구약에서는 신명기를 참조하고 신약에서는 요한복음 13-17장에 나오는 예수의 고별 강화를 참조하며, 제2성전 유대 문헌에서는 "열두 족장의 유언"을 참조하라. 1차 자료를 위해서는 James H. Charlesworth, *The Old Testament Pseudepigrapha*, vol. 1, *Apocalyptic Literature and Testaments* (Garden City, NY: Doubleday, 1983)을 보라. 또한, L/Scott Kellum, "Farewell Discource," in *Dictionary of Jesus and the Gospel*, ed. Joel B. Green, Jeannine K. Brown, and Nicholas Perrin, 2nd ed.(Downers Grove, IL: InterVarsity, 2013), 266-69를 보라.

"우리", 즉 베드로와 다른 사도들은 주 예수 그리스도의 "능력"과 "강림하심"(파루시아[patousia], 그리스도의 재림을 가리키는 기술적인 용어)을 독자들에게 알려 주었을 때, "교묘하게 꾸민 신화"("교묘하게 꾸민"으로 번역된 헬라어 현재분사 세소피스메노이스[sesophismenois]는 사실 근거가 없는 완전한 허구의 현 상태를 암시)를 따르지 않았다(개역개정에는 "교묘하게 만든 이야기"로 번역됨-역자주). 소피조(sophizō)는 신약의 다른 곳에서는 오직 디모데후서 3:15에만 나오는데, 거기서 이 단어는 긍정적 의미를 지닌다. 성경은 디모데를 그리스도를 믿는 믿음을 통하여 구원에 이르도록 "지혜롭게"(wise) "만들"(make) 수 있다.

여기서 베드로는 신화를 만든다는 적대자의 비난으로부터 자신을 변호한다. 아마도 그와 동료 사도들은 사실에 근거를 두지 않는 그리스도의 재림에 대한 "신화"(myth)를 꾸며냈다고 적대자들에 의해 비난을 받았던 것으로 보인다. 그와는 반대로 베드로는 그와 사도들이 예수의 "위엄"(메갈레이오테토스[megaleiotētos]; 신약의 다른 곳에서는 단지 눅 9:43과 행 19:27에서만 나옴)을 친히 본 "목격자들"(에포프타이[epoptai], 신약에서는 여기서만 나옴; 그러나 동사형 에포프튜오[epopteuō]는 벧전 2:12과 3:2에서 사용됨; 또 눅 1:2의 아우토프타이[autoptai]도 보라)이었다고 반박한다.

베드로는 세베대의 아들 야고보와 요한과 함께, "거룩한 산"에서 예수께서 영광스러운 모습으로 변화되었을 때 그를 "내 사랑하는 아들이요 내 기뻐하는 아들"이라 부르는 하늘의 음성을 증언한 선택된 제자 중 하나였다(1:18). 이것은 공관복음 모두에 기록된 사건이었다(마 17:1-8; 막 9:2-8; 눅 9:28-36). 그때 예수는 "지극히 큰 영광"(메갈로프레페스[megaloprepēs], 신약에서는 여기 1:17에서만 나옴)의 관점에서 묘사되신 "하나님 아버지께 존귀와 영광을 받으셨다."

그러므로 베드로의 추론 방식은 다음과 같다.

그는 예수가 지상 사역 동안 영광스럽게 변형된 모습을 보았을 때 **이미 장엄한 영광 중에 계신 예수를 보았기 때문에** 예수의 영광스러운 재림에 대한 자신의 예고가 이루어질 것을 확신한다!

바로 이점이 베드로의 신뢰성을 극적으로 높여 주며 예수의 재림에 대한 베드로의 가르침을 단순한 조작, 즉 "신화"라고 주장하는 사람들에 대해 결정적인 반격이 된다.

이렇게 해서 베드로는 구약에 기록된 하나님의 미래 목적에 대한 예언적 계시의 반열에 합류한다. 따라서 베드로는 독자들에게 메시아의 도래를 알리는 구약 구절을 인용하여(민 24:14-19) "날이 새어 샛별이 너희 마음에 떠오르기까지 어두운 데를 비추는 등불(과 같은 예언)에 주의를 기울일 것"(1:19)을 촉구한다.[14]

베드로가 강하게 단언하듯이, 어떤 성경의 예언도 단순히 예언자 자신의 해석(에피뤼시스[epilysis], 1:20; 막 4:34에서 예수의 비유 **해석**[설명]과 연관해서 언급된 동사 에필뤼오[epilyō]의 용례 참조)에서 비롯된 것은 없다(개역개정에는 "사사로이 풀 것이 아니니"로 번역됨-역자주). 오히려 사람들은 "성령에 이끌려서 하나님께로부터 오는 말씀을 받아서 한 것"이다(1:21).[15]

이런 점에서 베드로는 여기서 구약 예언서에 대한 신적 영감(divine inspiration)을 확언하고, 예수 재림에 대한 자신의 예언적 예고를 이러한 예언의 반열 내에 둔다(히 1:1-3 참조). 베드로는 베드로전서에서 메시아가 가져올 구원에 대해 다음과 같이 썼다.

> 너희에게 임할 은혜를 예언하던 선지자들이 연구하고 부지런히 살펴서 자기 속에 계신 그리스도의 영이 그 받으실 고난과 후에 받으실 영광을 미리 증언하여 누구를 또는 어떠한 때를 지시하시는지 상고하니라 이 섬긴 바가 자기를 위한 것이 아니요 너희를 위한 것임이 계시로 알게 되었으니 이것은 하늘로부터 보내신 성령을 힘입어 복음을 전하는 자들로 이제 너희에게 알린 것이요 천사들도 살펴보기를 원하는 것이니라(벧전 1:10-12).

---

14 17절에 언급된 "예수의 지극히 큰 영광" 참조. 19절에 대한 탁월한 논의와 거기에서 발견되는 구약의 반향을 위해서는 Harmon, "2 Peter," 382-83을 보라.

15 Harmon ("2 Peter," 384)은 헬라어 본문에서는 "성령에 의해"(by the Holy Spirit)라는 문구가 강조를 위해 앞에 나온다고 언급한다.

사도 베드로가 성령의 감동하심을 받은 예언자들을 언급하는 베드로후서 1:21의 경우처럼, 베드로전서 본문에서도 마찬가지로 그는 메시아의 고난과 후에 받으실 영광에 대해 예언했던 구약 예언자들 안에 계셨던 "그리스도의 영"의 역사하심에 대해 말한다. 지금 현 구절에서 베드로는 자신과 자신의 그리스도의 미래의 영광스러운 재림에 대한 예언을 정면으로 이러한 예언의 궤도와 행렬 내에 놓는다.

3. 거짓 선생들의 특성과 동기에 대한 비난(2:1-22)

베드로는 이제 (참된) 구약의 예언자들과 자신을 일치시키는 내용에서 전환하여 그가 서신을 쓰고 있는 공동체의 거짓 선생들에게로 눈을 돌린다. 그는 이스라엘에 참된 선지자들이 있었던 것처럼, 거짓 선지자들(프슈도프로페타이[*pseudoprophētai*]; 산상수훈에 나오는 예수의 경고[마 7:15]와 감람산 강화에 나오는 그의 예언[마 24:11, 34; 막 13:22] 참조; 또 눅 6:26에 나오는 구약의 거짓 예언자에 대한 예수의 언급도 보라; 또 요일 4:1도 참조)도 있었다고 말한다.

이와 유사하게 베드로는 이 서신의 수신자 중에 거짓 선생들(프슈도디다스칼로이[*pseudodidaskaloi*]; 신약에서 여기서만 나오는 단어)이 나타날 것이라고 예고한다.[16] 이러한 거짓 선생들은 멸망을 초래할 이단(하이레세이스[*haireseis*]; 신약에서 이러한 의미로는 여기서만 나옴)[17]을 끌어들일 것이지만, 아이러니하게도 실제로는 자기들이 받을 멸망을 재촉할 것이다(2:1; 참조, 2:3).

그렇게 함으로써 그들은 심지어 그들을 값 주고 사신(아고라조[*agorazō*]; 공동서신의 다른 곳에는 나오지 않는 단어) 주님(데스포테스[*despotēs*]; 유 1:4 참조)

---

16 종말에 있을 배교에 대한 이와 유사한 예고에 대해서는 딤전 4:1-5; 딤후 3:1-9; 요일 4:1-6; 유 1:5-23을 보라. 벧후 2장은 베드로 자신의 목적을 위해 유다서의 내용을 각색했을 가능성이 크다.
17 바울은 그 단어를 좀 더 일반적 의미, 즉 "파당"(dispute)의 의미로 두 번 사용한다(고전 11:19; 갈 5:20). 사도행전에서 그 단어는 바리새파나 사두개파 또는 기독교의 경우처럼, "종파"(sect)의 의미로 여러 번 나타난다(행 5:17; 15:5; 24:5, 14; 26:5; 28:22).

조차도 부인할 것이다(2:1). 이 진술은 그 거짓 선생들이 한때는 진정으로 구원을 받았으나 후에 구원을 잃었다는 점을 암시하는 것으로 받아들일 수 있는 곤혹스러운 언급이다. 하지만 이것이 꼭 필요한 결론은 아니다. 오히려 예수는 단지 **잠재적으로**(potentially)만 이러한 사람들을 사셨는데, 결국에는 그들이 그를 영구적으로 거부하여 영원한 하나님의 심판을 받게 되었다고 이해할 수 있다.[18]

거짓 선생들이 탐심(플레오넥시아[*pleonexia*]; 2:14 참조)에 빠져 지어낸(플라스토스[*plastos*], 신약에서는 여기서만 나오는 단어) 말로 일부 독자들로 이득을 삼는다(엠포류오마이[*emporeuomai*], 신약의 다른 곳에서는 약 4:13에만 나오는 단어)는 언급은 그들이 재정적 동기에 관심이 있으며 순진한 희생자들을 이용하는 데 혈안이 되어 있었음을 암시한다. 베드로는 이미 그 선생들의 심판이 오래전에 선고되었고 곧 뒤따를 것으로 확신한다(2:3; 참조, 2:1).

2장의 나머지 부분에서 베드로는 유다서 1:5-23의 내용을 개작한다.[19] 여기서 베드로는 유다서의 경우처럼 거짓 선생들과 유사한 반란을 꾀한 구약의 개인이나 그룹의 실례를 도입하는 미드라쉬(유대교 주석) 기법을 사용한다. 이 범죄자들의 경우 히브리어 성경은 그들이 받은 하나님의 심판을 이미 기록한다.

베드로는 계속해서 유형론을 통해 자기 시대의 거짓 선생들도 하나님에 대한 같은 종류의 반역을 저질렀기 때문에 유사한 심판을 받게 될 것이라고 지적한다. 여기서 베드로의 논지는 하나님과 그분의 심판이 일관성이 있다는 전제에 기초하고 있다. 즉, 유사한 범죄에 유사한 심판이 있을 것이라는 점이다.

---

18 Thomas R. Schreiner, "'Problematic Texts' for Definite Atonement in the Pastoral and General Epistles," in *From Heaven He Came and Sought Her: Definite Atonement in Historical, Biblical Theological, and Pastoral Perspective*, ed. David Gibson and Jonathan Gibson (Wheaton: Crossway, 2013), 387-92를 보라. 영원한 안전에 대한 주제를 가르치거나 적어도 그 주제에 영향을 끼치는 신약 구절들로는 예컨대, 요 10:27-29; 15:16; 롬 5:9-10; 8:38-39; 엡 1:4-14; 2:1-10; 골 1:12-14; 살후 2:13-14; 딤후 1:12; 2:19; 요일 3:1-3; 5:10-13을 보라.

19 이 책의 7장에 있는 유다서에 대한 논의를 보라.

이를 확인하기 위해 베드로는 다음과 같은 예들을 구약의 연대순으로 제시한다.

(1) 죄를 지어 하늘에서 쫓겨난 반역 천사들(2:4; 참조, 벧전 3:19-20)[20]
(2) 노아와 그의 가족을 제외하고 홍수로 멸망한 옛 세상(2:5; 참조, 창 6-9장; 히 11:7)
(3) 롯을 제외하고 잿더미가 된 소돔과 고모라성(2:6-10; 참조, 창 19장)

이러한 예들이 보여 주는 바는 하나님께서는 반란에 대해서는 확실하게 처벌하시지만, 동시에 노아나 롯과 같이 의로운 사람들은 구원해 주신다는 점이다(2:9-10a). 이어지는 구절에서 베드로는 하나님의 심판을 받은 또 다른 개인의 예를 포함하여 유다서에 언급된 이러한 거짓 선생들에 대한 전면적인 비난을 개작한다.

(4) 나귀에게 책망을 들은 선지자 발람(2:15-16; 참조, 민 22장)

이 단락을 종결하면서 베드로는 거짓 선생들과 관련하여 잠언 11:22을 인용한다. 개가 그 토하였던 것에 돌아가고 돼지가 씻었다가 더러운 구덩이에 도로 누운 것처럼, 이러한 이단들도 그들의 본성에 충실하여 원래의 상태로 되돌아간다.

속담에도 있듯이 돼지에게 립스틱을 바를 수 없다!

또는 잠언 11:22의 표현에 따르면, "아름다운 여인이 삼가지 아니하는 것은 마치 돼지 코에 금 고리 같다." 이 예가 보여 주는 바는 거짓 선생들은 중생한 것처럼 보였지만 그들의 마음의 중심, 즉 존재의 핵심은 진정

---

[20] 기본 헬라어 단어 타르타로오(*tartaroō*)는 문자적으로는 "타르타루스에 포로로 잡아두다"라는 의미를 지닌다. 그리스 신화에 따르면 타르타루스(Tartarus)는 반역한 존재들이 포로로 잡혀 있던 지하세계의 장소를 가리킨다. Douglas J. Moo, *2 Peter, Jude*, NIVAC (Grand Rapids: Zondervan, 1996), 108을 인용하는 Harmon, "2 Peter," 388n52 참조.

으로 변하지 않았다는 점이다. 오히려 그들은 부도덕한 삶의 방식을 통해 어떤 명백한 개종이 실제로는 일어나지 않았다는 점을 보여 주었다(요일 2:19 참조). 이와 유사한 맥락에서 2:1에 언급된 "자기들을 사신 주"를 부인했다는 언급은 그들의 중생 이후의 배교 및 구원의 상실을 암시하지 않는다.

4. 거짓 선생들의 예수 재림 부인에 대한 비난; 결론(3:1-18)

베드로후서의 3장은 전체 서신이 통합되는 지점이다. 1장에서 베드로는 그리스도의 재림을 "교묘히 만든 이야기(신화)"로 치부하는 자들로부터 자신을 변호함으로써 당면한 주요 쟁점을 암시했다(1:16). 2장 전체는 공동체 가운데 있는 "거짓 선생들"의 존재에 할애되었는데, 베드로는 구약 시대에 유사한 범죄를 저지른 사람들에게 내려진 유사한 심판에 따라 그들 역시 곧 심판을 받을 것이라고 예고했다(2:1; 참조, 2:4-16). 그러나 베드로가 거짓 선생들과 그들의 잘못된 가르침에 대해 직접 명쾌하게 언급하는 곳은 바로 여기 3장이다.

베드로는 이 서신이 그가 독자들에게 쓰고 있는 두 번째 서신이며 그 두 서신을 통해 그들에게 알리고 경고하고 있다고 언급한다. 그는 그들에게 "거룩한 선지자들"이 이전에 예언한 말씀과 사도들의 명령을 기억하기를 요청한다. 그것은 마지막 때에 조롱하는 자들(엠파이크타이[*empaiktai*]; 신약에서는 여기와 유 1:18에서만 나오는 단어; 딤후 3:1 참조)이 나타날 것이라는 점이다.

사도들의 이 예언(아마도 구두로 전해진)이 유다서에서는 다음과 같이 직접 인용된다.

> 마지막 때에 자기의 경건하지 않은 정욕대로 행하며 조롱하는 자들이 있으리라(유 1:18).

베드로는 여기서 그와 가까운 의역을 제공한다. 유다는 그러한 사람들을 분열을 일으키는 자이며 "성령이 없는" 육에 속한 자들로 묘사했다(유 1:19). 이 조롱하는 자들은 주를 섬기는 것이 아니라 그들 자신의 정욕(에피뒤미아[epithymia], 3:3)을 섬겼다.

이 거짓 선생들은 무엇을 조롱하고 있는가?

그들은 예수의 임박한 재림에 관한 베드로의 가르침을 조롱하고 있다.[21] 외관상 그들의 회의는 신은 인간 역사에 개입하지 않는다는 철학적 전제에 근거를 두고 있는 것처럼 보인다. 그들은 "주께서 강림하신다는 약속이 어디에 있느냐"라고 말했다. 왜냐하면, "조상들이 잔 후로부터 만물이 처음 창조될 때와 같이 그냥 있기" 때문이다(3:4).

이에 대한 베드로의 대응은 즉각적이고 결정적이다.

창조는 어떠한가?
하나님이 우주를 창조하지 않으셨는가?
이것이 인류 역사에서 일어난 중요한 하나님의 개입이 아닌가?
또 세상의 홍수는 어떠한가?
이것은 성경에 기록된 인간 역사의 중요한 하나님의 개입이 아닌가 (3:5-6; 참조, 창 6-9장; 벧전 3:20)?

하나님이 우주를 창조하신 것과 같은 방식으로 경건하지 않은 사람은 심판의 날에 심판을 받을 것이라고 베드로는 계속해서 지적한다(3:7).

---

21 Edward Adams, "Where Is the Promise of His Coming? The Complaint of the Scoffers in 2 Peter 3.4," *NTS* 51 (2005): 106-22에 반대하여. 그는 이 거짓 선생들이 **파루시아**(*parousia*)의 지연이 아니라, 오히려 하나님의 종말 약속이 우주적 멸망을 포함하고 있다는 가정을 조롱했다고 주장한다. 그러나 Richard J. Bauckham ("The Delay of the Parousia," *TynBul* 31 [1980]: 3-36)은 벧후 3장(신약에서 재림 지연을 가장 명확하게 다루는 부분)이 유대의 묵시적 자료(바룩의 묵시록[Apocalypse of Baruch])에 밀접하게 의존하고 있다고 주장한다.

부분적으로 베드로는 독자들에게 거짓 선생들의 반대가 시간을 매우 다르게 측정하시는 하나님의 무한하심을 인식하지 못한 데서 연유한 것이 아닌지 곰곰이 생각해 보라고 촉구한다. 하나님께서는 하루가 천년 같고 천년이 하루 같다(3:8; 참조, 시 90:4).[22]

하나님께서 그리스도의 재림에 대한 약속을 더디 지키시는 것처럼 보이는 이유는 그분이 신뢰할 수 없는 분이라거나 그분의 약속 이행이 불확실하시기 때문이 아니다(롬 9:6 참조; 또 신 7:10; 사 46:13; 합 2:3도 보라). 오히려 하나님은 오래 참으사 사람들에게 회개할 시간을 주신다(3:9; 바울이 정확하게 같은 논지를 펼치는 롬 2:4 참조; 또 딤전 2:3-4도 보라).

출애굽기 34:6-7에 따르면, 그분은 "자비롭고 은혜롭고 노하기를 더디 하고 인자와 진실이 많은 하나님이라 인자를 천대까지 베풀며 악과 과실과 죄를 용서하리라." 하지만 결국 주의 날은 우주적 차원의 거대한 종말론적 폭발을 일으키면서 갑자기 예상치 않게 도둑(클렙테스[*kleptēs*])처럼 올 것이라고 베드로는 계속해서 이어 간다(3:10; 참조, 마 24-25장; "도둑"이라는 말은 마 24:43에도 나타난다).[23]

이어서 베드로는 독자들에게 돌아서서 분명한 결론을 말한다.

그렇게 끔찍하고 확실한 미래 심판에 비추어 볼 때 그들은 어떠한 사람이 되어야 하는가?

그들은 "하나님의 날"(다른 곳에서는 "주의 날"로 불림)이 임하기를 기다리고 사모하면서 거룩하고 경건한 삶을 살아야 한다(1:3 참조; 또 1:5-7에 열거된 그리스도인의 미덕 목록과 그에 대한 앞의 해설을 보라).[24]

---

[22] 하나님의 이전 개입을 "의도적으로 간과하는" 베드로의 반대자들(5절)과 하나님의 시간표가 인간의 시간 계산 방식과 다르다는 것을 "간과하지 말라"고 권고받는 베드로의 독자(8절) 사이에는 의도적인 연관성이 있다.

[23] 베드로가 10절에 언급한 "주의 날"에 대한 배경에 관해서는 Harmon, "2 Peter," 404-5을 보라.

[24] 베드로전서에 나타난 거룩한 자가 되라는 베드로의 요청(벧전 1:15-16; 참조, 레 19:2)과 신앙 공동체를 "거룩한 제사장"과 "거룩한 나라"로 언급하는 그의 진술(벧전 2:5, 9)을 참조하라.

베드로는 신자들이 그리스도의 재림을 기다릴 뿐 아니라, "의가 있는 곳인 새 하늘과 새 땅"에 대한 하나님의 약속 성취도 기다리고 있다고 언급한다(3:13; 참조 1:4). 경건의 중요성과 하나님의 약속을 모두 언급함으로써 베드로는 이 서신의 첫 부분의 진술도 되돌아간다. 거기서 그는 독자들이 하나님의 "보배롭고 지극히 큰 약속"에 맞게 경건한 미덕과 도덕적 탁월함을 추구할 필요가 있음을 강조했다(1:4). 독자들에게 하나님의 약속 성취를 고대하면서 더욱 힘쓰라(스푸다조[spoudazō])는 마지막 요청을 한 후(3:14), 베드로는 그들에게 바울 서신에 언급된 가르침(때때로 이해하기 어려운)에 따라 하나님의 오래 참으심에 감사하라고 촉구한다(3:15-16).

바울과 베드로 사이를 갈라놓으려 했던 몇몇 현대 비평 학자(19세기 학자 바우어[F. C. Baur]와 튀빙겐 학파[Tübingen School]의 일부 그의 추종자들과 같은)와는 반대로, 베드로는 여기서 바울을 "우리가 사랑하는 형제"라고 부르고 바울의 가르침 중 일부는 이해하기 어렵다는 점을 인정함으로써 바울의 신학적 위상에 경의를 표한다. 그러나 문제는 바울과 베드로의 관계나 바울의 가르침 자체가 아니라, 무식하고 (믿음)이 굳세지 못하여 그 가르침을 왜곡하여 스스로 멸망에 이르는 거짓 선생들의 기만적 계획에 있다(3:16; 참조, 2:1-3).

더구나 베드로는 사실상 바울의 편지를 "다른 성경"과 동등한 지위에 둔다. 이는 바울의 편지에 잉크가 거의 마르지 않았다는 사실에 비추어 볼 때 놀라운 인정이 아닐 수 없다. 이 같은 점은 신약성경의 주요 문서가 기록된 시점과 초기 교회가 그것을 구약성경과 동등하게 인정한 시점 사이에 사실상 거의 시간 차이가 없었음을 보여 준다.[25]

베드로의 독자들은 불의한 자들의 유혹에 빠져 확신을 잃는 일이 없도록 주의해야 한다. 오히려 베드로가 이 서신의 첫 부분에서 언급한 진술에 따라 그들은 그리스도를 닮는 성장과 영적 성화를 진지하게 추구해야 한다. 다시 말해 그들은 "우리 주 곧 구주 예수 그리스도(그랜빌 샤프 법칙의 또 하

---

25 Köstenberger, Kellum, and Quarles, *The Cradle, the Cross, and the Crown*, 제1장을 보라.

나의 용례; 1:1과 앞의 논의 참조)의 은혜와 그를 아는 지식에서" 자라가야 한다. 베드로후서는 예수에게 드려진 다음과 같은 간략한 송영(doxology)으로 끝난다.

> 영광이 이제와 영원한 날까지 그에게 있을지어다(벧후 3:18, 어떤 사본에 "아멘" 있음).

§ 베드로후서 주석서

Bauckham, Richard. *Jude, 2 Peter*. WBC 50. Waco: Word, 1983.
Charles, J. Daryl. *1–2 Peter, Jude*. BCBC. Scottdale, PA: Herald, 1999.
Davids, Peter H. *The Letters of 2 Peter and Jude*. PNTC. Grand Rapids: Eerdmans, 2006.
_____. *2 Peter and Jude: A Handbook on the Greek Text*. BHGNT. Waco: Baylor University Press, 2011.
25. See Köstenberger, Kellum, and Quarles, *The Cradle, the Cross, and the Crown*, chap. 1.
Giese, C. P. *2 Peter and Jude*. Concordia Commentary. St. Louis: Concordia, 2012.Green, Gene L. *Jude and 2 Peter*. BECNT. Grand Rapids: Baker Academic, 2008.
Green, Michael E. *The Second Epistle of Peter and the Epistle of Jude: An Introductionand Commentary*. Rev. ed. TNTC. Grand Rapids: Eerdmans, 1987.
Harink, D. *1 and 2 Peter*. BTCB. Grand Rapids: Brazos, 2009.
Harmon, Matthew S. "2 Peter." In *ESV Expository Commentary*, vol. 12, *Hebrews–Revelation*, edited by Iain M. Duguid, James M. Hamilton Jr., and Jay Sklar, 363–410.Wheaton: Crossway, 2018.
Kelly, J. N. D. *A Commentary on the Epistles of Peter and of Jude*. HNTC. New York: Harper & Row, 1969.
Mbuvi, Andrew M. *Jude and 2 Peter: A New Covenant Commentary*. NCCS. Cambridge: Lutterworth, 2016.
Moo, Douglas J. *2 Peter, Jude*. NIVAC. Grand Rapids: Zondervan, 1996.
Neyrey, Jerome H. *2 Peter, Jude: A New Translation with Introduction and Commentary*. AB 37C. New York: Doubleday, 1993.
Reese, Ruth A. *2 Peter and Jude*. THNTC. Grand Rapids: Eerdmans, 2007.
Richard, E. J. *Reading 1 Peter, Jude, and 2 Peter: A Literary and Theological Commentary*. Macon, GA: Smyth & Helwys, 2000.
Schreiner, Thomas R. *1, 2 Peter, Jude*. NAC 37. Nashville: Broadman & Holman, 2003.
Senior, Donald P. *1 Peter, Jude, and 2 Peter*. SP 15. Collegeville, MN: Liturgical Press, 2003.
Strange, D. *An Exegetical Summary of 2 Peter*. 2nd ed. Dallas: SIL International, 2008.

Webb, Robert L. *The Letters of Jude and Second Peter*. NICNT. Grand Rapids: Eerdmans, forthcoming.

Witherington, Ben, III. *Letters and Homilies for Hellenized Christians*. Vol. 2, *A Socio-Rhetorical Commentary on 1–2 Peter*. Downers Grove, IL: InterVarsity, 2008.

§ 베드로후서 논문과 단행본

Adams, Edward. "Where Is the Promise of His Coming? The Complaint of the Scoffersin 2 Peter 3.4." *NTS* 51 (2005): 106–22.

Batten, Alicia J., and John S. Kloppenborg, eds. *James, 1 and 2 Peter, and Early Jesus Traditions*. LNTS 478. London: Bloomsbury T&T Clark, 2014.

Bauckham, Richard J. "The Delay of the Parousia." *TynBul* 31 (1980): 3–36.

Boobyer, George H. "The Indebtedness of 2 Peter to 1 Peter." In *New Testament Essays: Studies in Memory of T. W. Manson*, edited by A. J. B. Higgins, 34–53. Manchester: University of Manchester Press, 1959.

Brown, Raymond E., Karl P. Donfried, and John Reumann, eds. *Peter in the New Testament*. Minneapolis: Augsburg, 1973.

Callan, Terrance. "Use of the Letter of Jude by the Second Letter of Peter." *Bib* 85 (2004): 42–64.

Carson, D. A. "2 Peter." In *Commentary on the New Testament Use of the Old Testament*, edited by G. K. Beale and D. A. Carson, 1015–61. Grand Rapids: Baker Academic, 2007.

Charles, J. Daryl. *Virtue amidst Vice: The Catalog of Virtues in 2 Peter 1*. JSNTSup 150. Sheffield: Sheffield Academic, 1997.

Cullmann, Oscar. *Peter: Disciple, Apostle, Martyr*. Translated by Floyd V. Wilson. Philadelphia: Westminster, 1962.

Danker, Frederick W. "2 Peter." In *The General Letters*, edited by Gerhard Krodel, 84–93. Proclamation. Minneapolis: Fortress, 1995.

_____. "2 Peter: A Solemn Decree." *CBQ* 40 (1978): 64–82.

Davids, Peter H. *A Theology of James, Peter, and Jude: Living in Light of the Coming King*. BTNT. Grand Rapids: Zondervan, 2014.

_____. "The Use of Second Temple Traditions in 1 and 2 Peter and Jude." In *The Catholic Epistles and Tradition*, edited by Jacques Schlosser, 409–31. BETL 176. Leuven: Peeters, 2004.

deSilva, David A. *The Jewish Teachers of Jesus, James, and Jude: What Earliest Christianity Learned from the Apocrypha and Pseudepigrapha*. Oxford: Oxford University Press, 2012.

Gilmour, Michael J. *The Significance of Parallels between 2 Peter and Other Early ChristianLit-*

erature. AcBib 10. Atlanta: Society of Biblical Literature, 2002.
Green, E. M. B. *2 Peter Reconsidered*. London: Tyndale, 1961.
Harner, Philip B. *What Are They Saying about the Catholic Epistles?* Mahwah, NJ: Paulist Press, 2004.
Heil, John Paul. *1 Peter, 2 Peter, and Jude: Worship Matters*. Eugene, OR: Cascade, 2013.
Helyer, Larry R. *The Life and Witness of Peter*. Downers Grove, IL: IVP Academic, 2012.
Hengel, Martin. *Saint Peter: The Underestimated Apostle*. Grand Rapids: Eerdmans, 2010.
Huther, J. E. *Critical and Exegetical Handbook to the General Epistles of Peter and Jude*. Translated by D. B. Croom and P. J. Gloab. Edinburgh: T&T Clark, 1881.
Jobes, Karen H. *Letters to the Church: A Survey of Hebrews and the General Epistles*. Grand Rapids: Zondervan, 2011.
Kruger, Michael J. "The Authenticity of 2 Peter." *JETS* 42 (1999): 645-71.
Lapham, Fred. *Peter: The Myth, the Man and the Writings: A Study of Early Petrine Text and Tradition*. JSNTSup 239. Sheffield: Sheffield Academic, 2003.
Martin, Ralph P. "The Theology of Jude, 1 Peter, and 2 Peter." In *The Theology of the Letters of James, Peter, and Jude*, by Andrew Chester and Ralph P. Martin, 63-163. Cambridge: Cambridge University Press, 1994.
Mason, Eric F., and Troy W. Martin, eds. *Reading 1-2 Peter and Jude: A Resource for Students*. SBLRBS. Atlanta: Society of Biblical Literature, 2014.
Meier, Sam. "2 Peter 3:3-7: An Early Jewish and Christian Response to Eschatological Skepticism." *BZ* 32 (1988): 255-57.
Niebuhr, Karl-Wilhelm, and Robert W. Wall. *The Catholic Epistles and Apostolic Tradition: A New Perspective on James to Jude*. Waco: Baylor University Press, 2009.
Nienhuis, David R., and Robert W. Wall. *Reading the Epistles of James, Peter, John, and Jude as Scripture: The Shaping and Shape of a Canonical Collection*. Grand Rapids: Eerdmans, 2013.
Perkins, Pheme. *Peter: Apostle for the Whole Church*. Minneapolis: Fortress, 2000.
Picirilli, Robert E. "Allusions to 2 Peter in the Apostolic Fathers." *JSNT* 33 (1988): 57-83.
Smith, Terence V. *Petrine Controversies in Early Christianity: Attitudes towards Peter in Christian Writings of the First Two Centuries*. WUNT 2/15. Tübingen: J. C. B. Mohr, 1985.
Snyder, John I. *The Promise of His Coming: The Eschatology of 2 Peter*. San Mateo, CA: Western Book, 1986.
Thurén, Lauri. "The Relationship between 2 Peter and Jude: A Classical Problem Resolved?" In *The Catholic Epistles and the Tradition*, edited by Jacques Schlosser, 451-60. BETL 176. Leuven: Peeters, 2004.
Watson, Duane Frederick. *Invention, Arrangement, and Style: Rhetorical Criticism of Jude*

and 2 Peter. SBLDS 104. Atlanta: Scholars Press, 1988.

Watson, Duane Frederick, and Terrance Callan. *First and Second Peter*. Paideia. Grand Rapids: Baker Academic, 2012.

Watson, Duane Frederick, and Robert L. Webb, eds. *Reading Second Peter with New Eyes: Methodological Reassessments of the Letter of Second Peter*. LNTS 382. London: T&T Clark, 2010.

Wenham, David. "Being 'Found' on the Last Day: New Light on 2 Peter 3.10 and 2 Corinthians 5.3." *NTS* 33 (1989): 477–79

제5장
요한1서

I. 개론

1. 저자, 수신자, 저작 시기, 문학 장르

사도 요한은 네 번째 복음서를 기록한 인물로 가장 잘 알려져 있지만, 그는 또한 세 권의 신약 서신과 요한계시록도 기록하였다. 세베대의 아들 요한은 예수의 열두 제자 중 하나였을 뿐만 아니라, 베드로 및 형제 야고보와 함께 예수의 핵심 그룹에 속하는 세 제자 중 하나이기도 했다 (마 17:1; 26:37; 막 5:37).

더욱이 그의 복음서에서 요한은 지상에서 예수의 가장 친밀한 제자였다는 주장을 내세우기도 한다. 요한은 마지막 만찬 때 예수의 바로 옆자리에 앉았다. 또한, 예수의 십자가 처형 현장을 목격했으며 빈 무덤을 처음으로 본 제자 중 하나였으며 후에 부활하신 그리스도를 반복해서 보았다 (요 13:23; 19:35; 20:8; 21:24).

요한은 그의 복음서에서 예수의 목격자임을 다음과 같이 증언한다.

> 말씀이 육신이 되어 우리 가운데 거하시매 우리가 그의 영광을 보니 아버지의 독생자의 영광이요 은혜와 진리가 충만하더라(요일 1:14).

요한의 첫 번째 서신도 이와 유사하게 목격자의 증언으로 시작한다.

태초부터 있는 생명의 말씀에 관하여는 우리가 들은 바요 눈으로 본 바요 자세히 보고 우리의 손으로 만진 바라, … 우리가 보고 들은 바를 너희에게도 전함은 … (요일 1:1, 3).

학자들은 때때로 요한 문서의 배후에 이른바 "요한 공동체"(Johannine community)가 있다고 주장한다.[1] 하지만 문헌에서 입증되는 유일한 "요한 공동체"는 요한이 그의 세 서신을 기록해 보낸 회중뿐이다. 요한이 목격자로서 이러한 공동체들에 예수에 관해 기록하는 것은 그들도 그와 "사귐이 있기"를 바라기 때문이다. 실제로 그와의 사귐은 "아버지와 그의 아들 예수 그리스도"와 함께하는 사귐이라고 그는 덧붙인다(1:3).

요한2서와 요한3서에서 요한은 자신을 "장로"라고 부르는데, 이는 아마도 이 서신을 기록할 당시 그의 나이가 고령이었기 때문일 것이다. 요한은 열두 제자 중 순교자로 죽지 않고(물론 가룟 유다를 제외하고) 노년에 자연적 원인으로 죽은 유일한 인물이다.

앞에서 언급했듯이 요한1서는 하나의 서신처럼 시작하지 않고 히브리서의 경우처럼 구두 연설이나 문학 서문처럼 시작한다(여기서는 "~가…~에게…은혜와 평강이"라는 고대의 편지 서두 형태가 나오지 않음). 또한, 요한1서는 하나의 서신처럼 끝나지도 않는다. 마지막에 나오는 문장은 간략하게 "자녀들아 너희 자신을 지켜 우상에게서 멀리하라"(5:21)라는 말로 끝난다.

그러나 요한복음의 경우처럼 요한은 마지막 부분에서 다음과 같이 이 서신의 저작 목적을 인용한다.

---

[1] 특히, J. Louis Martyn, *History and Theology in the Fourth Gospel*, 3rd ed., NTL (Louisville: Westminster John Knox, 2003)를 보라. 그러나 Jonathan Bernier, *Aposynagōgos and the Historical Jesus in John: Rethinking the Historicity of the Johannine Expulsion Passages*, Biblical Interpretation Series 122 (Leiden: Brill, 2013); Edward W. Klink III, *The Sheep of the Fold: The Origin and Audience of the Gospel of John*, SNTSMS 141(Cambridge: Cambridge University Press, 2010)에 의한 비판을 보라. 논쟁의 역사를 위해서는 D. A. Lamb, *Text, Context and the Johannine Community: A Sociolinguistic Analysis of the Johannine Writings*, LNTS 477 (London: Bloomsbury T&T Clark, 2014)를 보라.

내가 하나님의 아들의 이름을 믿는 너희에게 이것을 쓰는 것은 너희로 하여금 너희에게 영생이 있음을 알게 하려 함이라(요일 5:13).

요한은 또한 초기 교회 선교에서 중요한 역할을 했다. 다름 아닌 그 선교의 궁극적 지도자인 사도 바울이 요한을 야고보(예수의 이복동생) 및 베드로와 함께 초기 교회의 "기둥"으로 꼽았다(갈 2:9). 우리가 이미 본 것처럼, 요한은 예수의 후반기 사역 단계 동안에도(요 13-21장), 또 새로 설립된 기독교 공동체의 초기 단계에도(행 3-4장; 8장), 빈번하게 베드로와 짝을 이루어 활동했다.

1세기 요한의 상세한 여행 일정에 대해서는 알 수 없지만, 수십 년 후 2세기 전승에 따르면 요한은 소아시아의 주요 도시 에베소에 기반을 두고 있었던 것으로 보인다. 거기서 그는 복음서(아마 가장 먼저)를 쓰고, 그다음에 세 개의 서신을, 마지막으로 요한계시록을 기록했을 것이다. 이 다섯 개의 문헌들은 문학 장르는 서로 다르지만(역사적 서사[복음서], 서신 문학[세 서신], 그리고 묵시 문학[요한계시록]), 문체적으로 상당히 유사하여 동일 저자(사도 요한)로부터 비롯된 것이 분명하다.

간단히 언급했듯이, 요한의 문헌들은 신약의 계시가 끝날 무렵인 아마도 1세기 말에 마지막 신약 문헌으로 기록되었을 가능성이 크다. 복음서의 저작 시기는 다음과 같은 본문의 내용을 토대로 잠정적으로 80년대 혹은 90년대로 추정할 수 있다.

- AD 66-73년에 로마에 대항해서 일어난 유대 반란(Jewish revolt) 이후 시야에서 사라진 사두개인에 관한 언급이 없다는 점.
- 예루살렘 성전이 파괴되었다는 암시와 예수가 메시아이고 성전을 대체했다는 진술(2:18-22; 참조, 4:23-24).
- 갈릴리 바다를 디베랴 바다로 언급하는데(6:1; 21:1) 성경 외의 문헌에 따르면 이러한 지명 변화가 1세기 후반부에 일어났다는 점.

- 예수를 "나의 주님이시요 나의 하나님"으로 부른 놀라운 도마의 신앙 고백(20:28), 이는 자신을 신으로 주장한 도미티안 황제(AD 81-96년)에 대한 반박일 수도 있음.

이상에서 볼 때, 요한은 80년대 또는 90년대 초의 어느 시점에 기록되었고 그가 복음서를 기록한 지 얼마 안 되어 그의 서신을 기록했다면(요한1서, 요한2서, 요한3서 순서로) 이 서신들은 아마도 80년대 중반 또는 90년대 초반의 어느 시점에 기록되었을 것이다. 그리고 요한계시록은 그 후 AD 90년대 중반경에 기록되었을 것으로 추정할 수 있다.

2. 구조

우리는 앞에서 이미 요한1서가 하나의 서신처럼 시작하지도 않고 끝나지도 않는다는 점을 지적했다.
그렇다면 요한1서의 구조는 어떨까?[2]
이 서신의 구조 역시 구분하기가 쉽지 않다. 앞에서 해설한 책(히브리서, 야고보서, 베드로전서, 베드로후서) 중에서 아마도 이 서신의 구조는 그 특성상 야고보서와 가장 유사하다고 할 수 있다. 앞에서 이미 언급한 바와 같이 야고보서는 광범위한 청중(특정한 개인이 명명되지 않음)에게 다양한 주제

---

[2] Mattew D. Jensen ("The Structure and Argument of 1 John: A Survey of Proposals," *JSNT* 35 [2012]: 54-73)은 다섯 가지 구성요소(주제적, 자료-비평적, 문학적, 본문-언어적, 수사학적)에 따라 요한1서의 구조와 논지에 대한 제안과 이러한 단위들이 서로 어떻게 관련되는지 조사한다(전혀 관련 없음, 개념의 연합, 순환적 또는 나선적 관련, 요한복음과 병행, 교차 대구 구조). 그러나 그의 결론은 어떤 합의에 도달하지 못했다는 것이다. 또 L. Scott Kellum, "On the Semantic Structure of 1 John: A Modest Proposal," *FM* 23 (2008): 34-82도 보라. 그는 요한1서의 다음과 같은 의미 구조를 제안한다(프롤로그; 개관[2:12-17과 18-27에서 절정]; 윤리; 신학[주요 단락 4:1-6과 7-12]; 결론). Ray Van Neste ("1-3 John," in ESV Expository Commentary, vol. 12, Hebrews-Revelation, ed. Iain M. Duguid, James M. Hamilton Jr., and Jay Sklar [Wheaton: Crossway, 2018], 418-20)는 수많은 하위단위를 가진 열 다섯 개의 문학적 단위를 식별한다.

에 관한 일련의 권면이나 경고를 다소 느슨하게 묶어 제시한다. 이와 유사하게 요한 역시 특정한 개인을 거명하지 않고 오히려 더 나이든 신자들과 더 젊은 신자들에게 좀 더 일반적인 견지에서 권면한다("자녀들아," "아비들아," "청년들아"; 2:12-14).

편지 서두(1:1-5)에 이어 요한은 여러 종류의 권면을 제공하는데, 이것은 한때 교회의 신자였지만 떠남으로써 그들이 진정한 하나님의 교회 일부가 아니었음을 보여 준 최근 적대자들의 이탈과 연관된다(2:19).

요한의 진술로부터 이러한 적대자들의 거짓 가르침 일부를 추론하는 일이 가능할 수도 있다. 이것은 특히 1장의 일반적인 후렴과 관련이 있을 것이다. "만일 우리가 …(말)하고(say)"(1:6, 8, 10; 또 2:4의 "그를 아노라 하고 그의 계명을 지키지 아니하는 자"도 보라). 외관상 적대자들은 한 사람의 믿는 것과 사는 방식 간에는 연관성이 필요 없다고 가르친 것으로 보인다.

정통 교리를 고백하거나 심지어 특정한 영적 통찰력을 주장할지라도 이러한 적대자들은 부도덕한 생활 방식에 빠져있었다. 아마도 그들은 유다의 표현에 따르면, "경건하지 아니하여 우리 하나님의 은혜를 도리어 방탕한 것으로 바꾼 사람들"이었을 것이다(유 1:4; 참조, 요일 1:6-7).

또한, 적대자들은 죄가 없다고 주장하거나 죄의 실체를 완전히 부인했을 수도 있다(1:8-2:2 참조). 그 결과 그들은 죄를 고백하지 않았으며(1:9 참조) 참된 신자가 주 예수 그리스도로 말미암아 얻게 되는 속죄(하나님의 진노를 피하는)에 대한 인식도 부족했다.

결국, 그러한 비방자와 사기꾼들은 믿음에 대해 일종의 입에 발린 말을 했을 것이지만 예수가 메시아라는 사실을 진정으로 믿지 않았으며, 이는 그들의 가르침을 더욱 기만적인 것으로 만들었다(예컨대, 2:22; 4:2; 5:1을 보라).[3] 그렇게 왜곡된 사람들은 스스로 거듭나지도 못했을 뿐만 아니라 더 높은 지식과 우월한 영성을 주장하여 회중의 일반 신자들을 위협하고 심

---

[3] Daniel R. Streett, *They Went Out from Us: The Identity of the Opponents in First John*, BZNT 177 (Berlin: de Gruyter, 2011)을 보라.

지어 그들의 구원의 확신마저 흔들어 놓았을 것이다.

이에 대한 반응으로 요한은 그들이 분리되어 떠난 후에 남아 있는 신자들에게 다음과 같이 쓴다.

> 너희는 거룩하신 자에게서 기름 부음을 받고 모든 것을 아느니라(요일 2:20).

아마도 요한은 보통의 그리스도인들이 이용할 수 없는 특별한 "지식"을 그들만이 소유했다는 거짓 선생들의 주장에 반박하기 위해 이 말을 했을 것이다. 이러한 거짓 선생들을 상대로 요한은 독자들에게 다음과 같이 확언한다.

> 여러분으로 말하자면, 그가 기름 부어주신 것이 여러분 속에 머물러 있으니, 여러분은 아무에게서도 가르침을 받을 필요가 없습니다(요일 2:27, 표준새번역).

이처럼 신자들이 받은 "기름 부음"에 관한 두 번에 걸친 언급은 거의 확실히 성령을 통한 거듭남과 그 이후 그들이 받은 깨달음과 관련이 있으며, 예수의 참된 정체성을 깨달아 알고 영적 진리를 분별할 수 있게 해 주었다. 이 점에 있어서 그들은 어떤 선생도 필요하지 않았다. 하물며 거듭나지도 못한 거짓 선생들은 확실히 필요하지 않았다!

요약하면 우리는 요한이 참된 신자들에게 그들이 예수가 누구인지 알고 있었고 성령을 가졌으며, 구원과 영생을 받았다는 점을 재확인시키기 위해 그의 첫 번째 서신을 기록했다고 말할 수 있다. 반대로 그는 거짓 선생들을 비난했고 메시아 예수에 대한 믿음이 부족하다는 이유로 그들을 혹평했다. 그는 메시아 예수의 가르침과 활동을 그의 복음서에서 매우 길게 서술했는데, 그의 복음서는 아마 요한 서신들보다 먼저 기록되었고 거짓 선생들은 그의 핵심 주장을 부인했던 것 같다.

지금까지의 논의를 고려하여 요한1서의 흐름을 다음과 같이 정리할 수 있다. 서신을 쓰는 동안 요한은 반복해서 자신이 좋아하는 주제로 돌아오는데, 그중 가장 두드러진 것은 그리스도가 그들을 사랑한 것같이 서로 사랑해야 할 신자의 의무이다("새 계명").

요한1서의 세부 단락은 종종 "내 자녀들아"(또는 간단히 "자녀들아")나 우리가 이미 야고보서와 베드로의 서신에서 살펴본 "사랑하는 자들아"와 같은 호칭으로 도입된다. 다른 경우에는 요한의 기록 목적과 관련된 진술들, 예를 들면, "내가 너희에게 (이 글을) 쓰는 것은(또는 "…쓴 것은")"으로 세부 단락이 도입되기도 한다.

요한1서의 구조

요한1서	도입 구문	내 용
1:1-10	태초부터 계신 생명의 말씀	거짓 선생들에 대한 첫 번째 비난
2:1-6	나의 자녀들아	예수의 속죄 행위와 그의 계명지키기
2:7-11	사랑하는 자들아	서로 사랑하라는 "새 계명"
2:12-14	내가 너희에게 (이 글을) 쓰는 것은	나이 든 신자들과 젊은 신자들에 대한 메시지
2:15-17	세상을 사랑하지 말라	세상을 사랑하지 말라
2:18-27	아이들아	마지막 때에 대한 표시로 분리되어 나간 자들의 출현. 그리스도 대 적그리스도
2:28-3:1	자녀들아	그의 안에 거하라
3:2-6	사랑하는 자들아	자기를 깨끗하게 하라
3:7-12	자녀들아	하나님의 자녀 대 마귀의 자녀
3:13-17	형제들아, 이상히 여기지 말라	세상의 미워함
3:18-20	자녀들아	말로만 사랑하지 말고 행함으로도 사랑하라
3:21-24	사랑하는 자들아	서로 사랑하라
4:1-6	사랑하는 자들아	영을 분별하라
4:7-10	사랑하는 자들아	서로 사랑하라
4:11-21	사랑하는 자들아	온전한 사랑
5:1-12	예수께서 그리스도이심을 믿는 자마다	예수는 그리스도이시다
5:13-21	내가 이것을 쓰는 것은	영원한 생명에 대한 확신(사망에 이르는 죄 제외)

3. 중심 메시지

요한의 첫 번째 서신은 예수가 그리스도요, 하나님의 아들이라는 그의 복음서 메시지에 대한 믿음을 전제한다(요 20:30-31; 참조, 요일 2:24; 4:2; 5:1). 거짓 선생들(적그리스도의 영으로 활동하는)은 그러한 믿음을 부인하고 많은 사람을 속이면서 나타났다.

요한은 목회적 역할과 목자의 관심에서 기독교 복음의 메시지의 진리(신뢰할 만한 사도의 목격 증언에 근거한)를 거듭해서 강조하기 위해 이 글을 쓴다. 그는 양을 잡아 뜯는 늑대들을 소환하여 양을 교리적 포식자로부터 보호하기를 원한다.

이러한 상황은 사도 바울이 에베소의 장로들에게 예고한 내용과 정확하게 일치한다.

> 내가 떠난 후에 사나운 이리가 여러분에게 들어와서 그 양 떼를 아끼지 아니하며 또한 여러분 중에서도 제자들을 끌어 자기를 따르게 하려고 어그러진 말을 하는 사람들이 일어날 줄을 내가 아노라 그러므로 여러분이 일깨어(경계하여)(행 20:29-31).

바울의 예고는 실현되었고, 요한은 에베소 교회의 이 잘못된 장로들에 의해 야기된 혼란을 그들이 떠난 후에 자신이 해결할 수 있는 위치에 있었음을 알았던 것 같다.

오늘날의 교회 지도자들 역시 참된 신자들이 흔들리거나 길을 잃지 않도록 그리스도의 몸에 거짓 가르침을 퍼뜨리는 사람들 때문에 발생하는 모든 피해를 경계하고 대처해야 한다.

앞에서도 이미 언급했듯이 요한복음과 요한 서신 사이에는 수많은 유사점이 있다. 다음의 도표는 완벽한 것이 아니라 하나의 예시이다. 그 유사점은 비슷한 구문을 포함해서 요한복음과 서신들을 다른 신약 문헌과 구별하는 유사한 세계관("빛과 어둠"이나 "사랑과 미움"과 같은 다수의 이원론적 개념을 포함한)도 반영한다.

요한복음과 서신들의 유사점

유사점	요한복음	요한 서신
예수는 그리스도요 하나님의 아들이시다	20:30-31	요일 2:22; 4;15; 5:1; 요이 1:7
하나님은 독생자를 세상에 보내셨다	3:16, 18	요일 4:9-10, 14
신자들은 하나님에게서 났다	1:12-13; 3:3, 5	요일 2:29; 3:9; 4:7; 5:1, 4, 18
신자들은 하나님의 자녀들이다	1:12-13; 8:39-58	요일 3:1-2
신자들은 죽음으로부터 생명으로 옮겨 갔다	5:24	요일 3:14
아버지-아들 용어의 빈번한 사용	1:18; 5:19-47	요일 1:3; 2:22-23
빛과 어둠 용어	1:4-9; 3:19-21; 8:12; 12:35, 46	요일 1:5-7; 2:8-11
예수는 마귀와의 우주적 싸움에 참여하신다	12:31; 13:2; 14:30; 16:11	요일 3:8, 10
예수는 신자들을 위해 자기 생명을 버리셨다.	10:15, 17-18; 15:13	요일 3:16
그와 그의 말씀에 거해야 할 중요성	8:31; 15:4-10, 16	요일 2:6, 24; 3;24; 4:16; 요이 1:9
사랑의 새 계명	13:34-35	요일 2:7-8; 요이 1:5
영생에 대한 믿음의 중요성	3:16; 20:30-31	요일 5:10-13
종결 부분의 저작 목적 진술	20:30-31	요일 5:13

II. 본문 해설

1. 편지 서두: 예수에 대한 사도적 증언(1:1-4)

요한1서는 요한복음처럼 "태초"(아르케[archē/the beginning]; 1:1; 참조, 요 1:1)라는 말로 문을 연다.[4] 요한복음은 다음과 같은 진술로 시작한다.

---

4 Matthew D. Jensen(*Affirming the Resurrection of the Incarnate Christ: A Reading of 1 John*,

태초에 말씀이 계시니라 이 말씀이 하나님과 함께 계셨으니 이 말씀은 곧 하나님이시니라(요 1:1).

요한은 이 진술로 매끄럽게 다시 돌아가 그의 첫 번째 서신에서 "태초부터 계신 것"(개역개정에는 "태초부터 있는 생명의 말씀"으로 번역됨-역자주)에 대해 증언한다.

또 요한복음에서 말씀의 정체가 점차 예수 그리스도로 드러나는 것처럼(요 1:17), 여기서도 요한은 "태초부터 계신 것이요 우리가 들은 것이요 우리가 눈으로 본 것이요 우리가 지켜 본 것이요 우리가 손으로 만져본 것"에 대해 언급할 때 남성이 아니라 중성 형태를 사용한다. 물론 독자들은 이러한 네 개의 중성 관계대명사의 선행사가 모두 요한복음이 이전에 증언했던 주 예수 그리스도 외에 다른 분을 가리키는 것이 아님을 쉽게 추론할 수 있다.

요한복음에서 저자는 "우리가 그의(성육신하신 말씀의) 영광을 보았다(데아오마이[theaomai]")고 진술한 바 있다(요 1:14). 이와 유사하게 저자는 여기서 복수형 "우리"(자신을 포함하되 이에 국한되지 않는 사도적 증인을 언급할 가능성이 큼)를 사용하여 그와 그의 동료 사도들이 주 예수 그리스도와 가장 완벽하고 친밀한 교제를 누렸다고 언급한다.

즉, 그들은 예수가 말하고 가르치는 것을 들었고, 그들은 자기 눈으로 그를 보았으며(그들은 직접적인 목격자였음), 그들은 그를 자세히 살펴보았고(데아오마이[theaomai]는 "살피다", "관찰하다"를 의미함), 그들은 자기 손으로 그를 만졌다(여기서는 특히 요한복음의 마지막 부분에 서술된 기억할 만한 사건, 즉 예수가 도마에 자기의 손과 발의 상처를 만지라고 말하는 장면[요 20:27; 참조, 요 20:25]이 연상됨).

SNTSMS 153 [Cambridge: Cambridge University Press, 2012])은 편지 서두(1:1-4)가 이 서신을 해석하는 틀을 제공하고 가장 설득력 있는 맥락은 예수의 메시아 직에 대한 유대인 내부의 논쟁이라고 주장한다.

그러므로 "태초부터 계신 생명의 말씀"이 선재하신 주 예수 그리스도, 육신이 되신 말씀, 아버지를 알려 주신 독생하신 하나님이라는 점은 의문의 여지가 없다(요 1:18). 이런 점에서 요한1서는 예수의 말씀과 행위를 통해, 궁극적으로는 예수가 자기 백성을 위한 아버지의 사랑을 드러내신 십자가 사역을 통해, 아버지를 알려 주신 아들의 계시에 관한 요한복음 이야기에 딱 어울리는 속편이다(19:30; 참조, 3:16; 13:1).

사도들(저자를 포함해서)이 예수를 이처럼 친밀하게 알고 있었다는 모든 언급은 독자들에게 그 증언에 대한 신뢰성을 높이는 역할을 한다. 사도들은 문자 그대로 그들이 말하고 있는 내용(또는 분)을 잘 알고 있다. 이것은 예수(사도들이 전한 메시지의 핵심 내용)와 복음 메시지 자체(더 넓게는 그리스도 안에 나타난 구원의 기쁜 소식 – 아마 1:1의 중성 관계대명사의 지시대상일 가능성; 1:5의 "소식[앙겔리아/angelia]은 이것이니" 참조)의 연관성을 설정한다.

또 요한복음의 경우처럼, 요한은 여기서도 예수를 다소 완곡하게 "생명"의 관점에서 언급한다. 사도들의 증언은 "생명의 말씀"과 관련된다(1:1). 그 "생명"이 나타나셨고 그들은 그것을 보았으므로 그에 대해 증언하며, 이전에는 아버지와 함께 계시다가 그 후에 그들 가운데 나타나신 "그 영원한 생명"을 선포한다(1:2).

이런 점에서 요한1서의 첫 구절들은 사도의 메시지가 가장 중요하며 최고의 신뢰성, 권위, 진실성을 보증한다는 매우 엄숙한 선언이다. 사도적 복음은 예수 그리스도에 관한 개인적 지식(personal knowledge)에 근거를 두고 있으므로 독자들은 수용하고 믿을 수 있다. 이 점은 매우 중요하다. 왜냐하면, 요한1서의 첫 번째 독자들뿐만 아니라 오늘날의 우리도 예수를 신체적으로 직접 듣고, 보고, 만지는 특권을 갖지 못했기 때문이다.

우리는 모두 사도적 증언 때문에 예수를 믿게 되었다. 그 증언이 신뢰할 만하다면 우리의 믿음은 안전하다. 만일 그것이 불확실하다면 우리 믿음은 불확실한 토대 위에 서 있다. 더욱이 사도적 증언은(받아들인

다면) 신자들 간의 사귐이 있게 하고(1:3), 최초의 목격자들에게 기쁨을 안겨 준다(1:4).[5]

2. 거짓 선생들의 부도덕한 삶의 방식과 죄의 부인에 대한 비난(1:5-10)

복음과의 긴밀한 연관성을 확립한 후 저자는 계속해서 앞부분에서 언급한 복음의 말씀을 연상시키는 용어로 말한다. 그는 이미 생명에 관해서는 언급했다(1:1-2; 참조, 요 1:4). 이제 그는 하나님을 빛의 관점에서 이야기한다(1:5-7; 참조, 요 1:5-9). 창세기 이야기는 우리에게 "하나님께서 이르시되 빛이 있으라 하시니 빛이 있었다"라고 말해 준다. 요한은 여기서 하나님 자신이 빛이시며 그 안에는 어둠이 전혀 없다고 증언한다.

이 말은 은유적으로 하나님의 거룩과 도덕적 탁월성(moral excellence)을 가리킨다. 하나님과 사귐을 갖는 사람은 마찬가지로 누구든지 거룩하고 도덕적으로 탁월해야 한다는 점을 암암리에 내포하고 있다. 이 점은 요한이 1:6에서 논박하듯이 죄 가운데 살면서도 하나님과 사귐이 있다는 주장은 거짓임을 보여 준다. 신자들이 그 자체로 거룩하다는 말이 아니다. 오히려 십자가에서 흘리신 예수의 피가 그들을 모든 죄에서 깨끗하게 해 준다(1:7).

그러므로 죄가 없다고 부인하는 사람은 누구든지 자기를 속이는 일이라고 계속해서 요한은 언급한다(1:8). 그리스도인은 그리스도께서 구원을 위해 십자가에서 이루신 사역을 믿음으로써 용서를 받았지만, 여전히 자기 죄를 고백해야 한다(약 5:16 참조). 마가의 다락방에서 예수가 발을 씻기시면서 베드로에게 설명하셨듯이, 베드로는 온몸을 씻을 필요는 없었지만(그는 이미 구원받았으므로), 예수는 그의 발을 씻기실 필요가 있었다.

---

5   William W. Combs, "The Meaning of Fellowship in 1 John," *DBSJ* 13 (2008): 3-16 을 보라.

이는 신자들도 하나님과의 교제를 유지하기 위해 죄 씻음이 필요하다는 점을 상징한다(요 13:6-10). 만일 그들이 자기 죄를 고백하면, 하나님은 신실하시고 의로우셔서(예수가 그들을 위해 행하신 일을 토대로) 그들의 죄를 용서하시고 그들을 깨끗하게 하신다(1:9). 그러므로 자신의 죄를 부인하는 행위는 하나님을 거짓말쟁이로 만드는 셈이며 하나님의 말씀에 어긋나는 것이다(1:10).

3. 거짓 선생들의 죄 부인과 부도덕한 삶의 방식(2:1-6)

2장에서 요한은 1장에서 제시한 두 개의 관련 문제를 역순으로 다룬다. 먼저 거짓 선생들의 죄 부인 문제를 다루고 그다음에 그들의 부도덕한 삶의 방식 문제를 다룬다(이 단락의 마지막 부분에 제시한 개요를 보라). "나의 자녀들아 내가 이것을 너희에게 씀은"이라는 문구는 이전의 요점을 상세히 설명하는 동시에 내용 전환을 표시한다(2:1).

사실상 앞에서 신자의 삶에서도 죄의 실상을 언급한 것은 "죄를 지어도 하나님은 용서하실거야"라는 마음으로 어떤 식으로든 죄에 대한 무심한 태도를 장려하려는 의도가 아니었음을 분명하게 지적한다. 이와 유사하게 바울도 로마서에서 다음과 같이 쓴다.

> 그런즉 어찌하리요 우리가 법 아래에 있지 아니하고 은혜 아래에 있으니 죄를 지으리요 그럴 수 없느니라(롬 6:15).

여기서 요한은 이 글을 쓰는 의도가 신자들에게 죄를 짓지 않도록 촉구하기 위함임을 강력하게 진술한다. 하지만 그들이 죄를 짓더라도(그들의 죄성[sin nature]은 여전히 남아 있기에 반드시 죄를 지을 것이다) 그들에게는 하나님 아버지 앞에서 "대언자"(파라클레토스[*paraklētos*/advocate], 요한 문헌에서 이 용어가 예수와 관련하여 사용되는 곳은 여기가 유일함; 다른 곳에서 이 용어는 성령과 관련하여 사용됨; 요 14:16, 26 참조)가 계시는데, 그분은 곧 의로우신 예수 그리스도시다(2:2). 하나님만 의로우신 것이 아니라(1:9) 예수 역시 의로우신 분이다. 하나님이 신실하시고 의로우시다는 사실은 그분이 죄인을 위한 아들 예수의 대속적 희생(substitutionary sacrifice)을 받으셨음을 의미한다.

요한은 "그(예수)는 우리 죄를 위한 화목제물(힐라스모스[*hilasmos*]; 신약의 다른 곳에서는 4:10에만 나오는 단어; 롬 3:25; 히 9:5의 힐라스테리온[*hilastērion*]과 눅 18:13; 히 2:17의 힐라스코마이[*hilaskomai*] 참조)이니"라고 쓰면서 "우리를 위할 뿐 아니요 온 세상의 죄를 위하심이라"라고 덧붙인다(2:2). "화목제물"(propitiation)은 죄에 대한 하나님의 진노를 돌이키는 제사를 의미한다.

요한은 요한복음에서 다음과 같이 쓴다.

> 아들을 믿는 자에게는 영생이 있고 아들에게 순종하지 아니하는 자는 영생을 보지 못하고 도리어 하나님의 진노가 그 위에 머물러 있느니라(요 3:36).

반대로 믿는 사람은 "심판에 이르지 아니하나니 사망에서 생명으로 옮겼느니라"(요 5:24). 이것은 예수의 희생이 **잠재적으로**(potentially) 모든 세상의 죄를 용서할 수 있음을 뜻한다. 비록 그것이 예수를 믿고 그의 희생을 자신을 위한 것으로 받아들이는 사람들에게만 **실질적으로**(effectively) 적용되지만 말이다.[6]

앞에서 언급했듯이, 요한은 명백한 교차 대구 방식으로 처음에 시작한 문제를 계속해서 언급한다. 그는 이미 거짓 선생들이 자신들의 죄를 부인한 것(과 또한 그들이 죄에 대한 구제책, 즉 그리스도가 그들을 대신하여 십자가에서 죽으심으로써 성취한 속죄와 화해의 필요성을 부인하는 것)에 대해 지적했다. 이제 그는 그들의 부도덕한 삶의 방식과 관련된 문제로 돌아가는데, 그러한 삶은 그들의 신앙고백이 거짓임을 보여 준다.

---

[6] 칼뱅주의의 5대 교리(TULIP) 중 세 번째 교리, 즉 "제한 속죄"(limited atonement)와 명백한 모순.

요한은 이전에 죄가 없다고 주장하는 자는 **하나님**을 거짓말쟁이로 만든다고 기록했다(1:10). 지금 여기서는 하나님을 안다고 고백하면서도 그의 계명을 지키지 않는 자는 **그 자신이** 거짓말쟁이라고 말한다(2:4). 실제로 누구든지 그리스도를 닮는 삶을 산다면, 그들이 진정으로 그리스도를 따르는 사람이라는 증거가 된다. 이와 반대로 누구든지 부도덕한 삶을 살아간다면, 그러한 사람은 그리스도인이라 주장할지라도 진정으로 그리스도인인지 마땅히 의문을 제기할 수 있다(2:5-6).

〈요한1서 1:5-2:6에 언급된 두 가지 문제〉

문제 1	부도덕한 삶의 방식(1:5-7)
문제 2	죄의 부인(1:8-10)
문제 2	죄의 부인(2:1-3)
문제 1	부도덕한 삶의 방식(2:4-6)

4. 새 계명(2:7-11)

2:5에서 요한은 (예수의 가르침을 반향하면서) "하나님의 사랑"이 그의 계명을 지키는 사람들 안에서 온전해진다/완성된다고 썼다. 지금 여기서 그는 이 개념을 자기를 따르는 자들에게 "새 계명"을 준다는 예수의 진술(그가 다른 사람을 사랑한 것같이 서로 사랑하라는 계명)과 관련하여 더욱 발전시키고 있다(요 13:34-35).

요한은 이 계명을 새 계명이면서도 새 계명이 아닌 것으로 분류하는데, 아마도 이웃을 사랑하라는 명령이 이미 구약에 주어졌지만(마 22:39과 병행구에 인용된 레 19:18; 옛 계명), 예수가 그를 따르는 자들에게 **그가 그들을 사랑했던 것처럼** 서로 사랑하라고 요구함으로써(새 계명) 그 수준을 한층 더 높였기 때문이었을 것이다. 여기서도 요한은 "빛 가운데 있다"라고 주장은 하지만(즉, 그리스도인이라고 고백은 하지만), "그 형제를 미워하는"(2:9-11)

거짓 선생들과 관련하여 이 진술을 하고 있다.

요한은 이러한 태도는 우리를 위해 십자가에서 자기 생명을 주셨고 그를 따르는 자들에게 자신이 그들을 사랑했던 것처럼 서로 사랑하라고 말씀하셨던 분을 믿는다는 고백과 모순된다고 지적한다.

역설적 표현으로 요한은 그러한 사람은 도덕적 어둠 속에 있어서, 즉 그가 어둠 속을 걷고 있어 "어둠이 그의 눈을 멀게 하였으므로"(!) 자기가 어디로 가는지 볼 수 없다고 말한다(2:11).

5. 장년 신자들과 젊은 신자들에게 주는 메시지: 세상을 사랑하지 말라 (2:12-17)

요한은 여기서 나이나 인생의 성숙 단계에 따라 구분된 여러 신자 그룹을 향해 특정한 교훈을 제공한다("자녀들"-"아비들"-"청년들"). 요한은 처음에 나오는 세 가지 교훈에서는 그라포(*graphō*/write)의 현재시제 형태("내가 쓰고 있다"[I am writing])를 사용한다(2:12-13). 그러나 그다음에 동일 그룹에 두 번째로 주는 세 가지 교훈에서는 같은 동사 그라포의 시제를 부정과거 시제의 형태("내가 쓴다"[I write])로 바꾼다(2:13c-15).

헬라어의 동사 시상(Greek verbal aspect/ 즉, 주어진 행동이 주어진 저자 또는 화자에 의해 주관적으로 감지되는 방식)에 따르면, 요한은 자신의 관점을 완료/perfective(글로벌 또는 보편적) 시상으로 바꾸기 전에 먼저 그의 글을 미완료/imperfective(진행 중인) 시상으로 쓴다. 즉, 그는 처음에는 글을 진행 중인 것으로 묘사한 다음 보다 사실적이고 서술적인 방식으로 묘사한다.[7]

---

[7] 헬라어의 언어적 측면에 관해서는 Andreas J. Köstenberger, Benjamin L. Merkle, and Robert L. Plummer, *Going Deeper with New Testament Greek* (Nashville: B&H Academic, 2016)의 7장과 거기에 인용된 추가 자료를 보라.

요한1서 2:12-14에 나타난 다양한 그룹에게 주는 요한의 특정한 메시지

그룹	요한1서	메시지
자녀들아	2:12 2:14	너희 죄가 그의 이름으로 말미암아 사함을 받았음이요 너희가 아버지를 알았음이요
아비들아	2:13 2:14	너희가 태초부터 계신 이를 알았음이요 너희가 태초부터 계신 이를 알았음이요
청년들아	2:13 2:14	너희가 악한 자를 이기었음이라 너희가 강하고 하나님의 말씀이 너희 안에 거하시며 너희가 흉악한 자를 이기었음이라

성숙한 신자들(mature believers)을 위한 메시지는 일정하다. 즉, 너희가 주님을 안다. 새 신자들(new believers)을 위한 메시지는 점진적이다. 너희의 죄가 사함을 받았고 너희가 아버지를 안다. 청년들(young men)을 위한 메시지도 점진적이며 가장 많이 진전되었다. 너희는 강하고 하나님의 말씀이 너희 안에 거하며 너희가 사탄("악한 자")을 이기었다.

이 세 가지 메시지 모두 매우 고무적이고 안심이 된다. 특히, 청년들은 하나님의 은혜 안에서 강해질 수 있고 내주하시는 성령을 통하여 그들 안에 하나님의 말씀이 살아 있다(그들이 이전에 그것을 읽고 암기했기 때문에)는 사실을 알면 큰 격려를 얻을 것이다.

또한, 그들이 죄 없는 온전함을 얻지는 못했지만(그것은 이생에서는 도달할 수 없고 영원한 상태를 고대) 사탄에게 실질적 승리를 거두었다는 사실을 알면, 바울의 표현에 의하면 "우리를 사랑하시는 이로 말미암아 넉넉히 이기는"(롬 8:37) 사람들로 살 수 있다는 사실을 알면 큰 격려를 받을 것이다.

어떤 대상 그룹의 전환 없이 요한은 청년들뿐만 아니라 모든 신자에게 "이 세상이나 세상에 있는 것들을 사랑하지 말라"고 권면한다(2:15). 물질주의(materialism, 소유와 물질에 대한 애착)는 무덤 너머의 삶에 대한 소망에 우선순위를 둠으로써 물질에 대한 지나친 애착을 삼가는 신자들의 영적 초점 및 지향과는 상반된다. 그러한 물질에 대한 애착은 주님과 함께 주님을 위한 사명을 감당하기 위해 그분이 인도하고 부르시는 곳이면 어디든 따라갈 신자의 능력을 떨어뜨린다.

세상에 대한 사랑과 아버지에 대한 사랑은 상호 배타적이다. 사랑의 초점이 아버지에게 맞추어져 있으면 우리는 세상을 덜 사랑하게 되어 물질적 부와 번영에 대한 우리의 욕구를 그분을 섬기고 사랑하는 데 종속시킬 것이다.

요한은 신자들이 이 세상을 사랑하지 말아야 할 두 가지 이유를 제시한다.

(1) 세상에 있는 것들, 곧 육신의 정욕, 안목의 정욕, 이생의 자랑의 삼중 요소(인간의 타락 때 하나님의 명령을 어기도록 하와를 유혹했던 동일한 삼중 요소; 창 3:6 참조)는 아버지께로부터 온 것이 아니다.
(2) 세상은 지나갈 것이지만 하나님의 뜻을 행하는 사람은 영원히 거할 것이다(2:16-17).

예수도 다음과 같이 말씀하셨다.

> 한 사람이 두 주인을 섬기지 못할 것이니 혹 이를 미워하고 저를 사랑하거나 혹 이를 중히 여기고 저를 경히 여김이라 너희가 하나님과 재물을 겸하여 섬기지 못하느니라 (마 6:24; 참조, 마 6:25-34).

요한복음에서 요한은 "하나님이 **세상을 이처럼 사랑하사** 독생자를 주셨다"라고 쓴다(요 3:16). 그런데 여기서는 신자들에게 **세상을 사랑하지 말라**고 촉구한다.

이 두 구절은 서로 모순되는가?

전혀 그렇지 않다. 전자의 구절에서 하나님은 온갖 죄악 속에서도 세상을 사랑하셔서 그분의 아들을 보내시어 우리를 위해 죽게 하셨다. 후자의 구절에서 우리는 하나님보다 오히려 세상에 애착을 갖는다는 의미에서 세상을 사랑하지 말라는 권고를 듣는다.

6. 적그리스도들로서의 거짓 선생들(2:18-27)

앞의 2:1("나의 자녀들아")과 2:7("사랑하는 자들아")의 경우처럼, 요한은 "아이들아"라는 도입 표현으로 주제 변화를 암시한다(2:18). "지금은 마지막 때라"는 말은 즉각적으로 매우 진지한 주제로의 전환을 나타낸다.[8] 그의 독자들은 적그리스도(단수형)가, 즉 그리스도에 반대하여 자신을 내세우지만, 궁극적으로는 실패할 마지막 대적자가 올 것이라는 말을 들었다.

그러나 요한은 지금 이미 많은 적그리스도(복수형)가 일어났다고 독자들에게 말한다. 고금을 막론하고 하나님과 그의 목적을 영적으로 반대하는 이러한 많은 인물은 "적그리스도"라고 불리는 절정의 인물로 정점에 달할 것인데, 그는 악과 하나님과 그리스도에 대한 반대를 전형적으로 보여 줄 것이다(나중에 언급될 요한계시록의 논의를 보라).

이러한 측면에서 요한은 지금 아마도 독자들의 마음에 생생하게 남아 있었을 상황을 정면으로 다루고 있다. 아마도 그들은 잘못된 가르침으로 교회를 혼란에 빠뜨렸던 그 교회나 복수 교회의 장로들이 포함된 거짓 선생들의 최근 이탈로 여전히 불안해하고 있었을 것이다. 요한은 "그들이 **우리에게서 나갔으나**"라고 쓰고 있다. 즉, 그러한 사람들은 최근까지도 그 교회의 구성원(지도자는 아니었을지라도)이었다.

그러나 "(그들은) 우리에게 (진정으로) **속하지 않았다**"라고 요한은 덧붙인다. 그는 그러한 사람들이 "우리에게 속하였더라면 우리와 함께 거하였으려니와 그들이 나간 것은 다 우리에게 속하지 아니함을 나타내려 함"이라고 설명한다(2:19).

다시 말해서, 이러한 거짓 선생들이 교회를 떠남으로써 그들이 결코 교회의 참된 구성원이 아니었으며 사실상 처음부터 참된 그리스도인이 아니었음도 드러냈다는 것이다. 그렇지 않았다면 요한은 이 서신을 기록할 즈

---

8 G. K. Beale, "The Old Testament Background of the 'Last Hour' in 1 John 2,18," *Bib* 92 (2011): 231-54를 보라. 그는 단 8:12을 요일 2:18의 "마지막 때"에 대한 주된 배경 구절로 제안한다.

음에도 그들이 여전히 그 교회의 일원이었다고 언급했을 것이다.

요한은 일차적으로 그의 독자들이 거짓 선생들이 떠난 것에 흔들리거나 심지어 자신의 구원에 대한 확신마저 의심한다면, 구원을 전혀 의심할 필요가 없다고 안심시키기 위해 이 글을 쓰고 있다. 이렇게 확신할 수 있는 이유는 그들이 "거룩하신 분"(아마 하나님 또는 성령)에게서 "기름 부음"(크리스마[chrisma/anointing])을 받고 있기 때문이다.

요한은 "모든 것을 아느니라"라는 말을 추가한다(2:20).[9] 이 말은 지금은 떠난 거짓 선생들이 평범한 신자들은 접근할 수 없는 특별한 통찰력을 지녔다고 주장함으로써 신자들을 겁먹게 했고 실제로 그들이 참된 그리스도인인지 의심하게 했다는 것을 암시할 수도 있다. 그렇다면 요한은 그러한 신자들에게 이렇게 말하는 것처럼 보인다.

> 그렇지 않아요. 여러분에게는 성령이 계시고 여러분은 모든 것을 다 알고 있어요 (요일 2:20-21).

요한은 기독교의 원형적 이단(prototypical Christian heresy)이 예수가 메시아이심을 부정하는 것이라고 지적한다. 사실상 요한복음 전체는 예수가 메시아요 하나님의 아들이심을 입증하기 위해 기록되었다(요 20:30-31 참조).[10]

---

9   어떤 이들은 요한이 "영지주의"(Gnosticism, "알다"라는 뜻의 헬라어 단어에서 유래)로 알려진 초기 기독교 이단에 반대하기 위해 기록했다고 생각한다. 영지주의는 사람들이 그리스도의 피에 의해서가 아니라 특별한 지식에 의해 구원받는다고 믿었다. 실제로 이 견해는 거짓 가르침에 대한 요한의 반응의 많은 경우를 설명할 수 있을 것이다. 하지만 본격적 기독교 이단으로서의 영지주의는 AD 2세기까지 형성되지 않았기 때문에 오늘날 학자의 대부분은 초기 형태의 영지주의 가르침 또는 원시-영지주의(proto-Gnosticism/사전 단계)에 대해 말한다. 다른 이들은 요한1서의 영지주의적 배경에 이의를 제기했다. 특히, Streett, *They Went Out from Us*를 보라.

10 Matthew D. Jensen, "John Is No Exception: Identifying the Subject of eivmi, and Its Implication," *JBL* 135 (2016): 341-53 참조. 그는 요 20:31; 요일 2:22; 4:15; 5:1; 5:5에 있는 eivmi,의 주어가 연결 명사(articular noun)이며 다섯 개의 절이 "하나님의 아들 그리스도"의 정체에 대한 유대인의 질문에 대답한다고 주장한다.

더 나아가 요한은 또한 아버지와 아들의 분리될 수 없는 본질적 일치를 확언한다(요 10:30 참조). 이런 점에서 한 분을 부인하는 것은 다른 분도 부인하는 것이 된다(2:22-23). 그러므로 독자들은 그들이 "처음부터" 들었던 가르침을 굳게 붙잡고 아버지와 아들 안에 거하여 영원한 생명을 얻어야 한다(2:24; 참조, 1:1; 2:14; 또 요 20:30-31 참조).

거짓 선생들에 관해 서술하는 이 단락을 종결하면서 요한은 이 글을 쓰는 목적이 독자들에게 그들을 미혹하는 거짓 선생들에 대해 경고하기 위함이라는 점을 분명히 한다(2:26).

다시 한번(2:20 참조), 요한은 그들이 받은 "기름 부음"(anointing), 즉 그들에게 모든 것을 가르치시는 성령에 대해 확언한다(2:27). 따라서 그들은 특별한 지식을 받았다고 주장하는 거짓 선생의 어떤 가르침도 받을 필요가 없다. 요한은 본질적으로 독자들에게 다음과 같이 말한다.

> 너희에게 성령이 있다면 필요한 모든 것을 가진 것이다. 그가 너희의 선생이 되실 것이다.

물론 이 말은 인간 선생이나 목회자를 위한 공간이 없다는 의미는 아니다. 하나님께서는 신자들에게 하나님의 말씀과 사역을 준비시키기 위해 교회에 선생들과 목회자들을 주셨다(엡 4:11). 여기서 요한의 요점은 다만 신자들이 사실상 성경이 말씀하는 바와 모순되는 특별한 성경 이외의 지식이 있다고 주장하는 선생들이 필요하지 않다는 데 있다.

7. 그의 안에 거하고 자기를 깨끗하게 하라(2:28-3:6)

요한복음에 나오는 예수의 가르침을 반복하면서 요한은 독자들에게 그리스도가 다시 오실 때(파루시아[parusia]) 그 앞에서 부끄러움을 당하지 않도록 "그의 안에 거하라"라고 촉구한다(2:28). 이 권면은 그들의 현재의 삶을 종말론적 맥락에 두며 성령 안에서 그리스도와 영적 연합을 유지하는 일이 절대적으로 중요함을 일깨워 준다. 다시 한번 독자들을 안심시키면서 요한은 예수가 의로운 분이시므로 그들이 의를 행하는 사람은 누구나 영적으로 다시 태어난 줄을 알 수 있다고 확언한다(2:29).

요한복음의 경우처럼, "사랑의 사도"는 하나님께서 그리스도 안에서 자녀들에게 얼마나 큰 사랑을 베푸셨는지 경탄한다. 그들은 하나님의 자녀라 일컬음을 받았으니 그들이 참으로 하나님의 자녀라는 것이다(3:1; 참조, 요 1:12). 세상이 그들을 거부한다면, 그것은 세상에 있는 사람들이 하나님을 알지 못하기 때문이다(3:1).

그의 독자들은 지금 하나님의 자녀일 뿐만이 아니다. 그들이 앞으로 어떻게 될지는 아직 "나타나지"(파네로오[*paneroō*]) 않았지만, 그리스도가 "나타나시면"(파네로오; 즉 재림 때에) 그를 참모습으로 보게 될 것이기 때문에 그들이 그와 같이 될 것이다(3:2).

이는 참으로 놀라운 기대이다!

이 때문에 이러한 소망(엘피스[*elpis*])을 가진 사람은 누구든지 그리스도가 깨끗하신 것처럼(즉 거룩하고 죄가 없으신; 아그노스[*agnos*]; 딤전 5:22; 딛 2:5; 약 3:17; 벧전 3:2 참조), 자기를 깨끗하게 한다(아그니조[*agnizō*]; 약 4:8; 벧전 1:22 참조).

요한은 죄는 불법(lawlessness)이며[11] 예수가 죄를 없애시려고 "나타나셨다"(파네로오[*phaneroō*], 즉, 예수의 초림)고 설명한다(요 1:29, 36 참조). 실제로 그분에게는 죄가 없으시다(3:4-5).[12] 이 때문에 예수 안에 거하는 사람은 누구든지 계속해서 죄를 짓지 않는다. 반대로 계속해서 죄를 짓는 사람은

11　Colin G. Kruse ("Sin and Perfection in 1 John," FM 23 [2005]: 23-33)는 3:4에서 아노미아(*anomia*)가 모세의 율법을 범한 것을 죄로 생각하지 않고 오히려 사탄의 것과 유사한 하나님에 대한 반대와 반역으로 생각한다고 주장한다. 하나님을 안다고 하면서도 계속 죄를 짓는 사람들은 하나님을 진정으로 알지 못하고 사탄과 동맹을 맺는 것이다. 아노미아의 사용은 "하나님의 자녀들"과 "악마의 자녀들"을 구별하는 중요한 기준을 제공한다.

12　헬라어 본문에서 그 진술은 어순이 보여 주듯이("그 안에는 죄가 존재하지 않는다[sin in him there is not]") 더욱 강조된다.

진정으로 예수를 알지 못하는 자이다(3:6).

8. 마귀의 자녀들과 세상의 증오(3:7-17)

앞에서 언급한 요점(2:29 참조)을 좀 더 진전시켜 요한은 독자들에게 한 사람의 행동이 그의 참된 정체성을 드러낸다고 말한다. 의를 행하는 자는 예수가 의로우신 것같이 의롭다. 그러나 죄를 짓는 자는 마귀의 자녀임을 드러낸다(3:8).

요한은 그의 전형적인 영적 급진주의(radicalism)에 입각한 흑백 논리로 명확히 진술함으로써 궁극적으로 중간 지대는 없음을 강조한다. 즉, 한 사람이 영적으로 거듭나서 그 결과로 의를 행하든지(죄가 없지는 않지만), 아니면 죄의 본성에 지배를 받아 여전히 "처음부터 범죄한" 마귀의 통제 속에 있다는 것을 보여 주든지 둘 중 하나이다(3:8). 이 진술은 창조 때 사탄의 죄(창 3장 참조)를 언급할 뿐만 아니라, 사탄의 본성이 돌이킬 수 없을 정도로 죄로 부패했다는 사실도 언급한다.

여기서도 요한은 예수의 가르침을 반향하는데, 예수는 수십 년 전 그의 지상 사역 중에 그의 적대자들에 대하여 정확히 똑같은 진술을 했다(요 8:31-47 참조). 요한은 예수가 오신 이유가 바로 마귀의 일을 멸하기 위함이었다고 설명한다(3:8). 하나님께로부터 난 자는 누구나 계속해서 죄 가운데 살 수 없는데, 하나님의 "씨"(스페르마[sperma], 아마도 성령을 가리킴)가 그의 속에 거하기 때문이다.

그러므로 요한이 독자들에게 제공하는 간단한 진단 도구는 이것이다. 의를 행하지 아니하는 자나 그의 "형제"(아마도 그의 동료 그리스도인을 가리킬 가능성이 크지만, 그리스도인이든 아니든 그와 동료인 사람을 가리키는 것으로도 볼 수 있음)를 사랑하지 않는 자는 참된 신자가 아니라는 것이다(3:10).

이 서신의 처음 부분에서 요한은 다음과 같이 썼다.

우리가 그에게서 듣고 너희에게 전하는 소식은 이것이니 곧 하나님은 빛이시라 그에게는 어둠이 조금도 없으시다는 것이니라(요일 1:5).

그런데 여기서 요한은 그와 유사하게 "우리는 서로 사랑할지니 이는 너희가 처음부터 들은 소식이라"라고 쓴다(3:11). 사실 요한은 이러한 두 개의 진리를 그의 복음서에서 진술한 바 있다(예수와 관련되지만 1:4; 13:35-36). 이러한 두 개의 신학적 진리로부터 요한은 다음과 같은 두 가지 요점을 추론해 낸다.

(1) 그리스도인이라고 자처하면서 부도덕한 삶의 방식에 빠지는 것은 불가능하다.
(2) 그리스도인이라고 자처하면서 동료 신자들을 돌보지 않는 것 또한 불가능하다.

신자들은 아우 아벨의 의로운 행위 때문에 분개하여 그를 죽인 가인처럼 되어서는 안 된다(3:12; 참조, 창 4:8).[13] 또한, 그들은 세상이 그들을 미워한다고 이상히 여기지 말아야 한다(3:13). 그들은 자신들이 형제를 사랑하기 때문에 "사망에서 옮겨 생명으로 들어간 줄을" 안다(3:14; 참조, 요 5:24). 이와 반대로 그들이 사랑하지 않으면 영적 죽음의 상태에 머물러 있는 것이다. 영적으로 말하면 다른 사람을 미워하는 자는 누구나 살인하는 자이다. 어떤 살인자도 영원한 생명을 가지지 못한다(3:15).
예수는 우리를 위하여 목숨을 버리심으로써 참된 사랑이 어떤 것인지 보여 주셨다. 그러므로 우리도 다른 사람을 위해 똑같이 해야 한다(적어도 비유적으로 말하면; 3:16). 그러나 궁핍한 형제를 도와줄 능력이 있는데도 마음 문을 닫는 자는 누구나 그 속에 하나님의 사랑이 없음을 보여 준다(3:17).[14]

---

13 가인과 그의 형제에 대한 언급은 요한의 서신에서 구약이 사용된 몇 안 되는 명시적 사례 중 하나이다.
14 예수는 선한 사마리아인 비유(눅 10:25-37)에서도 같은 지적을 했다.

9. 행함과 진실함으로 서로 사랑하라(3:18-24)

앞 절에 언급한 도전적 질문에 근거하여 요한은 독자들에게 형제를 위한 그들의 사랑을 가시적 방식으로 표현함으로써 기독교 믿음을 실천하라고 촉구한다(3:18). 다시 한번 안심과 격려를 표명하면서 그는 독자들에게 그들의 마음이 책망할 일이 있어도(가책이 있어도-역자주) 전지전능하신 하나님이 그들의 마음보다 더 크시다고 말한다.

그들의 마음이 그들을 책망할 것이 없고 하나님이 명하신 대로 행하면 기도에 대해 확신을 가질 수 있다. 요한은 기독교 신앙의 핵심 본질을 요약하면서 하나님의 계명이 다음과 같다고 쓴다. 즉, 하나님의 아들 예수 그리스도를 믿고 예수께서 주신 계명대로 서로 사랑하라는 것이다(3:23). 이렇게 함으로써 신자들은 하나님이 주신 성령을 통하여 하나님 안에 거하고 그분은 그들 안에 거할 것이다(3:24).

10. 분별에 대한 필요성(4:1-6)

최근의 거짓 선생들의 이탈(2:19)은 이러한 신자들에게 교훈이 되어야 한다. 따라서 요한은 그들에게 "영을 다 믿지 말고" 영들이 실제로 하나님에게서 났는지를 분별하라(도키마조[*dokimazō*]; 살전 5:21 참조)고 촉구한다. 왜냐하면, 세상에는 예수께서 예고하신 대로(4:1; 참조, 마 24:11, 24; 막 13:22) 많은 거짓 선지자들(프슈도프로페타이[*pseudoprophētai*]; 행 13:6; 벧후 2:1 참조)이 있기 때문이다.

분명한 질문은 이것이다.
어떤 내용을 분별해야 하는가?
요한은 즉시 이에 대한 답변을 준다. 요한복음에 언급된 요한의 핵심 메시지와 일치하여(요 20:30-31 참조) 예수를 메시아(그리스도)로 고백하는, 즉 "예수 그리스도가 육체로 오신 것"을 시인하는 영은 하나님께 속한 영이지만, 예수가 메시아임을 부인하는 영은 하나님께 속한 영이 아니다(4:2-3). 본질적으로 이 단락에 언급된 "영"은 성령이거나 악령을 가리킨다.

이것은 실제로 매우 단순한 진단 방법이다. 사실 모든 기독교 이단과 정통으로부터 이탈의 핵심은 예수의 인격과 사역 양쪽 모두 혹은 어느 한쪽에 관한 성경의 가르침을 부인하는 데 있다. 예를 들면, 그의 완전한 인성, 완전한 신성, 그의 십자가 사역 또는 예수와 관련된 다른 일부 교리 등이다.[15]

이렇게 하여 이러한 거짓 선지자들은 "적그리스도의 영"을, 즉 종말에 와서 자신을 대담하게 거짓 메시아로 내세워 참된 메시아와 하나님을 대적할 종말론적 존재를 드러낸다(4:3; 바울은 살후 2:1-12에서 그를 "불법의 사람"이라고 부름). 그러나 적그리스도(단수형)는 아직 나타나지 않았지만, 자신과 예수 그리스도에 대해 잘못된 주장을 일삼는 적그리스도의 **영**은 거짓 선생들과 거짓 선지자들 안에서 이미 활동하고 있다. 요한은 그 영이 "벌써 세상에 있느니라"라고 진술한다(4:3).

다시 한번 요한은 재빠르게 격려의 분위기로 전환하여 독자들이 하나님께 속한 자들(즉, 그들은 하나님에게서 난 자들이며 그분의 참된 영적 자녀들임)이며 따라서 적그리스도의 영을 나타내는 자들을 이기었다고 그들을 안심시킨다. 성령을 통해 그들 안에 계신 하나님이 세상의 영보다 더 크시기 때문이다(4:4).

이러한 거짓 선지자들은 세상에 속하고 세상에 속한 말을 하므로 세상은 그들의 가르침을 듣는다. 이와 반대로 요한과 사도들은(또한, 독자들도) 하나님께 속하였으므로 참된 신자들은 그들의 말을 듣지만, 세상 사람들은 그들의 말을 듣지 않는다(4:5-6). 그들이 메시아이신 예수 그리스도에 관한 우리의 말과 메시지를 듣는지의 여부가 바로 한 사람이 "진리의 영"의 지배를 받는지 아니면 "미혹의 영"의 지배를 받는지를 알아보는 진단 테스트이다(4:6).[16]

---

[15] Andreas Kötenberger, "Orthodoxy," in *The Encyclopedia of Christian Civilization*, 4 vols., ed. George Thomas Kurian (Oxford: Blackwell, 2011), 1735-43을 보라.

[16] 유사한 언어("진리의 영과 미혹의 영")가 또한 사해 두루마리에서도 발견된다는 점에

11. 하나님은 사랑이시다: 완전한 사랑(4:7-21)

이 서신의 앞부분(2:7; 3:2)과 특히 이 단락의 경우(앞의 3:21; 4:1과 뒤의 4:11을 보라)처럼, 요한은 그의 수신자들을 "사랑하는 자들아"라는 호칭으로 부른다. 이 호칭은 그의 권면이 하나님은 사랑이시고 신자들은 사랑의 삶을 살아야 한다는 진술과 결부되어 있으므로 매우 적합하다.[17] 하나님은 사랑의 원천이시다. 따라서 하나님이 사랑하시는 방식대로 진정으로 사랑하는 사람은 그가 영적으로 하나님으로부터 거듭나서 하나님을 알고 있음을 입증한다(4:7).

이와 반대로 그렇게 사랑하지 않는 사람은 하나님을 알지 못한다는 점을 보여 줄 뿐이다. 왜냐하면, 하나님은 단지 **사랑의 원천**만이 아니시라 본질상 **사랑이시기** 때문이다(4:8). 그러므로 사랑의 영역 밖에 사는 사람은 또한 하나님의 영역 밖에 사는 사람이다.

그러나 하나님의 사랑은 단지 느낌이나 고백의 차원이 아니다. 하나님은 우리에게 생명을 주시기 위해 "자기의 독생자(후이오스 모노게네스[*huios monogenēs*])를 세상에 보내셨다"라는 점에서 그분의 사랑을 행동으로 뒷받침하셨다(4:9; 참조, 요 1:14, 18; 3:16, 18). 요한은 그의 복음서에 다음과 같이 썼다.

> 하나님이 세상을 이처럼 사랑하사 독생자를 주셨으니 이는 그를 믿는 자마다 멸망하지 않고 영생을 얻게 하려 하심이라(요 3:16).

주목하라. 병행 부분에 대한 논의에 대해서는 T. A. Hoffman, "1 John and the Qumran Scrolls," *BTB* 8 (1978): 117-25; Marie-Émile Boismard, "The First Epistle of John and the Writings of Qumran, in *John and the Dead Sea Scrolls*, ed. James H. Charlesworth (London: J. Chapman, 1972), 156-65를 보라.

17 요한의 사랑의 신학에 관해서는 Andreas J. Köstenberger, *A Theology of John's Gospel and Letters: The Word, the Christ, the Son of God*, BTNT (Grand Rapids: Zondervan, 2009), 제13장을 보라. 요한1서의 사랑의 차원에 대한 간결한 목록을 위해서는 I. H. Marshall, New Testament Theology: Many Witnesses, One Gospel (Downers Grove, IL: InterVarsity, 2004), 539를 보라.

이런 점에서 십자가에 달리신 그리스도가 하나님 사랑을 구체적으로 실증한다. 예수가 하나님을 온전히 알려 주신 것같이(요 1:18) 또 예수를 본 자는 아버지를 본 것인 것같이(요 14:9), 십자가 위에서 예수의 생명과 화목 제물을 본 자(4:10; 참조, 2:2)는 사랑의 하나님, 즉 자신이 사랑이신 하나님을 본 것이다. 분명하게 말하면, **우리가 하나님을 사랑한 것이 아니라 하나님이 우리를 사랑하셨다**. 즉, 그가 먼저 우리를 사랑하셨기 때문에 우리가 사랑한다(4:19; 참조, 4:10). 우리 각자에 대한 하나님의 사랑에 비추어 우리는 같은 종류의 사랑을 다른 사람에게까지 확장해야 한다(요 4:11).

그의 복음서에서 요한은 "본래 하나님을 본 사람이 없으되 아버지 품속에 있는 독생하신 하나님이 나타내셨느니라"(요 1:18)라고 썼다. 여기서 그는 일종의 속편으로 4:12에서 이렇게 쓴다.

> 어느 때나 하나님을 본 사람이 없으되 만일 우리가 서로 사랑하면 하나님이 우리 안에 거하시고 그의 사랑이 우리 안에 온전히 이루어지느니라(요일 4:12, "온전히 이루어지느니라"로 번역된 헬라어 단어는 테텔레이오메네[*teleleiōmenē*/is perfected]; 요 19:30에서 예수가 십자가상에서 외친 "다 이루었다"[테텔레스타이/*tetelestai*]라는 단어 참조).

하나님은 영이시기 때문에 어떤 사람도 하나님을 볼 수 없지만(우리가 그를 참모습 그대로 볼 것이기 때문에 그와 같이 될 것이지만[3:2]), 사람들은 신자들이 서로 사랑하는 그 사랑을 통해 하나님을 볼 수 있다.

초기 교회에서 신자들은 자발적으로 자기의 재산을 나누었다(행 4:32-37). 그래서 교부 터툴리안(Tertullian)은 불신자들이 1세기 그리스도인들에 대해 말했던 내용을 다음과 같이 기록했다.

> 그들은 다음과 같이 말한다. 보라. 그들이 어떻게 서로를 사랑하는지를 … 그리고 어떻게 서로를 위해 죽을 준비가 되어 있는지를.[18]

---

[18] Tertullian, Apologeticum 39.7, in *Tertullian: Apology. De Spectaculis*, trans. T. R. Glover,

예수는 친히 자기 제자들에게 이렇게 말씀하셨다.

> 너희가 서로 사랑하면 이로써 모든 사람이 너희가 내 제자인 줄 알리라(요 13:35).

그렇긴 하지만, 요한이 하나님의 사랑이 신자들 안에서 "**온전히 이루어진다**"(완성된다)라고 쓸 수 있는 것은 참으로 놀라운 일이다. 그분의 사랑 안에서 하나님은 자기 외아들을 보내셨고, 그분의 사랑 안에서 그 아들(예수)은 십자가에서 자기 생명을 우리를 위해 주셨으며, 그분의 사랑 안에서 그리고 성령 안에서(롬 5:5 참조) 신자들은 서로 사랑할 수 있고, 따라서 하나님의 사랑은 그들 안에서 완전해질 수 있다!

요한은 다음 부분에서 바로 이 성령에 관해서 언급한다. 우리 안에 거하시는 성령은 우리가 하나님의 자녀라는 또 하나의 확실한 증거이다(4:13). 요한은 앞에서 신자들이 거룩하신 자에게서 기름 부음을 받았다고 언급했다(2:20, 27). 더욱이 요한과 사도들은 아버지가 아들을 "세상의 구주"(Savior of the world)로 보내셨다고 증언한다(4:14; 참조, 요 4:42).

실제로 예수를 메시아(4:2)요 하나님의 아들(4:15)로 고백하는 자는 누구나 하나님과 영적으로 연합하고 따라서 (그분의) 사랑 안에 거한다(4:16). 이렇게 하여 "하나님"과 "사랑"은 사실상 거의 동의어가 된다(물론 하나님은 다른 많은 속성도 갖고 계시지만). 더욱이 신자들에게 온전히 이루어진 사랑은 또한 심판 날에 담대함을 가지게 한다. 즉, 온전한 사랑은 두려움을 내쫓는다(4:17-18; 참조, 4:12).

요한은 기독교 신앙고백의 참됨에 대한 증거로 형제 사랑의 중요성을 반복함으로써 이 단락에서의 그의 일련의 사고를 종결한다(4:20-21; 참조, 3:17-18). 즉, 요한은 최근에 회중에서 이탈한 거짓 선생들에 대해 넌지시 언급하면서(2:19 참조), "누구든지 하나님을 사랑하노라 하고 그 형제를 미워하면 이는 거짓말하는 자니 보는 바 그 형제를 사랑하지 아니하는 자는

Loeb Classical Liberary 250 (New York: Putnam's Sons, 1931), 177.

보지 못하는 바 하나님을 사랑할 수 없느니라"라고 쓴다(4:20). 그러므로 하나님을 사랑하는 일과 다른 사람을 사랑하는 일은 불가분의 관계에 있다(4:21). 이는 구약의 가르침에 따라 예수가 가르치신 내용과 정확히 일치한다(마 22:35-40//막 12:28-34//눅 10:25-28을 보라; 신 6:5; 레 19:18 참조).

12. 예수는 그리스도이시다(5:1-12)

요한은 결말 부분을 향해 나아가면서, 신자가 영적으로 새로 태어났다는 증거에 다시금 초점을 맞추고 참된 신자들에게 그들이 사실상 영원한 생명을 가지고 있다는 말로 안심시킨다.[19] 요한복음의 가장 중요한 메시지에 따라(요 20:30-31) 예수가 메시아요 하나님의 아들이심을 믿는 모든 사람이 새로운 탄생을 경험했다(4:2, 15; 5:5 참조).

하나님을 알고 사랑한다고 주장하면서도 그분의 계명을 지키지 않는 거짓 선생들과 달리 하나님을 사랑하는 일은 그분의 계명을 지키는 것을 의미한다(1:5-6 참조). 참된 신자들에게 하나님의 계명을 지키는 일은 "지기 힘든 무거운(바루스[barus]) 짐"을 묶어서 남의 어깨에 지우지만 자기들은 그것을 짊어지려고 하지 않는 예수 당시의 서기관과 바리새인들(마 23:4)과는 대조적으로 무거운(바루스[barus]) 짐이 아니다.

그 이유는 영적으로 새로 태어난 사람은 예수처럼 세상을 이기었기(니카오[nikaō]; 2:13, 14; 4:4 참조) 때문이다(5:4-5; 참조, 요 16:33). 어둠은 빛을 이길 수 없는 법이다(요 1:4-5). 그리스도 안에서 우리의 믿음(피스티스[pistis], 요한복음과 요한 서신에서 명사 "믿음"이 사용된 유일한 용례; 그 밖의 다른 곳에는 동사 피스튜오[pisteuō/믿다]가 사용됨)은 사탄과 그의 어둠의 세력에 대한 영적 승리(니케[nikē], 신약의 다른 곳에서는 나오지 않음)를 가져올 수 있다.

---

[19] Matthew Barrett, "Does Regeneration Precede Faith in 1 John?," *MAJT* 23 (2012): 5-18을 보라. 그는 요일 5:1과 같은 본문이 거듭남이 믿음보다 앞선다고 가르친다고 주장한다.

이 단락을 시작한 방식대로 마무리하면서 요한은 다음과 같은 수사적 질문을 제기한다.

> 예수께서 하나님의 아들이심을 믿는 자가 아니면 세상을 이기는 자가 누구냐(요일 5:5; 참조. 5:1).

암시된 대답은 "아무도 없다"이다.
그러나 예수가 하나님의 아들이심을 믿는 자가 세상을 이긴다!
이어지는 부분(5:6-12)은 예수에 대한 (일곱 가지) 증언을 특별히 포함하고 있는 요한복음과 유사하게 예수 그리스도에 관한 증언에 할애한다. 이 단락의 총 일곱 구절 중에서 "증언"(마르튀리아[martyria])이라는 명사와 "증언하다"(마르튀레오[martyreō])라는 동사가 무려 아홉 번이나 나타난다.

5:6-8에서 요한은 예수를 증언하는 세 "증인"이 있다고 진술한다. 여기서 "물"은 아마도 예수가 메시아 사역 초기에 받은 세례를 가리키고 "피"는 그의 십자가형을 가리킨다. 그렇다면 두 증인은 예수의 세례와 십자가형을 상징하는 물과 피이며, 여기에 세 번째 증인인 진리이신 성령이 추가된다.[20]

이런 식으로 하나님이 친히 아들에 관해 증언하셨다. 하나님의 증언은 인간의 증언보다 더욱더 크신데, 하나님이 증언하신 그 아들은 믿는 모든 자에게 영원한 생명을 주신다(5:9-12).

---

[20] 주석가들은 이 부분에 나오는 "물"과 "피"의 의미 해석에 견해 차이를 보인다. 게다가 많은 성경 번역이 길지만 후대의 본문 이문(요일 5:7-8)인 이른바 요한의 콤마(Comma Johanneum)를 포함하는데, 이것은 원래 본문(original)이 아닌 것이 거의 확실하다(요한의 콤마를 포함한 요일 5:7-8의 내용은 다음과 같다. "하늘에서 증언하시는 세 분이 계십니다. 곧 아버지와 말씀과 성령이십니다. 이 셋은 하나입니다. 땅에서 증언하는 셋이 있습니다. 곧 영과 물과 피입니다. 이 셋은 일치합니다"(표준새번역 각주란-역자주). Andreas J. Köstenberger, L. Scott Kellum, and Charles L. Quarles, *The Cradle, the Cross, the Crown: An Intreduction to the New Testament*, 2nd ed. (Nashville: B&H Academic, 2016), 920n113을 보라.

13. 영생에 대한 확신(5:13-21)

요한복음과 유사하게 이 서신도 끝부분에 다음과 같이 이 서신을 기록한 목적을 밝힌다.

> 내가 하나님의 아들의 이름을 믿는 너희에게 이것을 쓰는 것은 너희로 하여금 너희에게 영생이 있음을 알게 하려 함이라(요일 5:13; 참조, 요 20:30-31).

그렇다면 이 구절은 이 서신을 기록한 요한의 전반적 목적을 이해하는 데 결정적인 역할을 한다. 그 목적은 예수가 메시아요 하나님의 아들이심을 믿는(요한복음에 제시된 것처럼) 수신자들에게 실제로 영생이 그들에게 있다고 안심시키는 데 있다(요 3:16 참조).[21]

거짓 선생들이 아마도 특별한 초자연적 통찰을 주장함으로써 그들의 확신을 흔들리게 했을지라도, 요한은 그들이 알아야 할 필요가 있는 모든 것을 가르쳐 주시는 하나님으로부터의 "기름 부음", 즉 성령을 받았다고 확언했다(2:20, 27). 거짓 선생들이 그들에게 무엇을 말했든지 간에 그들은 하나님에게서 나서 성령을 가졌으며 영생을 얻는다.

신자들은 영생을 확신할 뿐만이 아니다. 그들은 또한 지금 여기에서 하나님이 그들의 기도에 응답하실 것이라는 담대함(파레시아[*parrēsia*]; 2:28; 3:21; 4:17 참조)도 가진다(5:15; 참조, 요 14:13-14). 물론 이러한 기도는 높여지셔서 아버지의 오른편에 계시는 예수의 이름으로 드려지며, 그의 뜻에 따라 이 땅에서 그의 나라의 사명을 이루기 위해 드려지는 기도이다. 하나님은 신실하셔서 그리스도 안에서 부르시고 성령으로 능력을 부여하신 믿음의 공동체에 그러한 사명을 감당하기에 필요한 모든 것을 공급해 주실

---

[21] Christopher D. Bass (*That You May Know: Assurance of Salvation in 1 John*, NACSBT [Nashville: B&H, 2008])은 요한1서에 나타난 (구원의) 확신(assurance)에 대한 귀납적 성경신학을 제공한다. 그는 확신이 그리스도의 사역에 근거하고 순종으로 뒷받침된다고 결론 내린다.

것이다(요 20:21-22 참조).

이렇게 하여 신자들은 삼위일체 하나님의 사랑이 넘치는 연합된 사명에 참여하게 된다. 그 사명은 예수가 십자가에서 다 이루신 사역(아버지 하나님의 뜻에 따라 완성된)에 근거하고 있으며 죄악의 불신 세상에서 신자들의 증언을 도우시는 성령의 능력이 함께하기 때문에, 실패할 수도 없고 또 실패하지도 않을 것이다(요 15:26-27 참조).[22]

기도 응답에 대한 신자들의 담대함에 관한 진술과 관련하여 요한은 간략한 단서조항 하나를 첨부한다. 그러한 기도 응답은 "사망에 이르지 아니하는 죄"를 지은 사람에게 해당한다. 요한은 다음과 같이 덧붙인다.

> 사망에 이르는 죄가 있으니 이에 관하여 나는 구하라 하지 않노라(요일 5:16).

물론 모든 죄가 불의한 것이지만 모든 죄가 사망으로 이끄는 것은 아니다(5:17). 분명 그렇게 심각한 죄가 있기는 하지만 말이다. 학자들은 이 죄가 정확히 무엇인지에 대해 논쟁했지만, 의견일치를 보지 못했다. 이 까다로운 구절을 적절히 해석하기 위해 결정해야 할 몇 가지 관련 질문이 있다.[23]

(1) 16절에 언급된 "형제"는 누구를 가리키는가?
동료 신자인가(요한1서 대부분의 경우처럼), 아니면 좀 더 광범위하게 어떤 다른 사람을 가리키는가(3:17 참조)?

---

[22] 요한의 선교신학에 관해서는 특히 Andreas J. Köstenberger, *The Missions of Jesus and the Disciples according to the Fourth Gospel* (Grand Rapids: Eerdmans, 1998)을 보라.

[23] 더 상세한 내용에 대해서는 뒤에 수록할 참고 문헌에 열거된 표준 주석들을 보라. 유용한 기본 논의를 위해서는 John R. W. Stott, *The Letters of John*, rev. ed., TNTC (Grand Rapids: Eerdmans, 1988), 189-93을 보라. 또한, Randall K. Tan, "Should We Pray for Straying Brethren? John's Confidence in 1 John 5:16-17," *JETS* 45 (2002): 599-609를 보라.

전자의 경우라면, 이 말은 신자가 육체적 죽음이든 영적 죽음이든 죽음을 초래할 만큼 심각한 죄를 지을 수 있음을 의미할 것이다(만일 영적 죽음의 경우라면 그는 구원을 잃을 수도 있다는 것인데, 이는 요한이 신자의 영원한 안전을 명백하게 확언하는 요한 문헌의 다른 구절에 비추어 볼 때 가능성이 없어 보인다. 예컨대, 요 10:28-29 참조).

(2) 16절과 17절에 거듭 언급되는 "사망"은 어떤 종류의 사망인가?
육체적 죽음인가 아니면 영적인 죽음인가?
만일 육체적 죽음이라면 이것은 이러한 죄를 저지른 사람이 이 죄의 결과로 육체적으로 죽는다는 것을 의미할 것이다. 만일 영적인 죽음이라면 회개와 구원의 여지가 더 이상 없을 것이며, 따라서 이러한 기도는 응답할 수 없으므로 더 이상 기도가 필요하거나 권장되지도 않을 것이다.

(3) 실제로 "사망에 이르는 죄"는 무엇인가?
이에 대해 몇 가지 가능성이 있다. 예수는 "성령을 모독하는 죄"에 대해 언급했는데 이 죄는 용서받을 수 없다(막 3:28-30과 병행 구). 아마도 예수의 기적을 사탄의 능력으로 왜곡시키는 적대자들의 죄를 가리키는 것 같다. 이런 식으로 예수는 그의 적대자들이 자신의 기적을 행하신 성령을 모독했다고 지적하며 이 말을 통해 성령의 신성을 암시했다.
예수는 자신의 능력으로 기적을 수행하지 않았는데, 이것은 그러한 기적을 사탄의 능력으로 돌리는 일이 단순히 예수를 모독하는 것이 아니라는 점을 의미했다. 예수는 기적을 성령의 능력으로 행했다. 그러므로 예수의 기적 배후에 있는 능력을 비방하며 왜곡하는 행위는 사실상 성령을 "사탄"으로 부르는 방식이었다. 예수에 따르면 이것은 용서를 받을 수 없는 중대한 죄였다.
이 말은 나중에 그를 십자가로 보낼 적대자들과의 대결에서 예수가 던진 매우 진지하고 강력한 경고였다. 그러나 이 죄는 예수의 지상 사역과 밀접한 관련이 있지 오늘날의 신자들이 더 이상 저지를 수 있는 죄는 아니라고 생각한다. 그러므로 요한은 다른 유형의 죄에 대해 말하고 있음이 틀림없다.

우리는 또한 고린도전서에서 그 교회의 일부 신자가 주의 만찬을 거행할 때 동료 신자들을 기다려 주지 않았다는 바울의 언급을 보게 된다. 그들은 성급하게 먼저 갔거나 아니면 그 밖의 다른 방식으로 합당하지 않게 주의 만찬을 먹고 마셨다(고전 11:17-34). 그 결과 바울은 "너희 중에 약한 자와 병든 자가 많고 잠자는 자도 적지 아니하니"라고 언급한다(고전 11:30).

외관상 주의 만찬 거행과 관련된 고린도 교회의 일부 신자의 죄는 매우 심각해서 그들이 육체적으로 죽었다.[24] 아마 이 말은 그들이 자신의 구원을 잃었다는 의미는 아니었을 것이다. 신자들이 자신의 영적 구원을 잃어버리지 않고 다양한 이유로 죽을 수 있는 것처럼, 다만 그들이 육체적으로 죽었다는 의미였다. 그렇다면 여기서 요한이 육체적 죽음("죽음"을 영적 의미가 아니라 문자 그대로의 의미로 이해해서)을 초래하는 매우 심각한 죄를 저지르고 있는 신자("형제"를 좁은 의미로 이해해서)에 관해 말하고 있을 가능성이 있다.

또 하나의 대안은 육체적 죽음이나(가능성이 작은) 영적 죽음에 이르는 매우 심각한 죄를 저질러서 더 이상 기도가 요구되지 않는 불신자("형제"를 좀 더 넓은 의미로 취해서)에 대한 언급일 가능성이다. 불신자 중에 회개하고 구원받는 것을(사실상 불가능하지는 않지만) 극도로 어렵게 할 정도로 하나님의 자기 계시와 그리스도 안에 있는 구원 제안을 거부하는 사람이 실제로 있을 수 있다.

히브리서의 경고 단락이 이러한 범주에 해당한다고 볼 수 있다. 히브리서의 저자는 독자들에게 이스라엘의 광야 세대가 보여 준 바와 같은 완고한 불신에 대해 경고한다. 그 결과로 사람들은 약속의 땅에 들어갈 수 없게 되었다. 이와 유사하게 저자는 (마찬가지로 상당히 많은 신적 계시를 받은) 독자들에게 "이같이 큰 구원을 등한히" 여기지 말라고 촉구했다(히 2:3-4).

---

24 극단적이긴 하지만 또 다른 가능한 예는 성령을 속이고 죽임을 당한 아나니아와 삽비라의 예이다(행 5장).

사실상 그리스도를 "다시 십자가에 못 박고" 욕되게 하는 사람은 모든 구원의 희망을 잃었다(히 6:4-6).

이와 유사하게 여기서 요한은 미래의 회개와 구원이 불가능할 정도의 심각한 방식으로 하나님과 그리스도를 거부한 불신자에 관해 언급한 것일 수도 있다. 따라서 요한은 그들을 위해 기도할 필요가 없다고 조언한다.

냉정한 현실은 어떤 사람도 나중에 언제든 회개할 수 있다고 가정하면서 뻔뻔스럽게 죄를 지어서는 안 된다는 것이다. 그러한 사람은 언젠가는 그들의 영원한 정죄가 확실하여 심지어 기도조차 더 이상 효과적일 수 없는 문턱을 넘을 수도 있다.

결국, 우리는 요한이 "사망에 이르게 하는 죄"를 어떤 의미로 사용했는지 확실하게 결정하기에는 충분한 정보를 확보하지 못할 수도 있다.

현시점에서 가능한 해석 옵션을 요약해 보면, 요한이 신자가 영적 죽음(구원을 상실하는)을 초래하는 죄를 짓는 것을 언급하는 것일 수 있다. 그러나 이 견해는 가능성이 작다(요 10:28-29 참조). 또 신자가 육체적 죽음을 초래하는 죄를 짓는 것을 언급하는 것일 수 있는데(고전 11:17-34 참조), 이 견해가 가능성이 있다. 아울러 그가 불신자들이 육체적 죽음(가능성 희박)이나 영적 죽음(오늘날에는 지을 수 없는 성령 모독은 아니지만, 히브리서의 경고 단락 참조)을 초래하는 죄를 짓는 것을 언급하는 것일 수 있다. 이 세 번째 견해가 가장 가능성이 큰 해석 옵션이다.

〈"사망에 이르는 죄"(요일 5:16-17)에 대한 다양한 해석들〉
- 신자들이 영적 죽음(구원의 상실)을 초래하는 죄를 짓는다: 가능성 작음
- 신자들이 육체적 죽음을 초래하는 죄를 짓는다: 가능성 있음
- 불신자들이 육체적 죽음을 초래하는 죄를 짓는다: 가능성 작음
- 불신자가 영적 죽음을 초래하는 죄를 짓는다
   a. 성령 모독: 오늘날에는 지을 수 없다.
   b. 경고 단락: 아마 가능성이 가장 큼

하나님께 응답 받는 기도 확신(이해하기 까다로운 "사망에 이르는 죄"를 저지른 경우는 제외)과 관련된 요한의 진술에 이어 18절, 19절, 20절은 각각 "우리가 안다"(오이다멘[oidamen])라는 문구로 시작한다. 이런 점에서 요한은 신자들이 누릴 수 있는 세 가지 확실한 점을 제시하면서 이 서신을 종결한다(관례적인 서신 결말은 아님).

(1) 그들은 하나님께로부터 난 사람(영적으로 거듭난 사람)은 계속해서 죄를 짓지 않는다는 것을 안다. "하나님께로부터 나신 자"(예수)가 그를 지키심으로 "악한 자"(사탄)가 그를 해칠 수 없을 것이다.
(2) 그들은 자신들이 "하나님께 속하고"(즉 하나님의 자녀들), 온 세상은 "악한 자"의 세력과 통제 아래 놓여 있다는 것을 안다.
(3) 그들은 하나님의 아들이 오셔서 주 예수 그리스도이신 그의 아들 안에 계시는 참된 하나님을 알 수 있도록 통찰력을 주셨다는 것을 안다. 그분이야말로 "참하나님이요 영생이시다." 이 진술은 모든 신약성경에서 예수의 신성에 대한 가장 고상한 확언 중 하나이다.

거의 나중에 생각이 난 것처럼, 요한은 "자녀들아 너희 자신을 지켜 우상에게서 멀리하라"라는 말을 덧붙인다(5:21).[25] 그는 앞에서 독자들에게 이 세상이나 세상에 있는 것들을 사랑하지 말라고 촉구했다(2:15). 하나님은 (이 경우 요한도) 우리 마음에 대단한 관심을 가지고 계신다. 그분은 우리의 애정이 어떤 우상이나 거짓 대상이나 숭배로 오도되기보다는 오로지 그분께만 바쳐지기를 원하신다.

이런 점에서 요한은 이 마지막 단락에서 신자들이 "악한 자"인 사탄이 지배하는 세상에서 그들의 마음과 영혼과 정신을 지키기 위한 격렬한 영적 전쟁의 맥락에서 살고 있다는 인식을 분명하게 보여 준다. 이러한 영적

---

25 Benjamin L. Merkle, "What Is the Meaning of 'Idols' in 1 John 5:21?," *BSac* 169 (July-August 2012): 328-40을 보라. 그는 믿음, 의, 사랑의 삼중 테스트를 통과하지 못하는 사람들이 우상숭배의 위험에 처하여 거짓 종교를 만들어 낸다고 주장한다.

전쟁을 위해서는 영적 보호, 그리스도에 대한 강한 충성(그의 피가 신자들의 죄를 덮어줌), 신자들의 영적 거듭남과 같은 영적 현실에 대한 예리한 인식과 성령의 임재 등이 필요하다.

※ 요한1서, 요한2서, 요한3서의 통합 참고 문헌에 대해서는 제6장 요한2서와 요한3서 마지막 부분을 보라.

제6장
요한2서와 요한3서

I. 개론

1. 저자, 저작 시기, 문학 장르

요한의 다른 두 서신(흔히 요한2서와 요한3서로 지칭되는)은 요한1서에 비해 상당히 짧으므로 이 장에서 함께 다루고자 한다. 두 서신을 결합하는 요인은 둘 다 요한1서와 달리 "장로"라는 명칭으로 시작한다는 사실이다. 요한1서에서는 그러한 명칭이 없고 저자를 사도적 "우리"(예컨대, 요일 1:1-4)에 포함한다.

앞 장의 요한1서에 관한 논의에서 간략하게 언급했듯이 문체상의 일치와 초기 교회 전승에 비추어 요한1서를 기록한 인물이 요한복음의 저자 사도 요한이며 요한2서와 요한3서를 기록한 "장로" 역시 같은 사도 요한임을 받아들일 만한 충분한 근거가 있다. 여기서 "장로"(elder)라는 명칭은 그의 고령과 회중을 감독하는 책임을 암시해 준다(본래 "장로"는 "교회 지도자"와 "고령의 사람" 둘 다 의미함).

사도 요한과 장로 요한을 서로 다른 사람으로 구별하는 사람들도 있다. 그러나 이러한 구별은 한 교회 교부(교회 역사가 유세비우스[Eusebius]의 책에 인용된 파피아스[Papias])의 글에 나오는 의심스러운 언급에 근거하는데, 그것은 다양하게 해석될 수 있다.¹ 훨씬 더 단순하고 가능성이 큰 견해는 사도 요한이라는 한 인물이 요한복음뿐만 아니라 세 개의 요한 서신(또 요한계시록도; 뒷부분 참조)도 기록했다는 결론이다.

이런 점에서 요한2서와 요한3서는 같은 저자의 서신일 뿐만 아니라, 저자는 독자들에 대해도 공식적이든 비공식적이든 교회의 "장로" 지도자와 같은 자세를 취한다(아마도 요한은 후에 2, 3세기의 의미로 실제적인 "장로"[presbyter], 또는 "감독"[bishop]은 아니었을 것이다).

이러한 유사점을 제쳐 두면, 요한2서는 "내가 참으로 사랑하는 택하심을 받은 부녀와 그의 자녀들"을 수신자로 제시하지만(요이 1:1), 요한3서는 "내가 참으로 사랑하는 장로 가이오"(요삼 1:1)를 수신자로 제시한다. 대부분의 주석가는 요한이 그의 두 번째 서신을 보내는 "택하심을 받은 부녀와 그의 자녀들"은 문자적 그대로의 여인들과 그의 자녀들이 아니라(요한이 편지 서두에서 실제 여인에 대한 사랑을 진술하는 것은 약간 이상하다), 은유적 표현으로 모 교회(mother church)와 그의 자녀 교회(daughter churches)를 가리키는 것으로 생각한다.

요한2서와 요한3서에서 수신자만 다른 것이 아니다. 이 두 서신을 둘러싸고 있는 상황 역시 관련은 있지만, 차이가 난다. 요한2서에서는 신자들을 방문하는 선생들(visiting teachers)을 환대하는 문제를 다루는 것으로 보인다. 이 점은 10-11에 언급된 저자의 다음과 같은 권면이 전형적으로 보여 준다.

> 누구든지 이 교훈을 가지지 않고 너희에게 나아가거든 그를 집에 들이지도 말고 인사도 하지 말라 그에게 인사하는 자는 그 악한 일에 참여하는 자임이라(요이 1:10-11).

---

1 Andreas J. Köstenberger, L. Scott Kellum, and Charles L. Quarles, *The Cradle, the Cross, the Crown: An Introduction to the New Testament*, 2nd ed. (Nashville: B&H Academic, 2016), 353에 있는 논의를 보라. 또한, D. A. Carson and Douglas J. Moo, *An Introduction to the New Testament*, 2nd ed. (Grand Rapids: Zondervan, 2005), 233-34도 보라.

고대 세계에서 순회 설교자들(itinerant preachers)은 다른 사람의 환대에 의존하였는데, 요한은 신자들이 이단자들에게 사역의 기반을 제공해서는 안 된다고 단호하게 선언한다.

요한3서에서 요한은 "사랑하는 가이오"의 손을 강하게 하도록 글을 쓴다. 외관상 요한은 이전에도 이 교회에 편지를 쓴 적이 있었지만(9절), 디오드레베라는 군림하기를 원하는 한 인물("으뜸 되기를 좋아하는")이 요한의 권위를 인정하지 않았던 것 같다. 더욱이 그는 참된 그리스도인 선생들에 대한 환대를 거부하고 심지어 그들을 환대하고자 하는 사람들까지도 방해하며 그들을 교회에서 내쫓았다(10절).

앞에서 요한1서의 논의에서도 언급했듯이, 세 개의 요한 서신은 아마도 요한복음 기록 이후 80년대 말이나 90년대 초에 기록되었을 것이다(요한 서신은 요한복음을 이미 전제하는 것으로 보인다).

요한1서가 약간 더 길고 전형적인 서신 형태를 따르지 않지만, 요한2서와 요한3서는 모두 당시의 표준 편지 형태를 잘 따르고 있고 한 장의 파피루스 분량에 맞게 기록된 일상 편지와 매우 유사하다.

아마도 요한복음과 요한1서와 유사하게 이 두 서신도 에베소 부근에서 기록되었을 것이다. 요한1서와 마찬가지로 요한2서, 요한3서도 요한의 관할권이나 적어도 전반적 영향 아래에 있는 회중들, 사도적 위상과 그리스도에 대한 오랜 증언 때문에 그를 존경했던 교회들에 보내졌을 것이다(디오드레베는 예외).

2. 구조

요한1서의 구조와는 달리 요한2서와 요한3서의 구조는 비교적 단순하다. 요한2서는 "발신자가 수신자에게 인사를"이라는 표준적 편지 서두로 시작하는데, 요한2서의 경우에는 "장로가 택하심을 받은 부녀와 그의 자녀들에게…은혜와 긍휼과 평강이 (있기를)"이라고 구성된다(요이 1:1-3).

편지 본론은 4절에서 11절까지 이어지며 사랑하라는 격려, "많은 미혹하는(속이는) 자"에 대한 언급, 예수 그리스도께서 육체로 오심을 부인하는(7절) 적그리스도들에 대한 예측, "지나쳐 (나가)"지 말고 "(사도적) 교훈에 (거하라)"는 권면(9절), 참된 기독교 복음을 선포하지 않는 순회 선생들을 받아들이지 말라는 경고(10-11절) 등이 포함된다. 이 서신은 "장로"가 곧 그들을 방문할 소망을 표명하고 마지막 안부를 전하는 것으로 종결한다(12-13절).

요한3서는 "발신자가 수신자에게"(인사말이 없음)라는 형태를 따라 훨씬 더 간결한 편지 서두로 시작한다(1절).

요한1서의 권면 구분과 유사하게(제5장 요한1서의 '구조' 참조) 요한3서의 각각의 단락은 "사랑하는 자여"(2, 5, 11절)라는 호칭이나 요한이 쓴 것에 대한 언급("내가 두어 자를 교회에 썼으나", 9절)으로 도입된다. 그러한 첫 번째 단락은 "형제들이 와서 (가이오)에게 있는 진리를 증언할 때" 강건하기를 바라는 관례적 소망을 말하고 이전의 경우를 회상한다(3절).

그다음에 두 번째 단락은 순회 선생들을 환대하는 일에 대해 수신자를 칭찬한다(5-8절). 디오드레베에 의해 제기된 불쾌한 반대에 대한 단락을 끼워 넣은 후(9-10절), 요한은 긍정적 교훈으로 돌아서서 데메드리오라는 인물에 대해 칭찬한다(11-12절). 요한2서의 경우처럼, 요한3서는 곧 교회를 직접 방문하고 싶다는 장로의 명시적 소망에 대한 언급과 편지의 마지막 문안 인사로 종결한다.

요한2서의 구조

요한2서	내용
1-3절	편지 서두
4-11절	순회하는 거짓 선생들을 환대하지 말라는 경고
12-13절	마지막 인사("내가 너희에게 쓸 것이 많으나")

요한3서의 구조

요한3서	내용	도입문구
1절	편지 서두	
2-4절	잘되기를 바라는 소망과 칭찬	사랑하는 자여
5-8절	신실함에 대한 칭찬	사랑하는 자여
9-10절	군림하는 디오드레베에 대한 비난	내가 두어 자를 교회에 썼으나
11-12절	데메드리오에 대한 칭찬	사랑하는 자여
13-15설	끝인사	내가 네게 쓸 것이 많으나

3. 중심 메시지

요한2서의 중심 메시지는 신자들이 순회하는 거짓 선생들에게 환대를 베풀어 그들이 활동할 발판을 제공하지 말라는 데 있다. 그들은 분별력이 있어야 하며, 건전한 교리를 가르치고 교회의 지원을 받을 자격이 있는 그리스도의 종들만 지원해야 한다.

요한3서의 중심 메시지는 신자들이 신실하게 복음을 선포하는 그리스도의 참된 종들에게는 계속해서 환대를 베풀어야 한다는 데 있다. 이런 식으로 요한3서는 요한2서가 부정적인 측면에 대해 경고하는 것을 긍정적인 측면에서 격려하고 확언한다. 따라서 요한2서와 요한3서는 함께 통일된 메시지를 제시한다. 정통 선생들은 지원하고 이단 선생들은 피하라!

II. 본문 해설

1. 요한2서: 거짓 선생들이 활동할 기반을 제공하지 말라

1) 편지 서두(1-3절)

앞에서 언급했듯이 요한2서는 고대 서신의 표준적 형태를 따르고 간략한 편지 서두(1-3절), 주로 독자들에게 순회하는 거짓 선생들에게 환대를 베풀지 말라고 촉구하는 본론(4-11절), 그리고 끝 인사(12-13절)로 구성된다. "장로"(아마도 사도 요한)는 "택하심을 받은 부녀와 그의 자녀들"(아마도 모 교회와 몇몇 자녀 교회)에게 서신을 쓰고 있다.

가장 눈에 띄는 점은 요한이 이 서신의 시작 부분에서 "진리"라는 말을 반복해서 사용한다는 것이다(1절에서 두 번, 2절, 3절, 4절에서 각각 한 번). 이 점은 거짓 선생들에게 안전한 피난처가 제공되어서는 안 되고 신자들의 집이 그들의 이단 활동을 위한 발판이 되어서는 안 된다는 그의 우려를 예시한다.

이런 점에서 요한은 그가 서신을 쓰고 있는 교회를 "참으로 사랑하는 자"라고 고백한다. 요한뿐 아니라 "진리를 아는" 모든 자도 그들(요한과 독자들) 안에 거하며 영원히 그들과 함께할 "진리" 때문에 그 교회들을 사랑한다(1-2절).

아버지 하나님과 그의 아들 예수 그리스도 안에 있는 은혜와 긍휼과 평강에 대한 기원도 마찬가지로 "진리와 사랑"으로 확장된다(3절). 그다음 이 서신의 본론 첫 부분에서 요한은 이러한 신자들의 일부가 진리 안에서 살아가고 있다는 것을 알고 크게 기뻐한다(4절).

2) 서신의 본론(4-11절)

여기서 요한은 서신을 쓰고 있는 "부녀"(아마도 모[母] 교회)에게 실제로는 새 계명은 아니지만, 서로 사랑하라는 "새 계명"을 따라 살도록 요청한다(5절; 참조, 요일 2:7-8). 그는 곧 사랑은 죄에 대한 면허가 아니라 예수의 계명을 지키는 것과 불가분의 관계에 있음을 분명히 한다. 예수도 제자들에게 다음과 같이 말씀하셨다.

> 너희는 내가 명하는 대로 행하면 곧 나의 친구라(요 15:14).

> 내가 아버지의 계명을 지켜 그의 사랑 안에 거하는 것 같이 너희도 내 계명을 지키면 내 사랑 안에 거하리라(요 15:10).

이런 점에서 그리스도인의 삶은 "값싼 은혜"나 원하는 것은 무엇이든 할 수 있는 자유에 의존하는 것이 아니다. 그것은 궁극적으로 그리스도의 타인에 대한 이타적이고 희생적인 사랑에 기반을 둔, 더 높은 수준을 고수하는 삶이다. 이 "새 계명"은 결국 그리스도인이 지녀야 할 다른 모든 의무를 포괄하고 포함한다. 신자들은 이 계명을 "처음부터" 들었다. 이제 그들은 그 계명대로 살아야 한다(5-6절; 참조, 요일 1:1; 2:7, 13, 14, 24; 3:8, 11).

그렇긴 하지만, 요한은 이제 이 글을 쓰는 중요한 이유를 밝힌다. 즉 이 세상에 나타나서 "예수 그리스도께서 육체로 오심"(아마도 예수가 메시아요 하나님의 아들이라는 믿음의 약자; 요 20:30-31 참조)을 부인하는 많은 "미혹하는(속이는) 자들"(플라노이[planoi]) 때문이다. 예수 그리스도가 육체로 오심을 부인하는 것, 이것이 "미혹하는 자"(플라노스[planos])와 "적그리스도"(단수형)의 적대감의 본질이다.

요한1서에서 요한은 거짓 선생들의 이탈과 관련하여 적그리스도의 영의 활동에 대해 경고했다. 그들의 이탈 때문에 신자들이 흔들리고 혼란스러워했으므로 안심이 필요했던 것 같다(요일 2:18-27; 4:1-6 참조). 아마도 이러한 거짓 선생들은 요한이 이 서신을 쓴 교회에서 여전히 예수에 대한 신앙고백을 위협하고 있었던 것으로 보인다. 그래서 그는 이러한 거짓 선생들에 대한 경고를 여기서 다시 해야겠다고 느낀 것 같다.

특히, 이러한 신자들에 대해 요한이 우려하는 점은 그들이 그와 그의 동료 사도들이 그렇게 열심히 사역해서 맺었던 열매를 잃어버려 받아야 할 온전한 상(미스토스[*misthos*]; 요한복음과 요한 서신의 다른 곳에서는 단지 요 4:36에서만 나옴; 또 계 11:18; 22:12도 보라)을 놓칠까 하는 것이다. 예수는 그의 지상 사역 동안 그를 믿었던 것처럼 보였던 몇몇 사람에게 "**너희가 내 말에 거하면 참으로 내 제자가 되고**"라고 말씀하셨다(요 8:31). 슬프게도 그 사람들은 얼마 지나지 않아 그를 진정으로 따른 제자가 아니었음이 판명되었다.

이와 유사하게 여기서 요한은 "지나쳐(프로아고[*proagō*/앞서가서]) 그리스도의 교훈 안에 거하지 아니하는 자는 다 하나님을 모시지 못하되"라고 쓴다(9절). 이와 정반대로 그리스도의 교훈에 거하는 사람은 아버지와 아들을 모신다. 그러므로 요한은 독자들에게 그의 권면의 절정에 도달해서 누구든지 "이 교훈을 가지지 않고" 그들에게 나아오면 그를 그들의 집(오이키아[*oikia*])에 들이지도 말고 인사(카이레인[*chairein*])도 하지 말라고 촉구한다(10절). 왜냐하면, 그렇게 한다는 것은 그들이 악한 일에 참여하는(코이노네오[*koinōneō*]) 셈이기 때문이다(11절).

3) 끝 인사(12-13절)

요한은 그들을 곧 방문할 것이라는 예고와 문안 인사를 전하는 것으로 이 짤막한 서신을 종결한다. 이 방문을 통해 요한과 신자들은 서면보다 훨씬 더 낫게 대면하여(문자적으로는 "입 대 입으로") 말할 수 있을 것이다.

그는 "택하심을 받는 네 자매의 자녀들"의 문안 인사를 전하는데, 그들은 관련된 자녀 교회의 신자들을 의미한다.

2. 요한3서: 참된 선생들의 사역을 위한 기반을 계속해서 제공하라

1) 편지 서두(1-4절)

이 서신은 신약 정경에 포함되고 보존된 사도 요한의 세 번째 서신이자 마지막 서신이다. 요한2서와 마찬가지로 요한의 세 번째 서신의 발신자도 "장로"로 명시되는데, 아마도 이 서신을 기록할 당시 사도 요한의 고령의 나이를 가리키는 것으로 보인다.

회중 전체에게 보내진 요한2서와는 달리 요한3서는 가이오라는 특정한 개인에게 보내진다. 그에 대해서는 이 서신에서 알게 된 것 외에는 알려진 것이 없다. 요한2서와 유사하게 요한3서도 "참으로" 수신자 가이오를 사랑하는 장로에 대한 언급으로 시작한다(1절; 참조, 요이 1:1). 육체적, 영적으로 모두 강건하기를 비는 기원은 1세기의 표준적 서신 관례를 재현한다(2절).

요한은 다른 신자들이 그에게 와서 가이오의 신실한 사역에 대한 좋은 소식("네가 진리 안에서 행한다"라는 소식)을 전해 주었을 때 매우 기뻤다고 언급한다(3절). 요한이 4절에 덧붙인 설명("내가 내 자녀들이 진리 안에서 행한다 함을 듣는 것보다 더 기쁜 일이 없도다")은 가이오가 요한의 영적 "자녀"임을 암시하는 것 같다. 그것은 가이오가 요한의 사역을 통해 직접 개종했음을 의미하거나 요한이 그를 믿음의 아들로 입양했음을 의미할 수 있을 것이다.

2) 서신의 본론(5-12절)

2절(편지 서두)의 경우처럼, 5절(서신 본론의 시작)도 이 서신의 수신자 가이오를 가리키는 "사랑하는 자여"라는 말로 시작한다. 요한은 가이오가 그러한 신자들, 즉 나그네(크세노이 [xenoi]) 신자들을 위해 행한 일에 크게 칭찬한다. 그는 그들에게 사랑을 베풀었으며 "하나님께 합당하게" 그들을 전송했다(5-6절).

이러한 신자들(아마도 순회하는 복음 전파자들)은 "그 이름"(예수 그리스도에 대한 약칭)을 전하기 위해 나선 사람들이며 이방인들(즉, 불신자들)에게는 아무것도 받지 않았다(7절). 그러므로 그들은 충분히 교회의 지원을 받고 복음 사역의 동반자("진리를 위해 함께 일하는 자"[쉰에르고이/synergoi])로 대우할 만한 가치가 있다(8절).

이런 점에서 가이오는 그들이 낯선 나그네일지라도 환대를 베풀어 주어 복음을 전하는 사람들을 지원함으로써 올바르고 고귀한 일을 했다. 요한2서는 거짓 선생들이 신자들의 집을 사역의 발판으로 삼지 못하도록 하는 데 목적이 있지만, 요한3서는 어떤 특정한 인물(가이오)이 복음의 신실한 선생들의 사역을 지원한 일에 대해 칭찬하는 데 목적이 있다.

아마도 이전에 요한이 교회에 편지를 썼을 때, 디오드레베라는 다른 사람은 요한의 권위를 거부했던 것 같다. 왜냐하면, 요한은 그에 대해 "그들 중에서 으뜸되기를 좋아한다"(필로프로튜오[philoprōteuō]; 신약의 다른 곳에서는 나오지 않음)는 말로 표현하고 있기 때문이다. 그리스도의 길은 이와는 정반대로 자기 자신을 부인하고 나의 유익보다 다른 사람의 유익을 구하는 것이다(마 16:24; 막 8:34; 눅 9:23; 빌 2:3-4).

디오드레베라는 이 독재적이고 반항적인 인물은 요한과 그의 동료들을 악한 말로 비방했다("비방하다"로 번역된 헬라어 플뤼아레오[phlyareō]는 신약에서는 여기서만 나오는 단어이다; 관련된 형용사 플뤼아로스[phlyaros]는 딤전 5:13에서 "쓸데없는 말"[gossip]로 번역됨). 또 디오드레베는 요한의 의도와 동기에 대해 악의적인 험담을 퍼뜨릴 뿐만 아니라, 요한이 보낸 사람들을 환영하기를 거부하고 심지어 그렇게 하려는 교회의 다른 사람들을 막기도 한다. 심지어 그는 교회에서 그들을 쫓아내기까지 한다.

분명히 그는 꽤 반항적 태도를 지녔고 교회를 이끌기에 전적으로 부적합했다. 다른 교회의 장로들에게 말한 다음과 같은 베드로의 권면이 생각난다.

> 너희 중에 있는 하나님의 양 무리를 치되 억지로 하지 말고 하나님의 뜻을 따라 자원함으로 하며 더러운 이득을 위하여 하지 말고 기꺼이 하며 맡은 자들에게 주장하는 자세를 하지 말고 양 무리의 본이 되라(벧전 5:2-3).

요한은 새로운 단락으로의 전환을 나타내기 위해 세 번째로 "사랑하는 자여"라는 도입 문구를 사용한다. 이는 여기서도 가이오를 가리킨다(2, 5절 참조). 요한은 이 사랑하는 형제에게 악한 것을 본받지 말고 선한 것을 본받으라고 권고한다. 그는 "악을 행하는 자는 하나님을 뵈옵지 못하였다"라는 말을 덧붙인다. 아마도 이 말은 디오드레베의 잔인하고 혐오스러운 행동으로 판단할 때, 그가 심지어 그리스도인도 아니었을 가능성이 있다는 사실을 암시한다.

그러한 전체 상황 속에서 한 줄기 밝은 빛은 데메드리오라는 또 다른 인물이었던 것 같다. 그는 "장로"(요한)를 포함하여 모든 사람뿐 아니라 진리 자체로부터도 좋은 평가를 받고 있었다.

그의 복음서 결론을 반향하면서 요한은 "너는 우리의 증언이 참된 줄을 아느니라"라고 말한다(12절; 요 21:24 참조). 그렇기는 하지만 우리는 이러한 긍정적인 칭찬 외에는 데메드리오에 관해 거의 알지 못한다.

그는 이 서신의 전달자였을까?

3) 끝인사(13-15절)

끝인사는 요한2서의 끝인사를 상당 부분 연상시킨다. 요한은 가까운 장래에 그들을 개인적으로 방문하기를 희망하며 여러 친구(필로이[philoi])의 문안 인사를 전하고 친구들에게 "이름을 들어" 문안 인사를 보낸다. 이 모든 것은 초기 기독교 공동체에서 그리스도의 몸에 속한 동료 신자들 간의 밀접하고 친밀한 관계의 본질을 드러낸다.

§ 요한2서와 요한3서 주석

Akin, Daniel L. *1, 2, 3 John*. NAC 38. Nashville: Broadman & Holman, 2001.

Bray, Gerald, ed. *James, 1–2 Peter, 1–3 John*. ACCS 11. Downers Grove, IL: InterVarsity, 2000.

Brown, Raymond E. *The Epistles of John*. AB 30. Garden City, NJ: Doubleday, 1982.

Bruce, F. F. *The Epistles of John*. Grand Rapids: Eerdmans, 1979.

Bultmann, Rudolf. *The Johannine Epistles*. Hermeneia. Translated by R. P. O'Hara with Lane C. McGaughy and Robert Funk. Philadelphia: Fortress, 1973.

Burge, Gary M. *The Letters of John*. NIVAC. Grand Rapids: Zondervan, 1996.

Edwards, Ruth B. *The Johannine Epistles*. NTG. Sheffield: Sheffield Academic, 1996.

Jobes, Karen H. *1, 2, and 3 John*. ZECNT. Grand Rapids: Zondervan, 2014.

Kruse, Colin G. *The Letters of John*. PNTC. Grand Rapids: Eerdmans, 2000.

Lieu, Judith M. *I, II, III John: A Commentary*. NTL. Louisville: Westminster John Knox, 2008.

Marshall, I. Howard. *The Epistles of John*. NICNT. Grand Rapids: Eerdmans, 1978.

Painter, John. *1, 2, and 3 John*. SP 18. Collegeville, MN: Liturgical Press, 2002.

Parsenios, George L. *First, Second, and Third John*. Paideia. Grand Rapids: Baker Academic, 2014.

Schnackenburg, Rudolf. *The Johannine Epistles: A Commentary*. New York: Crossroad, 1992.

Schuchard, Bruce G. *1–3 John*. Concordia Commentary. St. Louis: Concordia, 2012.

Smalley, Stephen S. *1, 2, 3 John*. WBC 51. Waco: Word, 1984.

Stott, John R. W. *The Letters of John*. Rev. ed. TNTC. Grand Rapids: Eerdmans, 1988.

Strecker, Georg. *The Johannine Letters: A Commentary on 1, 2, and 3 John*. Hermeneia. Translated by Linda M. Maloney. Minneapolis: Fortress, 1996.

Thompson, Marianne M. *1–3 John*. IVPNTC. Downers Grove, IL: InterVarsity, 1992.

Van Neste, Ray. "1–3 John." In *ESV Expository Commentary*, vol. 12, *Hebrews–Revelation*, edited by Iain M. Duguid, James M. Hamilton Jr., and Jay Sklar, 411–99. Wheaton: Crossway, 2018.

Yarbrough, Robert W. *1–3 John*. BECNT. Grand Rapids: Baker Academic, 2008.

§ 요한2서와 요한3서 논문 및 단행본

Allman, James E. "First John 1:9: Confession as a Test, but of What?" *BSac* 172 (April–June 2015): 203–21.

Barrett, Matthew. "Does Regeneration Precede Faith in 1 John?" *MAJT* 23 (2012): 5–18.

Bass, Christopher D. *That You May Know: Assurance of Salvation in 1 John*. NACSBT. Nashville: B&H, 2008.

Beale, G. K. "The Old Testament Background of the 'Last Hour' in 1 John 2,18." *Bib* 92 (2011): 231–54.

Cantey, Daniel L. *1 John: On Docetism and Resurrection*. Eugene, OR: Wipf & Stock, 2017.

Carson, D. A. "1–3 John." In *Commentary on the New Testament Use of the Old Testament*, edited by G. K. Beale and D. A. Carson, 1063–68. Grand Rapids: Baker Academic, 2007.

Combs, William W. "The Meaning of Fellowship in 1 John." *DBSJ* 13 (2008): 3–16.

Dodd, C. H. "The First Epistle of John and the Fourth Gospel." *BJRL* 21 (1937): 129–56.

Griffith, Terry. *Keep Yourselves from Idols: A New Look at 1 John*. JSNTSup 233. London: Sheffield Academic, 2002.

_____. "A Non-Polemical Reading of 1 John: Sin, Christology and the Limits of Johannine Christianity." *TynBul* 49 (1998): 253–76.

Hill, Charles E. *The Johannine Corpus in the Early Church*. Oxford: Oxford University Press, 2004.

Jensen, Matthew D. *Affirming the Resurrection of the Incarnate Christ: A Reading of 1 John*. SNTSMS 153. Cambridge: Cambridge University Press, 2012.

_____. "'Jesus Is the Christ': A New Paradigm for Understanding 1 John." *RTR* 75 (2016): 1–20.

_____. "John Is No Exception: Identifying the Subject of εἰμί and Its Implications." *JBL* 135 (2016): 341–53.

_____. "The Structure and Argument of 1 John: A Survey of Proposals." *JSNT* 35 (2012): 54–73.

Kellum, L. Scott. "On the Semantic Structure of 1 John: A Modest Proposal." *FM* 23 (2008): 34–82.

Köstenberger, Andreas J. *A Theology of John's Gospel and Letters: The Word, the Christ, the Son of God*. BTNT. Grand Rapids: Zondervan, 2009.

Kruse, Colin G. "Sin and Perfection in 1 John." *FM* 23 (2005): 23–33.

Law, Robert. *The Tests of Life: A Study of the First Epistle of John*. 3rd ed. Grand Rapids: Baker, 1979. First published 1914 by T&T Clark (Edinburgh).

Lieu, Judith. "Us or You? Persuasion and Identity in 1 John." *JBL* 127 (2008): 805–19.

Longacre, Robert E. "Towards an Exegesis of 1 John Based on the Discourse Analysis of the Greek Text." In *Linguistics and New Testament Interpretation*, edited by D. A. Black, 271–86. Nashville: Broadman, 1992.

Merkle, Benjamin L. "What Is the Meaning of 'Idols' in 1 John 5:21?" *BSac* 169 (July–August 2012): 328–40.

O'Neill, J. C. *The Puzzle of 1 John: A New Examination of Origins*. London: SPCK, 1966.

Poythress, Vern S. "Testing for Johannine Authorship by Examining the Use of Conjunc-tions." *WTJ* 46 (1984): 350–69.

Streett, Daniel R. *They Went Out from Us: The Identity of the Opponents in First John.* BZNW 177. Berlin: de Gruyter, 2011.

Stubblefield, Benjamin S. Book review of *That You May Know: Assurance of Salvation in 1 John*, by Christopher D. Bass, *JETS* 53 (2010): 183–85.

Tan, Randall K. "Should We Pray for Straying Brethren? John's Confidence in 1 John 5:16–17." *JETS* 45 (2002): 599–609.

Thomas, John Christopher. "The Literary Structure of 1 John." *NovT* 40 (1998): 369–81.

von Wahlde, Urban C. *The Gospel and Letters of John.* 3 vols. Grand Rapids: Eerdmans, 2010.

제7장

유다서

I. 개론

1. 저자, 수신자, 저작 시기, 문학 장르

유다서는 거의 알려지지 않았으며 종종 소홀히 다루어지곤 한다. 어떤 사람은 유다서를 신약성경의 "의붓자식"(stepchild)이라 부른다. 유다서가 대부분 거짓 선생들에 대한 다소 통렬한 비난에 집중하고 있으므로, 그러한 소홀한 관심이 놀랄 일은 아니다.[1]

그런데도 유다서에는 또한 긍정적 특징들이 있는데, 가장 유명한 부분은 독자들에게 "성도에게 단번에 주신 믿음의 도를 위하여 힘써 싸우라"라고 권하는 첫 부분의 권면(3절)과 "능히 너희를 보호하사 거침이 없게 하시고 너희로 그 영광 앞에 흠이 없이 기쁨으로 서게 하실 이"로 시작하는 마지막 송영이다(24-25절).

좀 더 자세히 관찰해 보면, 주로 부정적 내용을 다루는 이 서신의 본론 부분에도 많은 흥미로운 특징과 배워야 할 교훈이 포함되어 있다. 그러므로 하나님께서 유다서를 성경에 포함하신 이유가 있음을 인정하고 그 서

---

[1] 하지만 최근에 유다서에 대한 관심이 점점 더 고조되고 있다는 점에 주목하라. Andreas J. Köstenberger, L. Scott Kellum, and Charles L. Quarles, *The Cradle, the Cross, the Crown: An Introduction to the New Testament*, 2nd ed. (Nashville: B&H Academic, 2016), 873n17에 인용된 문헌들을 보라.

신에 합당한 존중심을 지녀야 한다.

그렇긴 하지만 유다서가 신약성경에서 좀 더 "소수의 목소리"에 속한다는 데에는 거의 이견이 없다. 앞에서 논의한 다른 서신들의 저자들, 즉 야고보, 베드로, 요한과는 달리 유다는 초기 교회의 기둥과 같은 인물로 고려되지 않는다. 그의 형 야고보가 독자들이 같은 이름을 가진 몇몇 사람 중 누가 서신을 쓰는지 알 것을 기대하면서 그의 서신을 "하나님과 주 예수 그리스도의 종 야고보"라고 자신 있게 시작하는 데 반해, 유다는 온순하게 "예수 그리스도의 종이요 **야고보의 형제**인 유다"라고 자신을 소개한다(1:1).

이런 점에서 야고보의 형제로서 유다 또한, 예수의 이복동생(요셉과 마리아의 아들)이며 예수의 지상 가족에 속한다는 점을 알 수 있다. 이렇게 하여 그는 초기 교회의 시대에 예수의 가족에게 부여된 위상을 공유한다.[2]

유다가 언제 이 서신을 기록했는지 정확하게 알지 못한다. 대다수의 주석가들이 주장하듯이 베드로후서가 자신의 목적을 위해 유다서의 많은 부분을 개작했다면, 유다서는 베드로후서보다 먼저 기록된 것이 틀림없다.[3] 하지만 이 견해는 베드로후서가 AD 60년 중반에 기록되었을 가능성 외에 많은 것을 말해 주지 않는다.

이 외에도 유다서의 유대적 특성(유다는 구약뿐만 아니라 몇몇 위경 작품[pseudepigraphical writings; 즉 전통적으로 구약에 포함되지 않는 문헌들]에도 관심을 둠)을 고려할 때 그는 야고보와 훨씬 더 가깝다(앞에서 논의했듯이 야고보는 그의 서신을 매우 초기에 기록했고 초기 유대교 기독교의 모범이 됨). 이런 점에서 유다서는 가능성은 작지만, AD 50년대의 어느 시점에 기록되었을 수도 있는데, 이 시기라면 베드로가 유다서의 존재를 인식하고 그의 두 번째 서

---

2   Richard J. Bauckham, *Jude and the Relatives of Jesus in the Early Church* (Edinburgh: T&T Clark, 1990),
3   베드로후서의 유다서 사용에 관해서는 Terrance Callan, "Use of the Letter of Jude by the Second Letter of Peter," *Bib* 85 (2004): 42-64; Lauri Thurén, "The Relationship between 2 Peter and Jude: A Classical Problem Resolved," in *The Catholic Epistles and the Tradition*, ed. Jacques Schlosser, BETL 176 (Leuven: Peeters, 2004), 451-60을 보라.

신에 그 일부를 수정하여 기록하기에 충분한 시간이 허락되었을 것이다.⁴

이 서신의 출처와 목적지를 알 수 없다. 유다가 이 서신을 어디에서 기록했는지 또 그의 수신자가 누구인지 알지 못한다.

첫째, 우리가 아는 것은 유다가 편지 첫 부분에 그가 쓴 서신이 본래 의도한 서신이 아님을 솔직하게 인정한다는 점이다. 그의 원래 목적은 그와 그들이 공통으로 가지고 있는 구원에 관해 그들에게 쓰는 것이었지만, 그는 "성도에게 단번에 주신 믿음의 도를 위하여 힘써 싸우라는 편지로 너희를 권하여야 할 필요"가 있음을 알게 되었다(3절).

둘째, 우리는 또한 유다가 밝히려고 하는 거짓 선생들에 관해 꽤 많이 안다는 점이다. 우리는 이 사람들이 회중 속으로 "가만히 들어왔다"(몰래 숨어들어 왔다)라는 것을 안다(4절). 유다는 그들을 "기탄없이 너희와 함께 먹으니 너희의 애찬에 암초"라고 부른다. 이는 그들이 신자들의 모임 중에 가졌던 교회 공동체 만찬에 참여했음을 가리킨다.

우리는 또한 그들의 주요 오류가 "우리 하나님의 은혜를 도리어 방탕한 것으로 바꾼" 것이었음을 안다(4절). 즉, 그들은 부도덕한 삶의 방식에 빠지기 위해 하나님의 은혜를 들먹였다. 특히 그들은 소돔과 고모라가 축제 때 행했던 것처럼 아마도 동성애 행위를 포함한 성적 부도덕에 빠졌던 것 같다(7절).

유다가 이러한 거짓 선생들을 묘사하기 위해 자주 사용하는 표현은 "경건하지 아니한 자"이다(4절). 아마도 이것이 그가 짧은 한 구절 안에 경건하지 않은 것에 대한 네 개의 언급이 포함된 에녹서를 인용한 이유일 것이다.

> 이는 뭇 사람을 심판하사 모든 경건하지 않은 자가 경건하지 않게 행한 모든 경건하지 않은 일과 또 경건하지 않은 죄인들이 주를 거슬러 한 모든 완악한 말로 말미암아 그들을 정죄하려 하심이라 하였느니라(유 1:15).

---

4 예를 들어, Richard Bauckham, *Jude, 2 Peter*, WBC 50 (Waco: Word, 1983), 13이 그렇게.

우리는 또한 이 거짓 선생들이 "성령이 없는 자"라는 점도 안다(19절). 자신을 기독교인이라 부르면서 동성애 행위를 저지른다고 상상해 보라. 유다에 따르면, 그러한 일을 저지르는 사람은 하나님의 준엄한 심판을 피할 수 없다.

2. 구조

유다는 그의 서신을 "발신자가 수신자에게 인사를"이라는 표준적인 편지 서두 형태로 시작한다. 유다서의 경우는 "유다는 … 부르심을 받은 자 곧 하나님 아버지 안에서 사랑을 얻고 예수 그리스도를 위하여 지키심을 받은 자들에게…긍휼과 평강과 사랑이…"로 표현된다(1-2절). 이 서신의 시작 부분(3-4절)과 종결 부분(20절) 모두 독자들을 "사랑하는 자들아"(아가페토이[agapētoi])라고 부른다. 앞에서 이미 살펴보았듯이, 이러한 호칭은 야고보, 베드로, 요한이 기록한 서신에서도 반복적으로 나타났다.

이 서신의 본론은 5절부터 19절까지 이어지며 많은 학자가 유대인의 "미드라쉬"(midrash) 또는 "페세르"(pesher)라고 부르는 형태로 진행된다. 그것은 히브리어 성경과 제2성전 시대의 유대교 문헌에서 끌어온 주제적으로 적절한 여러 구절을 활용한 주석방식을 말한다.[5]

유다서의 본문에 나타난 이러한 미드라쉬의 요소(midrashic elements)는 다음과 같다.

---

[5] E. Earle Ellis, "Prophecy and Hermeneutic in Jude," in *Prophecy and Hermeneutic in Early Christianity: New Testament Essays*, WUNT 1/18 (Tübingen: Mohr Siebeck, 1978), 221-36을 보라. 그는 자료와 주석의 형태로 구성된 그의 수사학적 전략의 중심으로서 예언 유형의 사용을 포함하는 유다서의 미드라쉬 방식에 주목한다. 또한 Bauckham, *Jude and the Relatives od Jesus*, 233도 보라. 그는 유다서의 주석방식을 사해 두루마리에 현존하는 쿰란 공동체의 주석방식에 비유한다.

유다서	출처	유다서	미드라쉬
5-7절	히브리 성경	8-10절	이 사람들도 그와 같이
11절	히브리 성경	12-13절	이 사람들은(개역개정에는 "그들은"으로 번역)
14-15절	에녹1서	16절	이 사람들은
17-18절	사도적 예언	19절	이 사람들은

유다가 미드라쉬를 사용할 때의 주요 기본 전제는 범죄가 같고 그에 따른 심판이 같다는 점에 있다. 즉 AD 1세기의 거짓 선생들이 저지른 종류의 죄를 지은 구약 시대의 사람들을 볼 때 그러한 죄에 대해 하나님이 어떤 심판을 내리셨는지를 본다.

예를 들어, 소돔과 고모라가 동성애 행위에 빠졌는데, 두 지역 모두 하나님에 의해 완전히 파괴되었다(7절). 고라와 그를 따르는 자들이 반역하였을 때 땅이 그들을 산 채로 삼켜 버렸다(11절).

유다의 논지는 분명하다. 구약 시대의 성적 부도덕과 끔찍한 반역에 빠진 사람들이 하나님의 엄중한 심판을 받은 것처럼, 마찬가지로 성적으로 부도덕하고 반역하는 거짓 선생들도 그에 상응하는 하나님의 심판을 받을 것이다.

성경의 권위를 믿는 사람에게(심지어 그렇지 않은 사람에게도) 그러한 논지는 상당한 효력과 수사학적 설득력이 있었을 것이다.

특히, 유다서는 아마도 전체적으로 교차 대구 구조(chiasm), 즉 ABCD-D′C′B′A′ 형태로 구성된 것으로 보인다.[6]

A 인사말(1-2절)
  B 경위(3-4절)
    C 기억하기(5-7절)

---

[6] Köstenberger, Kellum, and Quarles, *The Cradle, the Cross, the Crown*, 884를 수정. 약간 다른 교차 대구 구조 방식에 대해서는 Bauckham, *Jude, 2 Peter*, 5-6을 보라. 또 J. T. Dennison, "The Structure of the Epistle of Jude," *Kerux* 29 (2014): 3-7도 보라.

　　　　D 이단자들(8-13절)
　　　　D' 에녹1서의 인용(14-16절)
　　　C' 기억하기(17-19절)
　　B' 권면(20-23절)
　A' 영광송(24-25절)

3. 중심 메시지

　유다서의 중심 메시지는 거짓 선생들이 엄중하게 처벌될 것이라는 점에 있다. 하나님의 사람들은 그러한 거짓 선생들을 경계하고 소환해야 한다. 그들은 거짓된 가르침뿐만 아니라 (거짓된) 기독교 고백과 일치하지 않는 삶의 방식으로도 알려지게 될 것이다.
　하나님의 사람들이여, 거짓 선생들을 조심하시오!
　거짓 선생들이여, 하나님의 심판을 조심하시오!
　더욱이 유다는 거짓 선생들에 대해서는 거의 희망을 걸지 않지만, 신자들이 "의심하는 자들을 긍휼히 여기고 또 어떤 자를 불에서 끌어내어 구원해야" 한다는 그의 종결 권면에서 분명해지듯이(22-23절), 그러한 거짓 선생들의 희생자들에 대해서는 큰 연민과 배려, 그리고 관심을 지니고 있다.

II. 본문 해설

1. 편지 서두(1:1-2)

　저자는 두 가지 방식으로 자신의 신원을 밝힌다. 하나는 "예수 그리스도의 종"(둘로스[doulos])이고 다른 하나는 "야고보의 형제"이다(1절). 비록 그의 형제보다 덜 알려진 유다는 자신을 야고보와 연결하지만, 그리스도의 종으로서의 정체성이 일차적이다.

"야고보"와 "유다"(Judas 또는 Jude)는 모두 1세기 팔레스타인에서는 흔한 이름이었다. 예수의 열두 사도 가운데 두 사람이 "야고보"(또는 "야곱")라는 이름을 지녔고 두 사람이 "유다"라는 이름을 지녔다.[7] 예수와 초기 교회 시대에 특별히 눈에 띈 야고보라는 이름의 남자들이 몇 명 더 있었다.

여기에 언급된 두 인물이 신약성경에서 "야고보, 요셉, 시몬, 유다"(마 13:55)로 밝히고 있는 예수의 네 형제 중 두 사람이라는 것은 거의 의심할 여지가 없다. 마태복음의 본문에서 형제들이 맏이부터 막내 순으로 나열되었을 가능성이 있다. 그렇다면 야고보는 장남이었을 것이고(물론 예수는 제외하고) 유다는 막내였을 것이다. 유다는 신약의 서신이든 사도행전이든 신약의 다른 곳에서는 언급되지 않는다. 그러나 이 서신이 보여 주듯이 그는 초기 기독교 공동체에서 적극적으로 활동했던 인물 중 하나였다.

특색 있는 삼중 방식으로 유다는 이 서신의 수신자들에 관해 말한다(1절).

(1) 부르심을 받은 자들
(2) 하나님 아버지 안에서 사랑을 얻은 자들
(3) 예수 그리스도를 위하여 지키심을 받은 자

헬라어 본문에서 수신자는 문자적으로는 "부르심을 받은 자들, 즉 하나님 아버지 안에서 사랑을 받고 예수 그리스도 안에서 지키심을 받는 자들에게"로 표현되어 있다. 다시 말해서, 유다는 신자들이 부르심을 받았고(아마 하나님에 의해), 부르심을 받은 자로서 하나님 안에서(또 하나님에 의해) 사랑을 받고 있으며, 예수 그리스도 안에서(또는 예수 그리스도에 의해서나 예수 그리스도를 위해) 지키심을 받고 있다는 대단히 중요한 점을 지적한다.

---

[7] 이들은 세베대의 아들 야고보(요한의 형제), 알패오의 아들 야고보, 야고보의 아들 유다, 가룟 유다였다. 마 10:2-4; 막 3:16-19; 눅 6:14-16; 행 1:13을 보라.

곧 명백해지겠지만 거짓 선생들과 마주하게 될 이 신자들이 서신의 시작 부분에서 부르심을 받았고, 하나님에 의해 사랑을 받으며, 예수 그리스도에 의해 또는 예수 그리스도를 위해 지키심을 받고 있다는 확신을 가지는 일은 매우 큰 격려가 될 것이다.

각각의 경우 하나님이 주체가 되신다. 하나님이 그러한 신자들을 부르셨고, 하나님이 그들을 사랑하시고, 하나님(또는 예수 그리스도)이 자기 자신과 저 마지막 날을 위해 그들을 지켜 주신다. 신자들은 부르심을 받았을 뿐만 아니다. 그들은 또한 전능하시고 영원하신 주권자 하나님의 사랑을 받으며 보호하심도 받는다(25절 참조).

"긍휼과 평강과 사랑이 너희에게 더욱 많을지어다"라는 편지 서두의 인사말은 "긍휼"(mercy/자비)에 대한 기원으로 시작한다. 더 자주 사용되는 인사말은 헬라어 카리스(*charis*)와 히브리어 샬롬(*shalom*)을 결합한 "은혜와 평강"이므로, 그 긍휼은 표준적 인사말을 상당히 개작하거나 변경시킨 것일 수 있다. 이 점은 긍휼의 주제가 영적 보호(24절)와 함께, 여러 구절(21, 22, 23절)에서 세 번이나 언급하는 종결 부분의 주요한 특징이 된다는 사실로 확인된다.

2. 경위(3-4절)

편지 서두에서 수신자들을 "하나님 아버지 안에서 사랑을 얻은" 자들로 지칭한 것과 관련하여(1절) 유다는 그들을 "사랑하는 자들아"라고 부른다(3절). 흥미로운 점은 서신의 시작 부분에서 유다가 이 서신의 기록 목적에 대한 계획을 변경했음을 암시하고 있다는 점이다.

그의 처음 기록 목적은 긍정적인 것(즉, 그의 독자들에게 "일반으로 받은 구원"[common salvation]에 대해 격려하려는 목적)이었지만, 거짓 선생들의 위협 때문에(4절 참조) 성도들에게 "단번에 주신 믿음의 도리를 위해 힘써 싸우라"(에파고니조마이 [*epagōnizomai*])고 권면하는 (파라칼레오 [*parakaleō*]) 서신을 쓰는 것이 더 시급하다고 판단했다(3절).

그 결과 이 서신의 마지막 몇 구절은 긍정적이고 건설적인 내용이지만 (17-25절), 서신 대부분은 거짓 선생들을 폭로하고 비난하는 내용에 할애된다(5-16절; 앞의 개론 부분을 보라). 유다는 곧 계획 변경에 대한 이유를 상세하게 설명한다. 즉 몇몇 사람이 아마도 "눈에 띄지 않게"(즉, 남몰래) "가만히 들어와"(파레이스뒤노[pareidy[n]ō]) 회중을 뒤엎어 놓았기 때문이었다.

첫째, 유다는 이 사람들이 "옛적부터 이 판결을 받기로 지정된(프로그라포[prograpō]; 문자적으로는 '미리 기록된') 자들"이라고 진술한다. 다시 말해서 수신자들이 하나님에 의해 부르심을 받은 것처럼(1절), 이러한 거짓 선생들은 최종 심판을 받도록 지정되어 있다는 것이다.

둘째, 그들은 "경건하지 않은 사람들"(아세베스[asebēs], 유다가 거짓 선생들을 가리키기 위해 자주 사용하는 단어로 에녹1서의 인용에도, 14-15절, 18절의 사도적 예언의 인용에도 사용됨)인데, 그들은 "우리 하나님[8]의 은혜를 도리어 방탕한 것으로 바꾸고(문자적으로 "바꾸다"의 의미) 홀로 하나이신 주재 곧 우리 주 예수 그리스도를 부인하는" 자들이다(4절). 이런 점에서 이러한 사람들은 하나님의 은혜(그리스도 안에 있는 그의 놀라운 구원의 선물)를 자신들의 쾌락을 위한 삶으로 바꾸는 불경건한 교환에 참여했다.

"방탕한 것"(sensuality)으로 번역된 헬라어 아셀게이아([aselgeia])라는 용어는 식욕의 형태든 성적 부도덕의 형태든 사람의 육체적 욕구를 억제하지 못하는 상태를 의미한다(고후 12:21; 갈 5:19; 엡 4:19; 아마도 벧후 2:7에서 차용; 앞의 베드로후서에 대한 논의를 보라). 그들은 하나님은 은혜로우신 분이기 때문에 원하는 대로 마음대로 할 자유가 있다고 주장하면서 "값싼 은혜"(cheap grace)의 형태를 가르치고 실천했다. 그러나 그것은 은혜의 참된 의미를 완전히 왜곡하는 처사였다. 바울은 로마서 6:15-16에서 다음과 같이 썼다.

---

8   "우리 하나님"이란 표현은 그분이 유다와 그의 독자들의 하나님이시지만, 거짓 선생들의 하나님은 아니심을 암시한다.

> 그런즉 어찌하리요 우리가 법 아래에 있지 아니하고 은혜 아래에 있으니 죄를 지으리요 그럴 수 없느니라 너희 자신을 종으로 내주어 누구에게 순종하든지 그 순종함을 받는 자의 종이 되는 줄을 너희가 알지 못하느냐 혹은 죄의 종으로 사망에 이르고 혹은 순종의 종으로 의에 이르느니라(롬 6:15-16).

유다가 참담하게 관찰한 바와 같이, 거짓 선생들의 이러한 불경건한 교환은 "홀로 하나이신 주재 곧 우리 주 예수 그리스도"를 부인하는 처사였다.[9] 이와 유사하게 요한은 그의 첫 번째 서신에서 거짓 선생들의 위협에 대해 그리스도 안에서 한 사람의 정체성에 대한 진정한 검증은 한 사람의 실제적 도덕적 생활방식에 달려 있다고 지적한 바 있다(예를 들면, 요일 1:5-10 참조).

다른 신약성경 저자들과 함께 유다 역시 은혜는 결코 하나님의 의로운 요구와 기대를 제쳐 두는 것이 아님을 지적할 때, 그는 구약의 율법은 선하지만, 문제는 율법 자체에 있는 것이 아니라 죄의 본성 때문에 율법을 지킬 수 없는 사람들의 무능력에 있다는 이해를 바탕으로 한다.

그러므로 그리스도가 오셔서 우리의 죄를 짊어지심으로 우리 죄에 대한 정당한 값을 지불하셨을 때, 그는 죄의 권세로부터 우리를 해방하시고 하나님의 은혜 영역으로 옮겨 주셨다. 그 결과 이제 우리는 성령의 능력으로 의롭게 살 수 있게 된 것이지 죄를 지어도 처벌이나 어떤 부정적 결과가 없는 존재가 된 것은 아니다.

참된 신자들은 이 점을 이해하고 성령 안에서 거룩하고 하나님이 기뻐하시는 삶을 살기를 원한다. 그러나 유다의 적대자들과 같은 거듭나지 못한 불신실한 기회주의자들은 은혜에 대한 성경의 가르침을 단지 죄를 짓는 구실로만 사용할 뿐, 자기들의 케이크를 가지고 그것을 먹으려고 애쓴다.

다시 말해 그들은 은혜로 구원받은 그리스도인이라고 주장하면서도 성적 부도덕을 일삼는다. 유다가 올바르게 지적하듯이, 그러한 사람들의 장

---

9 "(우리의) 주재와 주"(Master and Lord) 둘 다 예수 그리스도를 가리키는 그랜빌 샤프의 법칙(Granville Sharp rule)의 한 사례. 다시 한번 유다와 그의 독자들을 포함하지만, 거짓 선생들은 배제하는 인칭대명사 "우리"에 유의하라.

차 심판은 확실하다. 왜냐하면, 그들의 행동은 하나님의 은혜와 그리스도의 희생을 조롱거리로 만들기 때문이다.[10]

3. 기억하기(5-7절)

이어서 유다는 독자들에게 성경에 기록된 세 가지 하나님의 심판 사례를 상기시킨다.

(1) 출애굽 시기 이스라엘의 광야 세대(불신앙; 5절)
(2) 타락한 천사들(권위에 대한 반역; 6절)
(3) 소돔과 고모라(성적 부도덕과 "비정상적인 욕망"; 7절; 창 19장; 롬 1:26-27 참조).[11]

이러한 경우에 대한 심판은 각각 이것이다.

(1) 멸망
(2) 영원한 결박
(3) 영원한 불의 형벌(여기서 단순히 문자적이고 물질적인 불이 아니라 영원히 지속하는 불의 형벌에 관해 유다가 말하고 있음을 주목하라)

---

10 Robert L. Webb, "The Eschatology of the Epistle of Jude and Its Rhetorical and Social Functions," *BBR* 6 (1996): 139-51을 보라. 그는 유다서의 종말론이 과거, 현재, 미래의 심판을 강조하며, 유다의 종말 강조에 대한 수사학적이고 사회적인 기능은 그의 독자들에게 그들이 심판을 받지 않을 것이라는 점을 확신시키고 그들이 거짓 선생들을 심판하고 그들로부터 분리되도록 설득하는 것이라고 제안하는 것임을 주장한다.

11 유다서의 삼중 구조(triplets) 사용에 관해서는 J. Daryl Charles, "'Those' and 'These': The Use of the Old Testament on the Epistle of Jude," *JSNT* 38 (1990): 109-24를 보라.

앞의 개론 부분에서 언급한 바와 같이, 여기서 유다는 죄를 짓고 그 결과로 하나님의 심판을 받았던 구약성경 인물들의 사례들을 든 다음, 그와 유사한 죄를 저지르고 따라서 그와 유사한 심판을 받을 거짓 선생들에게 적용하는 주석("미드라쉬") 형태를 사용하여 서술한다.

유다서 1:5-7에 나타난 죄와 심판에 관한 구약성경의 사례

유다서	구약성경의 사례	죄	처벌
5절	이스라엘의 광야 세대	불신앙	멸망
6절	타락한 천사들	반역	영원한 결박
7절	소돔과 고모라	성적 부도덕	영원한 불의 형벌

4. 이단자들(8-13절)

이러한 구약성경의 사례와 거짓 선생들 사이의 유사점은 "마찬가지로 이 사람들도"(앞의 개론 부분에 있는 "구조" 항목을 보라. 개역개정에는 "이 사람들도 그와 같이"로 번역됨-역자주)라는 8절의 도입 문구에 의해 강조된다. 우리는 여기서 유다의 진술을 통해 이단자들이 꿈을 통해 특별한 지식을 얻었다고 주장한 것으로 추론할 수 있다. 그들은 부도덕한 행위에 참여했고 권위를 업신여긴 것뿐만이 아니었다(앞의 4절 참조). 그들은 아마 천사들도 모욕한 것 같다.

여기서 유다는 『모세 승천기』(The Assumption of Moses)라 불리는 위경 작품의 지금은 잃어버린 구절에서 끌어온 한 이야기를 인용한다. 그 내용에 따르면, 천사장 미가엘이 모세의 시신에 대하여 사탄과 논쟁을 벌인다.[12] 이 이야기의 배경으로 구약성경은 모세의 매장지가 어딘지 알려지지 않다고

---

12 미카엘은 성경의 다른 곳에서 하나님의 군대를 이끌고 사탄과 그의 세력에 대항하는 것으로 묘사된다(단 10:21; 12:1; 계 12:7; 참조, 단 10:13). 유다서 1:9에 언급된 "주께서 너를 꾸짖으신다"라는 문구는 스가랴 3:2을 반향하는데, 거기서 하나님은 대제사장 여호수아를 고발했던 사탄을 책망하신다.

지적한다(신 34:5-6). 신약성경의 복음서는 예수가 영광스러운 모습으로 변모하셨을 때 모세가 엘리야와 더불어 예수와 함께 나타난 것을 보여 준다(마 17:1-8; 막 9:2-8; 눅 9:28-36).

일부 외경 문학의 가정은 아마도 모세가 나중에 엘리야와 유사하게 육체적 형태로 나타날 수 있다면 결코 죽지 않았다는 것이었다. 즉, 유다의 주된 요점은 미가엘이 옳았지만, 천사장인 그조차도 마귀를 책망하지 않고(사탄이 타락한 천사임에도 불구하고) 오히려 주님께서 그렇게 하시도록 내버려 두었다는 것이다(9절; 슥 3:1-2 참조).

그에 반해서 이러한 거짓 선생들은 천상의 존재(angelic creatures)를 모독했을 뿐만 아니라 다음과 같은 세 가지 범죄도 저질렀다(11절).

(1) "가인의 길"을 걸었다(형제 아벨를 살해한 자; 창 4장).
(2) "발람의 그릇된 길"을 따라 이기적인 욕심 추구했다(민 22-24장; 계 2:14 참조).
(3) 고라와 동료들의 반역을 따르다가 멸망을 받았다(민 16장).

5-7절에 언급된 세 가지 사례의 경우처럼, 유다는 구약성경의 사례로부터 죄와 심판의 유형론(typology)을 세우고 그것을 "비슷한 범죄, 비슷한 처벌"이라는 격언을 따라 거짓 선생들에게 적용한다.[13]

유다서 1:11에 나타난 죄와 심판에 관한 구약성경의 사례

유다서	구약성경의 사례	죄	처벌
11절	가인	형제 살해	헛된 노동; 도망자와 방랑자 신세
11절	발람	탐욕, 배반	나귀에게 책망 받음
11절	고라	반역의 우두머리	땅이 그들을 산 채로 삼켜버림

---

13 Bauckham, *Jude, 2 Peter*, 5 참조. 그는 유다가 성경을 예언뿐만 아니라 유형론으로도 마지막 날에 적용한다고 언급한다.

그다음에 유다는 직접 거짓 선생들을 향해 비난하기 시작한다. 그는 그들을 "기탄없이 너희와 함께 먹으니 너희의 애찬에 (숨겨진) 암초"라고 부른다(12절). 이 말은 다소 으스스하게도 그들이 교회 예배 후에 아가페 (*agapē*) 만찬이나 "애찬"(love feasts) 또는 공동 식사에 참석했다는 것을 암시한다. 그들은 뻔뻔스럽게도 숨겨진 빙산이 대형 여객선을 침몰하게 하는 것처럼 일부 사람의 믿음을 무너뜨리겠다고 위협했다.

여기서 유다는 이단자들을 향해 "자기 몸만 기르는 목자요 바람에 불려 가는 물 없는 구름이요 죽고 또 죽어 뿌리까지 뽑힌 열매 없는 가을 나무요 자기 수치의 거품을 뿜는 바다의 거친 물결이요 영원히 예비 된 캄캄한 흑암으로 돌아갈 유리하는 별들"이라고 부르면서 그들의 기를 꺾는 일련의 독설을 퍼붓는다(12-13절).[14] 적대자들은 이기적이고 영적인 열매를 맺지 못했으며, 약속은 했지만 이행하지 못했고, 중생하지 못했으며 수치심에 가득 차 있었고, 심판받을 운명에 처했다.

5. 에녹과 사도들의 예언(14-19절)

유다는 거짓 선생들에 대한 비난을 에녹1서의 예언(14-16절; 참조, 에녹1서 1:9, 전체 서신의 절정)과 사도들에 의한 또 하나의 예언(17-18절; 아마 유다서에 의존하고 있는 벧후 3:2-3에 언급됨; 앞의 논의를 보라)으로 뒷받침한다.[15]

---

14 그 배경에 대해서는 Matthew S. Harmon, "Jude," in *ESV Expository Commentary*, vol. 12. *Hebrews-Revelation*, ed. Iain M. Duguid, James M. Hamilton Jr., and Jay Sklar (Wheaton: Crossway, 2018), 515-16을 보라.

15 유다서의 위경 자료 사용에 관해서는 J. Daryl Charles, "Jude's Use of Pseudepigraphical Source-Material as Part of a Literary Strategy," *NTS* 37 (1991): 130-45를 보라. 유다서의 에녹1서 사용에 관해서는 특히 Matthew Black, "The Maranatha Invocation and Jude 14, 15 (1 Enoch 1:9)", in *Christ and Spirit in the New Testament: Fs. C. F. D. Moule*, ed. Barnabas Lindars and Stephen S. Smalley (Cambridge: Cambridge University Press, 1973), 189-96; Gene L. Green, *Jude and 2 Peter*, BECNT (Grand Rapids: Baker Academic, 2008), 26-33, 101-8; Carrol D. Osburn, "The Christological Use of 1 Enoch 1:9 in Jude 14, 15," *NTS* 23 (1976-77): 334-41을 보라.

앞에서 언급한 『모세 승천기』(9절)와 마찬가지로 에녹1서는 구약성경 일부가 아니라 "아담의 칠대 손" 에녹이라는 신비한 인물을 둘러싼 위경 문헌에 속한다. 이 책은 유다가 불경건한 거짓 선생들에 대한 심판이 예언되었고 곧 일어날 것이라는 요점을 설득하기 위해 선택하여 관련 구절을 인용했을 정도로 수신자들 사이에서는 매우 높은 명망을 지녔던 것처럼 보인다(오늘날 누군가 루이스[C. S. Lewis]를 인용하듯이).

에녹1서의 예언은 거짓 선생들의 불경건한 행위에 대한 하나님 심판의 확실성에 초점이 있지만, 뒤따르는 사도적 예언은 마지막 때에 자기의 "경건하지 않은 정욕"대로 행할 거짓 선생들이 나타날 것이라는 예언에 초점을 둔다(18절).

6. 권면(20-23절)

거짓 선생들과는 대조적으로("그러나 너희는", 20절), 유다는 독자들에게 말한다.

(1) 그들의 "지극히 거룩한 믿음"(그들이 힘써 싸워야 할 바로 그 믿음[3절 참조]) 위에 자신을 세우라(에포이코도메오[*epoikodomeō*]).
(2) 성령으로 기도하라.
(3) 그리스도의 긍휼을 기다림으로써(2절 참조) 하나님의 사랑 안에서 자신을 지키라(21절, 주요 명령; 2절 참조).

그들은 하나님의 긍휼이 **그들에게** 제공되기를 **기다려야** 할 뿐만 아니라, 그들은 예수의 복 선언("긍휼히 여기는 자는 복이 있나니 그들이 긍휼히 여김을 받을 것임이요"[마 5:7])에 따라 회중의 의심하는 자들에게 긍휼을 **베풀어야** 한다.[16]

16　Darian Lockett, "Objects of Mercy in Jude: The Prophetic Background of Jude 22-23,"

독자들은 일부 사람에게 긍휼을 베푸는 차원을 넘어 다른 이들을 "불에서"(아마도 지옥, 즉 구원받지 못한 채로 있는 경우 그들의 영원한 운명을 상징; 21절의 "영생"과 대조) 끌어내어(하르파조[*harpazō*]) 구원해야 한다. "끌어내다"(snatch)로 번역한 헬라어 하르파조(snatch)는 신약의 많은 경우에서 한 사람을 데려가거나 붙잡아 (때로는 초자연적으로) 다른 장소로 옮긴다는 의미로 사용된다(요 6:15; 10:12, 28, 29; 행 8:39; 23:10; 고후 12:2, 4; 계 12:5).

이러한 극적 구조 작업이 필요한 이유는 거짓 선생들은 회중의 "애찬에 (숨겨진) 암초"이며(12절 참조) 그들이 사람들을 "지극히 거룩한 믿음"에서 벗어나게 하여 "값싼 은혜"와 부도덕한 행위(4절 참조)로 끌어내리려고 적극적으로 애쓰고 있기 때문이다. 하지만 유다는 신자들이 의심하는 사람들에게 긍휼을 베풀 때는 "육체로 더럽힌 옷까지도 미워하며" 거룩한 두려움으로 그렇게 해야 한다고 덧붙인다(23절).

불타고 있는 건물 안으로 들어가 불길 속에서 사람을 구조할 동안, 신자들은 불 속에서 그들 자신이 멸망하지 않도록 조심해야 한다. 그들은 죽어가는 사람들을 구출하고 방종과 죄의 도구조차도 피할 수 있을 만큼 강해야 한다. 그렇지 않으면 그들은 그 과정에서 자기 자신을 더럽히게 될 것이다.

똑같은 원칙이 오늘날 부도덕한 삶의 방식이나 어떤 다른 성도착증(perversion)이나 속박(bondage)에 빠진 사람을 구원하고자 하는 사람들에게도 적용된다. 물에 빠진 사람을 구할 때, 그들이 당신을 끌어내리는 것이 아니라 당신이 그들을 안전하게 끌어당기고 있는지 확실히 해야 한다. 여기서 유다의 표상은 매우 흥미로운데, 그가 복음 전도를 곧 멸망할 불타는 건물에서 사람을 구출하는 것에 비유하기 때문이다. 이 일은 절박감과 경각심, 그리고 용기를 요구한다.

CBQ 77 (2015): 322-36을 보라.

7. 영광송(24-25절)

유다는 그의 서신을 전체 신약성경에서 가장 훌륭한 영광송(doxology)의 사례 중 하나로 종결한다.

> 능히 너희를 보호하사 거침이 없게 하시고(넘어지지 않게 하시고) 너희로 그 영광 앞에 흠이 없이 기쁨으로 서게 하실 이 곧 우리 구주 홀로 하나이신 하나님께 우리 주 예수 그리스도로 말미암아 영광과 위엄과 권력과 권세가 영원 전부터 이제와 영원토록 있을지어다 아멘(유 1:24-25).

다시 한번 유다는 적절하게 하나님께 스포트라이트를 비추는데, 하나님은 능히 유다의 독자들이 넘어지지 않도록 지켜 주실 수 있으시고 마지막 날에 그분 앞에 흠이 없이 서게 하실 수 있는 분이시다. 그분은 "우리 주 예수 그리스도로 말미암아" "우리 구주(구원자)"가 되신 "오직 한 분이신 하나님"이시기에 그분께만 "영광과 위엄과 권력(주권)과 권세"가 영원토록 있을지어다 아멘.

§ 유다서 주석

Bauckham, Richard J. *Jude, 2 Peter*. WBC 50. Waco: Word, 1983.
Charles, J. Daryl. *1-2 Peter, Jude*. BCBC. Scottdale, PA: Herald, 1999.
Davids, Peter H. *The Letters of 2 Peter and Jude*. PNTC. Grand Rapids: Eerdmans, 2006.
_____. *2 Peter and Jude: A Handbook on the Greek Text*. BHGNT. Waco: Baylor University Press, 2011.
Elliott, John H. *I-II Peter/Jude*. ACNT. Minneapolis: Augsburg, 1982.
Giese, C. P. *2 Peter and Jude*. Concordia Commentary. St. Louis: Concordia, 2012.
Green, Gene L. *Jude and 2 Peter*. BECNT. Grand Rapids: Baker Academic, 2008.
Green, Michael E. *The Second Epistle of Peter and the Epistle of Jude: An Introduction and Commentary*. Rev. ed. TNTC. Grand Rapids: Eerdmans, 1987.
Harmon, Matthew S. "Jude." In *ESV Expository Commentary*, vol. 12, *Hebrews- Revelation*, edited by Iain M. Duguid, James M. Hamilton Jr., and Jay Sklar, 501-23. Wheaton: Crossway, 2018.

Kelly, J. N. D. *A Commentary on the Epistles of Peter and of Jude*. HNTC. New York: Harper & Row, 1969.

Kraftchick, Steven J. *Jude, 2 Peter*. ANTC. Nashville: Abingdon, 2002.

Mbuvi, Andrew M. *Jude and 2 Peter: A New Covenant Commentary*. NCCS. Cambridge: Lutterworth, 2016.

Moo, Douglas J. *2 Peter, Jude*. NIVAC. Grand Rapids: Zondervan, 1996.

Neyrey, J. H. *2 Peter, Jude: A New Translation with Introduction and Commentary*. AB 37C. New York: Doubleday, 1993.

Reese, Ruth A. *2 Peter and Jude*. THNTC. Grand Rapids: Eerdmans, 2007.

Richard, E. J. *Reading 1 Peter, Jude, and 2 Peter: A Literary and Theological Commentary*. Macon, GA: Smyth & Helwys, 2000.

Schreiner, Thomas R. *1, 2 Peter, Jude*. NAC 37. Nashville: Broadman & Holman, 2003.

Senior, D. P. *1 Peter, Jude, and 2 Peter*. SP 15. Collegeville, MN: Liturgical Press, 2003.

Webb, Robert L. *The Letters of Jude and Second Peter*. NICNT. Grand Rapids: Eerdmans, forthcoming.

Witherington, Ben, III. *Letters and Homilies for Hellenized Christians*. Vol. 2, *A Socio-Rhetorical Commentary on Hebrews, James and Jude*. Downers Grove, IL: InterVarsity, 2007.

§ 유다서 논문 및 단행본

Bauckham, Richard J. *Jude and the Relatives of Jesus in the Early Church*. Edinburgh: T&T Clark, 1990.

Birdsall, J. Neville. "The Text of Jude in P72." *JTS* 14 (1963): 394–99.

Boobyer, George H. "The Verbs in Jude 11." *NTS* 5 (1958): 45–47.

Callan, Terrance. "Use of the Letter of Jude by the Second Letter of Peter." *Bib* 85 (2004): 42–64.

Carson, D. A. "Jude." In *Commentary on the New Testament Use of the Old Testament*, edited by G. K. Beale and D. A. Carson, 1069–79. Grand Rapids: Baker Academic, 2007.

Charles, J. Daryl. "Jude." In *Hebrews–Revelation*. Vol. 13 of *The Expositor's Bible Commentary*, rev. ed., edited by Tremper Longman III and David E. Garland, 539–69. Grand Rapids: Zondervan, 2005.

―――. *Literary Strategy in the Epistle of Jude*. Scranton, PA: University of Scranton Press, 1993.

Davids, Peter H. *A Theology of James, Peter, and Jude: Living in Light of the Coming King*. BTNT. Grand Rapids: Zondervan, 2014.

_____. "The Use of Second Temple Traditions in 1 and 2 Peter and Jude." In *The Catholic Epistles and Tradition*, edited by Jacques Schlosser, 409-31. BETL 176. Leuven: Peeters, 2004.

deSilva, David A. *The Jewish Teachers of Jesus, James, and Jude: What Earliest Christianity Learned from the Apocrypha and Pseudepigrapha*. Oxford: Oxford University Press, 2012.

Ellis, E. Earle. "Prophecy and Hermeneutic in Jude." In *Prophecy and Hermeneutic in Early Christianity: New Testament Essays*, 221-36. WUNT 1/18. Tübingen: Mohr Siebeck, 1978.

Greenlee, J. Harold. *An Exegetical Summary of Jude*. 2nd ed. Dallas: SIL International, 2008.

Gunther, John J. "The Alexandrian Epistle of Jude." *NTS* 30 (1984): 549-62.

Heil, John Paul. *1 Peter, 2 Peter, and Jude: Worship Matters*. Eugene, OR: Cascade, 2013.

Hiebert, D. Edmond. "Selected Studies from Jude, Part 2: An Exposition of Jude 12-16." *BSac* 142 (1985): 245-49.

_____. "Selected Studies from Jude, Part 3: An Exposition of Jude 17-23." *BSac* 142 (1985): 355-66.

Huther, J. E. *Critical and Exegetical Handbook to the General Epistles of Peter and Jude*. Translated by D. B. Croom and P. J. Gloab. Edinburgh: T&T Clark, 1881.

Jobes, Karen H. *Letters to the Church: A Survey of Hebrews and the General Epistles*. Grand Rapids: Zondervan, 2011.

Kubo, Sakae. "Jude 22-23: Two-Division Form or Three?" In *New Testament Criticism: Its Significance for Exegesis*, edited by Eldon J. Epp and Gordon D. Fee, 239-53. Oxford: Clarendon, 1981.

Landon, Charles. *A Text-Critical Study of the Epistle of Jude*. JSNTSup 135. Sheffield: Sheffield Academic, 1996.

Martin, Ralph P. "The Theology of Jude, 1 Peter, and 2 Peter." In *The Theology of the Letters of James, Peter, and Jude*, by Andrew Chester and Ralph P. Martin, 63-163. Cambridge: Cambridge University Press, 1994.

Mason, Eric F., and Troy W. Martin, eds. *Reading 1-2 Peter and Jude: A Resource for Students*. SBLRBS. Atlanta: Society of Biblical Literature, 2014.

Mayor, Joseph B. *The Epistles of Jude and II Peter*. Grand Rapids: Baker, 1979.

Niebuhr, Karl-Wilhelm, and Robert W. Wall. *The Catholic Epistles and Apostolic Tradition: A New Perspective on James to Jude*. Waco: Baylor University Press, 2009.

Nienhuis, David R., and Robert W. Wall. *Reading the Epistles of James, Peter, John, and Jude as Scripture: The Shaping and Shape of a Canonical Collection*. Grand Rapids: Eerdmans, 2013.

Osburn, Carroll D. "Discourse Analysis and Jewish Apocalyptic in the Epistle of Jude." In *Linguistics and New Testament Interpretation*, edited by David Alan Black, 287–319. Nashville: Broadman, 1992.

Painter, John, and David A. deSilva. *James and Jude*. Paideia. Grand Rapids: Baker Academic, 2012.

Ross, John M. "Church Discipline in Jude 22–23." *ExpTim* 100 (1989): 297–98.

Thurén, Lauri. "Hey Jude! Asking for the Original Situation and Message of a Catholic Epistle." *JSNT* 43 (1997): 451–65.

Watson, Duane Frederick. *Invention, Arrangement, and Style: Rhetorical Criticism of Jude and 2 Peter*. SBLDS 104. Atlanta: Scholars Press, 1988.

Webb, Robert L. "The Eschatology of the Epistle of Jude and Its Rhetorical and Social Functions." *BBR* 6 (1996): 139–51.

Webb, Robert L., and Peter H. Davids, eds. . LNTS 383. London: T&T Clark, 2009.

제8장

요한계시록

I. 개론

1. 저자, 수신자, 저작 시기, 문학 장르

요한계시록은 읽는 독자들의 해석 기술과 능력에 강하게 도전한다. 이 책은 그 안에 포함된 역사, 문학, 신학의 매트릭스(matrix)에 주의를 기울여 적절한 의미를 끌어내도록 손짓한다. 이 책은 분명 그 메시지가 의미 있었고 적용 가능했던 실제 1세기 교회와 신자들에게 수신되는 것이므로 우선 먼저 역사적 연구가 요구된다. 이 책에는 1세기 말의 원래 배경에 근거한 미묘하고 미묘하지 않은 역사적 자료로 가득 차 있다.

동시에 이 책은 독자가 문학적으로 최대한의 노력을 기울여야 파악할 수 있는 신중한 구성 패턴과 서술적(narrative) 흐름을 보여 준다. 역사에 바탕을 두고 문학적 용어로 표현된 이 책은 하나님, 주 예수 그리스도, 하나님의 성령을 보여 주는 신학적 메시지를 전달한다. 이 삼위일체 하나님은 1세기 말경 소아시아(Asia Minor)에 있는 교회들을 포함하여 궁극적으로는 세상 끝날까지 교회 시대에 걸쳐 펼쳐지는 사탄과 그의 악마적 세력에 대항하여 치열한 전투를 벌이신다.

요한계시록에는 요한 시대의 교회들이 쉽게 이해했을 현실에 대한 수많은 언급이 포함되어 있다.[1] 그러나 이 책의 메시지는 역사에 바탕을 두고 있지만, 본래의 역사적 의미에만 제한되지 않는다. 오히려 유형론(typology)의 형태로 우리는 주어진 교회의 전형적 특성, 악마의 활동에 대한 징후, 또는 역사 전반에 걸쳐 확대되는 다른 현상을 볼 수 있다. 이 현상은 적그리스도의 도래 때 악이 극에 달한 후 마침내 그리스도의 오심과 함께 하나님의 심판 및 영원한 상태에서 그 절정에 이른다.

그렇긴 하지만 요한계시록에 나오는 환상 자료가 얼마나 많이 구약의 묵시적 자료를 연상시키는 용어들로 표현되어 있는지 놀랍다. 하나님께서 요한에게 이러한 환상들을 주시는 동안, 그분은 그가 이러한 환상들을 보고 이런 이미지들을 인식하기를 기대하신다.

따라서 요한은 자기가 보는 모습을 구약의 언어를 사용하여 묘사한다. 결국, 이러한 언어는 독자로서 우리에게 구약의 환상을 충분히 인식하도록 요구하며, 구약의 예언 문헌 중, 특히 본질상 매우 상징적이고 묵시적인 부분에 대해 더 많이 알도록 요구한다.

요한계시록의 저자는 선견자(seer) 요한이다(1:9). 이 사람은 다름 아닌 바로 복음서 저자(요한복음의 저자 요한)이며 "장로" 요한(같은 요한이 기록한 요한 서신의 저자)이다. 이러한 환상들을 본 장소는 그리스 연안에 있는 밧모 섬으로 밝혀지는데, 요한은 이러한 계시를 받았을 때 그 섬에 있었다(1:9).

이러한 환상들과 그것들을 기록한 이 책의 직접적인 수신자들은 2장과 3장에 언급되는 소아시아에 있는 일곱 교회들인데, 각 교회는 서로를 연결하는 우편 경로를 따라 위치했다.[2]

---

[1] 예를 들면, Andreas J. Köstenberger, L. Scott Kellum, and Charles L. Quarles, *The Cradle, the Cross, the Crown: An Introduction to the New Testament*, 2nd ed. (Nashville: B&H Academic, 2016), 944-50을 보라. 더 상세한 내용에 대해서는 Colin J. Hemer, *The Letters to the Seven Churches of Asia in Their Local Setting*, JSNTSup 11 (Sheffield: JSOT Press, 1986)을 보라.

[2] Hemer, *The Letters to the Seven Churches*, 15를 보라.

이 책의 저작 시기는 대략 AD 95년경인데, 그렇다면 신약성경 중 가장 늦게 기록된 글로 볼 수 있다. 정경의 측면에서 볼 때, 이 요한계시록은 창세기로 시작된 기독교 정경에 종지부를 찍는 책이다. 이런 점에서 신구약 성경은 웅장한 무지개처럼 인류 역사의 처음부터 끝까지 걸쳐져 있다.

이 책의 문학 장르는 예언적-묵시적 서신(prophetic-apocalyptic epistle) 장르이다.[3] 즉, 이 책은 주로 하나님이 요한에게 주신 실제 환상으로 구성되는데, 역사는 느리지만 확실하게 절정과 결말을 향해 진행되고 있으므로 믿는 사람과 믿지 않는 사람을 통틀어 인류의 현재(요한의 관점에서)와 미래에 대한 직접적인 신적 계시를 제공해 준다.

이 책은 **서신**의 형태로 제시되지만(첫 장과 마지막 장이 보여 주는 것처럼), 본질적 특성은 예언적-묵시적(prophetic-apocalyptic)이다. 이 말이 의미하는 바는 "묵시적"인 것이 근본적으로 예언자나 선견자가 앞날에 대해 예언할 뿐만 아니라(foretelling/미래를 예언하는 것) 현재를 향해서도 선포하는(forthtelling/현재를 향한 선포) 성경적 **예언(prophecy)**의 일부라는 점이다.

묵시적(apocalyptic) 진술은 주로 그러한 계시를 실제 역사적 인물이나 사건을 광범위하게 상징하는 환상(visions)의 형태로 제공한다. 그렇다면 중요한 문제는 특정한 상징의 대상이나 유형론(typology)의 유무를 식별하는 것인데, 이 경우 상징은 여러 대상을 지시할 수도 있다.[4]

---

3   Richard Bauckham (*The Theology of yhe Book of Revelation*, NTT [Cambridge: Cambridge University Press, 1993]), 1-2)은 요한계시록을 "로마제국의 아시아주에 있는 일곱 교회에 보낸 회람 서신의 형태로 된 묵시적 예언"으로 부른다(2). 또 고전적 논문 George E. Ladd, "Why Not Prophetic-Apocalyptic?," *JBL* 76 (1957): 192-200도 보라.

4   즉, 17장에 등장하는 "큰 용"은 로마를 의미할 뿐만 아니라, 좀 더 광범위하게는 "제국"을 의미할 수도 있으며, 또한 특정한 미래 제국이나 도시에 대한 절정적 언급일 수도 있다. Andreas J. Köstenberger and Richard D. Patterson, *Invitation to Biblical Interpretation* (Grand Rapids: Kregel, 2011), 11장을 보라. Thomas R. Schreiner ("Revelation," in *ESV Expository Commentary*, vol. 12, *Hebrews-Revelation*, ed. Iain M Duguid, James M. Hamilton Jr., and Jay Sklar [Whwaton: Crossway, 2018], 531)는 요한계시록에 나타난 의사소통의 네 가지 수준을 유용하게 구별한다. (1) 언어적 수준, 즉 본문 자체, (2) 본문에 묘사된 요한이 본 실제적 환상, (3) 지시적 수준, 즉 그러한 환상들 안에서 전달된 특정한 표상과 사건, (4) 이미지를 사용하여 종말의 현실을 전달하는 상징적 수준. 슈라이너(Schreiner)는 요한계시록에 대한 과거주의적(preterist/ 완전히 또는 주로 1세기에

그 결과로 나온 문학작품을 "묵시록/계시록"(apocalypse)이라고 한다(이 책의 헬라어 본문에서 가장 먼저 나오는 단어가 아포칼립시스[*apokalypsis*/"계시"]임). 묵시적 진술은 구약성경에서는 이사야, 에스겔, 다니엘, 스가랴와 같은 예언서 일부에서만 발견되지만, 묵시 문학은 제2 성전 기간에 본격적인 문학 장르로 꽃피었다. 이러한 묵시 문학에는 4에스라, 바룩2서, 에녹1서와 같은 작품들이 있다.[5]

묵시 문학은 내러티브 구조(narrative framework) 안에서 진행되며 천사와 같은 중재자, 내세의 생물들, 종말에 대한 생생한 환상 등을 특징으로 한다.[6] 그러한 내러티브 구조에서 볼 때 이 책의 클라이맥스는 우주의 최고 왕이자 통치자이신 그리스도의 영광스러운 재림이다. 그분은 백마를 타시고 십자가 처형을 상징하는 피에 젖은 옷을 입은 분으로 묘사된다(19:11-16).

이런 점에서 이 책은 타락한 천사의 수장인 사탄을 포함하여 그의 모든 원수에 대한 예수의 승리를 전한다. 마지막 심판이 내려질 때 마침내 사탄의 반란이 진압된다.

2. 구조

요한계시록의 구조에 관한 견해들은 매우 많다.[7] 그런데도 네 번 반복된 "성령에/성령으로"(in the Spirit)라는 문구를 보고 힌트를 얻으면(1:10; 4:2;

성취), 이상주의적(idealist/주로 상징적 성취), 미래주의적(futurist/주로 미래 역사에서 성취) 접근 방식의 결합을 수용한다(544-46을 보라, 특히 도표 9.2). 그는 계 20:2, 5, 7에 언급된 천년왕국(그리스도의 1,000년 통치)을 상징적 언급으로 받아들이는 무천년설 입장에 대한 "약간의 선호"를 표명한다(723-25를 보라).

5 James H. Charlesworth, ed., *The Old Testament Pseudepigrapha*, vol. 1, *Apocalyptic Literature and Testaments* (Garden City, NY: Doubleday, 1983)에 있는 모음집을 보라.
6 표준 정의를 위해서는 John J. Collins, "Introduction: Towards the Morphology of a Genre," *Semeia* 14 (1979), 9; Adela Yarbro Collins, "Introduction: Early Christian Apocalypticism," *Semeia* 36 (1986), 7을 보라.
7 Köstenberger, Kellum, and Quarles, *The Cradle, the Cross, the Crown*, 956-60에 있는 주요 구조 제안들에 대한 개관을 보라.

17:3; 21:10), 이 책의 기본구조를 설명하는 일은 보이는 것만큼 그렇게 어렵지 않을 수도 있다. 이 문구는 각각의 경우 특정 장소에서 진행되는 별도의 환상을 지정해 준다(아래의 표를 보라).[8] 그렇긴 하지만, "네 개의 환상" 개념은 그것들이 완전히 구별된다는 의미는 아니다. 다시 말해, 그것들은 네 개의 개별적이고 독립적인 환상이 아니라 통일된 전체의 네 부분이다.[9]

요한계시록의 구조

요한계시록	단락	장소
1:1-8	프롤로그	
1:9-3:22	환상1: 영광의 그리스도, 교회들에 보내는 메시지	밧모 섬
4:1-16:21	환상2: 하나님의 법정, 민족들의 고난	하늘
17:1-21:8	환상3: 바벨론의 파멸, 그리스도의 재림	사막
21:9-22:5	환상4: 신자들의 보상, 새 창조	산
22:6-21	에필로그	

얼핏 눈에 띄는 것은 환상의 길이가 같지 않다는 점인데, 두 번째 환상이 요한계시록 전체에서 가장 큰 비중을 차지한다. 하지만 그렇다고 앞에서 제안한 개요가 무효가 되는 것은 아니다. 사실상 그것은 이 책의 주요 초점이 인류 역사의 마지막에 있을 민족들에 대한 하나님의 심판과 상응하는 신자들의 정당성 입증(vindication)에 있음을 보여 준다.

특별히 이 심판은 은유적으로 일곱 봉인, 일곱 나팔, 일곱 대접의 견지에서 삼중 형태로 묘사된다. 심판이 먼저 계시되고(봉인을 개봉, 6:1-14), 선언되며(나팔을 붐, 8:1-9:19), 마지막으로 집행된다(대접을 쏟음, 16:1-21). 이러한 (부분적인) 반복 형태를 통해 불신 세상에 대한 하나님의 심판 메시지가

---

[8] 상세한 도표를 위해서는 Köstenberger, Kellum, and Quarles, *The Cradle, the Cross, the Crown*, 965-66을 보라.

[9] 요한계시록의 전체적인 통일성을 강력하게 주장하는 문헌으로는 Richard Bauckham, *The Climax of Prophecy: Studies on the Book of Revelation* (London: T&T Clark, 1993), 1-37을 보라.

되풀이되고 강화된다.[10] 물론 요한계시록의 구조에 대한 이러한 단순화된 표현 아래에는 많은 비틀기와 반전(twists and turn)이 숨어 있으며 아래 논의에서 더 자세히 살펴볼 것이다.

3. 중심 메시지

요한계시록의 주요 주제들은 신정론(theodicy) 개념, 즉 요한의 시대에 외관적인 악의 승리에 직면하여 하나님의 의(righteousness of God)의 정당성 입증(vindication)을 중심으로 전개된다.[11] 이 점은 특히 로마의 황제 숭배의 형태와 "네로 레디비부스('되살아난 네로') 신화"(즉, 네로 황제[AD 54-68년 통치]가 파르티아 침략 군대를 이끌고 동쪽에서 돌아올 것이라는 대중적인 믿음[로마 작가 수에토니우스/Suetonius의 네로 전기에 언급된 것처럼])로 전달된다.[12]

하나님과 그의 백성에 대한 반대자는 사악한 로마제국을 대표하는 다양한 표상으로 표현된다. 예를 들면, 일곱 개의 머리가 일곱 개의 산을 상징하는 붉은 빛 짐승 위에 앉아 있는 "큰 음녀"는 버질(Virgil), 호레이스(Horace), 키케로(Cicero), 수에토니우스(Suetonius)와 같은 로마 작가들의 저술에서 입증된 바와 같이, 고대에는 일곱 개의 언덕 위에 있는 도시로 널리 알려진 로마를 넌지시 암시한다.

요한계시록 후반부에 나오는 "바벨론"에 대한 언급(14:8; 16:19; 17:5; 18:2, 10, 21) 또한 로마를 가리키는 것이 분명하다(앞에서 이미 논의한 벧전 5:13 참조; 또 4에스라[4 Ezra], 바룩2서[2 Baruch], 시빌의 신탁[Sibylline Oracles]도 보라).

10　Schreiner ("Revelation," 543, 546) 참조. 그는 요한계시록의 반복되는 구조에 주목한다.
11　Grant R. Osborne, "Theodicy in the Apocalypse," *TrinJ* 14 (1993): 63-77.
12　Suetonius, *Nero* 49.3; 57.1을 보라. Köstenberger, Kellum, and Quarles, *The Cradle, the Cross, the Crown*, 935-39를 보라. 또 J. Nelson Kraybill, *Imperial Cult and Commerce in John's Apocalypse*, JSNTSup 132 (Sheffield: Sheffield Academic, 1996)도 보라.

이런 점에서 요한계시록은 주로 고난을 겪고 있는 그리스도인들을 위해 기록되었다. 그들은 현재 보이는 모습과는 달리 악이 영원히 승리하는 것이 아니라 하나님께서 결국 신자들의 정당성을 입증하시고 믿지 않는 세상을 심판하실 것임을 확신할 필요가 있었다.[13]

이러한 확신은 그리스도인들이 끝까지 인내하고 하나님에 대한 믿음과 예수의 재림 때 있을 그분의 궁극적 구원에 대한 믿음을 강화하는 데 도움이 될 것이다. 더 나아가 요한계시록은 박해를 피해 우상숭배적으로 이 세상 체제에 참여함으로써 타협의 유혹을 받을 수 있는 안일한 그리스도인들을 향한 메시지이기도 하다.[14]

II. 본문 해설

1. 프롤로그(1:1-8)

요한계시록의 시작 문구인 "예수 그리스도의 계시"는 이 책의 핵심인 그리스도의 재림을 알려 준다. 비천한 출신이었고 눈에 잘 띄지 않았으며 십자가에서 수치스럽게 죽음으로써 절정을 이루었던 그의 초림과는 달리, 예수의 재림은 그분의 공개적 정당성과 그를 따르는 사람들의 정당성을 입증하는 승리에 찬 매우 가시적인 사건이 될 것이다.

예수는 이 중대한 계시의 대상(object)일 뿐만 아니라, 또한 그것의 주체(subject), 즉 스스로 그 계시의 전달자("하나님이 그에게 주신…계시")이기

---

[13] 요한계시록 보내진 교회들의 고난과 순교에 관해서는 Eckhard J. Schnabel, "The Persecution of Christians in the First Century," *JETS* 61 (2018): 544-45를 보라.

[14] 뒤의 본문 해설을 보라. 또한 Michael J. Gorman, *Reading Revelation Responsibly: Uncivil Worship and Witness; Following the Lamb into the New Creation* (Eugene, OR: Wipf & Stock, 2011), chap. 3도 보라. 악의 현실, 성도들의 고난, 하나님의 주권, 그의 백성에 대한 하나님의 보호하심, 심판에 대한 하나님의 정의, 그리스도의 신성과 십자가, 예배의 중심성, 새 창조 등을 논의하는 요한계시록의 미니-신학(mini-thoelogy)을 위해서는 Schreiner, "Revelation," 532-41을 보라.

도 하다(1:1). 이 계시의 수령자들은 그의 "종" 선견자 요한을 포함한 그의 "종들"이다. 지상의 관점에서 볼 때는 역사의 종말이 먼 미래로 보일지라도, 영원의 관점에서는 이러한 일들은 "곧 일어나야 한다." 베드로가 그의 독자들에게 상기시키는 것처럼, 주님께는 천년이 하루와 같다(벧후 3:8; 참조, 시 90:4).

요한은 그의 복음서에서도 그랬듯이(요 21:24-25; 참조, 19:35), 요한계시록을 기록하면서 "하나님의 말씀과 예수 그리스도의 증거를 … 다 증언"하였다. 요한이 그의 복음서에서는 그와 그의 동료 사도들이 보았던 사건의 목격자 증언을 기록했지만("우리가 그의 영광을 보니"[요 1:14]), 요한계시록에서는 그가 보았던 마지막에 일어날 일에 대한 하나님이 주신 환상을 기록한다.

복음서의 장르는 역사적 내러티브(historical narrative)이지만 이 책은 묵시적 상징들을 통해 미래의 일을 전달한다.

프롤로그에서는 이 요한계시록이라는 문학작품의 복합적인 장르를 설정한다. 실제로 앞에서 언급한 바와 같이, 이 책은 세 가지 장르, 즉 묵시/계시("예수 그리스도의 계시[아포칼립시스]"; 1:1), 예언("이 예언의 말씀"; 1:3), 그리고 편지("요한은 아시아에 있는 일곱 교회에 편지하노니"; 1:4)를 하나로 결합한다.

묵시 문학으로서 이 책은 일련의 인상적인 이미지들로 예수의 재림을 묘사한다. 서신으로서 이 책은 특정한 역사의 시점에서(AD 약 95년), 특정한 장소(소아시아, 오늘날의 터키)에 있는 실제 교회들에, 원래의 청중이 분명히 알 수 있었던 메시지와 함께 전달된다.

예언 문학의 형태로서 이 책은 구약의 예언자들과 강한 관계를 유지한다. 예를 들어, "반드시 속히 일어날 일들"(1:1)이란 문구는 다니엘서를 연상시킨다(예컨대, 단 2:28-29). 이런 점에서 요한계시록은 미래를 지향하고 있지만, 또한 중요한 현재의 차원을 가지고 있다.

이 책은 단순한 미래의 윤곽을 담기보다는 예언 문학으로서 지금 여기에 있는 사람들에게도 말한다. 더욱이 이 책은 단순히 정보 전달을 목적으로만 제공되는 것이 아니라 순종적이고 신실한 적용을 요구한다. 따라서 이 책에 기록된 말씀을 읽고 듣고 **지키는** 사람들에게 복이 선언된다(1:3).[15]

1:1-3이 예언적 프롤로그라면, 1:4-8은 저자인 요한(이 책에 담겨 있는 환상들의 수령자로서 이미 1:1에 언급되었지만 여기서는 본래 의도된 청중에게 이 책의 문학적 저자로 소개됨)과 소아시아에 있는 특정한 일곱 교회의 신자들인 수신자들을 포함하는 편지 서두이다(2-3장 참조).[16] 게다가 이 편지 서두는 단지 2~3장만을 다루는 것이 아니라 책 전체가 하나님께서 이 교회들에 주시는 메시지이다.

이 점은 이 책의 처음 부분과 끝부분의 병행 구조를 통해 강조된다. "요한은 아시아에 있는 일곱 교회에"(1:4)라는 문구는 마지막 부분 "이것들을 보고 들은 자는 나 요한이니"(22:8)와 연관된다. "반드시 속히 일어날 일들"(1:1)이란 문구는 "보라 내가 속히 오리니"(22:7, 12)와 상응된다.

또 "이 예언의 말씀을 읽는 자와 듣는 자와 그 가운데에 기록한 것을 지키는 자는 복이 있나니"(1:3)라는 진술은 끝부분의 "이 두루마리의 예언의 말씀을 지키는 자는 복이 있으리라"(22:7)라는 진술과 연관된다.[17]

편지 서두에 나오는 "은혜와 평강"의 인사말은 헬라어 카리스(charis/은혜)와 히브리어 샬롬(shalom/평화)을 결합하는 표준 기독교 인사말을 나타낸다(1:5). 이 인사말에 이어 "이제도 계시고 전에도 계셨고 장차 오실"(즉, 영원하신) 아버지 하나님과 "그의 보좌 앞에 있는 일곱 영"(아마도 성령을 가리킴)과 또 "충성 된 증인으로 죽은 자들 가운데에서 먼저 나시고 땅의 임금들의 머리가 되신" 예수 그리스도에 대한 삼위 일체적 진술이 나온다

---

15 이것은 요한계시록의 도처에 흩어져 있는 일곱 개의 복 중 첫 번째 복이다(1:3; 14:13; 16:15; 19:9; 20:6; 22:7, 14). 슈라이너(Schreiner), "Revelation," 551에 있는 도표 9.4을 보라.

16 교회의 수는 문자 그대로 일곱이지만, 요한 문헌의 일반적 경우처럼 "일곱"이라는 숫자는 또한 완전(perfection or completeness)의 의미를 전할 가능성이 크다. 그렇다면 그리스도가 일곱 교회에 보낸 메시지는 유형론적으로 또한 그가 재림하기 전 교회 시대에 걸쳐 보편적인 교회에 대한 그의 메시지를 전달한다.

17 또한, 22:18-19에 나오는 예언의 말씀에 더하거나 그것을 제하여 버리는 사람들에 대한 저주도 주목하라.

(1:4-5a). 마지막 부분에 예수 그리스도와 관련하여 언급된 세 명칭은 독자들에게 그의 십자가, 부활, 승천(높여지심)을 전달한다.[18]

"장엄한 아멘"(Amen)으로 끝나는 1:5b-6의 송영은 영원한 영광과 능력을 "우리를 사랑하사 그의 피로 우리 죄에서 우리를 해방하시고 그의 아버지 하나님을 위하여 우리를 나라와 제사장으로 삼으신" 그리스도께 돌린다.[19] 두 개의 구약 예언 구절을 결합하여 선견자 요한은 다음과 같은 점을 알린다.

> 볼지어다 그가 구름을 타고 오시리라(단 7:13 참조) 각 사람의 눈이 그를 보겠고 그를 찌른 자들도 볼 것이요(슥 12:10, 요 19:37에서 인용).

이 때문에 땅에 있는 모든 족속이 그로 말미암아 애곡할 것이다. 이 선언은 "아멘", 즉, "그러하리라"(Yes!)라는 용어로 훨씬 더 강하게 단언한다(1:7).[20] 예수의 죽음이 요한계시록에는 직접 서술되지는 않지만(복음서를 이미 전제함) 그 배후의 중심 전제로 서 있다(예를 들면, 5:6-9의 죽임 당한 어린양에 대한 언급 참조).

프롤로그는 "알파와 오메가", "이제도 있고 전에도 있었고 장차 올 자", "전능한 자"라는 울림 있는 세 가지 하나님의 자기-명칭으로 끝난다(1:8). 하나님은 "알파와 오메가"(헬라어 알파벳의 처음과 마지막 문자)이시다. 즉, 하나님은 시간의 시작도 끝도 없는 영원한 분이시다.

그분은 또한 자신의 주권적 계획에 따라 인류 역사를 예정된(predetermined) 종말로 이끄시는 "전능자"(the Almighty)이시다.[21] 요한계시록에서 아

---

18 Bauckham, *Theology of the Book of Revelation*의 제2장 "The One Who Is and Was and Is to Come"를 보라.
19 출 19:6 참조. 동사 "사랑하다"는 현재시제로 표현되어 우리를 향한 그리스도의 사랑의 지속적인 본질을 전달하는 반면, "해방하셨다"와 "삼으셨다"는 과거시제(aorist-tense)로 표현되어 우리를 위한 그리스도 행동의 세계적이고 보편적인 차원을 전달한다.
20 Schreiner, "Reveklation," 556-57에 있는 논의를 보라.
21 Schreiner("Revelation," 558)는 구약성경의 헬라어 번역인 70인역(LXX)에서 "전능자"(판토크라토[*pantokratō*/Almighty])가 종종 하나님을 하늘의 천사 군대(heavenly

버지 하나님은 많은 말씀을 하시지는 않지만, 이것이 그분이 말씀하실 때의 일반적 자기 정체성이다.

이런 점에서 요한계시록은 처음부터 하나님의 주권과 비길 데 없는 능력을 확고히 하는데, 이것은 나중에 두 번째 짐승("거짓 예언자")과 함께 유사한 "삼위일체"(trinitarian) 용어로 묘사되는 짐승과 사탄에 의해 패러디 될 것이다. 이렇게 하여 요한은 요한계시록이 신정론(*theodicy*; 헬라어 데오스 [*theos*/"하나님"]와 디카이오스[*dikaios*/"의로운"]의 합성어)의 책임을 알린다. 즉, 불신 세상에 대한 하나님 심판의 의를 변호할 뿐만 아니라 결국에는 고난 받는 신자들이 그리스도의 재림 때 그들의 정당함이 입증될 것임도 확신시키는 말씀이다.

2. 환상 1: 영광을 받으신 그리스도, 교회들에 보내는 메시지(1:9-3:22)

1) 높임 받으신 그리스도의 환상(1:9-20)

1장의 프롤로그에서는 요한의 예언적 권위를 **선언하지**(declare)만, 1장의 나머지 부분에서는 우리에게 요한의 예언적 사명을 알려 줌으로써 그 권위에 관해 **서술한다**(narrate). 1:9에서 우리는 요한에 관한 세 가지 점을 알게 된다.

(1) 그는 유배(렐레가티오 아드 인술람[*relegatio ad insulam*, 섬으로의 추방]) 때문이든 복음 선포 때문이든 간에 "하나님의 말씀과 예수를 증언하였음

---

angelic armies)를 통솔하는 분으로 묘사하는 "만군의 주"(Lord of hosts)라는 히브리어 표현의 번역이라고 언급한다. 욥기에서 "전능자"는 격렬한 고난 가운데서 하나님을 전능하신 분으로 표현하는 히브리어 샤다이(Shaddai)의 번역인데(예컨대, 욥 11:7; 22:17, 25; 23:16), 이것이 요한계시록에 적합한 적용을 제공한다.

으로 말미암아" 밧모라 하는 섬에 있었다(1:9).[22]

(2) 그날은 주의 날, 즉 예수의 부활을 기념하는 주일(Sunday)이었다(1:10).

(3) 요한은 "성령에 감동되어"(in the Spirit) 있었다. 즉 하나님이 요한에게 성령의 감동으로 전달한 환상을 주었다(1:10).

여기서 선견자 요한은 "너희 형제"로서만 아니라, 예수 안에서 독자들과 함께 예수의 환난과 나라와 참음에 동참하는 자로서도 소개되는데, 그는 자신이 보는 것을 이 책에 써서 소아시아에 있는 일곱 교회에 보내라는 명령을 받는다(1:11). 이어서 그는 돌이켜서 영광스러운 그리스도를 보고는(1:12-16) 그 발 앞에 엎드러진다(신적인 초자연적 광경을 볼 때 성경에서 일반적으로 나타나는 반응; 1:17).

이 단락은 다니엘이 예언적 위임을 받을 때와 현저하게 유사한데, 그때 다니엘은 놀라운 환상을 보고 그 앞에 엎드러진 후 위로를 받으며 하늘의 계시를 받는다(단 10장).[23] 1:11과 1:19은 함께 문학적 단위를 구성하여 요한의 신적 위임을 상세하게 설명하는 데 공헌한다. 11절이 일곱 교회의 정체(이름)를 명시적으로 밝히고 있다면,[24] 19절은 그가 본 것, 즉 "지금 있는 일과 장차 될 일"을 기록해야 할 요한의 사명을 언급한다.

독자가 듣게 될 모든 것은 요한이 예언하고 기록하라고 지시받은 내용이며, 전체 요한계시록은 전 역사를 통틀어 하나님의 백성을 위한 것이다. 다시 말해 이 책은 요한의 처음 독자들은 물론이고 그리스도의 재림 때까지 모든 역사의 교회와 하나님의 백성에게 적용되는 내용이다(그러나 모든 독자가 이 책에 묘사된 모든 내용을 경험할 것이라는 의미는 아님).

---

22 추가적 내용을 위해서는 Mark Wilson, "Geography of the Island of Patmos," in *Lexham Geographic Commentary on Acts through Revelation*, ed. Barry J. Beitzel (Bellingham, WA: Lexham, 2019), 619-28을 보라.

23 G. K. Beale, *The Book of Revelation*, NIGTC (Grsand Papids: Eerdmans, 2013), 213을 보라.

24 에베소, 서머나, 버가모, 두아디라, 사데, 빌라델비아, 라오디게아가 순서대로 나열되는데, 이 순서는 1세기에 실제 편지가 이 도시들에 배달되었을 우편 경로를 따른 것으로 보인다. '요한계시록의 일곱 교회' 지도(p.365)를 보라.

12-20절은 요한에게 사명을 주신 큰 음성의 출처를 밝히는데, 그는 다름 아닌 바로 영광을 받으신 주 예수 그리스도이시다. 몸을 돌이켜 요한은 일곱 금 촛대를 보는데(스가랴 4장에 나오는 순금 등잔대 환상을 반향하는), 이것들은 나중에 독자들에게 알려지듯이 이 책이 보내지는 일곱 교회를 상징한다(1:12; 참조, 1:20). 그러한 금 촛대 사이에서 요한은 "인자 같은 이"(다니엘 7:13; 참조, 계 1:7)를 본다. 그의 모습은 다니엘이 다음과 같이 묘사한 인물에 대한 무서운 환상을 연상시키는 놀랍고도 장엄한 용어로 묘사된다(단 10:5-6 참조).

- 발에 끌리는 긴 옷을 입고(단 10:5: "세마포 옷을 입었고")
- 가슴에 금띠를 띠고(단 10:5: "허리에는 …순금 띠를 띠었더라")
- 흰 양털과 눈같이 흰 머리(단 7:9 참조: "그의 옷은 희기가 눈 같고 그의 머리 털은 깨끗한 양의 털 같고")
- 불꽃 같은 눈(단 10:6: "그의 눈은 횃불 같고")
- 풀무불에 단련한 빛난 주석 같은 발(단 10:6: "그의 팔과 발은 빛난 놋과 같고")
- 많은 물소리와 같은 음성(신 10:6: "그의 말소리는 무리의 소리와 같더라"; 겔 1:24; 43:2 참조)
- 일곱 별이 있는 오른 손(교회의 일곱 천사를 대표하는; 계 1:20)
- 좌우에 날선 검이 나오는 입(사 49:2: "내 입을 날카로운 칼 같이 만드시고"; 사 11:4 참조)[25]
- 해가 힘 있게 비치는 것 같은 얼굴(참조, 출 34:29; 마 17:2[변모]: "그 얼굴이 해 같이 빛나며")

잠시 멈추고 시간을 내어 요한이 본 이 장엄한 환상을 마음속에 그려 보자!

---

25 Schreiner, "Revelation," 560에 있는 도표 9.5를 보라.

특히, 놀라운 점은 그리스도가 다니엘서 7:9의 옛적부터 항상 계신 분과 같은 상징을 공유하는 방식이다. 선견자 요한이 높임을 받으신 그리스도를 보고 그의 발 앞에 엎드려져 죽은 자같이 된 것은 당연하다. 그런데도 그리스도는 오른손을 요한에게 얹고 그에게 두려워하지 말라고 말하면서 자신을 죽음을 이기고 부활한 그리스도로 소개한다.

아버지 하나님과 같이 그분은 "처음이요 마지막"이시며(1:17; 참조, 1:8) "살아 있는 분"이시다. 아버지 하나님과 달리 예수는 실제로 죽었지만, 다시 살아났고 이제 영원히 살아 있어서 사망의 열쇠를 가지고 있다(1:18). 이를 근거로 예수는 그리스도의 재림 이전, 그때 그리고 그 이후에 일어날 일들을 요한에게 계시해 주실 권세를 가지신다.

더욱이 예수는 요한에게 일곱 금 촛대와 일곱 별의 "비밀"을 계시해 주신다. 일곱 금 촛대는 일곱 교회를, 일곱 별은 일곱 교회의 사자들(또는 천사들)을 상징하는데 이것은 앞으로 전개될 내용과 완벽하게 연결된다.

2) 일곱 교회에 보낸 편지들(2:1-3:22)

2장과 3장은 높임 받으신 그리스도가 요한에게 전달해 준 소아시아 일곱 교회에 보낸 편지를 특징으로 삼는다.

교회	그리스도의 특징 묘사	칭찬	책망	훈계	경고	약속
에베소 교회 (2:1-7)	일곱별을 붙잡고 일곱 금 촛대 사이를 거니시는 이	행위와 인내, 거짓 사도 분별, 니골라 당의 가르침 거절	첫사랑을 버림.	회개하라, 기억(생각)하라, 돌아가라	촛대를 옮기리라	낙원에 있는 생명 나무의 열매를 먹게 하겠다
서머나 교회 (2:8-11)		환난과 궁핍 (빈곤)과 비방을 신실하게 인내함		죽도록 충성하라		둘째 사망의 해를 받지 않으리라

교회	그리스도의 특징 묘사	칭찬	책망	훈계	경고	약속
버가모 교회 (2:12-17)	좌우에 날선 검을 가지신 이	그리스도의 이름을 굳게 붙잡고 그분에 대한 믿음을 저버리지 않음	거짓 선지자와 니골라당의 교훈을 따르는 자들이 있음	회개하라	그의 입의 검(말씀)으로 그들과 싸우리라	감추었던 만나와 새 이름이 기록된 흰 돌을 주리라
두아디라 교회(2:18-29)	그 눈이 불꽃 같고 그 발이 빛난 주석과 같은 하나님의 아들	더 나은 행위, 사랑, 믿음(신실함), 섬김, 인내	거짓 선지자들의 가르침을 따르고 음행을 저지르는 자들이 있음	회개하라, 거짓 여선지자 이세벨의 가르침을 따르지 말라	거짓 여선지자와 그의 추종자들을 고난의 침상에 던지리라	만국을 다스리는 권세를 주리라
사데 교회 (3:1-6)	일곱 영과 일곱별을 가지신 이		살아 있다는 이름은 있으나 영적으로는 죽은 자	깨어나라, 남아 있는 자들을 굳건하게 하라, 네가 들은 것을 기억(생각)하라, 회개하라	그가 그들에게 도둑같이 올 것이다.	흰 옷을 입을 것이요 그 이름을 생명책에서 지우지 않으리라
빌라델비아 교회(3:7-13)	거룩하고 진실하사 다윗의 열쇠를 가지신 이	행위, 작은 능력으로도 그의 이름을 배반하지 않음, 순종, 인내		네가 가진 것을 굳게 잡으라		하나님 성전의 기둥이 되게 하고 하나님의 이름과 하나님의 성 예루살렘의 이름을 그이 위에 기록하리라
라오디게아 교회 (3:14-22)	아멘이시요 충성되고 참된 증인이시요 하나님의 창조의 근본이신 이		뜨겁지도 차지도 않은 미지근한 행위, 안주, 자기기만, 영적 빈곤, 눈멀고, 벌거벗은 것.	불로 연단한 금(정금)과 흰(깨끗한) 옷과 안약을 받으라	그가 사랑하는 자를 책망하고 교제를 회복하리라	아버지와 아들의 보좌에 앉게 하리라

Andreas J. Köstenberger, L. Scott Kellum, and Charles L. Quarles, *The Cradle, the Cross, the Crown: An Introduction to the New Testament*, 2nd ed. (Nashville: B&H Academic, 2016), 976-77 수정.

각각의 편지는 특정 교회의 "사자"(앙겔로스[angelos]/또는 "천사")에게 보내진다. 이 "사자"는 다음과 같이 다양하게 해석될 수 있다.

- 목회자 또는 교회 지도자
- 문자 그대로의 메신저 또는 편지 전달자
- 교회의 수호천사 또는 교회에 배정된 천사
- 교회에 대한 일종의 천상의 파트너

아마도 마지막에 언급된 두 안(3번과 4번)을 결합한 형태가 가장 가능성이 큰 해석이라 할 수 있다.[26] 그렇다면 예수는 주어진 교회를 영적으로 보살피도록 배정받은 천사를 통하여 각각의 교회에 이 메시지를 보낸다. 이는 교회가 초자연적 현실의 틀 안에서 운영된다는 느낌을 전달해 준다.

전반적으로 수신자는 하나님 아버지로부터 그의 아들 주 예수 그리스도로 전달되는 계시 패턴과 일치한다. 주 예수 그리스도는 그의 메시지를 성령(일곱 영으로 묘사된)을 통해, 주어진 천사를 통해, 선견자 요한을 통해, 각각의 교회에 전달한다.[27]

<도표 8.1 요한계시록에 나타난 계시의 전달 형태>

하나님 → 예수 그리스도 → 성령 → 천사들 → 요한 → 교회

2장과 3장에서 예수의 자기-선언은 요한이 방금 본 광경과 관계가 있다(1:9-20 참조). 일곱 교회에 대한 약속은 새 하늘과 새 땅에 대한 환상에서 다시 채택되어(예를 들면, 2:7: "생명 나무의 열매를 주어 먹게 하리라"; 22:2, 14: "생명 나무에 나아가며"), 종말론적 보상의 약속들이 실현되는 것으로 묘사된다.

이런 점에서 요한계시록은 흔히 문학적 수미상관(literary inclusions)의 형태(처음과 끝이 반복된 문구로 끝나는 단락)로 마무리함으로써 성경 정경의 끝

---

26 Grant R. Osborne, *Revelation Verse by Verse*, Osborne New Testament Commentaries (Bellingham, WA: Lexham, 2016), 42.
27 Köstenberger, Kellum, and Quarles, *The Cradle, the Cross, the Crown*, 973 참조.

에서 이루어질 종말론적 성취를 서술한다.

드실바(D. deSilva)가 적절하게 진술한 바와 같이 요한계시록은 "고통받는 이들을 위로하는 것만큼이나 편안한 이들을 괴롭힌다."[28] 따라서 우리는 일곱 교회에 보낸 편지에서 박해를 받는 교회들에 전달되는 위로의 말씀과 안주와 타협에 시달리는 교회들에 대한 책망의 말씀을 모두 발견하게 된다.

중간 지점은 없다. 하나님의 사람들은 이세벨이나 니골라당과 관계를 맺어서는 안 된다(아래 내용을 보라). 또한, 로마와 황제에 의해 억압을 받을 때 그들의 믿음을 타협해서도 안 된다. 사람들은 어린양을 따르든지 아니면 짐승을 따를 것이다. 현재의 충성 상태에 따라 이 책의 독자들은 커다란 위로를 받든 지 아니면 회개하라는 엄중한 경고를 받을 것이다.

요한계시록의 일곱 교회

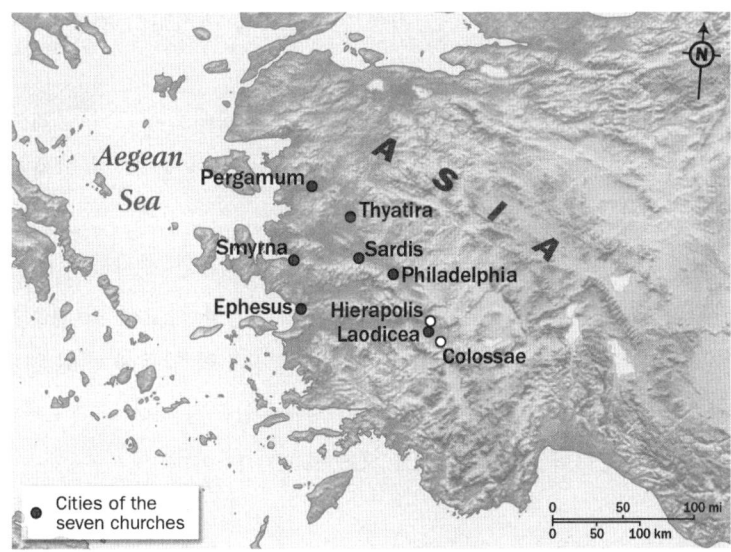

---

28 David A. deSilva, *Seeing Things John's Way: The Rhetoric of the Book of Revelation* (Louisville: Westminster John Knox, 2009), 34.

이김(overcome, 종종 죽음에 의한)이라는 주제와 언어는 끝까지 인내가 필요하다.[29] 그렇다면 요한계시록의 역설은 신자들이 육체적으로 어려움을 당함으로써 영적으로 이긴다는 점에 있다. 이와 유사하게 오늘날도 궁극적으로 중간 지점은 없다. 사람들은 그리스도에게 충성할 것인가 아니면 세상에 충성할 것인가를 결정해야 할 중대한 선택의 갈림길에 서 있기 때문이다. 그리스도를 따르는 일은 큰 대가를 치를 수도 있지만, 요한계시록은 그것이 승리의 길임을 명확하게 보여 준다.

(1) 에베소 교회에 보낸 편지(2:1-7)

에베소 교회의 초기 역사는 성경에 비교적 잘 기록되어 있다. 사도행전은 바울이 에베소에서 교회를 어떻게 세웠으며, 그 교회의 장로들에게 한 고별설교에 진술한 바와 같이 거기서 삼 년 동안 복음을 어떻게 전했는지 기록한다(행 20:31). 후에 바울은 거짓 선생들에게 대처하기 위해 그 교회에 디모데를 파송한다(딤전 1:3).

초기 교회 전승에 따르면, 요한의 모든 문서가 에베소와 그 부근에서 기록된 것으로 보인다. 따라서 일곱 교회에 보내는 편지 중 그 첫 번째가 에베소 교회에 보내진 것은 놀랄 일이 아니다.[30]

에베소 교회에 보내는 첫 번째 편지 서두에서 예수는 천사들에 대한 그의 권위와 교회의 한가운데에 계신 그의 임재하심을 확고히 한다(2:1). 예수는 독특한 방식으로 먼저 그 교회가 칭찬받아야 할 일들에 대해 칭찬한다. 즉, 에베소 교회의 행위, 수고, 인내(2:3에서 삼중 방식으로 더 상세하게 진술) 및 거짓 사도들에 대한 폭로(2:2; 참조, 고후 11:13)이다.

---

29 어린양이 "이긴(승리한)" "유대 지파의 사자 다윗의 뿌리"로 묘사되는 5:5과 하나님의 백성이 "어린양의 피와 자기들이 증언하는 말씀으로써 그(사탄)를 이긴" 것으로 말해지는 12:11 참조.

30 이 점에 대해서는 Paul R. Trebilco, The Early Christians in Ephesus from Paul to Ignatius (Grand Rapids: Eerdmans, 2004)를 보라. 또 David A. deSilva, "The Social and Georoap-hical World of Ephesus," in Beitzel, *Lexham Geographic Commentary*, 537-53도 보라.

이어서 예수는 그 교회가 "첫사랑"을 버렸다고 책망하며(2:4) 교회에 회개를 요청한다. 만약 그렇게 하지 않으면 그것의 촛대를 옮길 것이라고 경고하는데(2:5) 그것은 그 교회의 멸망을 의미할 수 있다. 그다음에 예수는 에베소 교회가 니골라당의 행위를 미워한 한 가지 더 긍정적인 점을 언급한다(2:6).

니골라당은 버가모 교회에 보낸 편지에서도 언급되지만(2:15), 그 밖에는 성경 어디에서도 나타나지 않는다. 이 그룹의 기원과 믿음은 신비에 가려 있다. 버가모 교회에 보낸 편지의 문맥에서 볼 때, 그 당의 가르침과 관습 중에는 우상에게 바친 음식을 먹는 일과 성적 부도덕에 관한 것들이 있었다고 추론할 수 있다(2:14).

이점은 유다서에서 반박하는 가르침과 유사하게 그리스도인들에게 요구되는 도덕성에 대한 경시를 나타내는 것처럼 보인다. 유다서는 교회 안에서 경건하지 아니한 자들이 "하나님의 은혜를 도리어 방탕한 것으로" 바꾸고 "홀로 하나이신 주재 곧 우리 주 예수 그리스도"를 부인했다고 기록했다(유 1:4).[31]

이 편지는 이기는(니카오[nikaō]) 자에게는 "하나님의 낙원"에서 "생명 나무"의 열매를 먹을 특권이 주어질 것이라는 예수의 약속으로 끝난다(2:7; 참조, 창 2:9; 3:22). 이 약속은 구원을 받고 하나님의 천국에 들어갈 사람들에 대한 일반적인 요한의 관용구(예컨대, 요 3:16), 즉 이러한 신자들이 새 창조 때에 영생을 얻을 것이라고 말하는 또 다른 방식이다. 생명 나무의 열매를 먹음으로써 신자들의 삶은 불멸할 것이며, 그들은 하나님과 그리스도의 존전에서 타락 이전 낙원의 원래 그대로의 상태와 유사한, 죄와 죽음과 악에 오염되지 않은 환경에서 영원을 누릴 수 있을 것이다.

---

31 Hemer (*Letters to the Seven Churches*, 39)는 그 그룹을 "방종주의자"(libertarian)라고 부른다.

(2) 서머나 교회에 보낸 편지(2:8-11)

에베소 북쪽에는 자연의 아름다움으로 유명했던 고대 도시 서머나가 자리 잡고 있었다.[32] 여기서도 예수의 자기-명칭은 1장의 높임 받은 그리스도의 환상을 상기시킨다.

> 처음이며 마지막이요 죽었다가 다시 살아나신 이(계 2:8).

이 표현은 예수의 신성과 영원성을 확고히 하며 그의 십자가상의 죽음과 부활을 언급한다. 우선 예수는 서머나 교회의 환난(드립시스[*thlipsis*]; 더 상세하게 설명하는 2:10을 보라)에 대한 인내와 궁핍(부유하다고 주장하지만 실제로는 가난한, 라오디게아 교회와는 대조적으로[3:17-18 참조] 그들이 영적으로 부유하다는 점을 삽입구로 언급한)에 대해 칭찬한다. 외관상 그 교회가 겪고 있는 환난의 많은 부분은 빌라델비아 교회에 보낸 편지(3:9)에서도 나타나는 "사탄의 회당"(2:9)에 속한 사람들의 비방과 관련이 있다.

아마도 여기서 "사탄의 회당"이란 표현은 인종적으로는 유대인이지만, 예수를 메시아요 하나님의 아들로 경배하는 (유대인) 그리스도인들을 박해했던 사람들을 가리킬 것이다(요 20:30-31 참조). 사도행전은 예수 자신이 유대인의 최고 법정인 산헤드린의 선동으로 사형에 처해진 것처럼, 종종 부활하신 예수에 관한 기독교 선포의 가장 격렬한 반대가 유대인 진영에서 나왔음을 지적한다.

신약성경은 유대 민족의 특권이 믿음의 우선순위로 대체되었다는 점을 일관되게 지적한다. 진정한 "유대인"은 내면적(이면적) 유대인이지, 적절한 민족적 자격을 주장하지만, 영적으로는 믿지 않고 거듭나지 못한 (표면

---

32 배경에 대해서는, Hemer, *Letters to the Seven Churches*, 57-60을 보라. 그 도시의 현재 이름은 오늘날 터키의 이즈미르(Izmir)이다. 서머나(Smyrna)와 몰약(myrrh) 사이에 연관성이 있을 수 있는데, 이것은 이 서신에서 고난이 강조된 이유를 설명하는 데 도움을 줄 수 있다(Hemer, *Letters to the Seven Churches*, 58-59). 또한, David A. deSilva, "The Social and Geographical World of Smyrna," in Beitzel, *Lexham Geographic Commentary*, 629-37도 보라.

적) 유대인이 아니다.³³ 놀랍게도 예수는 이 교회에 대해서는 어떤 책망도 하지 않는다.³⁴

예수는 유대인들의 격렬한 반대에 직면해서 서머나 교회의 교인 중 일부가 감옥에 들어가 시험을 받게 되더라도 굳건하게 서도록 격려한다(2:10).³⁵ 그는 신자들에게 "죽도록"(unto death) 충성하라(be faithful)고 요청한다. 그리하면 그들은 영원한 보상("생명의 면류관"; 2:10; 참조, 3:11)을 받을 것이다.

같은 맥락에서 야고보는 "시험을 참는 자는 복이 있나니 이는 시련을 견뎌 낸 자가 주께서 자기를 사랑하는 자들에게 약속하신 생명의 면류관을 얻을 것이기 때문이라"라고 쓴다(약 1:12). 이와 유사하게 바울은 "의의 면류관"(딤후 4:8; 참조, 고전 9:25; 빌 4:1; 살전 2:19)을, 베드로는 "영광의 면류관"(벧전 5:4)에 대해 말한 바 있다.

그리스도의 참된 제자들은 시험을 받을 것이지만 끝까지 충성하고(신실하고) 그 시험을 통과하면 보상을 받을 것이다. 그들은 "둘째 사망"의 해를 받지 않을 것이다(2:11).

(3) 버가모 교회에 보낸 편지(2:12-17)

로마제국의 소아시아 지방에서 우편 경로를 따라 더 멀리 북쪽에 고대 도시 버가모가 놓여 있다.³⁶ 세 번째 편지는 버가모 교회의 천사(사자)에게 보내진다. 예수의 특성 묘사 부분은 그의 말씀을 "좌우에 날 선 검"(롬파이아[*rhomphaia*]; 2:16에서 다시 언급; 1:16 참조)에 비유한다(2:12). 나중에 이 검

---

33 예를 들어, 롬 2:28; 갈 6:15; 빌 3:3을 보라. 누가 진정으로 "아브라함의 자손"인지에 대한 예수와 유대인 지도자들 간의 논쟁도 보라(요 8:33-58).
34 이로 인해 서머나 교회는 2-3장에 소개된 교회 가운데 책망을 받지 않은 유일한 두 교회 중 하나가 된다. 책망을 받지 않은 또 한 교회는 빌라델비아 교회이다(3?7-13).
35 "십 일 동안"의 환난이 언급되어 있다. 확신할 수는 없지만, 이 말은 간단히 고난이 중간 기간(intermediate period of time)으로 제한될 것임을 나타낼 수도 있다. Hemer, *Letters to the Seven Churches*, 69-70을 보라.
36 David A. deSilva, "The Social and Geographical World of Pergamum," in Beitzel, *Lexham Geographic Commentary*, 638-54을 보라.

에 대한 언급은 19:15과 21에서 백마를 탄 분으로서 승리하시는 그리스도의 귀환 때 통렬하게 다시 나타난다.

이 직유를 통해 독자들은 예수의 말씀을 진지하게 받아들여야 한다는 사실을 각인하게 된다. 세심하게 주의를 기울이지 않으면, 멸망에 대한 두려움을 심어줄 수 있다.

버가모 교회에 전달된 메시지는 불길하게도 교회가 거주하는 곳을 "사탄의 권좌가 있는 데"로 언급함으로써 시작한다(2:13). 그 도시는 사탄의 요새이다. 최근 그곳에서 사탄의 희생자가 된 사람이 아마 안디바였던 것 같다. 안디바는 "너희 가운데 죽임을 당한" "내 충성된 증인"(2:13), 즉 기독교의 믿음 때문에 순교를 당한 인물로 확인된다.[37]

긍정적 측면으로는 버가모 교회의 신자들은 그러한 고난의 때에도 믿음을 부인하지 않았다. 하지만 부정적 측면으로는 거기에 발람의 교훈을 지키는 사람들과 니골라당의 교훈을 지키는 자들이 있었다(앞의 2:6의 논의 참조).[38]

2:14에 발람의 교훈이 우상에게 바친 제물을 먹는 일과 성적 부도덕과 관련된 것으로 암시되지만, 그에 대한 언급을 파악하기 어렵게 하는 요인으로 발락에게 준 그의 조언이 구약성경 내러티브에는 명시적으로 나타나지 않는다는 점에 있다(민 25:1-2; 31:16; 참조, 고전 8:1-13; 10:20-30). 거짓 선지자 "여자 이세벨"도 두아디라 교회에서 유사한 가르침을 전파했던 것으로 보인다(2:20).

필로(Philo)와 요세푸스(Josephus)를 포함한 후대의 유대 문헌에는 일반적으로 발람이 이스라엘의 모압 여인들과의 죄에 책임이 있다고 여겨졌다. 이와 유사하게 버가모에서 일어난 죄도 자유의 남용과 관련이 있었다

---

37 Schnabel ("Persecution of Christians in the First Century," 545)는 다음과 같이 쓴다. "안디바가 '너의 도시'에서 죽임을 당했다는 진술은 안디바가 버가모 교회의 교인이었는지 아니면 그 지방의 사법 중심지 중 하나였던 버가모에서 법정 소송이 제기된 그 지방의 다른 도시에 있는 교회의 교인이었는지의 여부를 미결로 남겨 둔다." 안디바에 대한 언급은 신실한 증인(1:5; 3:14; 참조, 1:2, 9; 12:17; 19:10; 22:20)이자 죽임을 당하신 (5:6) 예수, 그리고 더 광범위하게는 죽음에 이르기까지 신실한 증인으로 묘사된 하나님의 백성과의 연관성을 보여 준다(6:9; 12:11; 17:6).

38 Osborne, *Revelation Verse by Verse*, 87-94에 있는 논의를 보라.

(도덕 폐기론[antinomianism] 또는 방종주의[libertinism]).[39]

버가모 교회에 보낸 편지는 이기는 자에게는 "감추었던 만나"와 "흰 돌"이 주어질 것이라는 신비로운 말로 끝나는데, 그 돌에는 받은 사람밖에는 알지 못하는 새 이름이 기록되어 있다는 것이다(2:17). "감추었던 만나"에 대한 언급은 모세가 형 아론에게 대대 후손들을 위하여 만나 일부를 간직하라고 지시한 출애굽기 16:32-34을 암시한다고 할 수 있다.

그런데 후대의 유대 문헌에서는 그것이 어디에 있는지에 대해 굉범위한 추측을 불러일으켰다.[40] 외관상 모세가 그랬던 것처럼, 메시아가 하나님의 백성을 위해 만나를 제공해 줄 것으로 기대되었다(요 6:31). "흰 돌"은 신자들에게 주어진 "새 이름"을 상징한다.[41]

(4) 두아디라 교회에 보낸 편지(2:18-29)

버가모에서 멀지 않은 곳 동남쪽으로 같은 우편 경로를 따라 도시 두아디라가 놓여 있었다.[42] 두아디라 교회는 요한계시록에 나오는 일곱 교회 중 가장 긴 편지의 수신 공동체이다. 그 도시가 고대 문헌에서는 드물게 언급되지만, 신약성경에는 마게도냐 지방의 첫 번째 기독교 개종자 루디아(자색 옷감 장사)가 두아디라 출신이었다고 기록한다(행 16:14).

처음에 나오는 예수의 특징은 꿰뚫어 보는 듯한(불꽃 같은; 1:4 참조) 눈과 강한 발(빛난 주석과 같은; 1:15 참조)로 묘사된다. 예수는 칭찬의 말로 신자들의 행위, 사랑, 믿음, 섬김, 인내를 인정한다. 그러나 이어서 즉각적으로 중대한 책망 내용으로 돌아선다.

---

39 Osborne, *Revelation Verse by Verse*를 보라.
40 Schreiner, "Revelation," 578을 보라.
41 이 상징의 배경은 정확히 지적하기 어렵다. Hemer (*Letters to the Seven Churches*, 96-102)는 무려 일곱 가지의 옵션을 나열한다. 또한, Grant R. Osborne, *Revelation*, BECNT (Grand Rapids: Baker Academic, 2002), 147-49에 있는 논의도 보라.
42 관련 배경 정보를 위해서는 Hemer, *Letters to the Seven Churches*, 106-11을 보라. 또한, Mark Wilson, "The Social and Geographical World of Thyatira," in Beitzel, *Lexham Geographic Commentary*, 655-64도 보라.

즉, 두아디라 교회가 스스로 여 선지자라고 자처하면서 "예수의 종들"을 가르쳐 꾀어 행음하게(포르뉴오[*porneuō*]) 하고 우상의 제물(에이돌로뒤타[*eidōlothyta*])을 먹게 하는 "여자 이세벨"을 용납했다는 것이다. 흥미로운 것은 이 두 가지 죄가 앞의 버가모 교회에 보낸 편지에서도 "발람의 교훈"(2:14)과 관련하여 언급된 같은 죄라는 점이다.

본래 이세벨은 구약 아합왕의 아내로서 바알을 섬기며 "음행과 술수(마법)"로 악명이 높았던 사악한 여인이었다. 그녀는 구약 예언자 엘리야의 원수였다(왕상 16:31; 왕하 9:22). 구약 시대에는 이사야의 아내(사 8:3)는 말할 것도 없고 모세의 여동생 미리암(출 15:20-21)과 드보라(삿 4:4-5), 훌다(왕하 22:14)를 포함하여 선지자 역할을 한 여인들이 있었다.

두아디라 교회에 나타났던 이 "여자 이세벨"은 자칭 여선지자이자 선생으로 기독교의 자유를 선전하는 자유분방한 메시지를 옹호했던 것으로 보인다.[43] 이 지역의 교회 즉 두아디라 교회와 이웃 버가모 교회 모두 거짓 가르침으로 가득 찼던 것 같다. 그래서 우상에게 바쳐진 음식을 먹는 것과 행음하는 행위는 고대 세계에서는 종종 "신성한" 신전 매춘 때문에 종종 연결되곤 했다.

본문의 경우 이 여인은 아마 회개의 기회가 제공되었으나 그렇게 하기를 거절했던 것으로 보인다(2:21). 예수는 그녀를 병으로 괴롭게 하고 그녀와 영적으로 간음하는 자들에게 환난을 주겠다고 선언한다(2:22). 이러한 예수의 가혹한 질책은 그가 거짓 가르침을 얼마나 심각하게 받아들였는지 보여 준다. 특히, 그것이 참되신 하나님 한 분 외에 다른 "신들"을 섬기는 우상숭배와 음란하고 불경스러운 행위와 연관되었다는 점에서 더욱 그러하다. 사실상 예수는 그 여자의 가르침을 "소위 사탄의 깊은 것"(2:24; 고전 2:10의 "하나님의 깊은 것"이라는 표현과 대조)으로 부르는데, 이는 궁극적으로는 사탄 자신이 이러한 이단의 배후에 있다는 점을 나타낸다.

---

43 좀 더 구체적으로, 헤머(Hemer)는 "아마도 이세벨은 그리스도인이 길드에 가입하여 믿음을 타협하지 않고서도 그 잔치에 참여할 수 있다고 주장했을 것"이라고 제안한다. *Letters to the Seven Churches*, 123.

태초에 사탄은 인간을 부추겨 타락하게 만들었다(창 3:1-7). 또 그는 예수를 십자가에 처형시키기 위해 배신자 유다에게 들어갔다(요 13:2, 27). 지금 여기서 사탄은 거짓 선생의 형태로 교회를 공격했는데, 바울이 다른 곳에서 하나님의 백성에게 결정적인 공격을 가할 적그리스도의 영의 표현으로 "귀신의 가르침"(teachings of demons; 딤전 4:1)이라 불렀던 그 거짓 교훈을 퍼뜨렸다.

이단을 퍼뜨리거나 분열을 일으키거나 교회 지도자들을 유혹하여 걸려 넘어지게 함으로써 사탄은 주 예수 그리스도에 대한 교회의 증언을 훼손하고 무효화하려고 한다. 그러나 예수는 그의 영적 군대의 정복하는 진격을 지옥의 문이 견딜 수 없을 것이라고 약속하신다.

> 내가 (이 반석 위에) 내 교회를 세우리니 음부의 권세(헬라어 본문에는 "문"으로 표현됨-역자주)가 이기지 못하리라(마 16:18).

교회는 다음과 같은 부활하신 주님의 대위임령(Great Commission)을 따라야만 한다.

> 그러므로 너희는 가서 모든 민족을 제자로 삼아 아버지와 아들과 성령의 이름으로 세례를 베풀고 내가 너희에게 분부한 모든 것을 가르쳐 지키게 하라(마 28:19-20).

세상의 주로 높여지신 예수는 자신이 하나님 아버지께 권세를 받은 것처럼(2:27), 두아디라 교회에 "만국을 다스리는 권세"(2:26)를 줄 것으로 약속하신다. 이는 다음과 같은 메시아 시편의 예언과 일치한다.

> 여호와께서 내게 이르시되 너는 내 아들이라 오늘 내가 너를 낳았도다 내게 구하라 내가 이방 나라를 네 유업으로 주리니 네 소유가 땅끝까지 이르리로다 네가 철장으로 그들을 깨뜨림이여 질그릇 같이 부수리라 하시도다(시 2:7-9).

하지만 여기서 놀라운 것은 약속의 대상이 메시아가 아니라 이기고 정복하고 끝까지 충성하는 그를 따르는 자들이라는 점이다. 그러한 사람들이 그의 권위 있는 통치에 동참할 것이다. 끝으로 예수는 이기는 자들에게는 "새벽 별"을 줄 것이라고 약속하신다.

앞선 편지의 "흰 돌"의 경우처럼 이 말도 무엇을 가리키는지 분명치 않다. 그러나 2:14의 발람에 대한 언급에 비추어 볼 때, 아마도 여기서는 발람의 예언에 언급된 "야곱에게서 나올 별"을 암시할 수도 있다(민 24:17).[44]

(5) 사데 교회에 보내는 편지(3:1-6)

두아디라에서 같은 길을 따라 약간 남동쪽에 사데가 놓여 있다. 그리스 전승에 따르면 이곳은 마이더스(Midas)왕이 그의 황금손(golden touch)을 잃은 곳이다. 도시 사데는 AD 17년에 근교의 빌라델비아처럼 대지진을 경험했다. 사데는 재건되었지만, 그 도시의 이전 영광은 사라졌다.[45]

사데 교회에 보낸 편지의 첫 부분에서 예수는 자신을 "하나님의 일곱 영"(즉 성령; 1:4; 슥 4:10["여호와의 일곱 눈"] 참조)과 "일곱별"(2:1에 나온 것과 같은 명칭; 즉 교회의 천사들; 1:16, 20 참조)을 가진 분으로 소개한다. 이 두 명칭은 각각 그의 영적 통찰력과 교회에 대한 권위를 확고히 한다.[46]

다른 편지와는 달리 이 편지는 의외로 칭찬으로 시작하지 않고 곧바로 훈계로 나아간다. 이 교회는 영적으로는 살아 있다는 명성은 있지만, 실상은 영적으로 죽은 교회이다. 예수께서 이 교회에 말씀하실 수 있는 것은 깨어나라는 말뿐이다. 즉, 명목상의 신자들(nominal believers)은 회개하고 진정으로 변화해야 한다.

---

[44] Hemer (*Letters to the Sevens Churches*, 125)는 그 상징이 "만족스럽게 설명된 적이 없었다"라고 말한다. 다양한 제안과 해석 옵션을 위해서는 125-26을 보라. 또 Osborne, *Revelation* (BECNT), 168도 보라.

[45] 고대 배경에 대해서는 Hemer, *Letters to the Seven Churches*, 129-34를 보라. 또한 David A. deSilva, "The Social and Geographical World of Sardis," in Beitzel, *Lexham Geographic Commentary*, 655-73도 보라.

[46] "하나님의 일곱 영"에 관해서는 Hemer, *Letters to the Sevens Churches*, 142에 있는 논의를 보라.

"남은바 죽게 된 것을 굳건하게 하라"는 권면과 3:2-3의 경계심에 대한 명령은 요새화된 사데의 성채가 지역 시민의 경계심 부족으로 인해 함락된, 잘 알려진 사건을 암시할 수도 있다.[47] 또한, 고대 도시 사데의 역사의 핵심 부분은 크로에수스(Croesus)의 운명이었는데, 그의 삶은 "파멸 전의 자부심, 부에 대한 잘못된 신뢰, 경계심 부족에 대한 고전적 이야기"였다.[48]

동시에 사데 교회에는 영적으로 살아 있어 믿음을 타협하지 않았던 몇몇 사람이 있었던 것 같다. 그들은 주위에 있는 경건하지 못한 세상을 대할 때 그들의 옷을 더럽히지 않았고 믿음을 타협하지 않았다(약 1:27; 유 1:23 참조). 세상의 압박에 굴복하지 않은 사람들은 "흰옷"을 입을 것이며 그들의 이름이 결코 "생명책"에서 지워지지 않을 것이다(3:5, 출 32:32-33에 대한 암시). 흰옷은 순결의 상징인 반면, 생명책은 하나님 앞에서 영생의 소유를 의미한다. 또한, 예수는 아버지와 천사들 앞에서 그들을 시인하실 것이다(3:5; 마 10:32; 눅 12:8의 예수의 말씀 반향).

(6) 빌라델비아 교회에 보낸 편지(3:7-13)

다음 편지는 가까운 도시인 빌라델비아(헬라어로 "형제 사랑"을 의미)에 있는 교회로 보내진다.[49] 서머나 교회에 보내진 편지를 제외하면 이 편지는 책망이 없는 유일한 편지이다. 사데처럼 빌라델비아는 AD 17년에 대지진을 겪었고 느리게 재건되었다. 이 도시는 수많은 포도원을 자랑하였고 그리스 포도의 신 디오니시우스(Dionysius)가 그 도시의 눈에 띄는 신이었다. AD 92년 포도원의 절반 이상을 파괴하라는 로마 황제 도미티안의 칙령은 빌라델비아의 경제에 많은 피해를 주었을 것이다.[50]

47　Hemer, *Letters to the Sevens Churches*, 144.
48　Hemer, *Letters to the Sevens Churches*, 150: 또 131-33도 보라.
49　Mark Wilson, "The Social and Geographical World of Philadelphia," in Beitzel, *Lexham Geographic Commentary*, 674-83을 보라.
50　Hemer, *Letters to the Sevens Churches*, 158-59.

편지의 첫 부분에서 예수는 자신을 "거룩하고 진실한" 분과 "열면 닫을 사람이 없고 닫으면 열 사람이 없는" "다윗의 열쇠"를 가지신 분으로 소개한다(사 22:22 암시). 본래는 다윗 왕가의 출입을 통제한 엘리아김을 가리키는 진술이었지만, 여기서는 예수를 메시아로 인정하기를 거부한 동족 유대인에게는 들어옴을 막으시고 유대인의 저항에도 불구하고 교회를 이방인에게는 열어 주시는 하나님의 주권적 행위를 가리킬 수도 있다.[51]

빌라델비아 교회에 보낸 편지는 격려와 지지로 가득하다. 예수는 신자들에게 그들의 행위를 알고 있으며 그들 앞에 어떤 사람도 닫을 수 없는 열린 문을 두었다고 확언하신다. 연약하지만 그 교회는 예수의 말씀을 지켰고 다른 사람 앞에서 그를 시인하였다(3:8). 서머나 교회에 보낸 편지의 경우처럼(2:9), 예수는 "사탄의 회당", 즉 예수를 메시아로 인정하지 않을 뿐만 아니라 그리스도인들 특히 기독교 신앙을 받아들인 동료 유대인을 박해한 유대인들을 언급한다.

예수는 그를 따르는 자들의 정당성을 입증하고 그들의 적을 진압할 것이라고 약속하신다(3:9). 더욱이 그는 그러한 신자들을 세상에 있는 사람들이 곧 마주할 시험(시련)으로부터 지켜 주실 것이다(3:10).[52] 신자들에게 필요한 일은 예수가 곧 오실 것이기 때문에 그들이 가진 것을 굳게 붙잡는 것뿐이다(3:11).

이기는 자는 하나님의 성전에 기둥이 될 것이며 그의 몸에 기록된 하나님의 이름, 새 예루살렘의 이름(21:9-22:5 참조), 예수의 새 이름으로 확인될 것이다(3:12; 사 62:2; 겔 48:35 참조).[53]

---

51 F. J. A. Hort, *The Apocalypse of St John I-III* (London: Macmillan, 1908), 34. Hemer, *Letters to the Sevens Churches*, 161에서 재인용.
52 이 구절은 아마도 교회의 환난 전 휴거(pretribulation rapture)에 대해 언급하는 것이 아닐 것이다. Schreiner("Revelation," 545)는 요한계시록에는 교회가 4장 전에 휴거 된다는 증거도 없으며 이스라엘과 교회 간의 날카로운 구분도 존재하지 않는다고 언급한다.
53 Hemer, *Letters to the Sevens Churches*, 167에 있는 논의를 보라.

(7) 라오디게아 교회에 보낸 편지(3:14-22)

마지막으로 일곱 번째 편지는 라오디게아에 있는 교회에 보내진다. 이 도시는 가장 먼 내륙에 있던 도시로서 빌라델비아 남동쪽, 거의 에베소의 동쪽 정면에 자리 잡고 있었다.[54] 골로새에 보낸 서신에서 바울은 다음과 같이 쓴다.

> 이 편지를 너희에게서 읽은 후에 라오디게아인의 교회에서도 읽게 하고 또 라오디게아로부터 오는 편지를 너희도 읽으라(골 4:16).

하지만 안타깝게도 라오디게아로부터 온 편지는 보존되지 않았다.

지금 라오디게아 교회에 보낸 편지에는 삼중으로 된 예수의 자기 소개가 나오는데, "아멘이시요 충성되고 참된 증인이시요 하나님의 창조의 근본이신 이"가 바로 그것이다. **아멘**이라는 히브리어 단어는 "그것은 확실하다(firm)"의 뜻이다. 즉, 하나님의 뜻은 실패할 수 없다는 것이다. 예수는 탁월하신 하나님에 대한 신실하고 참된 증인이시다. 또한, 그는 하나님 창조의 근본(beginning)이신데, 이는 그 자신이 피조물 일부라는 의미에서가 아니라 창조 이전의 영원 전부터 존재하셨다는 점에서 그러하다.

바울은 골로새서에서 예수에 대해 다음과 같이 기록했다.

> 그는 모든 피조물보다 먼저 나신이시니 만물이 그에게서 창조되되…만물이 다 그로 말미암고 그를 위하여 창조되었고 또한 그가 만물보다 먼저 계시고 만물이 그 안에 함께 섰느니라(골 1:15-17).

사데 교회의 경우처럼 예수는 "내가 네 행위를 아노니"(3:15; 참조, 3:1)라는 같은 문구로 시작하면서 곧바로 책망으로 향한다. 라오디게아의 문화

---

54 Cyndi Paker, "The Social and Geographical World of Laodicea," in Beitzel, *Lexham Geographic Commentary*, 684-96을 보라.

를 배경으로 예수는 그 교회가 뜨겁지도 않고 차지도 않고 미지근하다고 탄식하신다. 그 때문에 그는 그 교회를 그의 입에서 토하여 버리실 것이라고 경고하신다. 이 말씀은 가혹하기는 하지만, 예수는 반박할 수 없는 증거를 들어 자신의 책망을 뒷받침하신다.

그 책망의 내용은 라오디게아 도시와 관련이 있는 것이 거의 확실하다. 약 6마일 떨어진 히에라볼리 근처에 유명한 온천들이 있었다.

> 뜨거운 탄산수가 도시 고원의 깊은 웅덩이에서 솟아올라 좁고 높은 수로를 가로질러 …눈 덮인 계단식 웅덩이를 통해 하얀 폭포의 절벽 가장자리 위로 쏟아진다. 그 절벽에서는 라오디게아의 전경을 볼 수 있었다.…그 물의 온도는 화씨 95도(=섭씨 35도)라고 전해진다.[55] 동시에 차갑고 깨끗한 물은 골로새의 주목할 만한 특징이다.[56]

이런 점에서 그 물이 치료용으로 뜨겁거나 상쾌하게 차가웠던 이웃 도시들과는 대조적으로 라오디게아 교회의 영적 상태는 미지근하였다.

실제로 라오디게아 교회는 부요하다고 주장했지만, 커다란 영적 빈곤이 그 물질적 번영에 가려져 있었다(3:17). 살았다 하는 이름은 가졌으나 영적으로는 죽은 사데 교회와 유사하게(3:1), 라오디게아 교회 역시 영적 갱신과 부흥, 진정한 회개와 쇄신이 절실히 필요했다.

놀랍게도 예수는 문밖에 서서 바깥에서 교회의 문을 두드리고 계신다! 누구든지 그의 음성을 듣고 문을 열면 그는 그에게로 들어가 그와 함께 먹을 것이다(3:20). 이는 다소 절망적인 상황이었다. 그 교회는 명목상 기독교적이었지만, 오늘날 서구의 많은 주류 교회들과 유사하게 실제적인 영적 활력이 빠져 있었다.

---

[55] Hemer, *Letters to the Sevens Churches*, 187.
[56] Hemer, *Letters to the Sevens Churches*, 188.

예수는 그 교회에 불로 연단한 금, 흰옷, 안약을 **그에게서** 살 것을 조언한다. 이러한 물품들 또한 라오디게아 도시와 밀접하게 관련되어 있다. 그 도시는 은행 업무의 중심지 역할을 했고 활기찬 직물 산업과 유명한 의료 학교를 자랑하였다.[57] 라오디게아의 노련한 은행가들은 예수에게서 영적인 금을 사야만 했고, 그 도시의 패션에 민감한 사람들은 흰옷을 사야 했다. 또 안과의사들은 그들의 영적 눈을 회복하기 위해 예수에게서 안약을 구매해야 했다.

예수의 날카로운 책망에도 불구하고 그의 말씀은 사랑에 의해 동기 부여된다.

> 무릇 내가 사랑하는 자를 책망하여 징계하노니 그러므로 네가 열심을 내라 회개하라 (계 3:19).

맺음말에서 예수는 이기는 자에 대한 보상을 제시한다. 이기는 자에게는 그가 이겨서 그의 아버지와 함께 보좌에 앉으신 것처럼, 그의 보좌에 함께 앉아 그와 함께 다스리게 하실 것이다(3:21). 이것은 참으로 죽임을 당하신 어린양(Lamb)과 영광스러운 광채로 다시 오실 유다의 사자(Lion of Judah)를 따르는 사람들에게는 놀라운 기대이다.

요한계시록 2장과 3장에 소개된 각각의 편지는 1세기 말경 소아시아의 독특한 역사적 배경을 지닌 특정 교회에 보내지지만, 요한계시록의 이 일곱 교회는 모든 문화와 모든 시대의 교회를 대표하는 다양한 영적 증상과 상태를 보여 준다. 모든 세대의 신자들은 그리스도를 신실하게 증언하며 경건하지 못한 주변 문화와의 영적인 타협을 피해야 할 필요가 있다.

교회는 교회에 침투하려고 하거나 이미 그 벽 안에 존재하는 거짓 가르침에 대해 경계해야 한다. 사탄은 계속해서 교회를 공격할 것이지만, 신자들은 그들의 연약함에도 불구하고 그리스도 안에서 이미 우리를 위하여

---

57 배경은 Hemer, *Letters to the Sevens Churches*, 196-201에서 논의된다.

승리하신 전능하신 하나님의 보호 아래 피난처를 찾을 수 있다.

3. 환상 2: 하나님의 법정, 민족들의 시련(4:1-16:21)

1) 내러티브의 개관 및 해석적 도전

다음 환상(높여지신 그리스도와 일곱 교회에 보낸 그의 편지에 대한 환상에 이은 두 번째 환상)은 총 13장에 걸쳐 전개되며 요한계시록에 수록된 네 개의 환상 중 단연 가장 길다. 4장과 5장의 하늘 보좌(알현실) 장면에 이어 이 단락 전체의 주요 초점은 불신 세상에 대한 하나님의 심판에 놓여 있다. 그 심판은 처음에 6장에서는 일곱 개의 봉인을 떼어 냄으로써 드러나고 공식적으로는 8-9장에서 일곱 개의 나팔 소리와 함께 알려지며(일곱 번째 나팔은 11:14-18에 가서야 비로소 울리지만), 마침내 16장에서 일곱 대접의 쏟음을 통해 수행된다.

이 두 번째 환상은 상당히 복잡함으로 기본적인 개요와 환상에 대한 서사 개관(narrative survey)의 맥락에 따른 다양한 해석적 접근 방식에 대한 초기 논의(특히 세 종류의 일곱 심판과 서사의 순서를 중단하는 세 개의 주요 막간에 초점을 둔)를 제공하는 것이 도움이 될 것이다. 그 후 우리는 관례적 방식에 따라 환상의 기본적인 내용을 살펴볼 것이다. 그러나 이 두 번째 환상의 복잡성 때문에 여기서 상세한 논의는 가능하지 않다. 독자들은 뒤에 나오는 참고 문헌에 나열된 표준 주석을 참조할 수 있다.[58]

---

[58] 요한계시록에 대한 주요 해석 접근 방식에 관해서는 Köstenberger, Kellum, and Quarles, *The Cradle, the Cross, the Crown*, 966-73을 보라. 다음 논의가 너무 혼란스럽거나 필요하지 않은 경우, 독자는 곧바로 "하나님의 보좌 광경"(4:1-5:14)으로 넘어가도 된다.

요한이 본 두 번째 환상의 구조(계 4-16장)

계시록	내용
4-5장	하나님의 보좌-방 장면
6장	일곱 봉인
7장	막간 1: 인치심을 받은 하나님의 백성
8-9장	일곱 번째 봉인과 일곱 나팔
10-11장	막간 2: 작은 두루마리, 두 증인, 일곱 번째 나팔
12-15장	막간 3: 거룩한 전쟁
16장	일곱 대접

2) 세 가지 견해

요한계시록에서 가장 긴 이 환상에 대한 커다란 해석적 문제는 이것이다. 봉인, 나팔, 대접이라는 상징으로 전달되는 세 종류의 일곱 심판을 어떻게 해석할 것인가?[59]

이것들이 엄격한 직선적(linear) 관점에서 시간적 연속성을 전달하는 사건들(즉, 21개의 개별적인 순차적 사건들로)로 해석되어야 하는가 아니면 전체적인 반복의 관점(즉, 세 번 반복되는 일곱 개의 사건)에서 해석해야 하는가?

아니면 이러한 두 개의 극단적 견해 사이 어딘가에서 해석의 실마리를 찾아야 하는가(아래에 설명된 중첩형 견해 [telescoping view] 참조)?[60]

일곱 심판 시리즈(봉인의 경우에는 여섯 번째와 일곱 번째 봉인)가 모두 다가오는 주님의 날을 가리키는 것은 매우 명백하다. 봉인이 떼어지고 나팔이 불어지며 대접이 쏟아져서 예언자들이 예고한 야웨의 날(day of Yahweh)의 정점에 이르렀다. 이 책은 주님의 날이 도래했음을 매우 강하게 암시하지만, 주님 자신은 나타나지 않는다.

---

[59] 나팔과 대접의 이미지는 출애굽 시대의 구원 역사를 상기시킨다.
[60] Köstenberger, Kellum, and Quarles, *The Cradle, the Cross, the Crown*, 962를 보라.

종말적 지진과 같은 시내산 이미지뿐만 아니라(6:12; 11:13; 16:18), 4장("번개와 음성과 우렛소리")에서 시작해서 요한계시록 전반에 걸쳐 신 현현(theophanies)에 대한 언어가 풍성하게 나타나고 신 현현에 대한 기대는 고조되지만, 하나님은 여전히 숨겨져 있다.[61] 그러나 그 후 신 현현은 19장에서 마침내 백마를 탄 자와 함께 일어난다. 이런 점에서 세 종류의 일곱 환상들은 각각 같은 클라이맥스를 향해 나아가고 같은 장소에서 끝난다.

이 사건들은 모두 어떻게 정렬되는가?

확실하게 알 수는 없다. 앞에서 이미 언급했듯이 요한계시록을 엄격한 연대순으로 읽으려는 이들은 다소 개연성이 부족하더라도 그 순서는 엄격히 직선적이어서 21개의 연속적인 사건을 특징으로 한다고 주장한다. 그러나 반복의 관점에서 이해하려는 이들은 각각의 일곱 환상이 어떤 형태로든 이전의 심판 주기를 다시 서술하고 있다고 생각한다(후자의 견해의 난점은 각 주기의 상응하는 부분간의 차이들을 어떻게 조화하느냐에 놓여 있다).

이 양 극단적 견해 사이에서 해결안을 찾으려는 다양한 절충안 중 하나인 중첩형 견해(telescoping view)가 좀 더 개연성이 크다. 이 견해는 진전되는 부분과 겹쳐지는 측면의 균형을 맞추려고 노력하는데 처음의 다섯 봉인, 그다음 여섯 개의 나팔과 그릇들은 종말 심판을 가리키지만, 여섯 번째 봉인과 일곱 번째 봉인이 일곱 번째 나팔과 일곱 번째 그릇을 연다고 본다.

그렇다면 순서는 다음과 같을 것이다.

- 첫 번째, 두 번째, 세 번째, 네 번째, 다섯 번째, 여섯 번째 봉인
- 첫 번째, 두 번째, 세 번째, 네 번째, 다섯 번째, 여섯 번째 나팔
- 첫 번째, 두 번째, 세 번째, 네 번째, 다섯 번째, 여섯 번째 그릇(여기 어딘가에 여섯 번째 봉인의 자리)
- 마지막으로 일곱 번째 봉인, 나팔, 그릇[62]

---

61 Richard Bauckham, "The Eschatological Earthquake," in *Climax of Prophecy*, 199-209를 보라.
62 Paul M. Hoskins, *The Book of Revelation: A Theological and Exegetical Commentary* (North

<도표 8.2> 요한계시록에 나타난 봉인, 나팔, 그릇에 대한 중첩형 견해

| 1, 2, 3, 4, 5, 6번째 봉인 (6:1-17) | 1, 2, 3, 4, 5, 6번째 나팔 (8:6-21) | 1, 2, 3, 4, 5, 6번째 그릇 (16:1-21) | 7번째 봉인, 나팔, 그릇 (19:11-21) |

4) 세 개의 막간(interludes)

설상가상으로 4-16장에는 세 개의 막간 환상이 포함되어 있다.

(1) 7장
(2) 10:1-11:14
(3) 12-14장

주요 내러티브(narrative)는 다가올 하나님의 심판을 서술하고 있지만, 이러한 막간은 "하나님의 백성에게는 어떤 일이 일어나는가?"라는 질문을 간헐적으로 제기한다. 이런 점에서 막간은 독자가 물을 수 있는 질문을 예상하고 해결함으로써 독자를 돕는 일종의 괄호(parenthesis) 역할을 한다. 막간은 또한 펼쳐지는 심판의 물결과 관련하여 독자들의 역할을 명확하게 한다.[63]

하나님의 백성은 그분의 증인들이다. 사탄은 그들을 박해할 것이지만 하나님께서 그들을 보호하실 것이다. 하지만 그들은 끝까지 신실해야 한다.

---

[63] Charleston, SC: ChristoDoulos, 2017), 25; and Mark Wilson, *Charts on the Book of Revelation: Literary, Historical, and Theological Perspectives* (Grand Rapids: Kregel, 2007, 78에 있는 도표를 보라. 호스킨스(Hoskins)는 봉인들이 교회 역사 전반에 걸쳐 일어나는 심판을 나타낸다고 주장했지만, G. K. Beale (*Book of Revelation*, 48, 127-29)는 모든 것이 일반적으로 교회 역사 전반에 걸쳐 일어난다고 제안한다. 세대주의자들(Dispensationalists)은 모든 심판이 여전히 미래적이라고 주장한다.

[63] Bauckham, *Climax of Prophecy*, 11-17을 보라.

첫 번째 막간(7장)은 6장의 마지막 부분과 긴밀하게 연결되는데, "누가 능히 서리요"라는 질문을 독자들에게 남긴다. 7장은 이 질문에 대해 어린 양 예수의 인치심을 받은 자들이라고 대답한다. 전체적으로, 듣고(hearing) 그다음에 보는(seeing) 패턴이 나타난다.[64] 선견자 요한은 먼저 듣는다. 그러나 보기 위해 돌아설 때는 이스라엘 백성뿐만 아니라 능히 셀 수 없는 큰 무리를 본다. 십사만 사천 명은 유형론적으로(typologically) 하나님의 종말론적 백성을 대표한다.[65]

7장은 또한 에스겔서 9장에 의지하여 "인침을 받는"(marked) 개념을 이 책에서 처음으로 보여 준다. 에스겔 9장에서 하나님은 천사를 예루살렘으로 보내 의로운 사람들의 이마에 표를 그리게 하신다. 하나님의 표(인치심)는 하나님께서 나머지 사람들이 심판을 받는 동안 예루살렘의 신실한 사람들을 보존하시기 위한 징표인 것처럼, 심판의 한가운데서 그의 백성의 보호하심을 나타낸다.

그러나 그 표는 물리적 표가 아니라 영적 표이다. 더욱이 그것은 하나님의 백성을 고난이나 박해에서 구하는 것이 아니라 하나님의 심판에서 구하는 것이다. 이 같은 점은 독자가 뒤에서 논할 요한계시록 13장을 이해하는 데 도움이 될 것이다.

두 번째 막간(10:1-11:14) 중 10장에서는 작은 두루마리와 요한의 예언적 사명을 가지고 하늘에서 내려오는 또 하나의 힘센 천사가 등장한다. 11장에서는 교회를 나타내는 두 증인이 등장하는데, 아마 모세와 엘리야를 가리킬 가능성이 크다. 이 두 증인에 대한 언급은 또한 종말에 나타날 두 인물을 가리킬 개연성이 매우 높다(뒤에서 언급될 논의를 보라).

예언자 스가랴에 따라 두 촛대는 교회의 증인을 나타낸다(1-3장 참조). 11장, 12장, 13장 사이에 긴밀한 문학적 연관성이 있는데, 여자(하나님의

---

64 James L. Resseguie, *Narrative Criticism of the New Testament: An Introduction* (Grand Rapids: Baker Academic, 2005), 181-82를 보라.

65 Köstenberger, Kellum, and Quarles, *The Cradle, the Cross, the Crown*, 979에 있는 사이드바 20.1을 보라.

백성을 상징)를 쫓는 용(사탄을 상징)이 등장한다. 11장은 그다음에 갈등에 직면한 그의 증인들에 대한 하나님의 영적 보호를 묘사한다. 그들은 죽지만 하나님께서 그들을 일으키신다.

12-14장은 한 걸음 물러서서 우주적 전쟁의 배경을 보여 준다. 전쟁은 하늘에서 시작하지만, 그 후 사탄은 땅으로 내쫓겨(아마도 그의 원초적 몰락 또는 더 큰 가능성은 십자가 사건 때) 하나님의 백성을 뒤쫓는다. 한편으로는 사탄이 하나님의 백성을 이길 수 있지만, 하나님께서 그의 백성을 지키신다. 그래서 그들은 죽음을 통해 사탄을 이긴다.

그러므로 하나의 매우 중요한 의미에서 사탄은 이미 패배했다. 그는 지상에 갇혀서 성도들과 전쟁을 벌인다. 또 그의 패배는 하나님께서 그의 백성을 영적으로 보호하시고 그들이 사탄의 반대에도 불구하고 신실함을 유지함에 따라 반복해서 입증된다.

세 번째 막간(12-14장, 15:4에서 끝남)에는 세 개의 이적(signs)의 맥락에서 사탄과 그의 부하들과 거룩한 전쟁에 참여하는 교회가 등장한다. "하늘에 큰 이적이 보이니"(12:1)라는 도입 문구로 암시되는 극적 변화에 이어 이스라엘을 상징하는 한 여인을 묘사한다. 뒤이어 사탄을 상징하는 붉은 용이 등장하는 두 번째 이적이 나온다(12:3). 거룩한 전쟁 기간이 끝난 후 세 번째 이적은 사탄에 대한 성도들의 승리를 묘사한다(15:1).

점진적으로 12-14장은 그리스도의 지상 사역으로부터 그의 재림까지의 기간에 걸쳐 있다. 그리스도와 하나님의 백성에 대한 사탄의 전쟁은 짐승으로 묘사된 개인들을 통해 계속되며 두 번에 걸친 수확으로 절정을 이룬다(14장). 이런 점에서 이 장들은 요람에서 십자가를 거쳐 왕관에까지 이르는 신약의 간략한 구원사를 제공한다. 의로운 자들에 대한 수확(곡식 수확으로 상징되는, 14:14-16)과 악한 자들에 대한 수확(포도 수확으로 상징되는, 14:17-18)이 있다.

세 번째 이적(15:1-4)과 전이 부분(15:5-8)에 이어 16장에서는 마침내 불신 세상에 대한 하나님 심판, 이전에 일곱 봉인에서 드러나고 일곱 나팔에 의해 알려진 심판의 실제 발생을 의미하는 일곱 대접을 쏟는 장면이 묘사된다.

5) 하나님의 보좌 방 광경(4:1-5:14)

두 번째 환상의 첫 부분에서 요한은 "성령에 감동되어" 밧모섬에서 하늘로 이끌려진다. 거기서 그는 비범한 하나님 보좌의 방 광경을 목격한다(사 6:1-4; 겔 1:26-28 참조). 그는 "흰옷을 입고 머리에 금관을 쓴" 이십 사 장로들에 둘러싸여 보좌에 앉으신 하나님을 본다(4:4). 그 보좌 앞에는 "하나님의 일곱 영", 즉 성령을 상징하는 일곱 등불(횃불)이 있다(4:5).

또 보좌 주위에는 사자, 송아지, 사람, 독수리 형태의 신비로운 네 생물이 있다(4:6-7; 겔 1:5, 10 참조).[66] 이 두 그룹(이십 사 장로들과 네 생물)은 요한계시록 전반에 걸쳐 예배 인도자와 통역자로 봉사한다. 아마도 장로들은 천상의 천사 회의를 대표하고, 이십 사라는 숫자는 역대상 24:4-5에 언급된 제사장 직분에서 파생된 것으로 보인다. 생물은 에스겔 1장과 10장, 그리고 이사야 6장에 언급된 그룹(cherubim) 및 스랍(seraphim)과 유사하다.[67]

먼저, 안쪽 그룹인 네 생물이 다음과 같이 외친다.

> 거룩하다 거룩하다 거룩하다 주 하나님 곧 전능하신 이여 전에도 계셨고 이제도 계시고 장차 오실 이시라(계 4:8; 사 6:3 참조).

화답하는 방식으로 바깥 그룹인 이십 사 장로들이 다음과 같이 외친다.

---

66 Schreiner("Revelation," 602)는 점증적으로 이러한 네 표상이 모든 피조물을 나타낸다고 제안한다. 기독교 도상(성상) 연구(iconography)에서 이 표상은 네 명의 복음서 기자를 테트라모프(tetramorph-4복음서의 기자(記者)를 상징하는 날개가 달린 결합 형상-역자주) 형태로 상징하는 것으로 간주했다. 가장 일반적으로는 마태는 (날개 달린) 사람으로, 마가는 사자로, 누가는 황소로, 요한은 독수리로 묘사된다.

67 Osborne, *Revelation Verse by Verse*, 100-103. 또한, Schreiner, "Revelation," 600도 보라.

우리 주 하나님이여 영광과 존귀와 권능을 받으시는 것이 합당하오니 주께서 만물을 지으신지라 만물이 주의 뜻대로 있었고 또 지으심을 받았나이다(계 4:11).

그다음에 요한은 일곱 인으로 봉해진 두루마리를 본다(5:1; 겔 2:9-10 참조). 이미 "승리하신" "유다 지파의 사자 다윗의 뿌리" 외에는 아무도 그 두루마리와 그 일곱 인을 뗄 수가 없다(5:5). 이는 하나님의 장래 심판을 계시하는 그의 권위에 대한 근거로 예수가 아버지의 우편에 즉위하신 것을 의미한다.

또 요한은 일곱 뿔과 일곱 눈(성령을 상징; 1:4; 4:5 참조)을 가진 죽임을 당한 어린양이 보좌에 앉아 계신 분의 오른손에서 두루마리를 취하고, 네 생물과 이십 사 장로들의 경배를 받으시는 것을 본다. 이때 어린양을 찬양하는 다수의 경배 장면이 이어진다(5:9-14; 참조, 시 103:20-22).

6) 일곱 봉인(6:1-17)

이어 어린양이 일곱 인을 떼신다.[68] 처음의 네 봉인은 떼어질 때 각각 다른 색깔의 말과 저 유명한 "요한계시록의 네 기사(horsemen)"가 나타난다(슥 1:7-11; 6:1-8 참조). 각각은 예수의 종말 강화에 묘사된 심판과 유사한 방식의 지상 심판과 관련된다. 네 말의 색깔은 다음과 같다.

(1) 흰 말(정복의 상징)
(2) 붉은 말(유혈)
(3) 검은 말(기근)
(4) 청황색 말(죽음을 상징하는 시신의 색; 5:2-8; 참조, 마 20장과 병행문).

---

68 Schreiner, "Revelation," 613에 있는 도표 9.7을 보라.

나머지 봉인들은 주님의 날을 바라보면서 더욱 포괄적인 규모의 심판을 향해 나아간다. 다섯 번째 봉인은 자신의 정당함을 입증해 달라고 외치는 기독교의 순교자를 보여 준다. 그다음 여섯 번째 봉인은 다가올 우주적 심판의 전조로서 우주의 대격변을 밝힌다(6:9-17; 예컨대, 사 34:4; 욜 2:31 참조; 또 마 24:29-31도 보라). 다가오는 심판들은 인간의 타락을 배경으로 하나님의 정의와 주권을 드러낸다. 이러한 심판들은 하나님의 거룩하시고 의로우신 성품에 따라 그리고 성도들과 순교자들의 기도에 대한 반응으로 집행된다. 회개는 여전히 가능하다(11:13 참조). 그러나 시간은 빠르게 흘러가고 있다.

7) 막간 1: 인치심을 받은 하나님의 백성(7:1-17)

불신 세상에 대한 하나님의 임박한 심판을 전하는 처음 여섯 개의 봉인이 떼어진 후 첫 번째 주요 막간(앞의 내러티브 개관을 보라)은 하나님 백성의 인치심을 묘사한다(7:3-4). 선견자 요한은 먼저 이마에 인치심을 받은 사람의 수를 "듣는다". 그 후에 그는 환상을 통해 그들을 "본다"(아래의 7:9 참조).[69] 고대 세계에서 인침을 받는 것(도장을 받는 것)은 소유와 보호를 나타냈다.

신약에서 신자들은 성령으로 "인치심을 받았다"라고 말해진다(엡 1:13-14; 4:30; 고후 1:22). 이러한 인치심을 받은 사람들은 상징적으로 십사만 사천 명(이스라엘의 각 지파 당 만이천 명[창 35:23-26 참조; 숫자 기호는 세 개의 완전 수의 합성을 포함함: 12×12×1,000])으로 묘사된다. 이 숫자는 단지 유대인만이 아니라 모든 그리스도인을 언급하는 것이 거의 확실하다.[70]

---

[69] James L. Resseguie, *The Revelation of John: A Narrative Commentary* (Grand Rapids: Baker Academic, 2009), 118, 139.
[70] Schreiner("Revelation," 622)는 열두 지파의 목록에서 몇 가지 특이한 점을 지적한다. 단 지파가 생략된 반면, 요셉과 므낫세 지파가 언급된다. 므낫세가 요셉의 아들이므로 요셉과 므낫세가 아니라 므낫세와 에브라임이 목록에 포함되는 것이 기대되었을 것이다. 이러한 자유로움이 상징적 해석을 지지한다.

이어서 요한은 모든 민족에서 나온 셀 수 없을 만큼 큰 무리(아마도 십사만 사천 명과 동일시될 가능성이 가장 크다)가 하나님의 보좌와 어린양 앞에 모여 있는 모습을 본다. 그 앞에서 그들은 흰 옷을 입고 손에 종려 가지를 들고 다음과 같이 큰 소리로 외친다.

> 구원하심이 보좌에 앉으신 우리 하나님과 어린양에게 있도다(계 7:9-10).

이 예배 장면에는 이십사 장로들과 네 생물뿐만 아니라 천사들도 함께 하는데, 그들 모두 찬양과 경배에 참여한다(7:11-12). 장로 중 하나가 요한에게 흰옷 입은 사람들을 "큰 환난"(7:14; 렘 30:7; 단 12:1-2; 막 13:19 참조), 즉 역사 전반에 퍼져 있는 영적 전쟁(12-14장)이나 최후의 종말 전투(14장과 16장)를 겪은 자들로 소개한다.[71]

요한계시록에 나오는 막간(interludes)의 기능에 따라 이 장면은 신자들이 환난의 한가운데서 인내하도록 격려하고 그들에게 궁극적인 승리를 보장해 준다. 하나님이 그들을 보호하고 계시며 결국 그들의 신원을 회복시켜 주실 것이다.

8) 일곱 번째 봉인과 일곱 나팔들(8:1-9:21)

어린양이 일곱 번째 봉인을 떼실 때, 잠시 동안("반 시간쯤") 하늘에 침묵이 흐른다(8:1). 이어서 일곱 천사가 불신 세상에 대한 하나님의 임박한 심판을 알리는 일곱 나팔을 불 준비를 하는데, 이는 유형론적으로 이스라엘의 여리고성 정복을 기반으로 한다(8:2-5; 수 6장 참조).[72] 그다음에 네 개의

---

[71] Schreiner, "Revelation," 625-26 참조. 그는 예수가 재림하기 이전의 모든 시간이 "큰 환난"이라고 주장한다.
[72] Hoskins, *Book of Revelation*, 206. 호스킨스(Hoskins)는 이것을 언약궤의 출현으로 계 11:19에서 논의하는데, 이를 여리고 이야기와도 연관시킨다. Schreiner, "Revelation," 631에 있는 도표 9.8 참조.

나팔이 빠르게 연속적으로 불리고(8:6-13), 이어서 더욱 광범위한 적용 범위를 제공하는 다섯 번째 나팔과 여섯 번째 나팔이 불린다(9장). 일괄적으로 발표되는 다양한 심판은 유형론적으로 출애굽 이전에 애굽에 내려진 열 가지 재앙을 상기시킨다(출 7-10장).

- **첫 번째 나팔**: 피 섞인 우박과 불. 땅의 삼 분의 일이 불로 파괴됨을 상징(출 9:19-35[애굽에 내린 일곱 번째 재앙]; 욜 2:30-31 참조).
- **두 번째 나팔**: 불타는 큰 산이 바다에 던져져 바다의 삼 분의 일이 피가 됨. 바다에 사는 생명체와 배들의 삼 분의 일이 파괴됨을 상징(출 7:14-21[애굽의 첫 번째 재앙]; 렘 51:25 참조).[73]
- **세 번째 나팔**: 횃불처럼 타는 큰 별("쓴 쑥")이 하늘에서 떨어져(6:13; 렘 9:15 참조) 물을 오염시킴(마라에서 일어난 모세 기적의 역순; 출 15:23-25 참조). 땅의 물 자원의 삼 분의 일이 파괴됨을 상징.
- **네 번째 나팔**: 해와 달과 별들의 삼 분의 일이 타격을 입어 각 날의 삼 분의 일이 어두워짐(출 10:21-23 참조[애굽의 아홉 번째 재앙]; 습 1:15 참조). 이어 공중에 날아가는 독수리(14:6; 19:17 참조)가 아직 불어야 할 세 개의 나팔이 더 남아 있음을 비참하게 알림.
- **다섯 번째 나팔**: 별이 하늘에서 떨어지고[74] 무저갱(pit)이 열린다. 황충(locust)이 떼 지어 몰려나와 불신자들을 다섯 달 동안 괴롭게만 하고 죽이지는 않는다(출 10:14; 욜 1-2장 참조). 여기서 독자는 "첫째 화"는 지나갔지만, 아직도 두 개의 화가 남아 있다는 소리를 듣는다(9:12; 참조, 11:14).[75]

---

73 그레코-로만 세계의 맥락에서 불타는 산의 이미지는 폼페이를 잿더미로 만든 베수비오(Vesuvius)산의 화산폭발(AD 79)에 대한 두려운 기억을 불러일으켰을 수도 있다.
74 이 말은 사탄이나 악마(9:11; 12:5-7참조; 사 14:12-14 참조), 또는 타락한 천사(20:1 참조)를 언급할 수도 있다. Osborne, *Revelation Verse by Verse*, 159에 있는 논의를 보라. 그는 후자를 선호하는데, "하나님께서 무저갱의 열쇠를 악마 감옥의 주요 거주자에게 맡긴다는 것을 상상하기 어렵기 때문이다."
75 황충들의 왕, 즉 마귀들의 통치자이자 무저갱(바닥이 안 보이는 구덩이)의 천사는 (히브리어로는) 아바돈(Abaddon)이고 (헬라어로는) 아볼루온(Apollyon)인데, 둘 다 "파괴자"라는 의미를 지닌다(9:11). 그것은 다섯 번째 나팔과 여섯 번째 나팔이 나타내는

• **여섯 번째 나팔**: 큰 강 유브라데에 결박되었던 네 천사(7:1 참조)가 파르티아 군대와 흡사하고 공격할 태세를 갖춘 강력한 군대로 묘사된, 강력하고 무서운 말을 탄 기마대로 땅 주민 삼 분의 일을 죽이기 위해 풀려난다.[76]

9장은 이 재앙에 죽지 않고 살아남은 땅 주민들이 여전히 우상숭배, 귀신숭배 또는 성적 음행의 죄를 회개하지 않았다는 불길한 말로 끝난다(9:20-21).

9) 막간 2: 작은 두루마리, 두 증인, 그리고 일곱 번째 나팔(10:1-11:19)

마지막 일곱 번째 나팔이 아직 남아 있는 이 벼랑 끝 장면에서 내러티브는 또 하나의 막간으로 이어진다. 또 다른 천사가 그 손에 작은 두루마리를 들고 하늘에서 내려오는데 한 발은 바다를, 다른 발은 땅을 디디고 선다(10:2).[77] 그는 일곱 번째 나팔 소리가 울려 퍼질 때 하나님의 비밀(이전에는 밝혀지지 않은 구원의 진리)이 "그의 종 (구약) 선지자들"에게 전하여 주신 대로 이루어질 것이라고 선언한다(10:7; 암 3:7에 대한 암시).

다음 장면은 선견자 요한이 작은 두루마리를 먹는 형태로 시행되는 예언적 위임으로 이동한다. 그 두루마리는 입에는 달지만, 배에서는 쓴데 이

심판을 전형적으로 보여 준다. 구약성경에서 "아바돈"은 종종 죽음과 파멸을 전달하기 위해 사용되곤 한다(예컨대, 욥 26:6; 28:22; 31:12; 시 88:11; 잠 15:11; 27:20; Schreiner, "Revelation," 437을 보라).

[76] 유브라데강은 이전에 아시리아, 바벨론, 바사(페르시아)와 같은 동쪽에서 온 적군이 이스라엘을 공격하기 위해 그 강을 건너왔듯이 외국 침략의 상징이었다. 유브라데강은 또한 로마 제국의 동쪽 국경을 표시하기도 했다. 그래서 파르티아인들(Parthians)은 그 반대편에 살았다. Osborne, *Revelation Verse by Verse*, 167을 보라. 파르티아인들은 BC 53과 AD 62년에 동쪽에서 침입했다(Schreiner, "Revelation," 639를 보라).

[77] 요한의 시대에 이 이미지는 즉각적으로 고대 세계의 "7대 불가사의" 중 하나인 유명한 로도스의 거상(Colossus of Rhodes)을 떠올리게 했을 것이다. 그것은 로도스섬의 항구에 세워진 거대한 동상으로 바다와 육지 모두의 통제를 상징했다. 이 동상은 BC 224년에 일어난 지진으로 파괴되었지만, 그 유적은 요한의 시대에도 여전히 볼 수 있었다. Osborne, *Revelation Verse by Verse*, 175.

는 심판을 선언하는 그의 임무가 특성상 그리 유쾌하지 않음을 지적한다 (겔 3장 참조). 그리고 그는 다음과 같은 음성을 듣는다.

> 네가 많은 백성과 나라와 방언과 임금에게 다시 예언하여야 하리라(계 10:11).

아마도 이것은 12-22장에서 전개될 나머지 환상들에 대한 언급일 가능성이 크다.

그다음 그는 지팡이 같은 측량 자 하나를 받아 하나님의 성전을 측량하되(11:1; 참조, 겔 40:3, 5; 슥 2:1-5), 성전 바깥 뜰은 측량하지 말라는 음성을 듣는다. 그것은 마흔두 달 동안(즉 삼 년 육 개월, 제한적이고 상징적인 기간, 완전 수 칠의 절반; 왕상 17:1; 18:1) "거룩한 성을 짓밟을"(단 8:9-14 참조) 이방인의 영역이기 때문이다. 그러나 천이백육십 일 동안(삼 년 육 개월과 같은 기간; 11:2-3) 예언할 하나님의 두 증인(감람나무와 촛대[슥 4:2-6 참조]에 비유됨)에게 권세가 주어질 것이다. 아마도 이들은 놀라운 기적을 행했던 모세와 엘리야의 패턴을 따라 오는 두 사람일 것이다.[78]

그 후에 짐승이 그들과 전쟁을 벌이고 그들을 죽일 것이며(단 7장 참조), 시체가 "큰 성" 길에 버려질 것이다. 그 성은 상징적으로 "소돔"과 "애굽"이라 불리는데, 거기서 예수가 십자가에 못 박히셨다(즉, 예루살렘).[79] 이것은 "옛" 예루살렘을 이 책의 마지막 환상에서 밝혀질 "새 예루살렘"과 극명하게 대조시킨다.

그러나 삼일 반 후에 두 증인은 다시 살아나며(11:11; 겔 37:10 참조), 그들의 원수들은 그들이 하늘로 이끌려 가는 것을 지켜 본다. 아마도 이것은

---

[78] Osborne, *Revelation Verse by Verse*, 186-87 참조. Schreiner ("Revelation," 651-52)는 두 증인이 제사장 나라로서의 교회를 상징적으로 묘사한다고 생각한다(계 1:6; 5:10; 20:6 참조).

[79] Schreiner ("Revelation," 653)는 예루살렘이나 유다가 구약(사 1:9-10; 3:9; 렘 23:14; 애 4:6; 겔 16:46-56; 암 4:11)과 신약(마 10:15; 11:23-24; 눅 10:12; 롬 9:29) 모두에서 소돔에 비유되는 몇몇 구절을 인용한다.

휴거(rapture)에 대한 언급일 것이다(11:12).⁸⁰ 그때 지진이 일어나서 칠천 명의 사람이 죽지만 남은 자들은 "영광을 하늘의 하나님께" 돌린다. 아마도 이 진술은 요한계시록에서 참된 회개를 언급하는 유일한 용례일 것이다. 이렇게 해서 둘째 화(woe)는 지나갔지만, 또 하나의 화가 아직 남아 있는 상황이다(11:14).

마침내 일곱 번째 나팔이 불리며(세 번째 "화") 경배하는 장면이 나온다. 이제 하나님의 심판이 가까웠고 하나님 나라의 도래가 임박했기 때문이다 (11:15-16). 이십 사 장로들이 경배의 찬양을 부르고(11:16-18), 하나님의 성전이 열리며 언약궤가 보이게 된다(삼하 6:2; 시 80:1; 99:1 참조). 그리고 이모든 것은 천둥과 번개, 지진, 그리고 거대한 우박과 같은 강력한 신 현현의 징후를 동반한다(11:19).

일곱 봉인이 다 열렸고 일곱 나팔이 다 불렸다. 최후의 거룩한 전쟁(final holy war)을 위한 무대가 마련된다. 이 장면은 하나님께서 박해 속에서도 신자들이 증인이 되도록 보존하신다는 점을 그들에게 상기시킨다.

10) 막간 3: 거룩한 전쟁(12:1-15:8)

마지막 세 번째 막간이 땅에서 일어난 두 가지 이적(signs)과 함께 시작한다. 해, 달, 별들로 치장한, 아이를 막 해산하려고 하는 한 여자에 관한 "큰 이적"(12:1-2; 참조, 창 37:9)과 그 위에 일곱 왕관을 쓴 일곱 머리(단 7:4-8)와 일곱 뿔을 가진 붉은 용에 관한 "또 다른 이적"(12:3)이 그것이다.⁸¹

그 여자는 아마도 마리아(Maria)가 아니라 하나님이 보내신 메시아를 낳은 이스라엘을 나타낼 가능성이 큰데, 아들 예수를 낳고 아이를 삼켜 버리려고 하는 용에게 쫓겨 광야로 도망한다(베들레헴에서 일어난 헤롯의 유아

---

80 Osborne, *Revelation Verse by Verse*, 192-93. 이 언급은 엘리야가 하늘로 들려 올라가는 모습(왕하 2:11)과 예수의 승천(행 1:9)을 상기시킨다.
81 사탄을 용이라는 신화적 표상과 연관시키는 구약 배경에 관해서는 Osborne, *Revelation Verse by Verse*, 205를 보라.

살해 참조, 마 2:16). 그러나 그 여자의 아들은 하늘로 이끌려 올라가고(예수의 부활과 승천을 상징), 하나님께서 삼 년 반 동안 광야에서 그 여자를 보호하신다(12:4-6).

이제 (같은?) 전쟁의 장소가 땅에서 하늘로 옮겨진다. 미가엘과 그의 천사들이 용과 그의 부하들과 싸운다(단 10:13, 21; 12:1 참조). 사탄은 패배하고 그의 부하들과 함께 하늘에서 내쫓기는데(12:7-9), 이는 사탄의 원초적 몰락(사 14:12-15 참조)이나 혹은 더 큰 가능성으로는 십자가에서의 그의 패배를 가리킬 수 있다(눅 10:18 참조).[82] 그리고 하늘에서 이제 사탄이 쫓겨났으므로 하나님과 그리스도의 나라가 임함을 기뻐하라는 큰 음성이 들려온다.

이것은 "어린양의 피와 자기들이 증언하는 말씀으로" 이긴 사람들에게는 대단히 좋은 소식이지만, 이 땅에 거주하는 불신자들에게는 끔찍한 소식이다. 사탄이 자기 때가 얼마 남지 않은 것을 알고는 몹시 분노하여 땅으로 내려갔기 때문이다(12:10-12).

사탄은 이제 여자와 그의 자손을 박해하기 시작하지만 아무 소용이 없다. 하나님이 그들을 보호하고 계시기 때문이다(12:13-17).[83] 모든 신자가 참여하는 영적 전쟁의 현실(reality)은 명백하다(고후 10:3-6; 엡 6:10-18 참조). 12장은 사탄이 바닷가에 서서 바다를 바라보는 모습으로 불길하게 끝난다.

이때 요한은 바다에서 한 **짐승**("제국의 군부와 행정 수장")이 올라오는 것을 본다.[84] 이 짐승에 대한 묘사는 용에 대한 묘사와 거의 정확하게 일치한다. 열 개의 뿔, 열 개의 머리, 열 개의 왕관(13:1; 참조, 12:3; 단 7장). 그 포악한 짐승은 표범, 곰, 사자의 특징을 겸비했으며 용에게 권세를 받는다(13:2;

---

82 Osborne, *Revelation Verse by Verse*, 209를 보라.
83 12:14에 나오는 "한 때와 두 때와 반 때" 동안 하나님이 그 여자를 보호하신다는 언급은 예언자 다니엘(단 7:25)의 언어를 반향하며, 이스라엘을 박해했던 악명 높은 헬라 왕조의 셀류키드(Seleucid) 왕 안티오쿠스 4세 에피파네스(Antiochus IV Epiphanes/BC 175-164년 통치)의 시간을 반영한다. Schreiner ("Revelation," 665)는 이 언급을 예수의 부활과 재림 사이의 기간을 가리키는 상징으로 받아들인다.
84 Osborne, *Revelation Verse by Verse*, 219.

참조, 단 7:4-7). (성부와 성자의 관계를 흉내 낸) 불경한 삼위일체의 두 번째 위격과 유사한 짐승은 치명적인 상처에서 회복함으로써(그리스도의 부활을 흉내 낸), 세상이 용과 짐승에게 경배하도록 이끈다(13:3-4; 참조, 13:12, 14).[85] 그 짐승은 입을 열어 하나님을 모독하였지만 삼 년 반 동안 세력을 떨치며 성도들을 제외한 세상 모든 사람에게 경배를 받는다(13:5-9).[86] 이때 신자들에게는 믿음(신실함)과 인내가 필요하다(13:10).

이번에는 두 번째 짐승("짐승과 용을 숭배하는 단일세계종교[one-world religon]의 수장"[87])이 땅에서 올라온다(13:11; 참조, 단 7:17). "불경한 삼위일체"의 이 마지막 멤버는 어린양처럼 두 개의 뿔이 있지만(단 8:3 참조), 용처럼 말을 한다. 이것은 세상을 첫 번째 짐승에게 경배하도록 이끌며, 심지어는 엘리야가 했던 것처럼(왕상 18:36-39; 왕하 1:10-14) 하늘에서 불을 내려오게 하는 것과 같은 인상적인 이적을 일으킨다. 심지어 두 번째 짐승은 능력을 받아 첫 번째 짐승의 우상(image)에게 생기(breath)를 불어넣어 주기까지 한다. 이는 실로 놀라운 재주이다(단 3:1-6 참조).

이 짐승은 짐승의 표가 없으면 아무도 사업을 못 하게 함으로써 믿는 자들에게 심각한 압박을 가한다(계 13:17; 참조, 2:9; 3:8). 짐승의 표는 하나님이 십사만 사천 명을 인치셨다는 앞부분 내용에 대한 패러디(parody)이다(7장). 그러나 그 표는 육체적인 것이 아니라 영적인 것이다. 짐승의 표를 가지는 사람들은 짐승을 따르는 사람들이다. 짐승의 정체성에 관한 그 숫자(이는 지혜를 필요로 하는데)는 666이다(아마도 로마 황제 네로[AD 54-68년 통치]를 지칭).[88]

---

85 이 환상 내용에 대한 가능한 배경은 **네로 환생 신화**(Nero redivivus myth)이다. 이 신화에 따르면, AD 68년에 자살했던 로마 황제 네로가 다시 살아나서 로마를 파괴하려는 파르티아 군대의 수장으로 귀환한다. Osborne, *Revelation Verse by Verse*, 224; Köstenberger, Kellum, and Quarles, *The Cradle, the Cross, the Crown*, 937-39를 보라. Schreiner ("Revelation," 532, 666-67)는 "불경한 삼위일체"를 사탄, 로마제국, 거짓 종교로 밝힌다.

86 또다시 이것은 안티오쿠스 4세 에피파네스에게서 최초의 성취를 발견한 다니엘의 환상(단 7:8, 20; 11:36)을 상기시킨다(앞의 각주 83을 보라; 살후 2:3-4에 언급된 "불법의 사람" 참조). Schreiner, "Revelation," 669를 보라.

87 Osborne, *Revelation Verse by Verse*, 219.

88 알파벳 철자는 숫자 값으로 변환될 수 있는데, 예를 들면 알파벳의 첫 번째 철자는 1의

요한의 눈앞에서 번쩍이는 다음 장면은 어린양이 시온산에 서 있고, 그 어린양과 함께 모든 신자의 총수를 나타내는 십사만 사천 명이 서 있는 모습이었다(7장 참조). 어린양을 따르는 사람들은 더럽혀지지 않은 순결한 자들이며 구원받은 자들만이 아는 노래를 부른다(14:1-5). 그다음에 요한은 또 다른 천사가 "영원한 복음"을 선포하는 모습을 본다. 외관상 교회의 선교는 구원 역사의 말기에도 완전히 끝나지 않았다(14:6-7; 참조, 11:13).[89]

두 번째 천사가 땅의 주민들을 성적 음행으로 유혹한 불신 세상 바벨론의 멸망을 알린다(14:8; 참조, 사 21:9). 그 후 세 번째 천사가 짐승과 그의 우상에게 경배한 사람들에게 경고한다(14:9-11). 여기서도 성도들의 인내와 믿음(faithfulness)이 요청되며(14:12; 참조, 13:10), 주 안에서 죽은 자들에 대한 복이 선언된다(14:13).

요한은 다시 흰 구름 위에 낫을 들고 앉아 있는 "인자와 같은 이"의 모습을 보고 두 번째 천사는 첫 번째 천사에게 땅에서 수확하도록 요청한다. 땅의 곡식이 다 익어 거둘 때가 되었기 때문이다(14:14-16; 욜 3:13 참조). 뒤에서 논의하겠지만 이 수확은 신자들의 것일 가능성이 크다.[90] 곡식 수확에 이어 두 번째 포도 수확이 뒤따른다(14:17-18; 마 13:24-30의 밀과 가라지의 비유 참조).

이 두 번째 수확이 불신자들의 것이라는 데 의심의 여지가 없다. 그것이 하나님의 진노의 "포도주 틀"을 표현하며 엄청난 양의 피 흘림을 초래하기 때문이다(14:19-20; 사 63:3 참조).

숫자 값을, 두 번째 철자는 2의 값을 가진다. 네로 카이사르(Nero Caesar)는 히브리어로 철자를 쓸 때(*qsr nrwn*) 합산하여 숫자 666이 된다. 6은 완전수인 7보다 하나가 적다는 점에서 666 또한 불완전함을 전달한다(Schreiner["Revelation," 672-73]가 이 견해를 선호한다. 그는 666이 네로를 언급할 가능성이 적다고 생각하는데, 헬라어에서 히브리어로 음역할 필요가 있으며 또 네로의 귀환에 대한 두려움이 요한계시록이 기록된 시기에는 경감되었을 것이기 때문이다).

89 특히, Richard Bauckham, "The Conversion of the Nations," in *Climax of Prophecy*, 238-337을 보라.
90 이것은 소수의 견해이다. 대부분의 학자들은 두 개의 수확 모두 악한 자의 수확이라고 생각한다. 그러나 Osborne, *Revelation Verse by Verse*, 250을 보라.

그다음에 요한은 다음과 같은 두 개의 주요 이미지를 가진 세 번째 이적을 본다(15:1; 참조, 12:1, 3).

(1) 하나님의 진노를 완전히 끝낼 일곱 재앙을 가진 일곱 천사
(2) 그 손에 거문고(harps)를 들고 모세의 노래(출 15장; 신 32장 참조)와 어린양의 노래를 부르면서 이기고 유리 바닷가(겔 1:22 참조)에 서 있는 성도들. 그들은 하나님의 놀라우신 일과 그분의 거룩하심을 찬양하며 모든 민족이 그에게 경배할 것을 선포한다(15:3-4; 참조, 렘 10:6-7).

전환 장면(15:5-8)에서 네 생물 중 하나가 하나님의 진노를 가득히 담은 일곱 대접을 일곱 천사에게 건네줌으로써 일곱 대접을 쏟아붓는 다음 에피소드 장면의 배경을 설정해 준다.

11) 일곱 대접(16:1-21)

요한은 천사들에게 하나님의 진노의 일곱 대접을 땅에 쏟으라고 촉구하는, 성전에서 나는 큰 음성을 듣는다(16:1). 그 천사들은 유형론적으로 출애굽기 7-10장에 나오는 애굽 재앙을 토대로 한 번에 하나씩 대접을 쏟는다(16:2-21).[91]

• **첫 번째 대접**: 고통스러운 종기가 짐승의 표를 받은 사람들과 그 우상에게 경배하는 자들을 괴롭힌다(14:11; 20:4 참조; 출 8:22-23; 9:4, 6, 9-11[여섯 번째 애굽 재앙]).
• **두 번째 대접**: 바다가 피로 변하여 바다에 있는 모든 생물을 죽인다(첫 번째 애굽 재앙과 유사; 8:8-9 참조[두 번째 나팔]).

91　Schreiner, "Revelation," 687에 있는 도표 9.9를 보라.

- **세 번째 대접**: 마찬가지로 강과 물 근원(샘물)이 피가 된다(역시 첫 번째 애굽 재앙과 유사; 시 78:44 참조).
- **네 번째 대접**: 해가 사람들을 뜨거운 열기로 괴롭히지만, 어느 사람도 회개하지 않는다(8:12 참조[네 번째 나팔]; 7:16과 대조하라).
- **다섯 번째 대접**: 짐승의 나라가 어둠에 떨어진다(출 10:21-29[아홉 번째 애굽 재앙]; 8:12[네 번째 나팔] 참조); 회개하지 아니하고(애굽왕 바로처럼), 사람들이 하나님을 비방한다.
- **여섯 번째 대접**: 유브라데강이 마르고(출 14:21-22; 수 3:13-17), 불경건한 삼위일체가 아마겟돈이라고 하는 최후의 전쟁을 위해 군대를 모은다(9:13-19 참조[여섯 번째 나팔]).
- **일곱 번째 대접**: 큰 지진과 거대한 우박이 엄청난 파괴를 일으킨다(시내산 이미지: 출 19:16-18 참조). 그러나 사람들은 하나님을 비방한다(6:12-14 참조[여섯 번째 봉인])

우리는 바닥을 쳤다. 그리스도 없는 반역적 세상을 향한 무서운 심판은 완결되었다. 다음 환상에서 우리는 세상과 그 파괴를 가까이서 볼 것이다.

4. 환상 3: 바벨론의 파멸, 그리스도의 재림(17:1-21:8)

1) 큰 바벨론의 파멸(17:1-18:24)

요한계시록에 나오는 네 개의 환상 중 가장 긴 두 번째 단락이 마침내 종결되었다. 17장은 일종의 행동 일시 정지를 전달하는 과도기적 장면이다. "일곱 대접을 가진 일곱 천사 중 하나"라는 언급이 내러티브의 연속성을 제공한다. 그는 이제 세 번째 환상에 대한 선견자 요한의 안내자가 된다.

어떤 의미에서 17:1-19:10은 또 다른 막간을 형성한다. 16장과 함께 하나님의 심판은 완료되었지만, 아직 야웨의 모습은 보이지 않는다. 다음 17장에서 요한은 땅으로 여행을 가서 "큰 음녀" 바벨론의 상황에 대해 더 알려고 한다. 큰 음녀는 유형론적으로 그리스도를 떠난 불신 세상을 상징한다. 그녀의 지상의 영광은 화려하고 그녀의 오만함은 숨이 막힐 듯하며 그녀의 몰락은 갑작스럽다.

극명한 대조가 두 명의 여자, 즉 두 명의 신부가 등장하는 두 도시 이야기 형태로 표현된다. 한편에는 바벨론이 있고, 다른 한편에는 어린양의 신부인 교회가 있다. 줌 렌즈(zoom lens)의 경우처럼, 바벨론의 심판이 매우 상세하게 묘사된다. 상인들이 그녀(바벨론)를 위하여 울고 왕들도 그녀의 죽음을 슬퍼하지만, 하늘은 그녀의 패망을 기뻐한다.

요한계시록에 나오는 세 번째 환상의 구조(17:1-21:8)

요한계시록	내용
17-18장	큰 바벨론의 몰락
19장	어린양의 혼인 잔치에 대한 전망과 그리스도의 귀환
20장	그리스도의 천년왕국, 사탄의 패망, 크고 흰 보좌 심판
21:1-8	새 하늘과 새 땅

수사학적으로 바벨론 심판에 대한 부연설명은 요한의 독자가 왜 세속적인 도시에서 나오라는 명령을 받았는지 이해하도록 돕기 위해 고안된 것이다. 바벨론의 모든 아름다움은 일시적이며 머지않아 완전한 파멸에 이르게 될 것이다. 사실 세상의 눈에는 매력적으로 보이는 것이 실제로 영원하고 영적인 관점에서 볼 때는 추악하고 부도덕하고 비난받을 만하다. 이런 점에서 세상은 그 실체를 드러내고, 한번 드러나면 가혹하고 돌이킬 수 없는 심판을 받게 될 것이다.

세상이 제공하는 모든 일시적인 부, 매력 및 유혹을 묘사하는 여자와 시시덕거리고 싶은 유혹을 느끼는 사람들은 이제 그녀의 실제 모습을 적나라하게 본다. 앞으로 보게 되겠지만, 이 책의 역사-문화적 배경에서 볼 때

여자는 물질적이고 도덕적인 타락과 영적 우상숭배에 빠진 악마적이고 압제적인 세력, 즉 로마제국을 묘사한다. 그러나 유형론적으로 그녀가 보여주는 특징은 모든 시대의 불경건한 문화(ungodly cultures)로 확장할 수 있다.

세 번째 환상의 도입 부분에 이미 암시된 것처럼, 이 환상의 최초이자 주요 주제는 불신 세상에 대한 심판이다. 여기서 불신 세상은 많은 물 위에 앉은 "큰 음녀"(great prostitute)로 묘사되는데, 땅의 통치자들이 그녀와 더불어 음행하였고 땅에 사는 사람들은 결국 그 음행의 "포도주"에 취해 버렸다(17:1-2; 참조, 17:15; 또 14:8, 10을 보라).

요한이 "성령에" 이끌려 이번에는 광야로 나갔을 때 하나님을 모독하는 이름들로 가득한 붉은빛 짐승(로마의 호화로움[luxury]을 상징) 위에 앉은 한 음녀를 본다(13:1 참조). 그 짐승은 일곱 머리와 열 개의 뿔이 있고, 그 위에 앉은 여자는 자주색과 붉은색 옷을 입고 금과 보석과 진주로 꾸몄다. 손에는 금잔을 들고 있었는데, 그 안에는 가증한 것들과 그녀의 음행을 과시하는 더러운 것들이 가득했다(17:3-4; 참조, 렘 51:7).

그녀의 이마에는 "땅의 음녀들과 가증한 것들의 어미 큰 바벨론"이라는 비밀스러운 이름이 기록되어 있었다(17:5; 참조, 13:16). 또한, 그 음녀는 기독교 순교자의 피에 취해 있다(17:6; 참조, 사 49:26; 렘 46:10; 겔 39:18-19/피로 흠뻑 젖어 있다).

이때 요한은 그 이름이 무엇을 의미하는지 놀라워하지만 천사가 나서서 설명한다. 그 수수께끼는 지혜를 요구한다(17:9; 참조, 13:18). 그 짐승으로 말하자면, "이전에는 있었다가 지금은 없으나 장차 (다시) 나올" 존재이며 일곱 머리는 일곱 산(hills/언덕)과 일곱 왕을 나타낸다. 여기서 "일곱 산"은 고대 세계에서 "일곱 언덕 위에 세워진 도시"로 알려진 로마를 지칭한다(벧전 5:13 참조). 일곱 왕 중 다섯 왕의 통치는 이미 지나갔고, 한 왕은 지금 통치하고 있으며, 일곱 번째 왕은 아직 오지 않았으나 잠깐밖에 머물지 못할 것이다.[92]

---

92 요한계시록이 로마 황제 도미티안(AD 81-96년) 통치 기간에 기록되었다면, "지금 있

여자가 앉아 있는 그 짐승은 적그리스도를 나타내는데 그는 사탄과 함께 있었으나 지금은 없지만 때가 되면 다시 잠시 나타났다가 결국 멸망할 것이다.[93] 열 뿔은 또한, 열 왕을 나타내는데 그들은 아직 나라를 차지하지 못했으나 그 짐승과 함께 한동안(단기간을 상징; 18:10, 17, 19 참조) 다스릴 권세를 받을 것이다(단 7:7-8, 20-25 참조).

이들은 로마 황제의 전체 관할 아래 열 개의 속주를 다스린 분봉 왕(client kings)일 수도 있지만, 이를 넘어서 이 땅의 모든 왕을 대표한다.[94] 이들 모든 왕이 한마음 한뜻이 되어서 그들의 권세를 짐승에게 주며 함께 어린 양에게 싸움을 걸 것이다. 그러나 어린양은 만주의 주시요 만왕의 왕이시므로 그들을 이길 것이다.[95]

음녀가 앉아 있는 많은 물은 유브라데강 가에 있는 바벨론의 위치를 상기시키는데(렘 51:13), 큰 음녀에 의해 속아 넘어간 온 세상의 민족들을 상징한다(17:15). 그러나 열 왕은 그 음녀를 **상대로**(against) 신비롭게 그 짐승과 동맹을 맺어 그녀를 황폐하게 만든다(17:7-17; 참조, 17:5).

는(통치하는)" 왕은 도미티안을 가리킬 것이다. 도미티안보다 앞선 다섯 명의 황제를 역추적하면 통치 기간이 짧았던 갈바(Galba)가 첫 번째 황제임을 의미할 것이다. 문자적으로는 첫 번째 황제가 아니지만(줄리어스 시저나 아우구스투스), 갈바는 오토(Otho)와 비텔리우스(Vitellius)와 함께 제국을 재앙의 위기로 몰아넣었으므로 그가 적절한 출발점이 될 수 있다.

대안으로는, 그 상징을 개별 황제들보다 제국들을 가리키는 것으로 볼 수도 있다. 즉, 과거의 왕국으로 이집트, 아시리아, 바벨론, 메도-페르시아, 그리스를, 그리고 현재의 세계 강국으로 로마를 상징할 수 있다. 물론, 이러한 "일곱 머리"는 이전의 역사적 인물이나 제국에 기반을 두지만, 유형론적으로는 적그리스도가 오기 이전의 미래 인물을 가리키고 있으므로, 이 미래 인물의 정체는 아직 밝혀지지 않았다.

끝으로 요한계시록이 네로의 통치 기간에 기록되었다면, 그가 현재 보좌에 앉아 있는 여섯 번째 황제일 수 있다(Osborne, *Revelation Verse by Verse*, 285에 있는 도표를 보라). Schreiner, "Revelation," 696-99에 있는 논의 참조. 슈라이너는 상징적이고 일반적인 해결책을 선호한다.

[93] 단 7:11, 17-18, 23, 26에 있는 "작은 뿔"의 출현과 죽음 참조.
[94] Osborne, *Revelation Verse by Verse*, 286 참조. 그는 또한, 이러한 로마의 "분봉 왕들" 중 오직 헤롯 대제와 그의 손자 아그립바 I세만이 실제적으로 "왕"이라는 칭호를 얻었다고 언급한다.
[95] 히브리어 최상급은 "만주의 주"요 "만왕의 왕"이다(17:14; 참조, 신 10:17; 단 2:37, 47).

이러한 "내전"(civil war)의 모티브(겔 38:21 참조)는 로마에서 반향을 일으켰을 것인데, 로마는 줄리어스 시저(Julius Caesar)의 죽음과 아우구스투스(Augustus)의 통치 기간 사이(44-31 BC)든 아니면 좀 더 후대에 네로 황제의 자살 이후 갈바(Galba), 오토(Otho), 비텔리우스(Vitellius) 시대(AD 68-69)든 간에 이미 내전의 역사를 지니고 있었기 때문이다.[96]

이 일 후에 영광의 빛과 함께 다른 천사가 하늘에서 내려와 힘찬 음성으로 큰 음녀 바벨론의 몰락을 선포하는 비가(dirge/悲歌)를 다음과 같이 외친다.

> 무너졌다 무너졌다 큰 도시 바빌론이 무너졌다.
> 바빌론은 귀신들의 거처가 되고
> 온갖 더러운 영의 소굴이 되고
> [더럽고 가증한 온갖 새들의 집이 되었구나!]
> 이는 모든 민족이 그 도시의 음행에서 빚어진 분노의 포도주를 마시고
> 세상의 왕들이 그 도시와 더불어 음행하고
> 세상의 상인들이 그 도시의 사치 바람에 치부하였기 때문이다(계 18:1-3, 표준새번역; 참조, 14:8; 사 21:9).

한때 위대했던 도시가 이제는 귀신들과 더러운 새들이 기거하는 유령 도시, 황폐한 도시와 비슷게 되었다.[97] 이것은 한때 자랑스럽고 번창했던 제국이 어떻게 황폐해졌으며 인간이 살 수 없게 되었는지를 분명하게 보여 준다.

그다음에 요한은 하늘로부터 하나님의 백성이 바벨론에서 나와 그 죄에 참여하지 말라고 요청하는 다른 음성을 듣는다(사 52:11; 렘 50:8; 겔 20:41 참조). 그 여자가 거만하고 자랑하며 자신만만할지라도, 그녀의 파멸, 곧 사

---

96 Osborne, *Revelation Verse by Verse*, 288 참조.
97 Osborne, *Revelation Verse by Verse*, 292: 사 13:21-22; 렘 50:39; 51:37참조.

망과 애통함과 흉년과 불같은 심판이 "하루 동안에" 일어날 것이다. 이제는 보복의 때이다(18:4-8).[98]

그 여인과 영적 음행을 저지르고 사치스럽게 살았던 땅의 왕들은 그녀(바벨론)의 죽음을 애통해하며, "큰 성, 견고한 성 바벨론"에게 닥친 신속한 심판에 대해 통곡한다(18:9-10; 이 단락의 애가를 위한 청사진을 제공하는 겔 26:17-28과 27장에 나오는 두로에 대한 애가 참조). 상인들도 그 애통에 참여하는데(겔 27:27, 36 참조), 사치품이든 곡물이든 짐승들이든 심지어 인간 노예든, 더 이상 그들의 상품을 사 주는 이들이 없기 때문이다(겔 27:12-24 참조).[99] 그들 또한 선장이나 선원들과 마찬가지로 "큰 성 바벨론"의 갑작스러운 죽음을 애통해한다(18:11-20; 겔 27:29 참조).

그러나 큰 성 바벨론의 상권으로부터 이득을 얻었던 사람들(왕들, 상인들, 선원들)에게 큰 애통의 원인이 된 것이 하늘의 영역에서는 큰 기쁨의 원인이 된다.

> 하늘과 성도들과 사도들과 예언자들이여 즐거워하십시오.
> 하나님께서는 그대들을 위하여 그 도시를 심판하셨습니다(계 18:20, 표준새번역).

이때 또 다른 천사가 큰 맷돌을 바다로 던지면서 바벨론이 이같이 던져져 결코 다시는 보이지 않을 것이라고 선언한다(렘 51:53-54 참조). 완전히 파괴되고 파멸될 것이다. 그 성(도시)의 번영과 타락, 그리고 갑작스러운 파멸 사이의 대조가 이보다 더 극명할 수 없다. 어느 날 무역이 꽃을 피운다. 그러나 다음 날 도시가 사라졌다. 음악이 있었던 곳에 침묵만이 남아 있다. 기쁨의 결혼식은 과거의 일이다(렘 25:10 참조).[100]

---

98 하나님의 보복은 탈리오 법칙(*lex talionis*/레 24:19-21에 언급된 "보복의 법칙"; "눈은 눈으로 이는 이로"; 렘 50:29 참조; Osborne, *Revelation Verse by Verse*, 293-94)에 따라 진행된다.

99 Osborne, *Revelation Verse by Verse*, 298-99에 있는 논의를 보라.

100 Osborne(*Revelation Verse by Verse*, 292)은 "그리스도의 신부"(19:7-8; 21:2, 9)와의 암묵적 대조를 예리하게 감지한다.

마침내 결산의 날이 도래했다. 이 세상의 정치 및 경제 세력이 자행한 정의의 모든 잔혹 행위와 졸렬한 모방이 마침내 폭로되고 해결되었다. 많은 사람이 결코 오지 않으리라고 생각했던 그날이 마침내 도래했다. 세상은 애통해하지만, 그러나 하나님의 백성은 기뻐한다.

2) 그리스도의 재림과 최후의 심판(19:1-20:15)

(1) 어린양의 혼인 잔치 전망과 그리스도의 재림(19:1-21)

바벨론 멸망에 대한 강력한 천사의 선언은 19장에서 힘찬 "할렐루야" (히브리어로 "하나님을 찬양하라"라는 의미) 합창으로 바뀐다. 신정론의 주제를 부각하면서 하늘에서 큰 무리가 다음과 같이 찬양하며 기뻐한다.

> 구원과 영광과 능력이 우리 하나님께 있도다. 그의 심판은 참되고 의로우시도다(계 19: 1-2; 참조, 16:7).

그리고 큰 성 바벨론에서 올라오는 "연기"가 영원히 올라가는 것 때문에, 두 번째 "할렐루야"가 울려 퍼진다(19:3; 참조, 14:11; 사 34:9-10).

고난받고 순교한 하나님 종들의 정당성이 마침내 입증되었으며 부도덕이 판을 치고 불의가 만연한 세상이 심판을 받았다. 두 번째 환상의 첫 부분에 나온 예배 장면을 상기시키는 이십 사 장로와 네 생물(요한계시록에 등장하는 "천상의 예배 지도자들"[101])이 경배에 참여하고 하나님의 모든 종에게 하나님을 찬송하라고 요청하는 천상의 음성이 들려온다(19:4-5).

이때 어린양(주 예수 그리스도)과 그의 신부, 즉 신자들의 의로운 행위를 나타내는 "깨끗한 세마포"를 입은 교회(마 8:11; 눅 14:15; 22:30 참조)의 혼인 예식이 임박했음을 기뻐하면서 세 번째 "할렐루야"가 들린다(19:6-8; 참조,

---

101 Osborne, *Revelation Verse by Verse*, 308. 4:8-11; 5:8, 11, 14; 7:11-17; 11:16; 14:3; 19:4 참조.

사 61:10). 천사가 요한에게 어린양의 혼인 잔치에 초대받은 사람들이 복이 있음을 기록하라고 말한다(사 25:6-8 참조). 요한이 그에게 경배드리려고 그의 발 앞에 엎드렸으나 그 천사는 모든 경배를 거부하고 오직 하나님께만 경배를 돌리게 한다(19:9-10).

뒤이어 마침내 독자들이 오랫동안 기다려왔던 하나님 현현(theophany)이 일어난다. 요한은 하늘이 열리고(겔 1:1 참조) 하늘에서 백마를 탄 분이 나타나는 광경을 본다. 그분은 신실하시고 참되신 분(1:5; 3:7, 14; 16:7; 19:11, 22; 21:5; 22:6 참조)이시고, 공의로 심판하시는 분이시며(사 11:4 참조), 하나님의 원수들과 맞서 싸우러 오시는 분이다. 1장에서 높임을 받으신 그리스도의 모습처럼, 19:11-16에서 예수는 그분의 재림 때에 놀라움과 경외심을 불러일으키는 일련의 이미지로 묘사된다.

- 불꽃 같은 눈(1:14; 2:18; 단 10:6 참조)
- 머리에 쓴 많은 관(신약의 다른 곳에서는 12:3; 13:1에만 나옴. 거기에 나오는 용과 짐승의 관들에 대한 언급과 대조)
- 피 뿌린 옷을 입음(14:10; 사 63:3 참조)
- "하나님의 말씀"이라 불림(요 1:1, 14 참조)
- (신부처럼; 19:8) 깨끗한 세마포를 입은 하늘의 군대들이 백마를 타고(예수처럼; 19:11 참조) 그의 뒤를 따름
- 그의 입에서 나오는 예리한 검(1:16; 2:12, 16 참조)
- 그의 옷과 넓적다리에 쓰인 "만왕의 왕이요 만주의 주"라는 이름[102]

다음 장면은 대단원의 시작을 묘사한다(19:17-21). 한 천사가 최후의 심판이 임박했음을 알리고 하나님 원수들의 살을 먹는 소름 끼치는 "하나님의 큰 만찬"(어린양의 혼인 잔치와 대조)에 초대한다(19:17-18; 겔 39:17-20 참조). 여기서 재림하시는 메시아는 악마의 반대(demonic opposition)와 땅의

---

[102] Osborne, *Revelation Verse by Verse*, 313-15에 있는 논의를 보라.

임금들을 완전히 파함으로써(19:19-21) 여섯 번째 봉인, 일곱 번째 나팔 그리고 일곱 번째 대접의 성취를 표시한다(앞부분을 보라).

최후의 전쟁은 경쟁(contest)이 아니다.[103] 짐승 및 "짐승의 표를 받은 자들"과 "그의 우상에게 경배하던 자들을 표적으로 미혹하던" 거짓 예언자는 함께 잡혀서 산 채로 유황불 붙는 못에 던져진다(19:20; 참조, 13:11-18).[104] 그 나머지도 마찬가지로 백마를 탄 분의 입으로부터 나오는 검에 맞아, 죽임을 당한다(19:21; 참조, 19:15).

땅의 왕들(-16:14에서 전투를 위해 배치된)과 악의 세력들은 심판을 받고 하나님의 나라(11:15["세상 나라가 우리 주와 그의 그리스도의 나라가 되어 그가 세세토록 왕 노릇하시리로다"]에서 선언된)가 곧 도래할 예정이다.

(2) 그리스도의 천년 통치, 악마의 죽음, 그리고 크고 흰 보좌 심판(20:1-15)

20장은 사건을 연대기적으로 앞으로 진전시켜 사탄의 결박과 그리스도의 죽은 성도들과의 천 년 통치를 서술한다.[105] 먼저 무저갱(pit)의 열쇠와 큰 쇠사슬(9:1 참조)을 손에 쥔 천사가 사탄을 붙잡아 천 년 동안(흔히 "millennium"으로 알려진) 가두는 모습이 보인다. 당분간 민족들을 미혹하는 악마의 시대는 끝났다. 그러나 천 년이 끝난 후 악마는 하나님의 주권적 계획에 따라 "반드시 잠깐 놓이게" 될 것이다(20:1-3).

---

[103] 종말 전쟁을 묘사하는 구약 구절에는 사 31:4; 59:17-20; 63:1-5; 겔 38-39장; 단 12:1-3; 욜 3:9-16; 슥 12:3-9; 14:2-9 등이 포함된다(Osborne, *Revelation Verse by Verse*, 318에 나열된).

[104] 미혹(deception)은 요한계시록에서 중요한 주제이다. 2-3장에서 "여자 이세벨"과 같은 거짓 선생들은 신자들을 그릇된 길로 이끌었다는 이유로 비난을 받는다. 이 책에서 나중에 미혹은 민족들을 속여 그릇된 길로 이끄는 사탄과 짐승의 주된 기능 중 하나이다(12-13장). 그러나 이제 짐승과 거짓 선생들은 심판을 받고 사탄은 결박되어 더 이상 민족들을 미혹할 수 없다.

[105] Schreiner("Revelation," 726)는 계 19장에 있는 하나님의 심판의 명백한 보편성 때문에 계 20장이 계 19장을 연대순으로 따른다는 견해에 반대한다. 하지만 사탄은 천 년 통치가 지나서야 비로소 심판을 받고 뒤이어 "크고 흰 보좌" 심판이 일어난다(계 20:11-15). 이런 점에서 계 19장 마지막 부분에 언급된 심판은 전체가 아니라고 추정하는 것이 합리적일 수 있다.

이 일 후에 요한은 심판 광경을 목도한다. 기독교의 순교자들 및 짐승과 그의 우상에게 경배하지 않고 그들의 이마나 손에 그의 표를 받지 않은 다른 사람들이 보좌 위에 앉아 있다(3:21; 단 7:22; 마 19:28; 고전 6:2-3 참조). 이러한 죽은 기독교 성도들이 부활하여 ("첫 번째 부활"[고전 15:51-52; 살전 4:13-18]) 천 년 동안(또는 비유적인 표현일 경우, 불특정 긴 기간) 그리스도와 함께 다스릴 것이다.

요한은 다른 사람들(아마 불신자들)은 천 년이 끝날 때까지 살아나지 못하였다고 덧붙여 설명한다(20:5).[106] 첫 번째 부활에 참여하는 사람들은 복이 있는데, "둘째 사망"(즉, 하나님의 심판과 지옥에 떨어짐)이 그들에게 어떤 능력도 발휘하지 못하기 때문이다(20:6; 참조, 20;14; 2:11).

오스본(G. Osborne)이 주장하듯이, 천 년 통치의 목적은 이중적이다.

(1) 고난받는 성도들에 대한 공개적 정당성 입증(public vindication)
(2) 불신 세상을 향한 하나님 심판의 의에 대한 공개적 정당성 입증(신정론).[107]

오스본이 말한 대로, 냉정한 "진실은 10억 년이 지난 후에도 죄에 지배를 받는 사람들은 여전히 그리스도를 미워할 것이라는 점이다."[108]

천 년이 끝난 후에 사탄은 옥에서 풀려나서 하나님과 그리스도의 통치를 전복하려는 최후의 무모한 시도를 위해 땅의 민족들을 모은다. 땅의 사

---

[106] 4절의 "살아나다"와 5절과 6절의 "첫째 부활"은 육체적 부활을 가리킬 가능성의 크다(무천년설[amillennial view]이 영적 부활이 눈앞에 있다고 주장한다고 지적하는 Schreiner, "Revelation," 728-729 참조). 특정적으로 천년왕국(통치)과 일반적으로 요한계시록에 대한 중요한 해석적 문제는 상징주의와 영적 차원 사이의 구분이다. 하나의 환상이나 메시지가 상징의 형태로 주어지지만, 그것은 어떤 역사적 참조(referentiality)가 없다는 의미는 아니다. 그 메시지가 상징의 형태로 영적 진리를 전달하고 있다고 지적함으로써 우리는 주어진 사건이나 인물이 문자 그대로 사실이 아니라고 말하는 것은 아니다. 오히려 우리는 이 문제가 상징으로 전달된다고 지적하는 것이다. 저자가 그 상징을 상징적으로 이해하기를 의도한다면, 그것은 문자 그대로의 의미를 지닌다.
[107] Osborne, *Revelation Verse by Verse*, 331-32.
[108] Osborne, *Revelation Verse by Verse*, 332.

방 민족(곡[한 왕]과 마곡["곡의 땅"; 겔 38-39장 참조])으로로부터 거대한 군대가 모여(16:14 참조) 넓은 평원을 가로질러 성도들의 진과 성을 둘러싼다.

그러나 하늘에서 불이 내려와 그들을 태워버리고 마귀는 "불경한 삼위일체"의 다른 멤버인 그 짐승과 거짓 선지자가 이미 갇혀 있는 불과 유황 못에 던져져 영원토록 괴로움을 받게 된다(20:7-10; 참조, 19:20-21; 단 7:9-11).

이제 최후의 심판(흔히 "크고 흰 보좌 심판"[흰색은 순결과 거룩을 상징]으로 언급되는)이 뒤따른다. 이제 나머지 죽은 사람들이 모두 일어난다. 기억에 남을 만한 장면에서 요한은 다음과 같이 기록한다.

> 또 내가 보니 죽은 자들이 큰 자나 작은 자나 그 보좌 앞에 서 있는데 책들이 펴있고 또 다른 책이 펴졌으니 곧 생명책이라 죽은 자들이 자기 행위를 따라 책들에 기록된 대로 심판을 받으니(계 20:12).

이 말은 보상을 목적으로 하는 신자들의 심판을 가리킬 수 있다.[109]

이 일 후에 나머지 죽은 자들(아마도 불신자들[20:15])은 각각 자기의 행위대로 심판을 받는다(20:13).[110] 결국, 사망과 음부(Hades) 그 자체도 그 이름이 "생명책에 기록되지 못한" 모든 자와 함께 불 못에 던져진다(20:14-15; 참조, 고전 15:26).

---

109 많은 사람이 20:12을 불신자의 심판으로 받아들이지만 여기서는 신자가 고려되고 있으며, 그 심판은 정죄(condemnation)의 심판이 아니라 보상(rewards)의 심판일 가능성이 있다(예를 들어, Osborne, *Revelation Verse by Verse*, 333-34이 그렇게). 물론, 20:5에서 "그 나머지 죽은 자들은 그 천년이 차기까지 살(아나)지 못하더라"라고 말할지라도, 20:4은 죽은 성도들이 천년 통치가 시작될 때 살아났다고 언급한다. 이런 점에서 10:4에 언급된 죽은 자들이 20:12에 언급된 사람들(신자들)과 일치하며, 20:5에 언급된 죽은 사람들은 20:13에 언급된 사람들(불신자들)과 일치할 수 있다. 만일 그렇다면 20:12은 신자들의 심판(보상)을 가리키고 20:13은 불신자들의 심판(지옥)을 가리킬 수 있다.

110 앞의 각주를 보라.

3) 새 하늘과 새 땅(21:1-8)

마치 먹구름이 태양 빛에 자리를 내어 주듯이 요한은 이제 여기서 "새 하늘과 새 땅"을 본다(21:1; 참조, 사 65:17; 66:12). 그와 함께 이 책은 현재 환상(세 번째 환상)의 후반부(19:11-21:8)로부터 전환하여 마지막 네 번째 환상(21:9-22:5)의 시작을 향해 이동한다. 아마도 이 새 하늘과 새 땅은 단지 회복되고 개선된 세상이 아니라, 옛 세상을 대체하는 새 세상을 의미할 것이다(벧후 3:10 참조).

또 그는 "신부가 남편을 위하여 단장한 것같이"(21:2; 참조, 사 54:5-6, 11; 61:10) 새 예루살렘(네 번째 환상의 초점이 될)이 준비되어 하늘에서 내려오는 모습을 본다. 이 모습은 그의 주를 십자가에 못 박은 이전의 지상의 예루살렘과는 극명하게 대조된다(11:8). 그 거룩한 도시에서(사 52:1 참조) 하나님 언약의 비전과 약속이 마침내 성취되어 전체 구원사(salvation history)의 정점에 도달하게 될 것이다.

하나님이 그의 백성과 함께 계실 것이요 그들은 하나님의 백성이 될 것이고 그분은 그들의 하나님이 될 것이다(21:3; 참조, 레 26:11-12; 렘 31:33; 겔 37:27). 더 이상 거기에는 하늘과 땅의 첨예한 분리가 없을 것이다. 그 복된 영원한 상태에서는 눈물도 사망도 슬픔도 고통도 다시는 없을 것이다(21:4; 참조, 사 25:8; 30:19; 35:10).

눈에 띄는 점은 요한계시록에서 "보좌에 앉으신 분"(하나님 자신)이 음성을 높이시는 것은 이번이 처음이라는 점이다. 그분은 자신이 "만물을 새롭게" 하시는 분이심을 확언하시며(사 65:17 참조), 요한에게 하나님의 모든 "말씀은 신실하고 참되어" 교회에 매우 중요하므로 그가 본 것을 기록하라고 말씀하신다(21:5; 참조, 1:11, 19).

예수가 십자가 위에서 "다 이루었다"(테텔레스타이[*tetelestai*], 요 19:30)라고 외치신 것처럼, 이제 보좌에 앉으신 분-모든 시대의 주권자이신 하나님-도 요한에게 "이루었도다"(게고넨[*gegonen*])라고 말씀하신다(21:6). 이 구절과 16:7의 진술의 언어적 유사성("이루었도다"[게고넨/*gegonen*])은 현재 구절을 그 반대편에 있는 일곱 번째 대접 심판과 연결한다.

하나님은 목마른 자들의 갈증을 해소하시고 이기는 자들에게 그들의 유산, 즉 그들의 영원한 보상(예컨대, 엡 1:14; 3:6; 딛 3:7; 벧전 1:4 참조)을 상속해 주실 것이다(21:6-7). 요한은 이와 대조적으로 믿음이 없고 부도덕한 사람들은 불과 유황으로 타는 못에 던져짐으로써 둘째 사망에 처하게 될 것이라고 지적한다(21:8; 참조, 20:13-15; 이 부분은 이 책과 신약 전반에 걸친 여러 악덕 목록 중 하나임). 이러한 불길한 언급으로 요한계시록의 중요한 세 번째 환상이 끝나고 이제 남은 일은 천국에서의 영원한 상태를 마지막으로 일별하는 것뿐이다.

5. 환상 4: 신자들의 보상, 새 창조(21:9-22:5)

1) 거룩한 성소로서의 하늘(21:9-27)

한 번 더 요한은 "성령에" 사로잡힌다(21:10). 그는 높은 산으로 옮겨지는데, 거기서 "하나님께로부터 하늘에서 내려오는 거룩한 성" 새 예루살렘에 대한 환상을 본다(21:10). 이 환상은 높임 받은 그리스도와 일곱 교회에 보내는 그의 메시지에 대한 환상(1-3장), 이 책의 가장 큰 몫을 차지했던 불신 세상에 대한 하나님의 심판에 대한 환상(4-16장), 죄 많은 인류의 타락과 부패를 상징하는 바벨론의 음녀에 대한 환상(17-20장)에 이어 이제 이 책에서 마지막으로 서술되는 네 번째 환상이다.

이 마지막 네 번째 환상은 이 책을 적절하게 마무리할 뿐 아니라 사실상 하나님의 창조와 최초의 남자와 여자를 오염되지 않은 동산(에덴동산)에 두는 것으로 시작하여, 이제 하나님과 그리스도를 따르는 사람들의 영원한 목적지인 천국의 영광에 대한 묘사로 끝나는 성경 전체도 적절하게

마무리한다.[111]

불신 세상에 대한 하나님의 심판을 전하는 일곱 대접을 가졌던 일곱 천사가 이제는 요한에게 "신부 곧 어린양의 아내"를 보여 주기 위해 나선다는 사실에서 내러티브적 연속성을 찾아볼 수 있다(21:9). 새 예루살렘을 유형론적으로 그리스도의 신부로 묘사한 것은 그리스도와 그의 교회 간의 연합을 결혼과 예식의 형태로 상징한다. 창세기에서 첫 남자와 첫 여자 간의 연합으로 시작한 것이 이제 그리스도와 그의 신부, 즉 교회 간의 연합(엡 5:31-32 참조)으로 완성된다.

오순절에 시작된 교회 시대에 이미 그리스도는 교회의 머리였고 교회는 그의 몸이었다(예컨대, 엡 5:22-33). 이제 그리스도와 그의 교회 간의 영적 연합이 완성됨으로써 교회 시대의 그들의 연합은 일종의 영적 약혼 기간이 되었다.

시내산이든(출 19-20장), 느보산이든(신 34:1-4), 시온산이든(히 12:22; 계 14:1), 변화산이든(마 17:1-8), 또는 지금 요한이 새 예루살렘의 환상을 보는 산이든, 성경 전체에 걸쳐 산은 하나님의 계시 장소 역할을 한다.[112]

새 예루살렘은 찬란하고 영광스러운 용어로 묘사된다(사 6:1-4; 겔 4:2-5 참조).

- 지극히 귀한 보석같이 빛나고 벽옥과 수정같이 맑음(21:11)
- 열두 천사가 지키고 있고 열두 지파의 이름이 적혀 있으며 동, 서, 남, 북에 세 문씩 모두 열두 문을 가진 높은 성곽(성벽)으로 둘러싸임 (21:12-13; 참조, 겔 48:30-35)
- 그 성벽에는 열두 사도의 이름이 새겨 있는 열두 기초석이 있음(21:14).

---

111 T. Desmond Aleander, *The City of God and the Goal of Creation: An Introduction to the Biblical Theology of the City of God*, Short Studies in Biblical Theology (Wheaton: Crossway, 2018을 보라.

112 겔 40:1-2 참조. 성경에 나타난 산의 모티브에 관해서는 Terence L. Donaldson, *Jesus on the Mountain: A Study in Matthean Theology* (Sheffield: JOST Press, 1985)를 보라.

다음은 광장의 형태로 펼쳐진 새 예루살렘 성과 그 문과 벽의 크기가 제시된다(21:15-17).[113] 그 성은 맑은 유리와 같은 정금으로 된 것으로 묘사되지만(21:18; 참조, 왕상 6:20-22), 성벽의 기초석은 구약 제사장 의복을 닮은 열두 개의 귀중한 보석들로 장식된 것으로(21:19-20; 참조, 출 28:17-20),[114] 그 성문은 열두 진주로 장식된 것으로 묘사된다(사 54:11-12 참조). 그 성처럼 성의 길도 맑은 유리 같은 정금이다(21:21).

놀라운 것은 성전이 없다는 점인데 이는 하나님과 어린양이 성전이시기 때문이다(21:22). 또한, 그 성에는 해도 없고 달도 없는데, 이는 하나님의 영광이 그 성을 비춰며 민족들이 그 빛 가운데로 다니기 때문이다(21:23-24; 22:5에서 반복됨; 참조, 사 60:3, 5, 11). 문은 항상 열려 있는데(사 60:11 참조) 이는 거기에는 밤이 없기 때문이다(21:25; 22:5에서 반복됨). 그 성에는 부정한 것은 어떤 것도 들어가지 못하고, 오직 그 이름이 어린양의 생명책에 기록된 사람들만 들어갈 수 있다(21:27).

2) 완성된 에덴동산으로서의 천국(22:1-5)

동산의 한가운데 생명 나무가 있고 네 개의 강 비손, 기혼, 힛데겔(티그리스), 유브라데를 가진 원래의 에덴동산을 상기시키면서(2:9-14), 그 천사는 계속해서 요한에게 "하나님과 어린양의 보좌로부터 흘러나오는" 생명수의 강과 달마다(매달) 열두 가지 열매를 맺는 생명 나무를 보여 준다(22:1-2; 참조, 창 3:22). 이것은 하나님이 영원한 생명과 지속적 영양분과 공급의 근원이시며 증여자이심을 보여 준다.

이런 점에서 천국 지형에 대한 요한의 환상에 동산(garden)과 성(city)의 이미지가 융합되어 나타난다. 그 환상은 또한 성소로부터 흘러나오는 생명을 주는 강과 강가에 음식과 치유를 제공하는 나무들이 풍성하게 서 있

---

113 Osborne, *Revelation Verse by Verse*, 348-49를 보라.
114 Osborne, *Revelation Verse by Verse*, 350에 있는 도표를 보라.

는 에스겔의 환상을 상기시킨다(겔 47:7-12).

천국에 거주할 때 신자들은 하나님의 얼굴을 볼 것이다. 이는 하나님과 인간의 관계가 이제 완전히 회복되었다는 것을 나타낸다.[115] 그분의 이름이 그들의 이마에 적혀 있을 것이요(즉 그들은 완전히 그의 것이 될 것이요), 그들은 그와 함께 영원히 통치할 것이다(22:4-5).

우리는 일상생활에서 영원에 관해 좀처럼 생각하지 않는다. 그러나 어느 날 새 하늘과 새 땅은 매우 실제로 실감할 수 있을 것이며 이 세상의 것들은 지나갈 것이다. 요한계시록은 하나님과 그리스도 앞에서 영원히 사는 삶에 대한 아름다운 비전을 담고 있다. 바로 이 점이 역경과 반대의 한 가운데에 있을지라도 그리스도를 계속해서 따르기 위한 격려와 동기가 되어야 한다.

6. 에필로그(22:6-21)

요한복음의 경우처럼, 이 책은 프롤로그(1:1-8)로 시작하여 에필로그로 끝난다. 에필로그는 세 가지 확언으로 시작한다.

첫째, 그 **천사**는 이 책에 포함된 계시의 신실함을 확언하고 "주 곧 선지자들의 영의 하나님(민 27:16 참조)이 그의 종들에게 반드시 속히 될 일을 보이시려고 그의 천사를 보내셨다"라고 언급한다(22:6, 1:1-2를 반향; 또 1:19; 4:1도 보라).

둘째, **예수**는 자신이 곧 속히 올 것이니 이 책에 포함된 예언의 말씀을 지키는 자에게 복이 있다고 단언하신다(22:7).

셋째, **요한**은 자신이 이 책에 기록된 환상들을 보았음을 보증한다(22:8).

---

[115] 출 33:20; 요 1:18 참조. 그리고 Osborne, *Revelation Verse by Verse*, 359에 있는 논의도 참조.

첫 번째로 그가 메신저 천사에게 경배하려고 할 때, 그 천사는 거절하고 하나님께 경배하라고 말한다(22:9). 그는 또한 요한에게 때가 가까이 왔으니 예언의 말씀을 봉하지 말라고 말한다(22:10). 악한 자들은 그대로 악을 행하고 의로운 자는 그대로 의를 행해야 한다(22:11; 참조, 단 12:9-10).

두 번째로 예수는 속히 와서 각 사람이 행한 대로 갚아 줄 것이라고 약속하신다(22:12). 그는 알파와 오메가요 처음과 마지막이요 시작과 마침이시다(22:13; 참조, 1:8, 17; 21:6). 그 성에 들어가서 생명 나무를 먹기 위해(하나님 앞에서 영생을 얻음을 상징) "자기 두루마리(겉옷)를 빠는"(즉, 자신을 깨끗하게 하는) 사람들에게 또 하나의 복이 선언된다(22:14). 그러나 부도덕한 사람들은 어느 사람도 성안으로 들어가지 못할 것이다(22:15).

이어서 예수는 이 책에 포함된 일들에 대해 증언하기 위해 그의 사자(angel)를 보낸 이가 바로 자신임을 확언한다(22:16; 참조, 1:1-2). 그는 다윗의 "뿌리"요 자손이니(사 11:1, 10 참조) 곧 "광명한 새벽 별"(the bright morning star)이시다(22:16; 참조, 2:28; 민 24:17). 성령과 신부(즉, 교회)는 간절히 예수께 오시라고 소리친다. 독자들 또한 값없이 제공되는 생명수에 목마른 모든 사람과 함께 동일하게 그렇게 외치도록 촉구된다(22:17; 참조, 사 55:1).

앞에서 이 책에 포함된 예언의 말씀을 지키는 사람들에게 복이 선언된 것처럼(22:7 참조), 이제 그것에 무엇을 덧붙이거나 아예 그것을 제하여 버리는 사람들에게 경고가 주어진다(22:18-19; 참조, 신 4:2; 12:32; 29:20). 종말 사건에 관한 하나님의 예언 말씀은 반드시 이루어져야 하며, 어떤 사람도 그분이 주권적으로 정한 것을 거부할 수 없다.

세 번째로 예수는 자신이 속히 올 것이라고 확언하신다(22:20; 참조, 22:7, 12). 그리고 선견자 요한은 "아멘 주 예수여 오시옵소서"라고 화답한다(22:20). 작품의 서신 구조에 걸맞게 이 책은 다음과 같은 마지막 소망으로 종결된다.

> 주 예수의 은혜가 모든 자들에게 있을지어다 아멘(22:21).

에필로그는 요한계시록이 미래에 일어날 일에 대한 환상을 제시하지만 동시에 현재 어린양을 따르는 자로서 어떻게 살아야 하는지도 말해 준다는 점을 마지막으로 상기시켜 주는 중요한 역할을 한다. 우리는 순종하는 삶과 신실한 증인으로 부름을 받았다. 따라서 우리는 그리스도가 재림하셔서 우리의 최종 구원을 가져오실 때까지 하나님께서 우리를 지키시고 보호해 주실 것이기 때문에 격려를 받을 수 있다.

이 책은 또한 세상의 방식을 따라 살면서도 그리스도를 따를 수 있다고 생각하는 안일한 신자들을 경고하기도 한다. 그러한 신자들은 박해받는 교회와 운명을 같이 해야 하며 그렇지 않으면 그들이 따르겠다고 고백하는 십자가에 달리신 그리스도께 신실할 수 없다는 것을 깨달아야 한다. 그들은 비록 그것이 박해를 의미하더라도 모든 형태의 사회적, 경제적, 정치적 또는 종교적 타협을 피해야 한다.

예수가 지상 사역 동안 지적하신 것처럼, 어느 누구도 하나님과 돈을 동시에 섬길 수 없다(마 6:24). 한 사람의 충성은 그리스도와 신자의 공동체에 대한 것이든 아니면 세상에 대한 것이든 양자택일의 문제이며, 이 중요한 선택에 따라 보상이나 처벌이 뒤따를 것이다. 이것은 겉으로의 고백이나 립 서비스의 문제가 아니라 적극적인 순종의 문제이다. 행동은 말보다 더 크게 말한다.

이런 점에서 성경 정경이 "아멘"이라는 응답으로 끝나는 것은 적절하다. 하나님의 말씀(정경의 마지막 책인 요한계시록의 묵시적 예언 말씀을 포함하여)은 반드시 이루어지고 하나님의 창조로 시작한 인류의 역사를 완성할 것이다. 하나님의 말씀은 타락, 아브라함의 부르심, 출애굽, 모세를 통한 율법 수여, 다윗 왕과 맺은 영원한 왕조에 대한 약속, 구원을 위한 예수의 초림(first coming)을 통하여 계속되었다. 이제 그 말씀은 (의인에 대한) 정당성 입증과 (악인에 대한) 심판을 위해 최종적인 상태를 초래할 예수의 재림까지 계속될 것이다.

하나님은 그분의 신실하심뿐만 아니라 그가 창조하신 사람들에 대한 그분의 풍성한 자비와 은혜를 충분히 입증해 주셨다. 그분은 심지어 그의 피조물이 불신실했던 경우에도 신실하심을 입증하셨다. 또한, 하나님은 아직 그들의 죄를 회개하지 않고 그리스도가 십자가에서 내어 주신 희생을 믿음으로 받아들이지 못한 사람들에게 여전히 은혜로운 제안으로 남아 있는 구원과 용서의 수단을 그리스도 안에서 제공해 주셨다.

이 천국 복음이 모든 민족에게 증언되기 위하여 온 세상에 전파되리니 그제야 끝이 오리라(마 24:14).

§ 요한계시록 주석

Aune, David E. *Revelation*. 3 vols. WBC 52. Nashville: Nelson, 1997, 1998.
Beale, G. K. *The Book of Revelation*. NIGTC. Grand Rapids: Eerdmans, 1999.
Blount, Brian K. *Revelation: A Commentary*. NTL. Louisville: Westminster John Knox, 2009.
Charles, R. H. *The Revelation of St. John*. ICC. 2 vols. Edinburgh: T&T Clark, 1920.
Duvall, J. Scott, and Mark Strauss. *Revelation*. TTC. Grand Rapids: Baker Books, 2017.
Fee, Gordon D. *Revelation*. NCC. Eugene, OR: Cascade, 2010.
Ford, J. Massyngberde. *Revelation*. AB 38. New York: Doubleday, 1975.
Harrington, Wilfrid J. *Revelation*. SP 16. Collegeville, MN: Liturgical Press, 2008.
Hoskins, Paul M. *The Book of Revelation: A Theological and Exegetical Commentary*. North Charleston, SC: ChristoDoulos, 2017.
Keener, Craig S. *Revelation*. NIVAC. Grand Rapids: Zondervan, 2009.
Koester, Craig R. *Revelation: A New Translation with Introduction and Commentary*. AB 38A. New Haven: Yale University Press, 2014.
Ladd, George E. *A Commentary on the Revelation of John*. Grand Rapids: Eerdmans, 1972.
Mathewson, David L. *Revelation: A Handbook on the Greek Text*. BHGNT. Waco: Baylor University Press, 2016.
Michaels, J. Ramsey. *Revelation*. IVPNTC 20. Downers Grove, IL: InterVarsity, 1997.
Morris, Leon L. *Revelation*. 2nd ed. TNTC. Downers Grove, IL: IVP Academic, 2009.
Mounce, Robert H. *The Book of Revelation*. Rev. ed. NICNT. Grand Rapids: Eerdmans, 1997.
Osborne, Grant R. *Revelation*. BECNT. Grand Rapids: Baker Academic, 2002.
_____. *Revelation Verse by Verse*. Osborne New Testament Commentaries. Bellingham, WA: Lexham, 2016.
Patterson, Paige. *Revelation*. NAC. Nashville: B&H Academic, 2012.

Resseguie, James L. *The Revelation of John: A Narrative Commentary*. Grand Rapids: Baker Academic, 2009.

Schreiner, Thomas R. "Revelation." In *ESV Expository Commentary*, vol. 12, *Hebrews–Revelation*, edited by Iain M. Duguid, James M. Hamilton Jr., and Jay Sklar, 525–754. Wheaton: Crossway, 2018.

Wall, Robert W. *Revelation*. NIBC. Grand Rapids: Baker, 1991.

Wilson, Mark W. *Revelation*. ZIBBC. Grand Rapids: Zondervan, 2015.

Witherington, Ben, III. *Revelation*. NCBC. Cambridge: Cambridge University Press, 2003.

§ 요한계시록 논문 및 단행본

Allen, Garrick V. "Scriptural Allusions in the Book of Revelation and the Contours of Textual Research 1900–2014: Retrospect and Prospect." *CBR* 14 (2016): 319–39.

Aune, David E. "The Apocalypse of John and the Problem of Genre." *Semeia* 36 (1986): 65–96.

Bandstra, A. J. "A Kingship and Priests: Inaugurated Eschatology in the Apocalypse." *CTJ* 27 (1992): 10–25.

Barr, David L. *Reading the Book of Revelation: A Resource for Students*. RBS 44. Atlanta: Society of Biblical Literature, 2003.

Bauckham, Richard. *The Climax of Prophecy: Studies on the Book of Revelation*. London: T&T Clark, 1993.

_____. *The Theology of the Book of Revelation*. NTT. Cambridge: Cambridge University Press, 1993.

Bay, Carson. "Lion of the Apocalypse: A Leonine Messiah in the Book of Revelation." *BR* 60 (2015): 65–93.

Beagley, A. J. *The "Sitz im Leben" of the Apocalypse, with Particular Reference to the Role of the Church's Enemies*. BZNW 50. Berlin: de Gruyter, 1987.

Beale, G. K. *John's Use of the Old Testament in Revelation*. JSNTSup 166. Sheffield: Sheffield Academic, 1998.

Beale, G. K., and Sean M. McDonough. "Revelation." In *Commentary on the New Testament Use of the Old Testament*, edited by G. K. Beale and D. A. Carson, 1081–161. Grand Rapids: Baker Academic, 2007.

Blaising, Craig A., and Darrell L. Bock. *Progressive Dispensationalism*. Grand Rapids: Baker, 1993.

Campbell, W. Gordon. *Reading Revelation: A Thematic Approach*. Cambridge: James Clarke, 2012.

Chilton, Bruce. *Visions of the Apocalypse: Receptions of John's Revelation in Western Imagination*. Waco: Baylor University Press, 2013.

Collins, John J. "Introduction: Towards the Morphology of a Genre." *Semeia* 14 (1979): 1-20.

Court, John M. *The Book of Revelation and the Johannine Apocalyptic Tradition*. JSNT- Sup 190. Sheffield: Sheffield Academic, 2000.

deSilva, David A. *Seeing Things John's Way: The Rhetoric of the Book of Revelation*. Louisville: Westminster John Knox, 2009.

Diehl, Judith A. "'Babylon' Then, Now and 'Not Yet': Anti-Roman Rhetoric in the Book of Revelation." *CBR* 11 (2013): 168-95.

Duvall, J. Scott. *A Theology of Revelation*. BTNT. Grand Rapids: Zondervan, forthcoming.

Friesen, Steven J. *Imperial Cults and the Apocalypse of John: Reading Revelation in the Ruins*. Oxford: Oxford University Press, 2001.

Gorman, Michael J. *Reading Revelation Responsibly: Uncivil Worship and Witness; Following the Lamb into the New Creation*. Eugene, OR: Wipf & Stock, 2011.

Harker, Andrew. "The Affective Directives of the Book of Revelation." *TynBul* 63 (2012): 115-30.

Hays, Richard B., and S. Alkier, eds. *Revelation and the Politics of Apocalyptic Interpretation*. Waco: Baylor University Press, 2012.

Helyer, Larry R., and Ed Cyzewski. *The Good News of Revelation*. Eugene: Wipf & Stock, 2014.

Hemer, Colin J. *The Letters to the Seven Churches of Asia in Their Local Setting*. JSNTSup 11. Sheffield: JSOT Press, 1986.

Herms, Ronald. *An Apocalypse for the Church and for the World: The Narrative Function of Universal Language in the Book of Revelation*. BZNW 143. Berlin: de Gruyter, 2006.

Johnson, Alan F. "Revelation." In *Hebrews-Revelation*, vol. 13 of *The Expositor's Bible Commentary*, rev. ed., edited by Tremper Longman III and David E. Garland, 571-789. Grand Rapids: Zondervan, 2005.

Koester, Craig R. "The Church and Its Witness in the Apocalypse of John." *TTKi* 78 (2007): 266-82.

_____. "On the Verge of the Millennium: A History of Interpretation of Revelation." *WW* 15 (1995): 128-36.

Kovacs, Judith, and Christopher Rowland. *Revelation: The Apocalypse of Jesus Christ*. BBC. Oxford: Blackwell, 2004.

Kraus, Thomas J., and Michael Sommer, eds. *Book of Seven Seals: The Peculiarity of Revelation, Its Manuscripts, Attestation, and Transmission*. WUNT 1/363. Tübingen:

Mohr Siebeck, 2016.

Kraybill, J. Nelson. *Apocalypse and Allegiance: Worship, Politics, and Devotion in the Book of Revelation*. Grand Rapids: Brazos, 2010.

Kuykendall, Michael. "The Twelve Visions of John: Another Attempt at Structuring the Book of Revelation." *JETS* 60 (2017): 535–55.

Labahn, Michael, and Outi Lehtipuu, eds. *Imagery in the Book of Revelation*. Leuven: Peeters, 2011.

Lioy, Dan. *The Book of Revelation in Christological Focus*. Studies in Biblical Literature 58. New York: Peter Lang, 2003.

Marriner, Keith T. *Following the Lamb: The Theme of Discipleship in the Book of Revelation*. Eugene, OR: Wipf & Stock, 2016.

Mathewson, David. "Assessing Old Testament Allusions in the Book of Revelation." *EvQ* 75 (2003): 311–25.

_____. "Revelation in Recent Genre Criticism: Some Implications for Interpretation." *TrinJ* NS 13 (1992): 193–213.

Mayo, Philip L. *"Those Who Call Themselves Jews": The Church and Judaism in the Apocalypse of John*. PTMS 60. Eugene, OR: Pickwick, 2006.

Michaels, J. Ramsey. *Interpreting the Book of Revelation*. GNTE. Grand Rapids: Baker, 1992.

Moyise, Steve. *The Old Testament in the Book of Revelation*. JSNTSup 115. Sheffield: Sheffield Academic, 1995.

_____, ed. *Studies in the Book of Revelation*. Edinburgh: T&T Clark, 2001.

Murphy, Frederick J. *Apocalypticism in the Bible and Its World: A Comprehensive Introduction*. Grand Rapids: Baker Academic, 2012.

Naylor, Michael. "The Roman Imperial Cult and Revelation." *CBR* 8 (2010): 207–39.

Osiek, Carolyn. "Apocalyptic Eschatology." *TBT* 37 (1996): 341–45.

Pate, C. Marvin, ed. *Four Views on the Book of Revelation*. Grand Rapids: Zondervan, 1998.

Pattemore, Stephen. *The People of God in the Apocalypse: Discourse, Structure and Exegesis*. SNTSMS 128. Cambridge: Cambridge University Press, 2004.

Porter, Stanley E. "The Language of the Apocalypse in Recent Discussion." *NTS* (1989): 582–603.

Porter, Stanley E., and A. K. Gabriel. *Johannine Writings and Apocalyptic: An Annotated Bibliography*. JS 1. Leiden: Brill, 2013.

Rainbow, Paul A. *Johannine Theology: The Gospel, the Epistles and the Apocalypse*. Downers Grove, IL: InterVarsity, 2014.

_____. *The Pith of the Apocalypse: Essential Message and Principles for Interpretation*. Eu-

gene, OR: Wipf & Stock, 2008.
Sandy, D. Brent, and Daniel M. O'Hare. *Prophecy and Apocalyptic: An Annotated Bibliography*. IBRB 4. Grand Rapids: Baker Academic, 2005.
Smalley, Stephen. *Thunder and Love: John's Revelation and John's Community*. Milton Keynes, UK: Word, 1994.
Smith, Brandon D. "The Identification of Jesus with YHWH in the Book of Revelation: A Brief Sketch." *CTR* 14, no. 1 (Fall 2016): 67–84.
Stevens, Gerald L. *Revelation: The Past and Future of John's Apocalypse*. Eugene, OR: Pickwick, 2014.
Sweeney, James P. "Annihilation or Renewal? The Meaning and Function of New Creation in the Book of Revelation." *BBR* 22 (2012): 455–58.
Swete, H. B. *The Apocalypse of St. John*. 3rd ed. London: Macmillan, 1909.
Tavo, Felise. *Woman, Mother and Bride: An Exegetical Investigation into the "Ecclesial" Notions of the Apocalypse*. BTS 3. Leuven: Peeters, 2007.
Tõniste, Külli. *The Ending of the Canon: A Canonical and Intertextual Reading of Revelation 21–22*. LNTS 526. London: Bloomsbury T&T Clark, 2016.
Trail, Ronald L. *An Exegetical Summary of Revelation 1–11*. 2nd ed. Dallas: SIL International, 2008.
Wainwright, Arthur W. *Mysterious Apocalypse: Interpreting the Book of Revelation*. Nashville: Abingdon, 1993.
Whitaker, Robyn J. *Ekphrasis, Vision, and Persuasion in the Book of Revelation*. WUNT 2/410. Tübingen: Mohr Siebeck, 2015.
Whiteley, Iwan. "A Search for Cohesion in the Book of Revelation with Specific Reference to Chapter One." *TynBul* 57 (2006): 309–12.
Wilson, Mark. *Charts on the Book of Revelation: Literary, Historical, and Theological Perspectives*. Grand Rapids: Kregel, 2007.
Yarbro Collins, Adela. *Crisis and Catharsis: The Power of the Apocalypse*. Philadelphia: Westminster, 1984.
―――. "Introduction: Early Christian Apocalypticism." *Semeia* 36 (1986): 1–11.